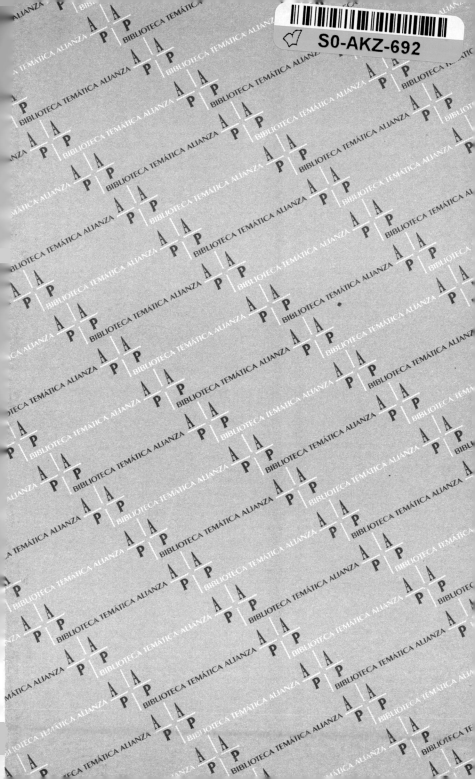

Simone Ortega:
Mil ochenta recetas de cocina - Vol. 2

Diseño de la cubierta: Angel Uriarte y Digraf.

© Simone K. de Ortega, 1972
© Alianza Editorial, S.A., Madrid
© Ediciones del Prado, de la presente edición, Diciembre 1993
I.S.B.N.: 84-7838-390-5
Depósito Legal: M-36.999-1993
Impreso en: Coimoff, S.A.
Printed in Spain.

Simone Ortega:
Mil ochenta recetas de cocina - Vol. 2

**BIBLIOTECA
TEMÁTICA
ALIANZA**

ALIANZA
ediciones
del **P**rado

557. FILETES DE LENGUADO CON BECHAMEL GRATINADA
(6 personas)

3 lenguados de ración grandes (350 a 400 g cada uno),
¼ kg de gambas,
25 g de mantequilla,
2 cucharadas soperas de aceite fino,
1 vaso (de los de agua) de leche fría,
1 vaso (de los de agua, más o menos) de caldo de desperdicios,
1 cucharada sopera colmada de harina,
1 pellizco de curry (facultativo),
2 yemas de huevo,
60 g de queso gruyère rallado,
sal.

En la pescadería se manda quitar la piel negra de los lenguados y hacer filetes. Se piden los desperdicios.

En casa se sacan las colas de las gambas, reservándolas, y se cuecen las cabezas y las cáscaras de las gambas con las espinas de los lenguados con agua fría y sal durante 5 minutos. Se cuela muy bien este caldo apretando bien los desperdicios para que rindan todo su jugo.

Se lavan los filetes de lenguado, se secan bien con un paño limpio y se golpean en un mármol. Se salan ligeramente y se colocan en la fuente (de metal, porcelana o cristal) donde se vayan a servir, doblados en dos en forma de horquilla, sin que monten unos encima de otros.

Aparte, en una sartén, se hace una bechamel. Se pone a calentar el aceite con la mantequilla; cuando está caliente se añade la harina, se dan unas vueltas con las varillas y se agrega poco a poco la leche y después el agua de cocer los desperdicios. Se cuece durante unos 10 minutos, añadiendo luego las colas de las gambas y cociendo la bechamel unos 5 minutos más, sin dejar de dar vueltas. Si se quiere se pone un pellizquito de curry. Se prueba de sal y se rectifica si hiciese falta.

En un tazón se ponen las yemas y con una cuchara se añade muy poco a poco unas cucharadas de bechamel, moviendo muy bien para que no se cuajen las yemas. Se mezcla esto con la bechamel y se vierte por encima de los filetes de lenguado. Se espolvorea con el queso rallado y se mete a horno previamente calentado y mediano unos 10 minutos, con el fuego por debajo. Pasado este tiempo se pone a gratinar unos 10 minutos más, hasta que esté todo dorado, y se sirve en la misma fuente.

558. FILETES DE LENGUADO CON BERENJENAS Y BECHAMEL
(8 personas)

4 berenjenas grandes y de forma redonda,
2 lenguados más bien grandes (½ kg cada uno),
4 cucharadas soperas de aceite,
1 cucharada sopera de harina,
1 vaso (de los de agua) de leche fría,
50 g de gruyère o parmesano rallado,
50 g de mantequilla,
1 cucharada sopera de aceite fino,
sal.

Se les quita la piel a los lenguados y se saca de cada uno los cuatro filetes. Se lavan y secan bien.

Se pelan las berenjenas, se les quitan los rabos y se cortan en dos a lo largo. Se salan por las dos caras.

En una sartén amplia se pone el aceite a calentar y se colocan las berenjenas de manera que estén holgadas. Se refríen a fuego lento, primero por una cara y, dándoles la vuelta con cuidado de no romperlas, del otro lado. En total unos 30 minutos.

Se sacan de la sartén, se escurren bien y se colocan en la fuente de cristal o porcelana resistente al horno donde se vayan a servir.

Se golpean los filetes de uno en uno contra un mármol (para que luego no se encojan al cocer), se salan, se doblan en dos, como una horquilla y se posa cada filete encima de cada media berenjena.

Se hace la bechamel (receta 67). Tiene que quedar bastante espesa.

Se vierte como una cucharada sopera de bechamel por encima de cada filete de lenguado. Se espolvorea con un poco de queso, se pone una avellana de mantequilla y se mete al horno, previamente calentado, a gratinar hasta que esté dorado el queso (más o menos 10 minutos), que es el tiempo requerido para que se cueza el pescado.

Se sirve en seguida en su misma fuente.

559. FILETES DE LENGUADO AL HORNO, CON VINO BLANCO Y PICADITO DE CEBOLLAS (4 personas)

2 lenguados de ración grandes (350 a 400 g cada uno),
1 cebolla pequeña,
1 cucharada sopera de perejil,
1 vaso (de los de vino) de aceite fino,
½ cucharada (de las de café) de hierbas aromáticas en polvo,
1 vaso (de los de vino) de buen vino blanco,
1 vaso (de los de vino) bien lleno de agua de cocer los desperdicios,
1 cebolla pequeña (40 g),
sal.

En la pescadería se manda quitar la piel negra de los lenguados y sacar los filetes. Se piden los desperdicios. Los filetes se lavan y secan muy bien y se golpean contra el mármol.

En un cazo se ponen los desperdicios del pescado a cocer con agua, justo para que los cubra, y sal. Se cuecen unos 30 minutos a fuego mediano y se cuelan muy cuidadosamente para que no tengan ninguna espina.

En una besuguera de metal, cristal o porcelana resistente al horno, se pone un poco de aceite en el fondo. Se salan ligeramente los filetes y se colocan en la fuente, sin que monten unos encima de otros. Se rocían con el vino blanco y después con el resto del aceite.

En un platito se mezclan bien la cebolla y el perejil muy picados con las hierbas aromáticas; se reparten por encima del pescado. Se vierte todo alrededor de la fuente 1 vaso (de los de vino) no lleno del agua de cocer los desperdicios. Se sacude un poco para que penetre bien.

Se mete en el horno, previamente calentado (durante 5 minutos más o menos), de 15 a 20 minutos y se sirve en la misma fuente.

560. FILETES DE LENGUADO AL HORNO CON SALSA DE TOMATE, CHAMPIÑONES, MEJILLONES Y QUESO RALLADO (6 personas)

3 lenguados de ración grandes (de 350 a 400 g cada uno),
½ kg de mejillones,
50 g de queso gruyère o parmesano rallado,
200 g de champiñones,
20 g de mantequilla,
½ limón,
1 vaso (de los de vino) de vino blanco,

1 hoja de laurel,
agua y sal.

Salsa de tomate:,
1 kg de tomates maduros,
3 cucharadas soperas de aceite frito,
1 cucharada (de las de café) de azúcar,
1 cebolla mediana (60 g).

Se tendrá hecha y pasada la salsa de tomate con anticipación (receta 63).

En la pescadería se manda quitar la piel negra de los lenguados y hacer los filetes. Estos se lavan y secan bien y se golpean contra un mármol.

Se preparan los mejillones. Se les quitan con un cuchillo las barbas estropajosas que llevan en la cáscara. Se lavan muy bien en varias aguas para quitarles la arena y se ponen en un cazo con un poco de vino (⅓ del vaso), una hoja de laurel, agua y un pellizco de sal. Se ponen a fuego mediano, se saltean de vez en cuando, y cuando empiezan a abrirse las cáscaras se retiran. Se quitan los bichos de las cáscaras, se cuela muy bien el caldo donde han cocido (por un colador y un trapo), y se reservan en este caldo.

Se preparan los champiñones. Se limpian muy bien al chorro con un cepillo si puede ser. Se les quita la parte con tierra del rabo y se cortan en láminas, los rabos y las cabezas. Se ponen en un cazo con los 20 g de mantequilla, unas gotas de zumo de limón y sal; se cubren y se cuecen a fuego lento unos 8 minutos. Se mezclan con el tomate y el resto del vino blanco.

En una fuente de porcelana o cristal resistente al fuego se pone un poco de salsa en el fondo. Se colocan los filetes de lenguado, que no se monten demasiado unos encima de otros, se ponen los mejillones repartidos encima del pescado y se vierte el resto de la salsa de tomate con los champiñones. Se espolvorea con el queso rallado y se mete a gratinar unos 10 minutos más hasta que el queso esté dorado. Se sirve en la misma fuente.

561. CAZOLETAS DE FILETES DE LENGUADO CON CHAMPIÑONES Y BECHAMEL (8 personas)

8 cazoletas de masa quebrada (se venden en pastelerías o, en su lugar, 8 volovanes individuales),
2 lenguados grandes (400 a 500 g cada uno),
125 g de champiñones frescos,
1 trufa bien negra,
1 limón,
20 g de mantequilla,
sal.,
Caldo corto:
(Véase receta 501.)

Salsa bechamel:
1 cucharada sopera colmada de harina,
1 vaso (de los de agua) de leche fría,
½ vaso (de los de agua) de caldo corto,
30 g de mantequilla,
2 cucharadas soperas de aceite fino,
2 yemas de huevo,
sal y pimienta.

Se tendrá preparado el caldo corto de antemano, si es posible; si no, se prepara igual en el momento (sin cocerlo antes) y se ponen los filetes (éstos los habrá hecho el pescadero, reservando los desperdicios). Los filetes primero se lavan bien y se secan, se golpean en un mármol y se enrollan dejando un agujero en el centro, y se sujetan con un palillo. Se ponen en el caldo corto y se cuecen. Cuando rompe el hervor se retiran con una espumadera y se reservan en un plato, tapándolos con un paño mojado en agua caliente y estrujado, o con papel de plata. Se pondrán en el horno templado (pero apagado) en espera.

En el caldo de cocer los filetes, una vez retirados éstos, se añaden los desperdicios del pescado y se cuece durante 20 minutos. Se cuela y se reserva.

Aparte se lavan muy bien los champiñones y se cortan en láminas, que se van echando en agua fría con el zumo de $^1/_2$ limón.

En un cazo pequeño se ponen los champiñones escurridos con los 20 g de mantequilla, unas gotas de zumo de limón y sal. Se tapa el cazo y se hacen a fuego mediano durante unos 6 minutos. Se reservan.

En una sartén se pone a calentar la mantequilla y el aceite; cuando la mantequilla está caliente se añade la harina, se dan unas vueltas y, poco a poco, se añade la leche fría y después un poco de caldo corto bien colado. Se cuece esta bechamel durante unos 10 minutos. En un tazón se ponen las yemas y, poco a poco, se deslíen con un poco de bechamel (para que no se cuajen las yemas). Se agrega esto a la salsa, se aparta del fuego y se rectifica de sal.

Se pondrán las cazoletas a calentar en el horno. Se colocan los rollitos de lenguado en cada una y se reparte la bechamel por encima. Se sirven.

Nota.—Este plato se puede presentar sin las cazoletas y únicamente puestos los rollitos en una fuente de cristal o porcelana resistente al fuego.

Al no llevar pasta, habrá que calcular, al menos, 2 filetes por persona.

562. ROLLITOS DE FILETES DE LENGUADO RELLENOS CON JAMON EN SALSA (6 personas)

6 lenguados de ración,
200 g de jamón serrano no muy curado, picado,
1 cucharada sopera bien llena de perejil picado,
2 huevos duros,
Caldo corto:
   Agua fría,
   un chorrito de vino blanco,
   (3 cucharadas soperas),
1 hoja de laurel,
1 casco de cebolla (40 g),

1 zanahoria en rodajas,
el zumo de $^1/_2$ limón,
sal.
Bechamel:
30 g de mantequilla,
2 cucharadas soperas de aceite,
1 cucharada sopera de harina,
1 vaso (de los de agua) de leche fría,
1 vaso (de los de agua) de caldo corto,
sal.

En la pescadería se mandan sacar los filetes a los lenguados. Se lavan y se secan muy bien con un trapo limpio y se golpean contra un mármol.

Se tendrá preparado de antemano el caldo corto para que esté frío, receta 501.

Se forman unos rollitos con los filetes de lenguado, pero con un hueco en el centro. Se les pone un palillo plantado para que al cocer no se desenrollen. Se colocan en la rejilla de la pesquera y se sumergen en el caldo corto frío. Se pone a fuego mediano y cuando rompe el hervor se saca la rejilla y se pone al bies sobre el cacharro, tapando los filetes con un paño mojado en agua caliente y retorcido para que no se enfríen ni se sequen.

Se hace la bechamel: En una sartén se derrite la mantequilla con el aceite, se añade la harina, se da un par de vueltas con una cuchara de madera. Se agrega poco a poco la leche fría, se deja cocer unos 5 minutos y luego se echa caldo corto de cocer el pescado hasta que quede la salsa clarita. Se cuece otros 5 minutos, se rectifica de sal y se aparta, incorporando el perejil picado.

En una fuente se colocan los filetes de lenguado, quitándoles los palillos. Se rellenan con un poco de jamón picado. Se vierte la bechamel por encima y se espolvorean con el huevo duro picado (éste debe llevar sobre todo la yema y poca clara).

Se sirve en seguida.

563. FILETES DE LENGUADO CON ARROZ (6 personas)

½ kg de arroz para blanco,
40 g de mantequilla,
unas hebras de azafrán,
agua y sal,
3 lenguados mayores que de ración (350 a 400 g) cada uno,
125 g de champiñones,
125 g de jamón serrano o de York picado,
unas gotas de zumo de limón,
2 cucharadas soperas de aceite fino,
1 cucharada sopera colmada de harina,

1 vaso (de los de agua) de leche fría,
½ vaso (de los de agua) de caldo corto.

Caldo corto:
Agua,
1 chorrito de vino blanco (3 cucharadas soperas),
1 hoja de laurel,
el zumo de ½ limón,
1 casco de cebolla (40 g),
1 zanahoria mediana en rodajas,
agua y sal.

Se prepara el caldo corto de antemano para que esté frío, receta 501.

En la pescadería se mandan sacar los filetes a los lenguados. En casa se lavan y secan bien y se golpean contra un mármol antes de cocerlos.

Se preparan los champiñones: se lavan muy bien, se les quita la parte con tierra, se pican menudos y se ponen en un cazo pequeño con un poco de mantequilla, zumo de limón y sal. Se cubren con tapadera y se dejan a fuego mediano unos 6 minutos, más o menos. Se les agrega el jamón picado y se mezcla para que se caliente todo junto. Se reservan.

Se hace el arroz según la receta 165, nota; pero sin ponerle los guisantes. Una vez rehogado, cuando se vaya a servir se pone en un molde (flanera) y se vuelca en el centro de una fuente redonda. Se reserva al calor.

Se doblan los filetes de lenguado como una horquilla, se colocan en la rejilla de la pesquera y se sumergen en el caldo corto frío. Se ponen a fuego mediano y cuando rompe el hervor se saca la rejilla, se coloca al bies sobre el cacharro de cocer el pescado y se tapan los filetes con un paño limpio para que no se enfríen.

Se procede a hacer la bechamel. En una sartén se pone el aceite y la mantequilla a calentar; se le agrega la harina, se dan unas vueltas con una cuchara de madera y poco a poco se incorpora la leche fría; se deja cocer unos 5 minutos y después se añade el caldo corto para que quede la bechamel más bien clarita (½ vaso de los de agua más o menos). Se sala.

En una fuente redonda se vuelca en el centro el molde de arroz. Se colocan los filetes de lenguado alrededor. Con una cuchara se rellenan de picadito los filetes. Se vierte la bechamel por encima de los filetes y se sirve en seguida.

564. FILETES DE LENGUADO FRITOS EN BUÑUELOS (6 personas)

3 lenguados más grandes que de ración, para sacar 12 filetes, (350 a 400 g cada uno), sal.

Pasta de envolver: cualquiera de las tres recetas 53.

En la pescadería se mandan sacar los filetes, que se lavan y se secan muy bien con un paño limpio. Se golpean contra un mármol, se salan ligeramente y se sumergen en la masa de buñuelos. Se fríen y se escurren bien y se sirven en seguida en una fuente adornada con dos ramilletes de perejil.

Nota.—Se puede servir aparte una salsa de tomate, pero esto es facultativo.

565. FILETES DE LENGUADO EMPANADOS CON ARROZ BLANCO Y SALSA DE TOMATE (6 personas)

4 lenguados de ración (200 g cada uno),
2 huevos enteros,
1 plato con pan rallado,
³/₄ litro de aceite (sobrará),
   sal.
Arroz blanco:
¹/₂ kg de arroz,
   agua y sal,
50 g de mantequilla (receta 165.)

Salsa de tomate:
1 kg de tomates,
3 cucharadas soperas de aceite frito,
1 cucharada (de las de café) de azúcar y sal (receta 63.)

En la pescadería se manda quitar la piel negra y hacer filetes los lenguados. Estos filetes se lavan y se secan con un paño limpio y se golpean contra un mármol.

Se hacen la salsa de tomate y el arroz blanco de antemano.

Un poco antes de ir a servir se pone el aceite de freír a calentar y cuando está en su punto (no muy caliente, para que se cuezan por dentro los filetes antes de que se doren) se pasan por huevo batido como para tortilla y luego por pan rallado. Se aprieta un poco el pan con las palmas de las manos para que quede bien pegado y se fríen.

Una vez fritos todos los filetes, se reservan a la boca del horno.

Se rehoga el arroz con la mantequilla. Se pone en un molde para flan, apretando ligeramente, y se vuelca en el centro de la fuente donde se vaya a servir. Se colocan los filetes empanados alrededor y se vierten un par de cucharadas de salsa de tomate encima del molde de arroz. El resto del tomate se sirve en salsera aparte. Se sirve todo en seguida.

566. FILETES DE LENGUADO REBOZADOS Y FRITOS, SERVIDOS CON MAYONESA DE COÑAC Y TOMATE (6 personas)

4 lenguados grandecitos (300 a 400 g cada uno),
1 plato con harina,
2 huevos,
1 litro de aceite (sobrará),
sal.

Mayonesa:
Hacer la receta de la mayonesa con coñac y tomate, pero doblando todas las cantidades, menos quizá la mostaza (receta 96).

En la pescadería se mandan sacar los filetes de los lenguados. Se calculan 2 por persona, más o menos. Se lavan y se secan muy bien con un paño limpio y se golpean contra un mármol. Se salan ligeramente por las dos caras. Se pasan por la harina, sacudiendo un poco los filetes para que caiga el sobrante de harina. Se baten los huevos como para tortilla, se pasan los filetes y se echan en una sartén amplia, donde estará el aceite caliente, pero no mucho, para que el pescado se haga por dentro antes de dorarse por fuera. Para saber el punto del aceite se prueba con una rebanadita de pan.

Se sirven en seguida en una fuente calentada previamente, con la mayonesa en salsera aparte.

567. LENGUADOS MOLINERA CON MANTEQUILLA (6 personas)

6 lenguados de ración (150 a 200 g cada uno),
1 plato con harina,
1 litro de aceite (sobrará),
150 g de mantequilla,
2 cucharadas soperas de perejil picado,
el zumo de un limón,
unos gajos de limón cortados con su piel,
sal.

En la pescadería se manda quitar la piel oscura de los lenguados. Se lavan y se secan muy bien con un paño limpio. En una sartén se pone el aceite a calentar. Cuando está en su punto (no demasiado caliente para que el pescado se haga por dentro antes de dorarse), se sala ligeramente cada cara de los lenguados, se pasan de uno en uno por harina, sacudiéndolos para que caiga la que sobra. Se fríen de dos en dos a lo sumo. Cuando están bien dorados, se colocan en la fuente donde se van a servir. Se espolvorean con el perejil picado y se adornan con los trozos de limón.

Aparte se derrite la mantequilla sin que cueza. Cuando empieza a hacer espuma, se le quita ésta con una cuchara, se mezcla con el zumo de limón colado para que no tenga ni pepitas ni pulpa y se vierte la mantequilla bien caliente por encima de los lenguados. Se sirve en seguida.

568. LENGUADO GRANDE ENTERO CON VINO BLANCO, AL HORNO (6 personas)

1 lenguado grande de 1½ kg, o 2 de 600 g cada uno,
2 cucharadas soperas de pan rallado,
3 cucharadas soperas de aceite fino,
50 g de mantequilla,
el zumo de un limón,

1 vaso (de los de vino) de vino blanco,
½ cucharadita (de las de moka) de páprika (facultativo),
1 cucharada sopera de perejil picado,
sal,
1 hoja de papel de plata.

Se manda quitar en la pescadería la piel negra del lenguado. En casa se lava y se seca muy bien con un trapo limpio. En una besuguera de cristal o porcelana se pone el aceite, luego se sala ligeramente el lenguado por los dos lados y se pone en la besuguera. Se rocía con el zumo del limón y después con el vino blanco. Con la punta de los dedos se unta la páprika por todo el pescado, pero esto, aunque da un sabor muy bueno, es facultativo. Se espolvorea con el pan rallado ligeramente y después con el perejil picado. Se esparce en trocitos la mantequilla, se cubre la besuguera con el papel de plata posado encima y se mete al horno unos 15 minutos. Pasado este tiempo, se quita el papel de plata y se gratina otros 10 minutos. Se sirve en seguida en la misma fuente.

569. LUBINA COCIDA

Para 6 personas se calcula una lubina de más o menos 1½ kg, pues la cabeza y la piel pesan bastante.

Se prepara un caldo corto según la receta 501.

Se manda vaciar y limpiar la lubina en la pescadería y en casa se lava bien, se seca con un paño limpio, se sala en la tripa un poco, se coloca en la rejilla de la pesquera y se sumerge en el caldo corto, con el agua que cubra muy bien el pescado. Se pone a fuego vivo y cuando empieza a cocer se baja el fuego y se tiene unos 7 minutos con el agua cociendo despacio. Después se deja en el agua, ya con el fuego apagado, otros 10 minutos.

Para más seguridad de que la piel de la lubina no se estropee, se puede envolver el pescado en una gasa fina mojada antes de cocerlo.

Una vez la lubina cocida, se saca la rejilla y se deja escurrir unos minutos, poniendo la rejilla al bies encima de su cacerola. Después se coloca con cuidado en la fuente donde se vaya a servir, con una servilleta doblada en el fondo de la fuente, que se adorna con rajitas de tomate y huevo duro, o con perejil, limón y patatas cocidas, o con lechuga y gambas, etc.

Se puede servir en caliente con salsa holandesa, bearnesa, etc., o en frío con vinagreta, mayonesa simple o más historiada, como la mayonesa verde o con tomate y coñac, etc.

570. LUBINA COCIDA EN CALDO CORTO ESPECIAL

(Véase receta 645.)
Las mejores lubinas para esta receta deben pesar entre $\frac{1}{2}$ kg y 1 kg.

571. LUBINA AL HORNO (6 personas)

1 lubina de 1$\frac{1}{2}$ kg (más o menos),
5 o 6 cucharadas de aceite fino o, mejor, de salsa de grasa que haya sobrado de un asado,
75 g de mantequilla,
el zumo de un limón,
4 lonchitas de bacon,
sal.

En la pescadería se manda vaciar y limpiar la lubina. En casa se lava muy bien y se seca con un paño limpio.

En una besuguera (de metal, porcelana o cristal resistente al fuego) se pone el aceite o la grasa de carne. Se sala la lubina por las dos caras y por dentro del hueco de las tripas. Se pone en la besuguera, se meten en el hueco de la tripa dos lonchitas de bacon, se hacen unos tajos profundos en el lomo de la lubina y se pone en cada uno de ellos una lonchita de bacon enrollada. Se pone la mantequilla en trocitos por encima de la lubina y alrededor de ella. Se rocía todo con el zumo del limón y se mete en el horno, previamente calentado, unos 5 minutos y a fuego mediano. De vez en cuando se rocía con la salsa la lubina y cuando está hecha (unos 20 minutos más o menos) se sirve en su misma fuente.

572. LUBINA RELLENA AL HORNO (6 personas)

1 lubina de 1$\frac{1}{2}$ kg,
50 g de mantequilla,
5 cucharadas soperas de aceite fino,
el zumo de un limón,
1 cebolla pequeña (40 g),
sal.,
Relleno:
125 g de champiñones,
miga de pan, un puñado, (80 g más o menos),
1 vaso (de los de vino) de leche caliente,
1 cebolla pequeña,
2 cucharadas soperas de aceite,
1 huevo,
10 g de mantequilla,
unas gotas de zumo de limón,
1 cucharada (de las de café), de perejil picado,
sal.

En la pescadería se manda limpiar bien de escamas la lubina y abrir por la parte de la tripa. Se manda quitar toda la espina central, pero dejando la cabeza y la cola.

En casa se lava bien el pescado, se seca con un paño limpio, se sala ligeramente y se prepara el relleno.

En un tazón se pone la miga de pan con la leche muy caliente. Mientras se remoja, se preparan los champiñones. Se les quita la parte con tierra del rabo y se lavan muy bien, cepillándolos con un cepillo pequeño si puede ser. Se pican menudo y se ponen en un cazo con la mantequilla, unas gotas de zumo de limón y sal. Se cubre el cazo y se dejan a fuego mediano unos 16 minutos.

En una sartén pequeña se pone el aceite a calentar y se le añade la cebolla picada muy fina. Cuando está empezando a dorarse (unos 8 minutos), se reserva.

En una ensaladera se pone la miga de pan remojada, la cebolla, los champiñones, el perejil, el huevo batido como para tortilla y sal. Se mezcla muy bien y se coloca este relleno dentro del pescado. Se cose con una cuerda fina la tripa para que no se salga el relleno, dejando un rabo de cuerda para agarrarla cuando el pescado se vaya a servir y quitarle la cuerda.

En una besuguera (de cristal o porcelana, resistente al fuego) se pone el aceite, se coloca la lubina encima, se le hacen 2 tajos con un cuchillo en la piel del lomo que quedará arriba, pero que no pasen a la carne. Se rocía con el zumo del limón, se echa sal encima y debajo de la lubina y se pone la mantequilla en trozos. Se mete al horno (previamente calentado) y se deja a horno mediano unos 25 minutos más o menos, rociándola de vez en cuando con su misma salsa.

Al ir a servir se quita la cuerda. Se sirve en la misma fuente con cubiertos de servir el pescado, con el fin de que con el cuchillo se pueda partir.

573. LUBINAS DE RACION FRITAS (6 personas)

6 lubinas de ración,
1 plato con harina,
1½ vasos (de los de agua) de aceite (sobrará),
el zumo de un limón,

1 cucharada sopera de perejil picado,
1 buen trozo de mantequilla (30 g), sal.

Se mandan limpiar y escamar las lubinas en la pescadería.

Se lavan y se secan muy bien con un paño limpio en casa y se les hacen 2 tajos en el lomo con un cuchillo. Se salan por los dos lados y un poco en el hueco de la tripa y los tajos. Se pasan por harina y se fríen de 2 en 2 en aceite caliente (pero no mucho para que se hagan por dentro antes de dorarse). Se reservan al calor, una vez fritas, en la fuente donde se van a servir. Se vacía completamente el aceite de freír el pescado y en la misma sartén se pone la mantequilla a derretir, sin que llegue a cocer. Fuera del fuego se vierte en la sartén el zumo de limón y el perejil. Se vuelve a calentar rápidamente dando vueltas con una cuchara de madera y se vierte por encima de las lubinas. Se sirve en seguida.

574. MERLUZA COCIDA, SERVIDA CON SALSA MAYONESA, VINAGRETA U HOLANDESA (6 personas)

Caldo corto:
Para una cola de merluza de 1½ a 2 kg:

2½ litros de agua fría,
1 zanahoria grande raspada y , cortada a rodajas (125 g),
1 cebolla grandecita (100 g) cor-, tada en 4 rodajas, después de pelada,

zumo de ½ limón.,
1 hoja de laurel,
1 vaso (de los de vino) de vino blanco,
sal.

Se pone todo esto en la pesquera. Se cuece durante 15 minutos. Después se aparta y se deja enfriar totalmente. Por lo tanto, hay que preparar el caldo corto con anticipación. Cuando se vaya a cocer la merluza, se coloca ésta encima de la rejilla y se deja en el fondo, debajo de la rejilla, las zanahorias y las cebollas.

Se pone a fuego mediano y cuando rompe el hervor se baja el fuego y se deja cocer muy despacio, es decir, que el agua sólo se debe estremecer, unos minutos (15 minutos para 1½ kg). Pasado este tiempo, se saca la rejilla con el pescado y se pone oblicuamente sobre la cacerola, tapando el pescado con un paño humedecido en agua caliente y retorcido, para que no se enfríe. Se escurre unos 5 a 10 minutos y se pasa a la fuente donde se va a servir, poniendo en ésta una servilleta doblada debajo del pescado con el fin de que absorba el agua. Se adorna con unos ramitos de perejil y rajas de limón.

Se sirve con cualquiera de las salsas mencionadas antes; recetas 75, 76, 90 o 94.

575. COLA DE MERLUZA AL HORNO CON TOMATES Y QUESO RALLADO (6 personas)

1 cola de merluza de 1½ kg,
50 g de mantequilla,
3 cucharadas soperas de aceite fino,

150 g de queso gruyère rallado,
4 tomates maduros medianos,
sal.

En la pescadería se manda abrir la cola de merluza y quitar la espina central. Se lava y se seca bien con un trapo limpio. Se sala ligeramente el interior, se ponen un par de trocitos de mantequilla, se espolvorea con parte del queso rallado y se cierra, como si no la hubiesen abierto para quitarle la espina.

En una besuguera (de metal, cristal o porcelana resistente al horno) se pone el aceite. Se pelan los tomates y se parten por la mitad. Se ponen en el centro de la besuguera con un poco de sal encima, reservando 3 mitades.

Se coloca la merluza encima de los tomates. Se le da un par de tajos en el lomo, se unta toda la cola con la mantequilla que sobra; encima de cada tajo se pone ½ tomate y se espolvorea con el queso rallado. Se mete al horno (previamente calentado 5 minutos) y se deja a horno mediano, más o menos 20 minutos, hasta que tenga un bonito color dorado.

Se sirve en la misma fuente en que se ha hecho.

576. RODAJAS DE MERLUZA CON TOMATE, CEBOLLA Y QUESO RALLADO (6 personas)

6 rodajas de merluza,
5 cucharadas soperas de aceite,
3 tomates grandes bien maduros,

1 cebolla grande (sobrarán los dos extremos),
100 g de gruyère rallado,
sal.

Después de lavar y secar bien las rodajas de merluza, se ponen 4 cucharadas soperas de aceite en el fondo de una besuguera o fuente (de metal, cristal o porcelana resistente al fuego). Se ponen las rodajas de merluza, se salan ligeramente, echando un poco de aceite encima de cada una (una cucharadita de las de café). Se pone una rodaja de cebolla fina (del centro de la cebolla). Se pelan los tomates, se cortan en dos mitades, se quitan las simientes y cada mitad se pone encima de la cebolla. Se espolvorea cada rodaja así preparada con queso rallado y se mete al horno previamente calentado y a fuego suave durante unos 25 minutos. Se sirve en la misma fuente donde se ha hecho el pescado.

577. FILETES DE MERLUZA EMPANADOS, SERVIDOS CON SALSA MAYONESA VERDE (6 personas)

1¼ kg de filetes de merluza,
1 vaso (de los de agua) de leche fría,
1 plato con pan rallado,
2 huevos,
1 litro de aceite para freír (sobrará),
anchoas enrolladas,
sal.

Mayonesa verde (receta 95):,
2 huevos,
zumo de un limón,
½ litro de aceite,
1 ramillete de perejil,
3 cucharadas soperas de alcaparras,
2 pepinillos,
sal.

Se hace la mayonesa de forma que resulte un poco dura.

Se dejan un ratito (½ hora más o menos) los filetes de pescado crudo en un plato sopero con la leche. Se revuelven de vez en cuando para que se empapen bien. Se les escurre la leche muy bien, se salan y se baten los huevos como para una tortilla, pasando los filetes dentro y después por el pan rallado.

Se pone el aceite a calentar. Cuando está en su punto, se fríen los filetes. Cuando están dorados, se escurren bien y se colocan en la fuente donde se vayan a servir. Se pone un rollito de anchoa sobre cada uno y se sirve con la mayonesa verde aparte en salsera.

Nota.—Se puede hacer muy bien con filetes de merluza congelada, dejándola descongelar antes de ponerla en la leche.

578. FILETES DE MERLUZA REBOZADOS Y FRITOS (6 personas)

1¼ kg de merluza abierta,
2 huevos,
1 plato con harina,
1 litro de aceite (sobrará),

sal,
1 limón cortado en 6 con su corteza.

En la pescadería se manda hacer filetes con la merluza.

Se deben preparar (lavar, secar, salar) y freír en el momento de ir a comerlos.

Se pone el aceite a calentar a fuego mediano en una sartén más bien honda. Se sala cada filete por las dos caras, se pasa por harina, también por las dos caras, y se sacuden para que caiga la harina sobrante.

En un plato hondo se baten como para tortilla los 2 huevos, se pasan los filetes de uno en uno y se fríen con el aceite no muy caliente para que cuezan un poco por dentro y se doren luego por fuera, forzando el fuego al rato. Cuando tengan un bonito color, se sacan, se posan un momento en un papel de estraza o simplemente en un colador grande. Después se pasan a la fuente donde se vayan a servir y se adorna con el limón cortado a lo largo.

Nota.—Para que la merluza esté más jugosa, se pone leche en un plato hondo y se meten los filetes dentro (que los cubra muy poco la leche); pasados unos 15 minutos se les da la vuelta y después de 15 minutos se sacan. Se secan muy bien con un trapo limpio y se procede como está explicado anteriormente.

579. FILETES DE MERLUZA ENVUELTOS EN JAMON DE YORK
(6 personas)

12 filetes de merluza (750 g a 1 kg),
6 lonchas finas de jamón de York,
2 huevos,
1 plato con harina,

1 litro de aceite (sobrará),
1 vaso (de los de agua) de leche fría,
sal.

Se ponen los filetes de merluza en un plato hondo y se rocían con la leche fría. Se dejan así durante $\frac{1}{2}$ hora, dándoles un par de veces la vuelta, y se secan con un paño limpio. Se salan y se envuelven con media loncha de jamón de York, que se sujeta con un palillo. Se pasa ligeramente por harina y después por huevo batido como para tortilla. Se fríen los filetes en aceite bien caliente y se sirven en seguida con trozos de limón.

580. FILETES DE MERLUZA CON JOROBA (6 personas)

$1\frac{1}{4}$ kg de merluza en filetes,
$\frac{1}{4}$ kg de gambas,
2 cucharadas soperas de harina,
$1\frac{1}{2}$ vaso (de los de agua) de leche fría,
25 g de mantequilla,
2 cucharadas soperas de aceite fino,
1 litro de aceite de freír (sobrará),
1 cebolla mediana,

1 cucharada sopera colmada de harina,
1 vaso (de los de vino) no lleno de vino blanco,
2 huevos,
1 chorrito de vino blanco,
1 hoja de laurel,
1 plato con pan rallado,
agua,
sal y pimienta molida.

En un cazo se ponen los desperdicios de la merluza y de las gambas (se dejan sólo las colas aparte y crudas). Se cubren de agua fría y se les añade sal, un chorrito de vino blanco (una cucharada sopera, más o menos) y una hoja de laurel. Se dejan cocer a fuego mediano unos 15 minutos. Se retiran, se cuela y se reserva el caldo corto.

En una sartén mediana se pone la mantequilla y el aceite a calentar. Cuando está la mantequilla derretida, se añade la harina y se dan un par de vueltas con una cuchara de madera. Se añade entonces, poco a poco, la leche. Se cuece unos 10 minutos, se sala y se retira del fuego.

Se ponen los filetes en una mesa, se salan y encima de cada uno se echa como una cucharada de las de postre (más pequeña que la sopera) de bechamel. Se deja enfriar. Se pone a calentar el aceite y cuando está en su punto se pasa cada filete por huevo batido y después por pan rallado. Se fríen por tandas y se van colocando en la fuente de cristal o porcelana (resistente al fuego) de forma que no estén montados unos encima de otros.

Aparte, en otra sartén pequeña, se ponen 2 cucharadas soperas del aceite de freír los filetes y se añade la cebolla pelada y picada. Cuando empieza a dorarse ligeramente, se agrega una cucharada sopera colmada de harina. Se dan unas vueltas y se vierte poco a poco el caldo de cocer los desperdicios (más o menos 2 vasos de los de agua) y el vino. Se sala y se pone un poco de pimienta molida. Se cuece esta salsa durante unos 5 minutos y se cuela por el pasapurés. Se añaden las colas de las gambas y se cuece otros 2 minutos más. Unos 10 minutos antes de ir a servir la merluza se vierte la salsa por encima. Se pone la fuente al fuego y se cuece unos 10 minutos, sacudiendo de vez en cuando la fuente para que se trabe la salsa y no se peguen los filetes.

Se sirve en la misma fuente.

581. MERLUZA A LA CATALANA (6 personas)

³/₄ de kg de filetes de merluza,
3 patatas medianas (300 g),
2 vasos (de los de agua) de aceite
     (sobrará),
¹/₂ cucharada sopera de harina,
1 cebolla grande (125 g),
1 diente de ajo,
6 cucharadas soperas de salsa de
     tomate muy espesa (o 2 de con-
     centrado de tomate),
1 plato con harina,
1 cucharada (de las de café) de pi-
     mentón,
1 pellizco de azafrán en rama,
     sal.

Caldo corto (receta 501):
1¹/₄ litro de agua,
1 hoja de laurel,
2 cucharadas soperas de vino
     blanco,
1 trozo de cebolla (30 g),
     sal y los desperdicios del pescado.

Todos los ingredientes del caldo corto se cuecen con los desperdicios del pescado, a fuego vivo, durante unos 20 minutos para que quede el caldo algo reducido. Se cuela por un colador muy fino y se reserva.

En una sartén se pone el aceite a calentar. Mientras, se pelan, se lavan y se cortan las patatas en rodajas no muy finas. Se secan con un paño limpio y se fríen por tandas. Una vez fritas (no mucho, es decir, que se retiran del aceite antes de que empiecen a dorarse), se reservan en un plato. Después se lavan y se secan bien los filetes de merluza, se pasan por un plato con harina y se fríen también por tandas. Se reservan igualmente.

Se vacía casi todo el aceite de la sartén, no dejando más que para cubrir bien el fondo. Se echa la cebolla pelada y muy picada, el diente de ajo igual. Se rehogan hasta que la cebolla empieza a dorarse (más o menos 10 minutos). Se añade entonces la harina, luego el tomate y, después de darle unas vueltas, el pimentón; se revuelve y rápidamente se aparta del fuego (pues el pimentón se quema muy de prisa). Fuera del fuego se va añadiendo poco a poco el caldo corto de los desperdicios (3 o 4 vasos de los de agua). En el mortero se machacan un par de hebras de azafrán y se le añade un poco de salsa. Se vierte esto en el resto de la salsa de la sartén. Se echa sal, se cuece unos 3 minutos y se pasa por el pasapurés. Se pone un poco de salsa en el fondo de una fuente de barro, porcelana o cristal resistente al horno, donde se ponen las patatas y, encima de ellas, el pescado. Se cubre con el resto de la salsa y se pone a fuego mediano la fuente hasta que las patatas estén blandas (unos 15 a 20 minutos), moviendo la fuente de vez en cuando; se sirve en su misma fuente.

582. COLA DE MERLUZA AL HORNO CON BECHAMEL Y CHAMPIÑONES (6 personas)

1 cola de merluza de 1¼ a 1½ kg.,
25 g de mantequilla,
2 cucharadas soperas de aceite fino,
½ litro de leche fría,
1 cucharada sopera colmada de harina,

75 g de gruyère rallado,
125 g de champiñones medianos,
25 g de mantequilla,
unas gotas de zumo de limón,
sal.

Poner la cola de merluza muy ligeramente salada en una fuente honda resistente al horno. En una sartén se ponen la mantequilla y el aceite a derretir; cuando están, se añade la harina, se dan unas vueltas con una cuchara de madera y, poco a poco, se añade la leche fría sin dejar de dar vueltas; se echa sal y se deja cocer la bechamel 10 minutos para que quede algo espesa. Se vierte entonces sobre el pescado que está en la fuente, se espolvorea con el queso rallado y se mete al horno (que estará previamente calentado) unos 25 minutos.

Mientras tanto, se limpian muy bien los champiñones con un cepillo. Se echan en agua fresca con unas gotas de zumo de limón, dejando las cabezas enteras. Una vez limpios todos, se escurren y se ponen en un cazo con un poco de mantequilla, unas gotas de zumo de limón y sal. Se dejan unos 6 minutos para que estén bien tiernos y se reservan.

Gratinada la bechamel, se medio saca del horno la fuente del pescado y en el lomo de la cola de merluza se colocan las cabezas de los champiñones en fila, poniendo las más grandes en el empiece cortado y disminuyendo hasta la cola. Se vuelve a meter la fuente en el horno, con fuego sólo por debajo, unos 5 minutos más, y se sirve el pescado en su misma fuente.

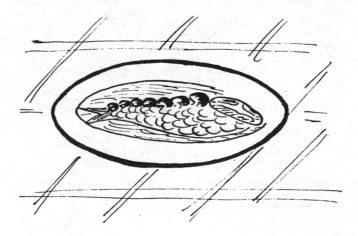

583.   COLA DE MERLUZA RELLENA (6 personas)

1½ kg en una cola de merluza o pescadilla grande.

Relleno:
125 g de champiñones,
  1 puñado pequeño de miga de pan
    (unos 80 g) mojada con un vaso
    (de los de vino) de leche muy ca-
    liente,
  1 cebolla pequeña (50 g),
  2 cucharadas soperas de aceite,
  1 huevo,
 15 g de mantequilla y unas gotas de
    zumo de limón,
  1 cucharada (de las de café),
    de perejil picado,
    sal.

Adorno:
  1 huevo,
    pan rallado (grueso),
  3 tomates (cortados por la mitad),
    unas ramitas de perejil,
 50 g de mantequilla,
  3 cucharadas soperas de aceite
    fino,
    sal,
  1 hoja de papel de aluminio.

En la pescadería se manda quitar la espina central a la cola de merluza, dejando
ésta entera.
   Se pone abierta sobre un mármol o tabla y se sala ligeramente.
   Aparte se prepara el relleno. Se lavan y se cortan los champiñones muy menudos, se ponen en un cazo con un poquito de mantequilla (como una nuez) y
unas gotas de limón; se tapa el cazo con tapadera y se hacen a fuego lento
unos 6 minutos.
   Aparte, en un tazón, se pone la miga de pan en remojo con la leche caliente.
Por fin, en una sartén se calientan las 2 cucharadas soperas de aceite, se pone a
dorar la cebolla. Cuando está empezando a dorarse, se retira, y en una ensaladera se echa la cebolla, el pan remojado, el champiñón, el perejil, un poco de sal
y el huevo batido como para tortilla. Se mezcla todo muy bien y se pone en una
tira en el centro del pescado. Se cose la cola con una cuerda fina, dejando un
rabo al final para quitarla cómodamente.
   Se pone el papel de aluminio en una besuguera y en el centro del papel el
aceite. Se coloca el pescado encima, se bate el huevo y con un pincel se pasa
por todo el pescado y se espolvorea con el pan rallado, apretando un poco para
que se adhiera bien. Se pone alrededor del pescado la mantequilla en trocitos.
Se mete en el horno caliente durante 15 minutos, después se cubre con el papel
de aluminio que sobresale de los lados y se deja unos 10 minutos más.
   Se saca del horno, se abre el papel, se tira de la cuerda para quitarla y se
desliza el pescado desde el papel a la fuente, dejando caer la grasa que tiene.
Se sirve adornado con tomate y perejil.

584.   MERLUZA CON MAYONESA AL HORNO (6 personas)

  1 cola de merluza de 1¼ kg (más o
    menos),
  2 patatas grandes,
  1 vaso (de los de agua) de aceite (so-
    brará),
  2 cucharadas soperas de perejil pi-
    cado,
    el zumo de ½ limón,
    sal.,

Mayonesa (receta 94):
  2 huevos,
 ¾ litro de aceite fino,
    el zumo de ½ limón,
    sal,
  1 hoja de papel de plata (de 10 x 30
    cm),

Se hace la mayonesa de manera que no quede muy dura.

En la pescadería se manda abrir la cola de merluza para poderle quitar la espina central y que quede en dos trozos el pescado. Se lava y se seca muy bien.

En una sartén se pone el aceite a calentar. Se pelan las patatas, se lavan y se cortan en rodajas finas. Se refríen en el aceite de manera que queden fritas, pero sin llegar a dorarse. Se escurren y se ponen en el fondo de la fuente (de cristal o porcelana resistente al horno) donde se vaya a hacer la merluza para que quede cubierto todo el fondo. Se salan ligeramente. Por encima se colocan los dos trozos de merluza contrapeados. Se salan, se espolvorean con el perejil y se rocía con el zumo del ½ limón.

Se cubre todo el pescado y la fuente con la mayonesa. Se pone en una esquina un tubo hecho con papel de plata en forma de chimenea (se enrolla el papel alrededor de un dedo para hacer como un tubito). Se enciende el horno unos 5 minutos antes de meter la fuente. Se mete el pescado al horno 20 minutos y se sirve en su misma fuente. Antes de ir a servirlo, se vuelca un poco la fuente del lado de la chimenea para sacar el líquido sobrante debajo de la costra, se quita la chimenea y por el agujero sale el líquido, que se quita con una cuchara.

Nota.—Se puede hacer este plato con merluza congelada, una vez descongelada ésta.

585. RODAJAS DE MERLUZA FRITA SOLO CON HARINA (6 personas)

1 litro de aceite (sobrará),
1 plato con harina,
6 rodajas de merluza (de la parte cerrada del pescado),

6 rodajas gruesas de limón,
sal.

Una vez lavada y bien seca la merluza, se sala por las dos caras. Se pone a calentar el aceite en una sartén y cuando está en su punto, es decir, no demasiado fuerte para que la merluza se fría de dentro afuera y quede bien hecha, se pasan las rodajas por la harina y se fríen de 2 en 2 hasta que tengan un bonito color dorado.

Se colocan en una fuente y se adorna cada rodaja con una rodaja de limón y se sirve.

586. RODAJAS DE MERLUZA FRITAS REBOZADAS (6 personas)

6 rodajas de merluza cerrada,
1 litro de aceite (sobrará),
1 plato con harina,

2 huevos batidos como para tortilla,
1 limón entero,
sal.

Se pone a calentar el aceite a fuego mediano. Mientras tanto, se lavan y se secan con un paño limpio las rodajas de merluza. Se salan ligeramente por las dos caras. Se pasan por el plato de harina también por las dos caras, se sacuden para que caiga lo que sobra y se pasa después por los huevos batidos como para tortilla. Se fríen en el aceite de 2 en 2 hasta que tengan las rodajas un bonito color dorado.

Se sirven en una fuente con unos trozos de limón, sin pelarles la cáscara.

587. RODAJAS DE MERLUZA CONGELADA FRITAS (6 personas)

6 rodajas de merluza,
1 vaso (de los de agua) de leche,
2 huevos,
1 litro de aceite (sobrará),

1 plato con harina,
sal,
1 limón.

Se descongela la merluza poniéndola en agua fría abundante con 3 cucharadas soperas de sal. Una vez blanda, se escurre y se pone en un plato hondo y se le vierte la leche, que la cubra. Se vuelven las rodajas varias veces para que queden bien empapadas. Se tienen así una $^1/_2$ hora. Se escurren y se procede a rebozar y freír igual que en la receta anterior.

Se sirven en seguida con unos trozos de limón.

588. RODAJAS DE MERLUZA FRITAS ADORNADAS CON CURRUSQUITOS DE PAN FRITO Y ALCAPARRAS (6 personas)

6 rodajas de merluza (de la parte cerrada),
1 cucharada sopera de perejil picado (rasada),
1 plato con harina,

3 rebanadas de pan de 2 cm de gruesas,
3 cucharadas soperas de alcaparras,
40 g de mantequilla,
1 litro de aceite (sobrará),
sal.

Se pone el aceite a calentar en una sartén. Se cortan las rebanadas de pan a cuadraditos muy pequeños y se fríen poco.

Se pone sal por las dos caras de cada rodaja de merluza. Se pasan de una en una por harina, sacudiéndolas para que no haya mucha, y con las puntas de los dedos se pone en cada rodaja un poco de perejil picado espolvoreado, pero apretándolo luego con la palma de la mano para que quede bien adherido al pescado. Se fríen las rodajas de 2 en 2 y, una vez bien fritas, con un bonito color dorado por cada cara, se reservan en la fuente donde se vayan a servir y ésta se pone en sitio caliente.

Se retira casi todo el aceite, no dejando más que un fondo en la sartén. Se añade la mantequilla; cuando está derretida, se quita la espuma que se forma con una cuchara, se añaden las alcaparras, los curruscos de pan, se da una vuelta y se vierte toda esta salsa, repartiéndola por cada rodaja de merluza. Se sirve en seguida.

589. RODAJAS DE MERLUZA GUISADA CON CHIRLAS (6 personas)

6 rodajas de merluza (de la parte cerrada),
$^1/_4$ kg de chirlas grandecitas,
1 litro de aceite (sobrará),
1 plato con harina,
4 cucharadas soperas de aceite,
1 cucharada sopera rasada de harina,
$^1/_2$ vaso (de los de vino) de vino blanco,

1 diente de ajo,
1 cebolla pequeña (50 g),
1 cucharada sopera de perejil picado,
1 cucharadita (de las de moka) de concentrado de carne (Liebig, Bovril, etc.),
agua y sal.

En una sartén se pone el aceite a calentar; cuando está en su punto (el aceite no debe estar muy caliente, para que se cueza el pescado antes de que se dore), se salan las rodajas de merluza por las dos caras, se pasan por la harina del plato y se sacuden para que caiga la sobrante. Se fríen y se van colocando en una fuente de cristal, porcelana o barro resistente al fuego.

Se lavan muy bien las chirlas en varias aguas; la primera con un poco de sal para que suelten bien la arenilla. Se ponen en un cazo con agua fría que las cubra bien y se ponen a cocer hasta que se abren. Se apartan y se van quitando las chirlas de sus cáscaras, reservándolas en un tazón con un poco del agua de cocerlas. Se tiran las conchas y se reserva el agua de cocerlas. En una sartén se ponen las 4 cucharadas soperas de aceite a calentar, cuando están calientes, se echa la cebolla y el diente de ajo pelados y picados, se da unas vueltas con una cuchara de madera y a los 5 minutos se añade la harina, se da vueltas hasta que esté doradita y se agrega poco a poco el vino blanco y el agua de cocer las chirlas (sin apurar el fondo del cazo, donde se deposita siempre algo de arena). Se cuecen durante unos 10 minutos, más o menos. Fuera del fuego se añade el concentrado de carne y se pasa por el chino o el pasapurés, vertiendo la salsa por encima de las rodajas de merluza. Se espolvorean las chirlas y el perejil. Si se ve que es poca salsa, se puede añadir un poco de agua templada. Se prueba de sal y se rectifica si hace falta. Encima del fuego se cuece a fuego mediano otros 10 minutos más o menos, sacudiendo de vez en cuando la fuente para que la salsa se trabe bien. Se sirve en seguida en su misma fuente.

590. RODAJAS DE MERLUZA EN SALSA VERDE (6 personas)

6 rodajas gruesas de merluza cerrada (unos 200 g cada una),
4 cucharadas soperas de aceite,
1 cucharada sopera de harina,
1 cebolla mediana (80 g),
1 diente de ajo,
unas ramitas de perejil,

1 cucharada sopera de perejil picado muy menudo,
1½ vasos (de los de agua) de agua fría,
1 lata pequeña (125 g) de guisantes (facultativo),
1 ó 2 huevos duros (facultativo),
sal y pimienta.

En una sartén se pone el aceite a calentar; cuando está, se echa la cebolla a freír. Mientras tanto, en el mortero se machaca el diente de ajo y las ramitas de perejil con un poco de sal. Cuando la cebolla se va poniendo transparente (unos 5 minutos más o menos), se añade la harina, se dan unas vueltas con una cuchara de madera y se agrega poco a poco el agua fría, se cuece un poco esta salsa y se cogen un par de cucharadas que se añaden a lo machacado en el mortero, revolviendo muy bien. Se incorpora el contenido del mortero a la salsa de la sartén y se revuelve todo junto.

En una cacerola de barro o porcelana (resistente al fuego) se cuela la salsa por un chino o un colador de agujeros grandes. Se colocan las rodajas de merluza ligeramente saladas y holgadas de sitio. La salsa las debe cubrir justo; si es necesario, se puede añadir algo más de agua (teniendo en cuenta que la merluza soltará agua también al cocerse). Se espolvorea un poco de pimienta molida, el perejil picado y los guisantes (si se quiere). Se agarra la cacerola por un costado y se sacude suavemente durante unos 15 minutos. Esto es fundamental para que se trabe bien la salsa. Se prueba entonces la salsa y se rectifica si fuese necesario. Se pican los huevos duros y se espolvorean por encima del pescado (esto es facultativo).

Se sirve en seguida en su misma cacerola de barro.

591.   RODAJAS DE MERLUZA A LA VASCA (6 personas)
(Con espárragos, guisantes, etc.)

6 rodajas gruesas de merluza cerrada muy fresca (unos 200 g cada raja),
1 manojo de espárragos frescos
finos (si no, una lata de puntas
de espárragos),
½ kg de guisantes frescos (o una
lata de 125 g),
1 huevo duro picado,
4 cucharadas soperas de aceite,

1 cucharada sopera de perejil picado,
1 ramita de perejil,
1 diente de ajo,
1 cebolla mediana (80 g),
1 cucharada sopera de harina,
1½ vasos (de los de agua) de agua,
más o menos,
sal.

Antes de empezar el guiso de la merluza se tendrán preparados y cocidos los espárragos y los guisantes, o abiertas y escurridas las latas.

En una sartén se pone el aceite a calentar. Cuando está, se echa la cebolla y el diente de ajo picados. Se refríen hasta que la cebolla se va poniendo transparente (unos 6 a 7 minutos), se agrega la harina, la ramita de perejil y en seguida un vaso de agua fría. Se cuece un poco esta salsa (unos 8 minutos) sin dejar de moverla con una cuchara de madera.

En una cacerola de barro o de porcelana (resistente al fuego) se van poniendo las rodajas de merluza ligeramente saladas y holgadas de sitio. Se pasa por un pasapurés o colador de agujeros grandes la salsa de la sartén y se vierte sobre la merluza, añadiendo entonces el ½ vaso de agua, si hace falta, para que cubra justo la merluza (pues ésta soltará agua al hacerse). Se sacude constantemente la cacerola de barro durante los 15 minutos que hacen falta a la merluza para cocerse, agarrándola con un agarrador y moviendo con cuidado para que no se rompan las rodajas.

Al ir a servir en esta misma cacerola en que se ha hecho el pescado, se añaden el perejil picado espolvoreado, los guisantes bien repartidos, los espárragos y el huevo duro picado. Se calienta todo unos 5 minutos más, probando la salsa y rectificando de sal si hace falta. Se sirve en seguida.

592.   RODAJAS DE MERLUZA AL HORNO CON SALSA DE VINO Y NATA (6 personas)

6 rodajas de merluza (mejor cerrada),
30 g de mantequilla,
3 o 4 cucharadas soperas de pan rallado,

1 vaso (de los de vino) de buen vino
blanco,
1 cebollita francesa (30 g),
¼ litro de nata líquida,
2 cucharadas soperas de aceite,
sal.

En una besuguera de metal, cristal o porcelana resistente al fuego se ponen 3 cucharadas de aceite; después se lavan, se secan y se salan las rodajas de merluza y se ponen en la besuguera. Se les echa en cada una un poco de pan rallado y por encima una avellana de mantequilla. Se meten a horno mediano (previamente calentado) unos 25 minutos. Mientras, en una sartén se ponen las 2 cucharadas soperas de aceite a calentar, se echa la cebollita pelada y picada muy fina. Se dan unas vueltas con una cuchara de madera hasta que está transparente (unos 5 minutos más o menos), se añade entonces el vaso de vino y se cuece otros 8 minutos. Se retira del fuego y poco a poco se añade la crema. Se abre el horno y se vierte por encima de las rodajas de merluza la salsa. Se apaga el horno, pero se vuelve a meter la besuguera un ratito para que se caliente la salsa sin hervir. A los 5 minutos, más o menos, se sirve en la misma fuente.

593. RODAJAS DE MERLUZA AL HORNO CON SALSA DE NATA Y CHAMPIÑONES (6 personas)

6 rodajas de merluza (mejor de la parte cerrada),
3 cucharadas de aceite fino,
40 g de mantequilla,
1½ limón,
¾ de vaso (de los de vino) de vino blanco,

4 ramitas de perejil,
2 cucharadas soperas de pan rallado,
100 g de champiñones,
¼ litro de nata líquida,
sal.

En una besuguera de cristal o porcelana resistente al horno se pone el aceite. Encima se colocan las rodajas de merluza lavadas, secadas y saladas por las dos caras. Se rocían con el vino blanco y el zumo de un limón y se colocan las ramitas de perejil entre las rodajas. Se espolvorea cada una con un poco de pan rallado (un pellizco en cada una), se pone un trozo de mantequilla encima de cada rodaja (reservando un trocito para los champiñones). Se mete en el horno, previamente calentado, unos 5 minutos a fuego mediano, hasta que las rodajas están hechas y con un bonito color dorado (más o menos 15 minutos).

Mientras la merluza se va haciendo, se preparan los champiñones. Se separan las cabezas de los pedúnculos. Se cepillan bien para quitarles la tierra, se lavan y se van echando en agua con unas gotas de limón. Se cortan en láminas finas, se ponen escurridos en un cazo con la mantequilla y el resto del zumo de limón. Se tapa el cazo y se dejan unos 6 minutos a fuego mediano.

Una vez hechos los champiñones, se les añade la nata líquida. Se revuelve bien todo, teniendo cuidado de calentar la crema un poco sin que cueza (pues se puede cortar).

Se quitan las ramitas de perejil a la merluza y se rocían con la salsa de los champiñones. Se vuelve a meter la fuente en el horno casi apagado 5 minutos y se sirven en su misma fuente.

594. MERLUZA RAPIDA (6 personas)

6 rodajas de merluza (fresca o congelada),
1 vaso (de los de agua) de aceite,
2 patatas medianas,

zumo de un limón,
2 dientes de ajo muy picados,
1 cucharada sopera de perejil picado,
sal.

Se descongelan las rodajas de merluza poniéndolas en agua fría que las cubra bien y 3 cucharadas soperas de sal durante una hora, más o menos. Después se sacan, se lavan al grifo y se secan; después se emplean normalmente.

Se pelan y se lavan las patatas. Se cortan en rodajas finas (algo menos de ½ cm). En una sartén se pone el aceite a calentar y una vez caliente se ponen las patatas a freír; tienen que freírse, pero sin dorar casi. Cuando están, se sacan.

En una fuente de cristal, barro o porcelana resistente al fuego se ponen las patatas y encima se posan las rodajas de merluza. A la sartén donde se han frito las patatas se le retira casi todo el aceite, dejando sólo un poco. Se rehogan los dientes de ajo hasta que empieza a dorarse. Se retira la sartén del fuego y se echa el perejil picado. Se revuelve y se vierte por encima de las rodajas de merluza.

Se mete entonces la fuente en el horno, previamente calentado durante 5 minutos, y se deja que se haga. Cuando la merluza está blanca (unos 15 minutos) está el pescado en su punto. **Justo en el momento de servirla y fuera del fuego, se sala y se echa el zumo de limón.** La gracia de este plato consiste en no echar ni la sal ni el limón antes de lo dicho, por esto se insiste en ello.

Nota.—Se puede hacer en el fuego en vez del horno, pero queda algo más seco.

595. RODAJAS DE MERLUZA CONGELADA CON CEBOLLA
(6 personas)

6 rodajas de merluza congelada un poco gruesas y cerradas,
5 cucharadas soperas de aceite crudo,

2 cebollas grandes picadas (400 g), el zumo de 1 limón,
sal.

Se descongela la merluza como en la receta anterior.

En una cacerola amplia se pone el aceite, se coloca más de la mitad de la cebolla picada en el fondo, y sobre ella las rodajas de merluza saladas que queden holgadas de sitio; se rocían con el limón, se coloca el resto de la cebolla repartida encima de las rodajas de pescado y se tapa la cacerola. Se pone a fuego lento durante unos 20 minutos.

Se pueden servir en una fuente, teniendo cuidado de sacar las rodajas enteras con una espumadera, o se puede hacer en una fuente de cristal, porcelana o barro resistente a la lumbre y servir en la misma fuente.

596. COLA DE MERLUZA AL HORNO CON SALSA
DE ALMENDRAS, AJOS Y VINO BLANCO (6 personas)

$1^1/_4$ a $1^1/_2$ kg de merluza fresca o congelada,
1 plato con harina,
$^1/_2$ litro de aceite (sobrará),
2 patatas medianas,
sal,
Salsa:
  8 almendras,
  3 dientes de ajo,

2 ramitas de perejil,
3 rebanadas de pan frito (de 1 cm de grueso),
1 cebolla pequeña (50 g),
1 vaso (de los de agua) bien lleno de vino blanco,
$^1/_2$ vaso (de los de vino) de agua,
2 cucharadas soperas de aceite,
sal.

Si la merluza es congelada, se descongelará como en la receta 594.

Se preparan los filetes quitando las espinas y cortándolos en cuatro a lo largo.

En una sartén se pone el aceite a calentar; cuando está caliente se fríen las rebanadas de pan y se reservan. Después se pelan, se lavan y se cortan en rodajas finas las patatas y se fríen, de manera que estando fritas no se doren casi. Se colocan en el fondo de la fuente de cristal, barro o porcelana (resistente al fuego) donde se hará la merluza.

El pescado, después de lavado y seco se sala ligeramente, se pasa por harina y se fríe filete por filete. Se colocan en la fuente encima de las patatas.

En una sartén pequeña se ponen 2 cucharadas soperas de aceite a calentar y se fríe la cebolla picada hasta que empiece a dorarse (unos 8 minutos).

Mientras tanto, en el mortero se machaca el pan frito, los dientes de ajo, el perejil y las almendras. Se vierte en la sartén de la cebolla y se añade el vino, el agua y un poco de sal. Se cuece esta salsa durante 5 minutos, se cuela por un chino apretando mucho y se echa por encima del pescado.

Se mete a horno mediano (previamente calentado durante 5 minutos), 10 minutos. Se sirve en seguida en su misma fuente.

597. FILETES DE MERLUZA CONGELADA AL HORNO CON COÑAC Y SALSA DE TOMATE (6 personas)

6 filetes de merluza congelada,
30 g de mantequilla,
1 vaso (de los de vino) bien lleno de coñac,
1 pellizco de hierbas aromáticas (o 1 ramillete con laurel, tomillo, ajo y perejil),
¾ kg de tomates,

2 cucharadas soperas de aceite frito,
1 cebolla mediana (80 g),
1 cucharada (de las de café) de harina (colmada),
3 cucharadas soperas de pan rallado,
30 g de mantequilla,
sal.

Se hace la salsa de tomate poniendo en una sartén el aceite a calentar; se echa la cebolla pelada y picada y se rehoga unos 5 minutos hasta que se pone transparente; entonces se añaden los tomates cortados en trozos y quitadas las simientes. Con el canto de una espumadera se machacan y se refríen durante unos 10 minutos. Pasado este tiempo se pasa por el pasapurés, se le añade la harina, la sal, el pellizco de hierbas aromáticas, se refríe otros 2 minutos y se reserva.

Se descongela la merluza, poniéndola un par de horas en una fuente sin nada. Una vez descongelada se rocía con el coñac y se le da varias vueltas a los filetes para que se impregnen bien. Se dejan más o menos ½ hora, se salan y se ponen en una fuente de cristal o porcelana.

Se calienta la salsa de tomate y se le agregan 3 o 4 cucharadas soperas del coñac de la merluza. Se cuece durante unos 5 minutos la salsa para que espese un poco. Se vierte por encima del pescado, se espolvorea con el pan rallado, se pone la mantequilla en varios trocitos y se mete al horno durante 15 minutos, tiempo que necesita la merluza para hacerse.

Se sirve en seguida en su misma fuente.

598. MERO ASADO (6 personas)

1½ kg de mero en 1 o 2 rodajas, un poco de aceite (½ vaso de los de vino),
2 ramitas de tomillo,

6 patatas medianas cocidas con la piel (facultativo),
sal.

Con los dedos o, mejor, con una brocha, se pasa un poco de aceite por las dos caras del mero. Se le pone sal y se mete a horno mediano. Este se habrá encendido 5 minutos antes, bastante fuerte. Se pone una ramita de tomillo encima y se coloca en la misma parrilla poniendo una besuguera sólo en el fondo del horno por si gotea el pescado. A los 10 minutos se da la vuelta al mero, colocándole la otra ramita de tomillo. Se deja 10 minutos más y se sirve en seguida en una fuente caliente con platos calentados.

Se puede adornar con patatas cocidas y peladas, o simplemente con unos ramilletes de perejil.

Se sirve aparte salsa en salsera. esta puede ser una mousselina, bearnesa, mayonesa o mantequilla derretida y ligeramente tostada con alcaparras, según guste más.

599. MERO EN SALSA VERDE (6 personas)

1½ kg de mero en 2 rodajas.

Se procede igual que en la receta 590, teniendo en cuenta que el mero, por ser más anchas las rodajas, tarda algo más en cocerse.

600. MERO A LA VASCA

Se procede igual que para las rodajas de merluza a la vasca (receta 591).

601. MERO AL HORNO CON SALSA DE NATA Y CHAMPIÑONES

Se hace igual que las rodajas de merluza (receta 593).

602. FILETES DE MERO AL HORNO CON VINO BLANCO Y PICADITO DE CEBOLLAS

Se procede igual que para los filetes de lenguado (receta 559), dejando un poco más de tiempo de horno.

603. MERO CON VINO BLANCO AL HORNO

Se procede igual que para el lenguado entero, teniendo en cuenta que al ser un pescado más grueso se tendrá que aumentar el tiempo de horno (receta 568).

604. PALOMETA

(Véanse las recetas para castañola.)

605. PESCADILLAS FRITAS QUE SE MUERDEN LA COLA 6 personas)

6 pescadillas de ración,
1 plato con harina,
1 litro de aceite (sobrará),

sal,
1 limón.

En la pescadería se mandan vaciar y limpiar las pescadillas.

Se lavan al chorro y se secan muy bien con un paño limpio. Se salan un poco en la parte abierta de la tripa y por el cuerpo. Se les mete la cola en la boca y se aprieta un poco para que los dientes la agarren bien.

Se calienta el aceite, se pasan las pescadillas por harina y se fríen de dos en dos para que no tropiecen, hasta que tengan un bonito color dorado. Se escurren bien y se ponen en una fuente adornada con trozos de limón sin pelarle a éste la cáscara. Se sirven recién fritas.

606. PESCADILLAS ABIERTAS, REBOZADAS Y FRITAS
   (6 personas)

6 pescadillas de ración,	2 huevos enteros,
1 plato con harina,	1½ limón en trozos,
1 litro de aceite (sobrará),	sal.

En la pescadería se manda quitar la cabeza, abrirlas y quitarles la espina central, pero dejando la cola de las pescadillas.

En casa se lavan, se secan y se salan. Se pasan primero por harina, se sacuden para que no quede demasiada, y se pasan por el huevo bien batido como para tortilla. Se tendrá el aceite caliente y se fríen (pero que no esté el aceite demasiado caliente, con el fin de que se cuezan un poco por dentro antes de dorarse). Se fríen las pescadillas por tandas para que no tropiecen y se sirven en una fuente con gajos grandes de limón sin pelar.

607. PESCADILLAS AL HORNO CON VINO Y PASAS
   (6 personas)

6 pescadillas de ración,	1½ limón,
1 vaso (de los de vino) de moscatel,	3 cucharadas soperas de aceite,
	50 g de mantequilla,
2 yemas de huevo,	1 cucharada sopera de pan rallado,
1 puñadito de pasas de Corinto (o Málaga),	sal.

En la pescadería se mandan limpiar las pescadillas, quitarles las cabezas y la espina central.

En casa se lavan bien y se secan. En una besuguera (de metal, cristal o porcelana resistente al horno) se pone el aceite en el fondo. Se salan y se doblan en dos como una horquilla, con la piel para fuera. Se espolvorean ligeramente con pan rallado y se les pone algo menos de la mitad de la mantequilla en varios trocitos. Se rocían con la mitad del vino y el medio zumo de limón, y se meten a horno mediano 15 minutos.

Mientras tanto se les quitan los rabos a las pasas y se ponen en un cazo pequeño con lo que queda del vino. Se calienta éste, pero sin que cueza y se retira del fuego, dejando las pasas dentro para que se ablanden.

En una sartén pequeña se pone el resto de la mantequilla a derretir, el zumo del limón y el vino con las pasas. Se calienta bien dando unas vueltas. En un tazón se ponen las 2 yemas de huevo y se les agrega un poco de salsa, despacio y sin dejar de mover para que no se cuajen. Se incorpora esto al resto de la salsa, se mueve bien y se vierte por encima de las pescadillas, sacudiendo un poco la fuente para que la salsa se mezcle con la de las pescadillas. Se apaga el horno y se deja unos 5 minutos más el pescado en él.

Se sirve en la misma fuente que se han hecho.

608. PESCADILLA AL HORNO (6 personas)

1 pescadilla de 1½ kg, el zumo de 1 limón, 1½ cucharada sopera de pan ralla- do, 1 cucharada sopera de perejil pi- cado,	4 cucharadas soperas de aceite fino, 50 g de mantequilla, sal.

En la pescadería se manda quitar la cabeza y abrir la pescadilla para quitarle la espina central.

Se lava y se seca bien con un paño limpio.

En una besuguera se pone el aceite en el fondo. Se coloca la pescadilla abierta con la piel tocando el aceite. Se sala, se rocía con el perejil picado y luego con el pan rallado. Se pone la mantequilla en trocitos encima de la pescadilla y se mete a horno mediano (que estará previamente calentado) unos 20 minutos, más o menos. Se sirve en la misma fuente.

609. COLA DE PESCADILLA GRANDE RELLENA

Se prepara exactamente igual que va explicado en la cola de merluza rellena (receta 583). Como las pescadillas se compran siempre enteras, se podrá hacer con la parte de cerca de la cabeza unas croquetas, para aprovechar esta parte que no se rellena bien.

610. PESCADILLA GRANDE

(Véase la receta del **besugo al horno con tomate, cebolla y champiñones**, receta 528.)

Lubina al horno (receta 571),
Merluza cocida (receta 574),
Cola de merluza al horno con tomate y queso rallado (receta 575),
Pescadilla en rodajas o en filetes; filetes de merluza rebozados y fritos (receta 578),

Rodajas de merluza guisada con chirlas (receta 589),
Rodajas de merluza en salsa verde (receta 590),
Rodajas de merluza a la vasca (receta 591).

La mayoría de las recetas de merluza se pueden hacer con pescadilla.

611. PEZ ESPADA CON CEBOLLA Y VINO BLANCO (6 personas)

1 kg de pez espada en filetes finos,
2 cebollas grandes (300 g),
1 plato con harina,
1 vaso (de los de vino) de agua,

1 vaso (de los de vino) de vino blanco,
1½ vaso (de los de agua) de aceite, sal.

En una sartén se pone aceite a calentar; mientras se calienta se salan los filetes por las dos caras y se pasan por harina. Se fríen rápidamente hasta que estén dorados.

Se separan y se reservan en un plato.

En una cacerola se pone un poco de aceite de freír el pescado (unas 3 cucharadas soperas), se añade la cebolla, pelada y cortada en tiras finas y largas, que se refríen hasta que se pongan transparentes (unos 5 minutos); se añade entonces el vino y el agua y se cuece unos 10 minutos más a fuego lento y moviendo de vez en cuando con una cuchara de madera.

Se agrega el pescado y se deja unos 10 minutos hasta que está hecho. Se sirve en seguida en una fuente.

612. PEZ ESPADA A LA PARRILLA

1 kg de pez espada en filetes cortados finos,
3 dientes de ajo,
2 cucharadas soperas de perejil picado,

4 cucharadas soperas de aceite,
el zumo de 1 limón,
sal.

Se ponen los filetes ya salados en una parrilla con fondo para que pueda recogerse la salsa al final. Se pone la mitad del aceite en cada cara de los filetes, ajo muy picado (la mitad) y la mitad del perejil. Se echa un poco de zumo de limón y se mete a horno previamente calentado y fuerte. Una vez dorados por una cara (más o menos 10 minutos) se les da la vuelta a los filetes y se vuelve a poner aceite, ajo picado, perejil y limón.

Una vez asados se ponen en una fuente caliente, se recoge el jugo que han soltado al asarse, se vierte por encima de los filetes y se sirven con una ensalada de lechuga aparte.

También se pueden acompañar de mayonesa servida aparte.

613. PEZ ESPADA EMPANADO (6 personas)

1 kg de pez espada en filetes finos,
1 plato con pan rallado,
2 huevos,

1 litro de aceite (sobrará),
sal,
salsa mayonesa con alcaparras.

Hacer una salsa mayonesa como va explicado en la receta 94.

Freír el pescado, salándolo y pasándolo por huevo batido como para tortilla, y después por pan rallado.

Los filetes se freirán por tandas, en aceite abundante. Escurrir bien después de frito y servir en una fuente con la salsa en salsera aparte.

Se puede adornar la fuente con lechuga aliñada o con ramilletes de perejil frito y cada filete con una anchoa enrollada puesta encima.

614. FILETES DE PEZ ESPADA CON SALSA DE GAMBAS Y ALMEJAS (6 personas)

1 kg de pez espada en filetes finos,
¼ kg de gambas,
¼ kg de almejas (chirlas o chochas),
½ litro de aceite (sobrará),
1 plato con harina,
1 cebolla grande (150 g),

1 cucharada sopera colmada de harina,
unas hebras de azafrán (poco) o pellizco en polvo,
1 diente de ajo,
3 cucharadas soperas de jerez,
1½ vaso (de los de agua) de caldo de cocer los desperdicios,
agua y sal.

Se lavan en varias aguas con sal las almejas. Se ponen en una sartén con un vaso (de los de vino) de agua, y, a fuego vivo, se saltean hasta que se abran. Se sacan los bichos de su concha y se reservan en un tazón con su jugo (colado por un colador de tela metálica o incluso con una gasa).

Se les quitan las cabezas y los caparazones a las gambas, dejando sólo las colas en un plato. Los desperdicios se cuecen en agua y sal durante 10 minutos. Se cuela y se reserva el caldo.

Se lavan, se secan y se salan los filetes de pescado. Se pasan por harina, ligeramente. En una sartén se pone el aceite a calentar y se fríen muy rápidamente, por cada cara. Se van colocando en una fuente de barro, cristal o porcelana resistente al fuego.

En un cazo o en la misma sartén se ponen a calentar unas 4 cucharadas soperas de aceite de freír el pescado. Cuando está caliente se le añade la cebolla pelada y picada. Se refríe hasta que empiece a dorar (unos 8 minutos), se añade entonces la harina. Se revuelve un par de minutos con una cuchara de madera, y, poco a poco, se añade el jerez, el caldo de las chirlas y el de las gambas (en total 1½ vaso de los de agua). Se machaca el azafrán, con el diente de ajo pelado, en el mortero y se disuelve con 2 cucharadas soperas de agua. Se incorpora a la salsa, se cuela ésta por el chino, apretando bien, y se vierte por encima del pescado. Se añaden las colas de gambas y las almejas, se rectifica de sal y se cuece a fuego mediano durante unos 8 minutos, sacudiendo de vez en cuando la fuente para que se trabe la salsa.

Si hiciese falta se puede agregar algo más de agua.

Se sirve en la misma fuente en que se ha hecho.

615. RAPE ESTILO LANGOSTA (6 personas)

1¾ kg de rape crudo, de la parte ancha,
pimentón (unos 100 g),
3 cucharadas soperas de aceite fino,
sal.
Adorno:
Unas hojas de lechuga.

1 huevo duro en rodajas, o gambas, etc.
Salsa:
Mayonesa simple o mayonesa con tomate y coñac, o vinagreta (recetas 90, 94, 96).

En la pescadería se manda quitar la piel y deshuesar el rape que tiene que ser de la parte ancha, pero mejor cerrada; de lo contrario, se cortarán las aletas de la parte abierta. Salen como 2 lomos. Se guarda el hueso.

En casa se lava el rape y se seca muy bien. Se ata con una cuerda fina como si fuese un asado de carne. Se sala y con la punta de los dedos se unta con aceite primero y con pimentón después, de forma que quede muy cubierto de rojo todo el trozo de rape.

Se ponen en una cacerola los trozos de rape y el hueso solos. Se tapa con tapadera y se cuece a fuego mediano más o menos durante 30 minutos, volviendo los lomos de vez en cuando. Estos se cocerán en el jugo que el rape va soltando.

Se sacan y se dejan enfriar puestos en la tabla de cortar la carne. En el momento de servir el rape se quita la cuerda y se cortan en rodajas los lomos, de un dedo de grosor, como la cola de langosta.

Se adorna la fuente y se sirve con la salsa en salsera.

Nota.—El caldo que ha soltado el rape al cocerse está muy bueno para aprovecharlo en una sopa de pescado.

616. RAPE CON LECHE (6 personas)

1½ kg de rape en filetes,
1 cebolla grande (150 g) picada menuda,
3 cucharada sopera de aceite fino,
30 g de mantequilla,
1½ cucharadas soperas de harina,

2½ vasos (de los de agua) de leche fría, o ¾ litro escaso,
½ cucharada sopera de puré concentrado de tomate,
sal.

En una sartén se pone a calentar el aceite con la mantequilla. Cuando está derretida, se echa la cebolla muy picada. Se deja unos 10 minutos para que se fría sin tomar color y se añade la harina. Se vierte poco a poco la leche fría, dando vueltas para que no se formen grumos. Después de echar toda la leche se añade la cucharada de concentrado de tomate y el hueso del rape para que cueza y vaya dando gusto, y un poco de sal.

Antes de servir el rape se saca el hueso y se sala ligeramente cada filete, metiéndolos en la salsa para que den un hervor durante más o menos 10 minutos.

Tiene que estar poco tiempo porque el rape se encoge mucho y se pone correoso.

Se sirve en fuente de porcelana honda.

617. RAPE A LA AMERICANA CON TOMATE, COÑAC Y VINO BLANCO (6 personas)

1½ kg de rape en filetes,
8 cucharadas soperas de aceite,
1 cebollita francesa (30 g),
1 diente de ajo grande,
½ vaso (de los de vino) de buen coñac,
1 vaso (de los de agua) bien lleno de vino blanco seco,

1 buen pellizco de hierbas aromáticas,
6 tomates medianos bien maduros,
el zumo de 1 limón,
1 cucharada sopera de perejil muy picado,
1 plato con harina,
sal y pimienta.

En una sartén amplia se ponen 6 cucharadas de aceite a calentar. Se sala cada filete, se pasan por harina ligeramente y se ponen en la sartén a rehogar hasta que la carne no esté ya transparente sino blanco mate. Como el rape suelta mucho caldo, éste se retira volcando un poco la sartén y sujetando el pescado con una tapadera. Una vez bien escurrido todo el caldo, se vuelven a poner 2 cucharadas soperas de aceite y se refríe otro poco el rape. Se espolvorea con una cebollita pelada y picada menuda y se pone el diente de ajo pelado y dado un golpe (con el fin de que desprenda más aroma). Se espolvorea con las hierbas aromáticas, se echa el coñac, que se habrá puesto en un cazo a calentar un poco y prendido con una cerilla para flamearlo. Después se añade el vino blanco y los tomates partidos en trozos y quitadas las simientes. Se sala ligeramente y se echa pimienta negra (un pellizco). Se tapa la sartén con una tapadera y se cuece a fuego mediano más bien vivo durante 15 minutos. Se retiran los filetes de rape de la salsa y se ponen en una fuente honda donde se vaya a servir.

Se pasa la salsa por el pasapurés, se añade el zumo de limón y se vierte sobre el rape. Se espolvorea con el perejil picado y se sirve en seguida.

618. RAPE EN SALSA CON TOMATES Y GUISANTES (6 personas)

1½ kg de rape en filetes,
¼ litro de aceite (1 vaso de agua bien lleno),
1 plato con harina,
1 cucharada sopera de harina,
1 cebolla grande (200 g),
2 dientes de ajo,

2 tomates medianos (250 g),
1 cucharada sopera de perejil picado,
unas hebras de azafrán,
1 lata de guisantes pequeña (100 g), agua y sal.

En la pescadería se manda hacer filetes con el rape.

Se lava el pescado y se seca con un paño limpio. Se pone el aceite a calentar en una sartén, y, cuando está caliente, se reboza ligeramente el rape con harina y se fríen un poco (pasados por las dos caras rápidamente) los filetes. Se sacan y se reservan en un plato.

En una cacerola se ponen unas 4 cucharadas soperas del aceite de freír el rape. Se calienta y se echa la cebolla muy picada. Se deja dorar, dándole unas vueltas con una cuchara (unos 8 minutos). Se añaden entonces los tomates pelados y cortados en trozos, quitándoles la simiente. Se refríen bien (unos 10 minutos) y se agrega la harina, y, poco a poco, agua suficiente para que cubra el pescado (1½ vaso de los de agua, primero, y al poner el pescado se ve si basta o no).

En un mortero se machacan los dientes de ajo, pelados, con la sal y el azafrán. Una vez machacados se les añade un par de cucharadas soperas de caldo de la salsa y se vierte esto en la salsa. Se prueba de sal, rectificando si hiciese falta.

Se da un hervor de unos 10 minutos, y se agrega entonces el rape. Se cuece todo junto otros 10 minutos más y se añaden los guisantes; se mueve todo bien y se vierte en la fuente donde se vaya a servir, espolvoreando ésta con perejil picado.

619. BOUILLABAISE DE RAPE Y PATATAS (6 personas)

1 kg de rape,
½ kg de patatas,
1 cebolla mediana (150 g),
2 dientes de ajo,
  unas hebras de azafrán,
1 cucharada sopera de perejil picado,

1 cucharada (de las de café) de concentrado de tomate,
½ vaso (de los de vino) de vino blanco,
6 cucharadas soperas de aceite, el zumo de ½ limón,
  agua y sal.

Se lava y se seca bien el rape, quitándole la piel negra si la tiene. Se corta en trozos más bien grandecitos y se ponen en una ensaladera para que macere unas 3 o 4 horas, con la siguiente preparación vertida en la ensaladera con el rape.

En el mortero se machaca el azafrán, un diente de ajo y un poco de sal. Se disuelve con el vino blanco. Se vierte esto en la ensaladera, con 2 cucharadas de aceite, el zumo del ½ limón y ½ vaso (de los de vino) de agua. Se revuelve de vez en cuando.

Al ir a hacer la bouillabaisse, se cuecen los desperdicios del rape con el hueso en un poco de agua y sal. Una vez cocido se cuela este caldo.

En una cacerola se pone el resto del aceite a calentar. Cuando está caliente se rehoga la cebolla pelada y picada menuda, así como el diente de ajo (éste entero). Cuando está todo dorado se añaden las patatas peladas, lavadas y cortadas en rodajas no muy finas y partidas por la mitad si la patata es grande; se rehogan un poco y se les agrega el caldo de los desperdicios y un poco más de agua si hiciese falta, para que las cubra bien, y un poco de sal. Se dejan cocer a fuego vivo unos 20 minutos (más o menos, para que no se deshagan las patatas). Pasado este tiempo se añade el pescado con su maceración, se revuelve bien y se deja cocer unos 10 minutos más, rectificando de sal si hiciese falta. Se sirve en fuente honda con su caldo y se espolvorea con el perejil en el momento de servir.

Se toma en plato sopero.

620. RAYA COCIDA CON SALSA DE MANTEQUILLA NEGRA Y ALCAPARRAS (6 personas)

1 raya de 1½ a 1¼ kg,
150 g de mantequilla,
  2 cucharadas soperas de alcaparras,
  sal.
Caldo corto:
  agua abundante,

½ vaso (de los de vino) de buen vinagre,
1 cebolla mediana (150 g),
2 hojas de laurel,
10 g de pimienta (10 bolitas)
  sal.

En la pescadería se manda cortar la raya en tres trozos en el sentido de las espinas, quitándole la cabeza y la cola; también se recorta todo alrededor hasta donde empieza la carne.

Lávese muy bien en casa y póngase en una cacerola amplia con los ingredientes indicados para el caldo corto. Cuando rompe el hervor a borbotones, se baja el fuego y se deja unos 20 minutos cociendo muy despacio.

Se sacan los trozos de raya, se quitan las dos pieles (la negra y la blanca) y se pone bien escurrido el pescado en trozos en la fuente de servir.

En una sartén se pone la mantequilla a derretir y cuando empieza a tener un color tostado (cuidando de que no llegue a quemarse) se separa del fuego y, con cuidado, se ponen las alcaparras con algo de su jugo. Se calienta un poco y se vierte por encima del pescado, que se servirá en seguida, en platos calientes.

621. RAYA EN GELATINA CON MAYONESA DE ALCAPARRAS
   (6 personas)

1 kg de raya
   caldo corto como en la receta anterior,
   mayonesa verde (receta 95),
2 cucharadas soperas de gelatina (Maggi, Royal, etc.),

$^1/_2$ litro de agua,
2 cucharadas soperas de jerez,
unas hojas de lechuga,
2 tomates rojos pero duros,
sal.

Se prepara y cuece el pescado igual que en la receta anterior. Una vez cocido, se escurre y se quitan las espinas dejando el pescado en trocitos (o se aprovecha un resto).

Se prepara $^1/_2$ litro de gelatina según va explicado en el envase de la marca elegida y se le añade el jerez, o se compra gelatina hecha y se derrite al baño maría.

Se pone un poco de gelatina en un molde redondo de 5 cm de borde; se deja cuajar y se pone el pescado en trocitos. Se vierte el resto de la gelatina y se deja cuajar unas 3 horas en sitio fresco.

Al ir a servir el pescado se pasa un cuchillo todo alrededor del molde y se vuelca en una fuente redonda. Se adorna con unas hojas de lechuga y rajas de tomate y se sirve así, con mayonesa aparte.

Esta gelatina se puede hacer con cualquier pescado un poco firme: besugo, merluza, lubina, etc.

622. MANERA DE COCER EL RODABALLO

En la pescadería se escogerá un rodaballo (o parte de él, si son pocos comensales) que no sea muy grande, pues siendo así es más fina la carne. Se manda quitar la cabeza, las tripas, la cola, las aletas y las barbas que tiene todo alrededor.

Se lava muy bien con agua fresca y abundante. Se espolvorea de sal y se pone en una besuguera un poco inclinada para que escurra durante unas 2 horas. Pasado este tiempo, se vuelve a lavar y se coloca en la rejilla de la pesquera (con la piel oscura hacia abajo). Con un cuchillo bien afilado (si se cuece el pescado entero) se hacen 2 tajos, uno a cada lado de la espina dorsal y bien profundos.

Se cuece en caldo corto con leche (receta 504).

Se pone a fuego vivo y cuando rompe el hervor se baja el fuego, de forma que cueza muy lentamente durante unos 20 a 25 minutos por cada kg de pescado.

No se saca antes de servir, como los demás pescados. Se puede conservar en el caldo corto una $^1/_2$ hora, pero sin que cueza antes de servirlo.

Si se sirve frío, se dejará enfriar en su caldo antes de sacarlo. Se tendrá que escurrir muy bien antes de servirlo, puesto sobre una servilleta doblada. Se le quita la piel antes de servir.

Si se va a servir en filetes, se mandarán hacer éstos por el pescadero, que tiene más costumbre.

Se calculan 200 g en crudo por comensal.

623. RODABALLO COCIDO

Servido caliente:

Se cuece como está explicado anteriormente y se sirve caliente con la salsa aparte:

Holandesa (receta 76), **o mouselina**   (receta 75), **o mantequilla negra con alcaparras** (receta 87).

(Servido en frío:

Mayonesas y sus variaciones.

624. FILETES DE RODABALLO AL HORNO (6 personas)

1¼ kg de rodaballo (en filetes),
3 cucharadas soperas de aceites,
50 g de mantequilla,
2 cucharadas soperas de pan rallado,
1 cebolla grande (200 g),

1 vaso (de los de vino) bien lleno de vino blanco,
1 vaso (de los de vino) de agua,
1 cucharada sopera de perejil picado,
sal.

Se mandan hacer los filetes en la pescadería y se lavan muy bien en casa.

En una besuguera de metal, cristal o porcelana, resistente al horno, se pone el aceite. Se hecha la mitad de la cebolla muy picada. Se posan los filetes de rodaballo, se salan, se espolvorean con la cebolla que queda mezclada con el perejil y después con el pan rallado. Se pone la mantequilla en trocitos repartida por encima de los filetes. Se mezclan el agua y el vino y se rocía todo alrededor de la fuente.

Se mete a horno mediano, previamente calentado 5 minutos, durante unos 25 minutos, rociando de vez en cuando con el caldo de la besuguera.

Se sirve en la misma fuente donde se ha hecho.

625. RODABALLO AL HORNO CON MEJILLONES (6 personas)

1¼ a 1½ kg de rodaballo en un trozo,
1 kg de mejillones,
1 vaso (de los de vino) de buen vino blanco,
2 cucharadas soperas de aceite fino,
25 g de mantequilla,
1 cucharada sopera colmadita de harina,
1 vaso, más o menos (de los de agua), de caldo (o agua y una,

pastilla de Maggi, Gallina Blanca, etc.),
2 yemas de huevo,
1 cucharada sopera de perejil picado,
sal.
Caldo corto con leche:
agua fría,
leche,
rodajas de limón,
1 hoja de laurel,
sal y pimienta en grano.

(Véase receta 504.)

Se lava muy bien el rodaballo en varias aguas, después se sala ligeramente y se deja escurrir en un plato inclinado por un lado para que expulse el agua.

Después de esto se prepara el caldo corto con leche, se pone el rodaballo encima de la rejilla, se sumerge en el líquido de la pesquera y se cuece (más o menos 25 minutos) muy lentamente, de modo que el agua haga sólo burbujas muy pequeñas.

Mientras se cuece, se limpian muy bien los mejillones, quitándoles las barbas. Se lavan y se ponen en una sartén. Se rocían con el vino blanco y a fuego mediano se saltean para que se abran. Una vez abiertos se saca el bicho de su concha y se reserva. Se cuela el caldo por un colador y una tela fina puesta dentro de éste.

En una sartén se pone el aceite y la mantequilla a calentar; cuando ésta está derretida se añade la harina, se dan unas vueltas y, poco a poco, se añade el agua de los mejillones y después el caldo en la proporción que haga falta. Se cuece unos 10 minutos sin dejar de dar vueltas a la salsa, y se echa sal.

En la fuente donde se vaya a servir el rodaballo se coloca éste sin piel y en trozos grandes, pero sin espinas.

En un tazón se ponen las yemas y se revuelven con un poco de salsa, con mucho cuidado para que no se cuajen. Se agrega entonces lo del tazón a la salsa, así como los mejillones. Se revuelve bien y se vierte por encima del rodaballo. Se espolvorea muy ligeramente con el perejil, y se sirve.

626. SALMON COCIDO

Se cuece el salmón en un caldo corto especial o con vino blanco, en rodajas, o la cola entera, e incluso el salmón entero teniendo muchos comensales y una pesquera bastante grande (véanse recetas 501 y 645).

Ha de tenerse en cuenta que, una vez roto el hervor fuerte, se debe bajar el fuego para que cueza el salmón muy lentamente. El tiempo es de unos 20 minutos por cada kg de pescado.

Se puede servir frío o caliente con varias salsas.

Caliente: Con salsa holandesa, muselina, etc.

Frío: Con toda clase de mayonesas.

Se suele poner una servilleta doblada en la fuente de servirlo para que empape el agua.

Se adorna con unas patatas cocidas y unos ramitos de perejil.

627. SALMON ASADO (6 personas)

3 rodajas grandes o 6 pequeñas de salmón,	1 vaso (de los de agua) de aceite fino, sal.

Salsas: Cualquier mayonesa simple o historiada.

Se lava y se seca muy bien el pescado. Se pone el aceite en una fuente y se ponen las rodajas encima. Se les da la vuelta de vez en cuando, dejándolas en total una hora macerando en el aceite.

Pasado este tiempo se sacan, se salan por las dos caras. Se unta de aceite (que sobra del adobo del salmón) una parrilla, se calienta bien el horno y se ponen las rodajas de pescado en la parrilla, poniendo una besuguera debajo de la parrilla para recoger lo que gotee. Se vuelven las rodajas un par de veces, con cuidado, para que no se pegue el salmón.

Se verá que está ya asado el salmón y en su punto cuando al tratar de sacar el hueso central de la rodaja con un tenedor pueda éste salir fácilmente.

Se sirve en una fuente previamente calentada, con la salsa en salsera aparte.

628. RODAJAS DE SALMON AL HORNO CON MANTEQUILLA (6 personas)

3 rodajas grandes o 6 pequeñas de salmón,
1 vaso (de los de agua) de aceite fino,
100 g de mantequilla,
1 cucharada sopera de perejil picado,
sal.

Se lava bien el pescado y se seca con un paño limpio. Se pone el aceite en una fuente amplia y se posan las rodajas de salmón encima, sin que monten unas encima de otras. Se dejan ½ hora y se vuelven para que la otra cara toque el aceite.

Se retiran y se escurren un poco las rodajas, se salan por las dos caras y se colocan en una besuguera de porcelana o cristal resistente al horno. Se pone en cada rodaja un buen trozo de mantequilla y se meten a horno mediano hasta que estén bien doradas, más o menos 20 minutos. Se recoge varias veces el jugo y se rocía el pescado con él mientras se cuece. Se saca del horno, se espolvorea con el perejil y seadorna la fuente con gajos de limón enganchados en el borde de la besuguera. Para esto se separa la piel del limón como si se fuese a pelar, algo menos de la mitad de la altura de cada gajo de limón. Se sirve.

629. MEDALLONES DE SALMON EMPANADOS (6 personas)

1 kg de salmón,
½ kg de champiñones frescos,
40 g de mantequilla,
  el zumo de ½ limón,
½ litro de crema líquida (o bechamel),

2 huevos,
1 plato con harina,
1 plato con pan rallado,
1 litro de aceite (sobrará),
  sal.

En la pescadería se manda quitar la piel y las espinas del salmón y se corta en filetes.

En casa se lavan y se secan muy bien los filetes y se salan.

Se limpian bien los champiñones, lavándolos al chorro, y se cortan, si hace falta, en trozos más bien grandes. Se ponen en un cazo con la mantequilla, un poco de sal y el zumo del ½ limón. Se ponen a fuego mediano, salteándolos de vez en cuando. Después de unos 10 minutos se retiran y reservan al calor.

En un plato sopero se baten los huevos como para tortilla. Se pasan los filetes de salmón, primero por harina muy ligeramente, después por huevo y por último por pan rallado.

En una sartén se pone el aceite a calentar; cuando está en su punto (esto se comprueba friendo una rebanadita de pan) se fríen los filetes por tandas para que no tropiecen. Se reservan al calor colocándolos en la fuente donde se vayan a servir.

En el cazo de los champiñones se va añadiendo poco a poco la crema líquida, moviendo bien con una cuchara de madera, para que al calentar ésta no cueza y no se corte. Cuando esta salsa está bien caliente, se vierte por encima del pescado o se sirve en salsera aparte.

Nota.—Si no se tiene crema líquida, se puede sustituir por bechamel clarita:

1 cucharada sopera de harina,
20 g de mantequilla,

2 cucharadas soperas de aceite,
½ litro de leche fría.

(Véase receta 67.)

630. MANERAS DE ADEREZAR EL SALMON AHUMADO

Sea para canapés o sea para plato, el salmón ahumado se puede servir con varios acompañamientos, según el gusto de cada cual.

1) Un picadito de cebollas francesas.
2) Un picadito de huevo duro.
3) Alcaparras, etc.

Nota.—El salmón ahumado mejora mucho si se rocía con un poco de aceite de oliva fino antes de cualquier aderezo.

631. SALMON A LA PESCADORA (AL HORNO, CON GAMBAS Y MEJILLONES) (6 personas)

1 kg de salmón (en 2 rodajas),
¼ kg de gambas grandes,
½ kg de mejillones,
6 cucharadas soperas de aceite,
1 cebolla pequeña (50 g),
un plato con harina,
1 cucharada sopera de perejil picado,

1½ vaso (de los de vino) de vino blanco,
1 vaso (de los de agua) de agua,
1 limón,
2 yemas de huevo,
1 cuchara sopera de leche fría,
60 g de mantequilla,
sal.

Se lavan y se secan muy bien las dos rodajas de salmón. Se salan las dos caras y después se pasan, también las dos caras, por harina.

En una besuguera se pone el aceite y la cebolla muy picada. Se posa el salmón encima, se rocía con el zumo de limón y el vino blanco. Se colocan las gambas peladas alrededor y unos trozos de mantequilla encima de cada rodaja (más o menos la mitad de la mantequilla). Se cubre la besuguera con un papel de plata y se mete a horno moderado (previamente calentado) unos 20 minutos.

Mientras tanto se limpian las barbas de los mejillones, se lavan muy bien y se ponen en un cazo con algo de sal y 1 vaso (de los de agua) de agua, a fuego moderado. Se saltea de vez en cuando el cazo y cuando están abiertos los mejillones se retiran del fuego. Se quitan los bichos de sus conchas, se cuela por un paño fino el agua de cocerlos, dejando la justa para que los cubra y no se sequen.

Se pone el salmón con cuidado (con una espumadera) en una fuente; se colocan las gambas alrededor y se cubre con el papel de plata. Se tiene así en el horno (apagado) para que no se enfríe.

En un tazón se mezclan las yemas de huevo con la cucharada de leche. En un cazo se echa la salsa del pescado de la besuguera colada por un colador, y los mejillones con su caldo; se mezcla y calienta bien y se añade un poco de esta salsa a las yemas, teniendo cuidado de mover bien para que no se cuezan y corten. Se mezcla todo, se añade el perejil picado, se vierte por encima del salmón y se sirve en seguida.

Nota.—Si se quiere la salsa un poco más trabada, se disuelve con la leche 2 cucharadas (de las de café) de fécula de patata, se añade a la salsa de la besuguera, se cuece un par de minutos y se une esto a la crema con las yemas. se espolvorea el perejil.

632. SALMONETES AL HORNO (6 a 8 personas)

6 salmonetes de ración (200 g cada uno),
4 cucharadas soperas de aceite,
80 g de mantequilla,

el zumo de un limón,
6 rodajas de limón,
sal.

Se mandan limpiar los salmonetes en la pescadería.

Se lavan y se secan bien los salmonetes. Se les hacen dos rajas en el lomo. En una besuguera de metal, cristal o porcelana resistente al horno se pone el aceite, cuidando de que quede todo el fondo cubierto. Se ponen los salmonetes con un poco de sal en la tripa y media raja de limón en cada tajo. Se colocan de forma que no monten unos encima de otros. Se salan ligeramente, se rocían con el zumo de limón y se pone la mantequilla en trocitos por encima del pescado. Se meten en el horno (previamente calentado) durante más o menos 15 minutos y se sirven en la misma fuente donde se han hecho.

633. SALMONETES AL HORNO ENVUELTOS EN PAPEL (PAPILLOTES) (6 a 8 personas)

Este guiso tiene la ventaja de que el pescado puede esperar un buen rato antes de servirlo sin que se reseque, y que además no se extienda el olor a pescado.

- 6 salmonetes de ración (200 g más o menos cada uno),
- 1 cebolla grande (250 g),
- 6 cucharadas soperas de aceite, unos pellizcos de hierbas aromáti-
- cas (o unas ramitas de tomillo o de hinojo),
- sal,
- 6 hojas de papel de barba blanco.

Córtense las hojas de papel 5 cm más largas que los salmonetes y después darles la forma de un corazón.

En la pescadería se mandan limpiar los salmonetes. Se salan por las dos caras y por dentro de la tripa. Se pica la cebolla muy fina. Se unta cada salmonete por las dos caras con bastante aceite. Se pone un poco de cebolla en el papel y se posa el salmonete encima. Se espolvorea con un pellizco de hierbas aromáticas o, si no se tienen, se pone en la tripa una ramita de tomillo o de hinojo. Se espolvorea el lomo de cada salmonete con cebolla y se cierra el papel por los bordes.

Se posan los 6 paquetes encima de una parrilla y ésta sobre una besuguera o placa de horno (esto para que el fuego no les dé directamente). Se enciende el horno unos 15 minutos antes de meter los salmonetes con calor mediano. Se meten los salmonetes y se ponen a horno mediano más bien bajo. Se dejan unos 30 minutos.

Para que el gusto sea bueno, el papel no ha de tostarse.

Pasado este tiempo se sacan y se sirven en su papel en una fuente.

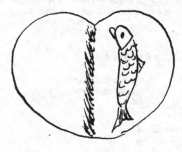

634. SALMONETES AL HORNO CON PAN RALLADO Y VINO RANCIO (6 personas)

6 salmonetes de ración (200 g más o menos),
4 cucharadas soperas de aceite,
el zumo de ½ limón,
1 vaso (de los de vino) de vino rancio (moscatel, etc.),

1 cebolla pequeña (50 g),
2 cucharadas soperas de pan rallado,
50 g de mantequilla,
sal.

Se limpian los salmonetes, quitándoles las tripas y las escamas. Se lavan y se secan muy bien. Se salan en la parte de la tripa y por los dos lomos.

En una fuente de cristal o porcelana resistente al horno se pone el aceite y la cebolla muy picada. Se colocan los salmonetes de forma que no monten unos encima de otros. Se les hace un tajo con un cuchillo en el lomo y se rocían con el limón y el vino rancio. Se espolvorean con pan rallado y se pone por encima, en trocitos, la mantequilla. Se meten a horno mediano, previamente calentado, unos 15 minutos, hasta que estén bien dorados, y se sirven en su misma fuente.

635. SALMONETES FRITOS (6 personas)

12 salmonetes,
1 plato con harina,
1 litro de aceite (sobrará),

sal.
1 limón cortado en gajos.

Se quitan las tripas y las escamas de los salmonetes. Se lavan y se secan muy bien. Se salan por los dos lomos y en el hueco de la tripa.

Se pone el aceite a calentar y, cuando está en su punto, se pasa cada salmonete por harina y se fríen en tandas, pero sin que tropiecen en la sartén. Una vez bien dorados, se ponen en una fuente adornada con trozos de limón (con cáscara) y se sirven en seguida.

636. SALMONETES EMPANADOS A LA PARRILLA, CON SALSA MAYONESA (6 personas)

6 salmonetes de ración,
1 vaso (de los de agua) de aceite,
el zumo de un limón,

pan rallado en un plato
sal.

Mayonesa: Véase receta 95.

Se quitan las tripas y las escamas de los salmonetes. Se lavan y se secan muy bien. En una fuente se pone el aceite y el limón. Se salan ligeramente los salmonetes por los lomos y por el hueco de la tripa. Se ponen durante 2 horas a macerar en el aceite, dándoles de vez en cuando la vuelta. Pasado este tiempo, se pasan por el pan rallado, que queden bien cubiertos. Se ponen a horno caliente en una parrilla untada con aceite (con un pincel). Cuando están bien dorados por un lado, se les da la vuelta (en total unos 20 minutos). Se sirven en una fuente, con la mayonesa aparte en salsera.

637.   SARDINAS FRITAS (6 personas)

½ kg de sardinas medianas,
1 litro de aceite (sobrará),
1 plato con harina,

1 limón en trozos,
sal.

Se limpian las sardinas quitándoles la cabeza y las tripas, pero sin abrirlas. Se lavan y se secan muy bien y se salan ligeramente.

En una sartén se pone el aceite a calentar; cuando está en su punto, se pasa cada sardina por harina, por las dos caras, y se fríen por tandas para que no tropiecen. Se sacan cuando están doradas y se ponen en una fuente, reservándolas en sitio caliente hasta que se terminen de freír todas.

Se adorna la fuente con trozos de limón y se sirven en seguida.

Nota.—También se pueden hacer abiertas. Se les quita entonces la cabeza y la espina central y se procede igual.

638.   SARDINAS REBOZADAS CON HUEVO Y FRITAS (6 personas)

1½ kg de sardinas de tamaño me-
    diano,
1 litro de aceite (sobrará),
1 plato con harina,

2 huevos,
1 limón en trozos (sin quitarle la
    piel),
sal.

Se les quita la cabeza y la espina a las sardinas, se lavan bien, se secan y se salan ligeramente por las dos caras dejándolas abiertas. Se pone el aceite a calentar en una sartén; cuando está en su punto, se pasa cada sardina por harina, agarrándolas por la cola (que no se habrá quitado) y sacudiéndolas para que caiga la harina sobrante, y luego por huevo (batido como para tortilla, en un plato hondo).

Se fríen en tandas para que no tropiecen demasiado. Una vez fritas, se escurren en un colador grande y se reservan en sitio caliente.

Una vez fritas todas, se ponen en una fuente adornada con trozos de limón y se sirven en seguida.

639.   SARDINAS AL HORNO CON VINO BLANCO Y PAN RALLADO
       (6 personas)

1½ kg de sardinas más bien gran-
    des,
5 cucharadas soperas de aceite,
1 vaso (de los de vino) no lleno de
    vino blanco,
3 cucharadas soperas de pan ralla-
    do,

1 cucharada sopera de perejil pi-
    cado,
zumo de ½ limón,
40 g de mantequilla,
sal.

Se les quitan las cabezas y las espinas a las sardinas. Se lavan y se secan muy bien. Se salan ligeramente por la parte de dentro (donde se ha quitado la espina).

En una besuguera de porcelana o cristal resistente al horno se pone el aceite. Se colocan las sardinas crudas de forma que no se monten unas encima de otras. Se rocían con el vino blanco y el zumo de limón. Se espolvorean con el perejil picado y después con el pan rallado. Se les pone la mantequilla en trocitos por encima y se meten al horno medianamente caliente durante unos 15 minutos, rociándolas de vez en cuando con su jugo.

Se sirven en la misma fuente.

640. SARDINAS AL HORNO RELLENAS DE ESPINACAS
(6 personas)

1½ kg de sardinas más bien grandes,
1½ kg de espinacas,
100 g de mantequilla,
2 cucharadas soperas de pan rallado,

4 cucharadas soperas de aceite,
40 g de mantequilla en trocitos,
agua,
sal.

Véase en el capítulo de verduras la manera de cocer las espinacas (receta 356). Una vez cocidas y bien escurridas, se pican con un machete y se ponen en una sartén con los 100 ç de mantequilla. Se rehogan muy bien y se dejan al calor en espera.

Se quitan las cabezas y las espinas de las sardinas. Se lavan y se secan muy bien y se ponen en una mesa con la parte de la espina por arriba. Se salan ligeramente. En el centro de cada sardina se pone un poco de espinacas. Se enrolla cada sardina.

En una fuente resistente al horno se ponen las 4 cucharadas soperas de aceite, que cubran todo el fondo de la fuente. Se colocan las sardinas unas junto a otras. Se espolvorean con el pan rallado y se pone la mantequilla reservada en trocitos. Se meten al horno previamente calentado y a fuego mediano unos 15 minutos. Se sirven en la misma fuente.

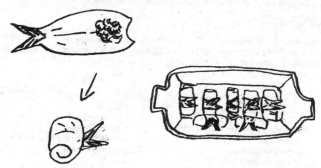

641. SARDINAS EN ESCABECHE

1 kg de sardinas (no muy grandes),
1 plato con harina,
1 litro de aceite (sobrará),
2 hojas de laurel,
6 granos de pimienta,
2 dientes de ajo,

1 vaso (de los de agua) de vinagre no muy lleno,
1 vaso (de los de agua) de agua no muy lleno,
sal.

Se limpian las sardinas quitándoles la cabeza, las tripas y la espina. Se lavan y se secan muy bien. Se salan ligeramente, se vuelven a doblar y se pasan por harina.

En una sartén se pone el aceite a calentar y se van friendo las sardinas por tandas. Se ponen en una fuente un poco honda y unas encima de otras, pero no muy apretadas.

En una sartén pequeña se ponen unas 5 cucharadas soperas de aceite del de freír las sardinas (pero colado por un colador de tela metálica). Se fríen las hojas de laurel, la pimienta y los dientes de ajo. Una vez bien dorados y fuera del fuego, se añade el vinagre y el agua. Se vuelve a poner al fuego y se cuece unos 5 minutos, después de los cuales se vierte por encima de las sardinas para que queden bien cubiertas. Se sacude un poco la fuente y se deja enfriar antes de comerlas.

No se dan cantidades por persona, pues estas sardinas se toman más bien de aperitivo o de entremeses.

642. TRUCHAS FRITAS

1.ª manera:

Se escogen las truchas de 150 g más o menos (más pequeñas no tienen carne y mayores no se fríen bien). Se destripan, se escaman, se lavan y se secan muy bien. Se salan en la parte de la tripa y los lomos y se tienen así 10 minutos para que penetre bien la sal. Se pasan por leche y después por harina y se fríen en una sartén amplia y con aceite abundante durante unos 10 minutos, más o menos.

Se sirven en seguida con trozos de limón (con su piel).

2.ª manera:

Se escogen y limpian igual que las anteriores. Se pone una sartén amplia bien llena de aceite y se pasan por harina muy ligeramente y después por huevo batido como para tortilla y luego por pan rallado. Se fríen unos 10 minutos y se sirven también con limón.

643. TRUCHAS A LA MOLINERA (6 personas)

12 truchas pequeñas (125 a 150 g por pieza),	el zumo de un limón,
1 plato con harina,	1 cucharada sopera de perejil,
1 plato con leche fría,	100 g de mantequilla,
½ litro de aceite (sobrará),	sal.

Se destripan las truchas, se escaman, se lavan y se secan muy bien con un paño limpio. Se salan en la parte de la tripa. Se pone en una sartén el aceite a calentar. Se pasan las truchas primero por leche y luego por harina y se fríen por tandas y con el aceite no demasiado caliente, para que se cuezan por dentro antes de dorarse por fuera. A medida que están fritas, se salan por las dos caras y se ponen en la fuente donde se vayan a servir y se reserva ésta al calor (horno bajo, o encendido primero fuerte y luego apagado). Se vacía todo el aceite de la sartén y se pone a derretir la mantequilla a fuego mediano para que quede transparente; una vez líquida toda la mantequilla, fuera del fuego se le añade el zumo de limón, se mezcla bien y se echa por encima de las truchas. Se espolvorea el perejil y se sirve en seguida.

644. TRUCHAS ESTILO SAROBE, VARIANTE DE LAS TRUCHAS A LA MOLINERA (6 personas)

12 truchas pequeñas (de 125 a 150 g cada una),
tocino de jamón, 350 g (más o menos),
el zumo de 1½ limón,

50 g de mantequilla,
1 cucharada sopera de perejil muy picado,
sal.

Se vacían, se escaman, se lavan y se secan las truchas. Se salan copiosamente por los dos lomos y por el sitio de la tripa y se dejan reposar así 10 minutos con el fin de que se salen bien. En una sartén se derriten los trozos de tocino de jamón (que no esté rancio). Una vez derretido, se quitan los chicharroncillos formados y en la grasa caliente se colocan las truchas (en dos tandas, por ejemplo, para que no se monten unas encima de las otras). Se fríen muy despacio con la sartén tapada durante 3 minutos y luego con mucho cuidado se les da la vuelta y se dejan otros 3 minutos con la sartén también tapada. Luego se retira ésta del fuego y se dejan reposar las truchas un minuto. Se trasladan con cuidado a una fuente de metal o porcelana resistente al fuego y se reservan al calor. Una vez fritas todas las truchas, se rocían con el zumo de limón, se espolvorean con el perejil y se pone la mantequilla en trocitos por encima de las truchas. Se mete al horno mediano, y cuando la mantequilla está derretida se sirven rápidamente en su misma fuente.

645. TRUCHA ASALMONADA EN CALDO CORTO ESPECIAL (3 personas)

1 trucha asalmonada de ½ kg más o menos,
25 g de mantequilla,
2 cucharadas soperas de aceite,
2 o 3 zanahorias medianas (150 g las 2 o 3),
1 cebolla mediana (50 g),

1 loncha de tocino veteado de 100 g,
1 pellizco de hierbas aromáticas,
½ litro de vino blanco,
½ litro de agua,
pimienta y sal, una cucharada sopera.

Salsa holandesa:
(Véase receta 76. Se sirve en salsera aparte.)

Se vacía, se escama, se lava y se seca bien la trucha. Se sala por dentro de la tripa y por los lomos y se deja reposar así unos 10 minutos para que penetre bien la sal.

En una sartén honda se pone la mantequilla y el aceite a calentar, mezclados. Cuando están calientes, se echan las zanahorias, la cebolla y el tocino, todo ello cortado en trocitos. Se rehoga bien, se sala ligeramente y se añaden las hierbas aromáticas y la pimienta. Se dan unas vueltas más y se añade el agua y el vino. Se deja hervir lentamente durante ½ hora y luego se cuela el caldo. Se pone

éste en una besuguera y se mete la trucha dentro (debe estar cubierta de líquido). Se tapa con una tapadera y se pone a fuego lento para que apenas cueza
sin hervir a borbotones. Se deja más o menos unos 15 minutos, hasta que esté
cocida.

Se sirve en una fuente con una servilleta doblada debajo de la trucha y con
la salsa holandesa aparte en salsera.

646. TRUCHAS CON JAMON, ALMENDRAS Y AJO (6 personas)

6 truchas de ración ($\frac{1}{4}$ kg cada una),
1 plato con harina,
2 vasos (de los de agua) de aceite,
6 lonchitas pequeñas de jamón serrano,
1 punta de jamón serrano de 100 g,

8 almendras crudas,
3 dientes de ajo,
2 ramitas de perejil,
zumo de un limón,
3 cucharadas soperas de jerez,
sal y pimienta molida.

Se vacían, se lavan y se secan bien las truchas. Se les pone sal y pimienta.

En una sartén se pone el aceite a calentar y se fríen ligeramente las 6 lonchitas de jamón, dándoles sólo una vuelta para que no se endurezcan. Se mete en
la tripa de cada trucha este jamón. Se enharinan las truchas y se fríen por tandas. Se van colocando en la fuente (resistente al horno), de forma que no queden muy apretadas.

Se mondan las almendras (poniéndolas en un tazón con agua caliente durante unos 10 minutos se les quita muy bien la piel), se pican menudas. Se pelan
los dientes de ajo, que se pican muy menudos también, así como la punta de jamón y el perejil.

En una sartén pequeña se ponen unas 8 cucharadas soperas de aceite a calentar, se les añade el jamón, las almendras, los ajos y el perejil. Se refríe un
poco hasta que los ajos y las almendras se doren ligeramente (unos 5 minutos).
Se agrega entonces el jerez y el limón, se revuelve bien y se vierte todo por encima de las truchas. Se meten en el horno a gratinar a fuego mediano durante
unos 10 minutos y se sirven en su misma fuente, o se trasladan a otra, como
más guste, vertiendo la salsa por encima de las truchas.

647. TRUCHAS CON JAMON (A LA NAVARRA) (6 personas)

6 truchas de ración,
6 lonchas finas de jamón serrano,
$\frac{3}{4}$ litro de aceite (sobrará),
1 plato con harina,
1 kg de tomates,
1 pimiento colorado fresco (de 300 g

más o menos) o una latita de conserva,
3 cucharadas soperas de aceite frito,
1 cucharada (de las de café) de azúcar,
1 cebolla mediana (80 g) (facultativo),
sal.

Se vacían, se escaman, se lavan y se secan bien las truchas. Se salan por los
dos lomos y se dejan reposar así unos 10 minutos para que penetre bien la sal.

Se cortan por el lado de la tripa para abrirlas. Se pone en cada trucha una
loncha de jamón y se vuelve a cerrar, atándolas con un palillo para que no se
abran y se salga el jamón.

Se hará la salsa de tomate espesa (receta 63) y se le agregará, una vez hecha,
unas tiritas de pimiento de lata o asado, previamente pelado y vaciado después,

si es fresco. Esta salsa, bien caliente, se pone en la fuente donde se sirvan las truchas. Esta fuente se reservará al calor.

En una sartén se pone el aceite a calentar y se fríen las truchas, pasándolas antes por harina, hasta que estén bien doradas. Se ponen en la fuente y se sirven en seguida.

Nota.—Hay quien no las sirve con el tomate; también están muy buenas, y hay quien en vez de poner el jamón dentro de la tripa sólo se lo pone alrededor de la trucha (sujetándolo con un palillo) y friéndola sin harina.

Estas dos variaciones son cuestión de gusto.

648. TRUCHAS AZULADAS (6 personas)

6 truchas de ración,
1 vaso (de los de agua) de vinagre,

Caldo corto con vino tinto hecho con:
2½ litros de agua,
1½ vaso (de los de agua) de vino tinto,

2 zanahorias medianas,
1 cebolla mediana,
1 hoja de laurel,
1 ramita de perejil,
2 o 3 granos de pimienta negra,
1 cucharada de sal.

Se tendrá hecho el caldo corto de antemano (receta 502), pero no se dejará enfriar como para los demás pescados cocidos.

Se vacían las truchas, pero sin escamarlas y tocándolas lo menos posible. Se ponen en una fuente honda. Se calienta el vinagre en un cazo y cuando empieza a hervir se vierte por encima de las truchas, se les da la vuelta para que toquen bien el vinagre. Después se sacan y se zambullen en el caldo corto hirviendo. Se cuecen despacio durante unos 10 minutos, tapadas. Pasado este tiempo se sacan, escurriéndolas en la rejilla y colocándolas en una fuente con una servilleta doblada para que empape bien el caldo de las truchas. Se sirven en seguida con salsa holandesa o con vinagreta historiada (recetas 76 y 90).

649. TRUCHAS FRIAS EN GELATINA (6 personas)

6 truchas de ración,
½ litro de agua,
1 vaso (de los de vino) de vinagre,
sal.
Caldo corto:
3 litros de agua,
1 hoja de laurel,
1 trozo de cebolla pelada y cortada en 2 trozos (60 g, más o menos),

2 zanahorias medianas (100 g),
1½ vaso (de los de vino) de vino blanco,
el zumo de ½ limón,
4 o 5 granos de pimienta,
1 cucharada sopera de sal.
Gelatina:
½ litro de caldo corto,
2 cucharadas soperas de gelatina (Maggi o Royal).

Adornos para las truchas:
Hojas de lechuga o berros, rodajas de tomate, de huevo duro, etc.
Mayonesa en salsera aparte (receta 94).

Se prepara lo primero el caldo corto, haciéndolo cocer unos 20 minutos y echando, en el momento de romper a hervir, el vino blanco (receta 501).

Se destripan, se lavan y se secan las truchas sin escamarlas. Se ponen en una fuente honda.

En un cazo se pone a cocer el $\frac{1}{2}$ litro de agua con el vaso de vinagre. Una vez que rompe el hervor, se separa del fuego y cuando está aún caliente, pero no en seguida de apartarlo, se vierte sobre las truchas. Se les da a éstas un par de veces la vuelta para que estén bien empapadas. Se sacan y se colocan en la rejilla de la pesquera, zambulléndolas en seguida en el caldo corto, que estará cociendo. Se separa inmediatamente del fuego y se dejan enfriar en el caldo corto. Una vez frío éste, se saca la rejilla, se escurren muy bien las truchas y con mucho cuidado se les quita la piel desde la base de la cabeza hasta un poco antes de la cola. Se colocan en una fuente.

Se separa $\frac{1}{2}$ litro de caldo corto y se prepara la gelatina según la explicación de cada marca, utilizando en vez de agua el caldo corto. Se deja templar, y, cuando empieza casi a cuajarse, con una brocha plana se pasa por encima de cada trucha. Esta operación se repite 3 o 4 veces, con el fin de que las truchas queden bien cubiertas de gelatina. Se meten en la nevera durante por lo menos 3 o 4 horas (más si se quiere preparar este plato con tiempo). Se deja cuajar la gelatina que ha sobrado, que se pica y se pone alrededor de la fuente. Esta se adornará con berros u hojas de lechuga, rodajas de tomate y de huevo duro, trufas, etc.

Se sirven acompañadas de mayonesa en salsera aparte.

Mariscos

650. ALMEJAS A LA MARINERA (6 personas)

3 kg de almejas medianas,
1 cebolla mediana (80 g),
2 dientes de ajo,
4 cucharadas soperas de aceite,
1$\frac{1}{2}$ cucharada sopera de pan rallado (sin tostar),
1 vaso (de los de vino) de vino blanco,
1 hoja de laurel,
1 cucharada sopera rasada de perejil picado,
el zumo de $\frac{1}{2}$ limón,
1 vaso (de los de vino) de agua fría,
sal.

Se lavan muy bien las almejas con agua abundante y sal. Se ponen en una sartén con el vaso de agua y a fuego vivo. Se sacude la sartén y cuando se vayan abriendo las almejas se retiran de una en una quitándoles una de las conchas (la vacía). Se van apartando en una cacerola. Se cuela el jugo que han soltado por un colador con un trapo fino dentro para que no pase nada de arenilla.

En una cacerola se pone el aceite a calentar; cuando está a punto, se añade la cebolla y 2 dientes de ajo muy picados hasta que la cebolla esté transparente (unos 5 a 7 minutos); se añade entonces el pan rallado, se rehoga un poco y después se pone la hoja de laurel (que se retira al ir a servir las almejas), el vino blanco, el agua de cocer las almejas, el zumo del $\frac{1}{2}$ limón y la sal. Se da unas vueltas y se añaden las almejas. Si se ve que la salsa queda corta, se puede añadir algo de agua. Se espolvorea con el perejil picado, se saltea todo junto y se sirve en platos de barro individuales, repartiendo las almejas y la salsa.

651. BECHAMEL DE ALMEJAS (6 personas)

1½ kg de almejas grandes,
 1 cebolla pequeña (50 g),
25 g de mantequilla,
 2 cucharadas soperas de aceite
   fino,
 1 cucharada sopera colmada de
   harina,
 1 vaso (de los de agua) de leche
   fría,

el jugo que han soltado las almejas,
 1 vaso (de los de vino) de mitad de
   agua y mitad vino blanco,
 2 huevos,
 1 plato con pan rallado,
 1 litro de aceite (sobrará),
   sal.

Se lavan las almejas con agua y un buen pellizco de sal, moviéndolas bien con
la mano y sacándolas en seguida para que no se les vaya su agua. Se ponen en
una sartén con el vaso de agua y vino, a fuego vivo, salteándolas de vez en
cuando. Una vez abiertas, se les quita el bicho y se pica en trozos grandes. Se
abren las conchas para que queden sólo medias conchas, y se reservan. Se cuela el agua de abrirlas por un colador de tela metálica con un paño fino puesto
dentro con el fin de que no pase arenilla.

En una sartén se pone la mantequilla y el aceite a derretir; una vez calientes,
se echa la cebolla pelada y picada muy fina. Cuando ésta se pone transparente
(5 minutos más o menos), se añade la harina, se da unas vueltas con una cuchara de madera y se agrega poco a poco la leche fría y más o menos ½ vaso (de
los de vino) del jugo de las almejas. Se echa sal y se deja cocer esta bechamel
unos 10 minutos. Se agregan entonces las almejas picadas, se da un par de
vueltas y se retira.

Se rellenan con esta bechamel las conchas de las almejas y se dejan enfriar.
En un plato sopero se baten los huevos como para tortilla. Se pasan las conchas
rellenas, por la cara del relleno, por el huevo batido y después por el pan rallado.

En una sartén amplia se pone el aceite a calentar; cuando está en su punto
(se prueba con una rebanadita de pan), se fríen las almejas y se sirven calientes.

Este plato se sirve sobre todo de aperitivo.

652. ANGULAS EN CAZUELITAS (6 personas)

600 g de angulas,
  2 dientes de ajo,

 2 guindillas,
12 cucharadas soperas de aceite.

Las angulas deben estar bien blancas y sueltas para que sean frescas.

Se sirven en platitos de barro individuales resistentes al fuego. En cada plato
se ponen 2 cucharadas soperas de aceite con 2 dientes de ajo. Se pone a fuego
vivo hasta que estén los ajos dorados. Entonces se retira la cazuela del fuego y
se deja que el aceite se temple; se ponen entonces las angulas repartidas en las
cazoletas y un par de rodajitas de guindilla cortadas con unas tijeras. Se vuelven
a poner a fuego vivo, moviendo las angulas con un tenedor de **madera,** de forma que todas se calienten y se impregnen de aceite. Cuando rompe el hervor,
se retiran del fuego y se sirven en seguida, poniendo la cazuelita en un plato y
tapándola hasta llegar a la mesa con otro plato para que no salpiquen aceite y
se conserven muy calientes.

Se han de comer en seguida con tenedor de madera. No se pueden recalen-
tar, pues están incomibles.

653. BOGAVANTE

Se cuece o se prepara como la langosta. Teniendo en cuenta que es un marisco menos fino que la langosta, no se debe comprar mayor del kg para que la carne sea buena y fina.

CALAMARES Y CHIPIRONES

(Véase en la parte de los pescados: recetas 544 a 548.)

654. CANGREJOS DE MAR PEQUEÑOS

Estos se sirven de aperitivo y también se ponen de adorno en la paella cuando no se tienen cangrejos de río, que son más ricos de comer y más finos.

Para 3 docenas de cangrejos:

4 cucharadas soperas de aceite,
    agua fría,
    un buen pellizco de hierbas aromá-
    ticas (o una ramita de tomillo, 2
    hojas de laurel y una ramita de pe-
    rejil),

1 diente de ajo,
    pimienta en grano (3 piezas).
    Si es molida, poca,
    sal.

Se lavan con agua fría y sal los cangrejos, sin dejarlos en el agua. Se les quitan las patas (esto va a gusto del consumidor, pues hay quien prefiere conservar-las). Se machacan en el mortero 4 o 5 cangrejos.

En un cazo se pone el aceite a calentar; cuando está a su punto, se le añade el diente de ajo pelado; una vez dorado se agregan los cangrejos machacados. Se les dan unas vueltas y se añaden los cangrejos enteros (con o sin patas). Se echa el pellizco de hierbas aromáticas o el ramillete y se cubren de agua. Se echa sal y la pimienta y, cuando rompe el hervor, se dejan cocer unos 5 minutos a fuego vivo.

Se retiran del fuego y se escurren en un pasapurés de agujeros grandes. Cuando están fríos, se sirven de aperitivo o se colocan por encima de la paella en el momento de servir.

655. CANGREJOS GRANDES DE MAR

(Véanse las recetas de centollo números 663 y 664.)

656. MANERA DE LIMPIAR LOS CANGREJOS DE RIO

Se lavan en agua abundante fría en el momento de ir a cocerlos (pues si se hace con anticipación se vacían de su agua). Se les arranca el intestino amargo, para lo cual se retuerce y rompe la aleta del centro de la cola, tirando de ella para que salga el intestino entero.

Así quedan en condiciones de cocerse o de guisarlos, según se elija.

657. MANERA DE COCER LOS CANGREJOS DE RIO

Una vez preparados como anteriormente se explica, se hace un caldo corto como sigue:

Para 2 docenas de cangrejos medianos (más o menos):

Agua fría (unos 2 litros),
1 vaso (de los de agua) de vino blanco,
2 zanahorias medianas (100 g),
1 cebolla mediana (50 g),
6 granos de pimienta,

2 hojas de laurel,
1 ramita de perejil,
1 ramita de tomillo,
1 cucharada sopera de aceite fino,
sal.

Se ponen todos estos ingredientes en una cacerola o una olla, con la cebolla y las zanahorias peladas y cortadas en trozos. Se pone a fuego vivo y, cuando rompe el hervor, se zambullen los cangrejos de manera que queden bien cubiertos de líquido. Se aviva el fuego y, cuando vuelve a romper el hervor, se cuecen entre 5 y 8 minutos, según sean pequeños o grandes. Pasado este tiempo, se escurren en un colador grande y, después de escurridos, se pueden comer templados o fríos.

658. CANGREJOS CON ARROZ BLANCO Y SALSA AMERICANA

Se procede igual que para los langostinos (receta 684).

659. COLAS DE CANGREJOS CON SALSA BECHAMEL Y COÑAC (6 personas)

Para rellenar volovanes o cazoletas.
Según sean de tamaño, se calculan de 6 a 10 colas para cada comensal.
Cocer los cangrejos (receta 657). Una vez cocidos, se preparan.

75 g de mantequilla,
2 cucharadas soperas de aceite fino,
2 cucharadas soperas de harina,
½ litro de leche fría,

1 cucharada (de las de café) de concentrado de tomate,
2 cucharadas soperas de coñac,
1 trufa,
sal y pimienta.

Una vez cocidos los cangrejos (receta 657), se separan las cabezas y se sacan las colas de su caparazón, reservándolas.

En un cazo se ponen 50 g de mantequilla y las cabezas. Se calienta y se dan unas vueltas. Se vierte esto en el mortero y se machaca mucho. Después se vierte esta pasta en un trapo fino y limpio y se retuerce bien para recoger el jugo que sale y que se reserva.

En una sartén o cacerola se pone el resto de la mantequilla y el aceite a calentar; cuando está derretida, se añade la harina y se dan unas vueltas con la cuchara de madera o las varillas.

Poco a poco se va añadiendo la leche y se deja cocer unos 10 minutos. Se sala, se echa pimienta y se añade el concentrado de tomate.

En un cazo pequeño se pone el coñac a calentar y se le prende una cerilla; se vierte por encima de las colas de los cangrejos y se revuelve un poco hasta que se apague el coñac.

Se corta la trufa en láminas finas y se echa a la bechamel, así como las colas con su coñac y el jugo sacado de las cabezas. Se revuelve todo bien un minuto en el fuego, se prueba de sal y pimienta, rectificando si hace falta.

Se tendrán los volovanes al calor templado en el horno. Se rellenan y se sirven en seguida.

660. CANGREJOS DE RIO AL ESTILO DE BURDEOS (6 personas)

36 **cangrejos grandes,**
2 **zanahorias grandecitas, (125 g),**
1 **cebolla pequeña (50 g),**
1 **chalota (40 g),**
2 **tomates bien maduros y medianos (150 g),**
1 **vaso (de los de agua) de vino blanco seco,**
1 **vaso (de los de agua) de agua,**
3 **cucharadas soperas de buen coñac,**

1 **buen pellizco de hierbas aromáticas (o un ramillete con un diente de ajo, perejil, tomillo y laurel),**
3 **cucharadas soperas de aceite,**
30 **g de mantequilla,**
1 **cucharada sopera de perejil picado,**
sal, pimienta común y un pellizquito de pimienta de Cayena (es muy fuerte).

En una cacerola se pone el aceite a calentar; se añaden las zanahorias peladas, lavadas y picadas muy menudas, así como la cebolla y el chalota, también muy picados.

A fuego lento y tapada la cacerola, se dejan unos 5 minutos. Después se vierte el agua y se deja cocer otros 10 minutos.

Aparte se limpian los cangrejos como va explicado anteriormente y se les quita la cola central con el intestino (receta 656). Se ponen en una sartén con el vino blanco y sal. Se saltean a fuego más bien vivo, tapada la sartén, hasta que se ponen colorados.

Se calienta el coñac en un cazo pequeño y se prende con una cerilla. Una vez prendido, se vierte en los cangrejos, se saltean y se reservan.

En la cacerola donde se está haciendo la salsa se añaden los tomates partidos en trozos y quitadas las simientes. Se machacan bien y se añaden los cangrejos y su salsa, el pellizco de hierbas aromáticas y la pimienta. Se tiene todo cociendo unos 5 minutos. Después se sacan los cangrejos con una espumadera y se reservan al calor. Se cuece la salsa otros 10 minutos. Se pasa por el chino, apretando mucho; si hiciese falta, se puede añadir algo de agua caliente, se echa la cayena, se prueba de sal, se añade la mantequilla y los cangrejos. Se espolvorean con el perejil. Se saltea todo un poco para que estén bien calientes los cangrejos y se sirven en seguida en una fuente con su salsa.

661. TORTILLA DE COLAS DE CANGREJOS DE RIO

Se calculan unos 6 cangrejos medianos por persona, 2 huevos, 20 g de mantequilla y 3 cucharadas soperas de aceite.

Se limpian y cuecen los cangrejos como va explicado anteriormente (recetas 656 y 657). Una vez preparados, se separan las colas y se les quita el caparazón. Si los cangrejos son grandecitos, se cortan las colas en dos o tres trozos; si no, se dejan enteras.

Se pone la mantequilla en un cazo, así como las colas, un poco de sal y pimienta molida. Se saltean de 1 a 2 minutos. Se baten los huevos y se salan un poco. Se calienta el aceite para la tortilla; cuando está a punto se vierten los huevos y, después de escurrida la grasa de los cangrejos, se echan éstos en el huevo, procurando que queden repartidos. Se procede entonces como para una tortilla a la francesa corriente.

662. CARABINEROS

Son mucho menos finos que los langostinos.

Se pueden utilizar muy bien para sopas. Si se quieren comer en vez de langostinos, puesto que resultan mucho más baratos, se aconseja comprar los carabineros que no sean grandes. Se les quitan las cabezas, que es lo que al cocer les da el gusto más fuerte, y después se cuecen igual que los langostinos (receta 681). Sirven las mismas recetas.

663. CENTOLLO FRIO A LA PESCADORA (6 personas)

2 hermosos centollos,	1 vaso (de los de vino) de vinagre,
300 g de merluza,	1 cucharada sopera de vino blanco,
4 cucharadas soperas de aceite fino,	10 granos de pimienta,
3 yemas de huevo duro,	3 hojas de laurel (una para la merluza),
½ cucharadita (de las de moka) de mostaza,	1 casco de cebolla (25 g),
el zumo de un limón,	sal.
5 litros de agua,	

Se prefieren los centollos hembras, pues tienen huevas, que es lo que más gusto da. Tienen que ser muy frescas para que tengan mucha carne.

En una olla se pone el agua, el vinagre, la pimienta, 2 hojas de laurel y la sal. Se pone a fuego vivo y cuando rompe el hervor se zambullen las centollas, se tapa la olla con tapadera y, cuando vuelve a romper el hervor, se cuecen durante 8 minutos a fuego muy vivo. Se sacan entonces del agua y se dejan enfriar. También, mientras tanto, se cocerá la merluza. Se pone para ello en agua fría una hoja de laurel, una cucharada sopera de vino blanco, un casco de cebolla y sal. Cuando rompe a hervir, se retira del fuego. Se saca del agua, se le quita la piel y las espinas, se desmenuza y se reserva.

Una vez cocidas las centollas y frías ya, se abren con cuidado para no romper el caparazón. Se saca la carne del cuerpo y de las patas y se corta en trocitos. Se limpia y se lava el caparazón y se reserva. Las huevas y la parte marrón se ponen en el mortero. Se machacan con las yemas de los huevos duros, la mostaza, el zumo de limón y poco a poco se le agregan las 4 cucharadas soperas de aceite, para que esté bien ligada la salsa. Se rectifica de sal. Esta salsa se revuelve con la merluza y la carne de las centollas. Se rellenan los caparazones y se reservan en sitio fresco hasta el momento de servir.

664. CENTOLLOS AL HORNO (6 personas)

8 centollos de ración
300 g de merluza,
  2 cucharadas de aceite,
 30 g de mantequilla,
 50 g de mantequilla,
    pan rallado,
  6 cucharadas soperas de salsa de tomate espesa (¹/₂ kg de tomates y hacer la salsa con anticipación),
  2 cebollitas francesas medianas (50 g),

2 dientes de ajo,
5 cucharadas soperas de buen coñac,
1 cucharada sopera de perejil picado,
  pimienta común, una punta de cuchillo de pimienta de Cayena,
3 o 4 cucharadas soperas de caldo de cocer la merluza,
  sal.

Se cuecen los centollos (hembras) y la merluza como en la receta 663.

Se saca la carne del cuerpo y de las patas de las centollas y se pica. Se quitan las espinas y la piel de la merluza, se desmenuza y se reserva mezclando estas dos cosas.

Sólo se limpian, se lavan y se reservan 6 caparazones de centollas (pero se compran 8 para tener más carne).

En una sartén se pone el aceite y los 30 g de mantequilla a derretir. Una vez calientes, se les añaden los 2 dientes de ajo pelados; se dejan dorar y se retiran. Se echan entonces las cebollitas peladas y muy picadas, se revuelven unos 5 minutos hasta que estén transparentes, se agrega entonces la salsa de tomate y, seguidamente, el coñac y las huevas con la parte oscura de las centollas. Se dan unas vueltas y se agrega el pescado mezclado. Se pone el perejil, la sal y la cayena (poco pues es muy fuerte) y, si hace falta, un poco de caldo de cocer la merluza, si la pasta está espesa.

Se reparte esto en los caparazones. Se espolvorea con un poco de pan rallado y se ponen unos trocitos, como 2 o 3 avellanas, de mantequilla en cada centolla.

Se meten al horno fuerte durante 5 minutos y se sirven en seguida en los mismos caparazones.

665. MANERA DE COCER LAS CIGALAS

Se pone una olla con agua abundante y sal a cocer; cuando hierve a borbotones se meten las cigalas con el agua que las cubra muy bien; cuando vuelve a romper el hervor, se retira la olla y se deja enfriar durante 8 minutos.

Entonces se sacan las cigalas, se escurren y se sirven frías.

666. CIGALAS CON MAYONESA Y CIGALAS CON VINAGRETA

Una vez cocidas como se explica anteriormente, se sirven con mayonesa en salsera aparte (receta 94).

Con vinagreta (salpicón):

Se preparan la víspera. Se hace una vinagreta con aceite, vinagre (una cucharada sopera de vinagre por 3 de aceite), cebolla picada muy fina, perejil también muy picado, huevo duro, sal, pimienta y una cucharada sopera de buen coñac. Se sacan las colas de las cigalas de su caparazón y se cortan en rodajas de 2 cm de gruesas. Se ponen en un plato hondo, bien cubiertas por la vinagreta, y se dejan por lo menos de 3 a 5 horas en sitio fresco. Se sirven frías.

667. CHANQUETES FRITOS

Como se suelen servir de aperitivo, no ponemos cantidad. Sólo diré que ¼ kg hace muy bien para unas 4 personas.

No se lavan los chanquetes. En un plato se tiene puesta bastante harina y, cogiendo un puñado de chanquetes, se rebozan bien en ella. Después se ponen en un colador grande de tela metálica y se les hace saltar para que se les caiga la harina sobrante.

Se fríen en aceite abundante y bien caliente (se echa un chanquete para probar el punto). Después de fritos, se sala cada puñadito que se va sacando y se ponen en una fuente. Se sirven en seguida bien calientes.

668. MANERA DE COCER LAS GAMBAS

Se pone agua abundante con sal. Cuando ésta hierve a borbotones se echan las gambas y se reduce el fuego para que cuezan más lentamente. Se cuecen de 2 a 4 minutos, según el tamaño. Se escurren en seguida en un colador grande y se dejan enfriar.

669. COCKTAIL DE GAMBAS (6 personas)

1½ kg de gambas,   1 huevo duro picado,
1 lechuga grande,

Mayonesa:
Con coñac y tomate (receta 96).

Se cuecen las gambas como va explicado anteriormente. Una vez frías, se pelan dejando sólo las colas. Se lava y se pica a tiritas la lechuga. Se escurre muy bien (envolviéndola en un paño limpio y sacudiéndola para que quede bien seca). Se prepara también la mayonesa.

En unas copas de champagne o copas especiales de mariscos, se pone un fondo de lechuga encima de una cucharada sopera de mayonesa; después, las gambas. Se cubren éstas con mayonesa y se espolvorean con un poco de huevo duro picado muy menudo. Se meten en la nevera, para que estén bien frías, durante una hora o dos y se sirven en su misma copa.

670. GAMBAS CON VINAGRETA

Se prepara igual que está explicado en cigalas a la vinagreta. Unicamente se dejan las colas de las gambas enteras. Por lo demás, se procede lo mismo (receta 665).

671. GAMBAS AL AJILLO (6 personas)

1½ kg de gambas grandecitas,
12 cucharadas soperas de aceite
crudo,

1 guindilla,
3 ó 4 dientes de ajo muy picados,
sal.

No se deben lavar las gambas. Se pelan en crudo, dejando sólo las colas enteras. Se sirven en cazoletas de barro individuales. Se pone en cada una 2 cucharadas soperas de aceite y un trozo de guindilla (un arito cortado con unas tijeras). Se ponen las gambas repartidas en los platos, se salan y se espolvorean con el ajo picado. Se ponen a fuego vivo unos 4 a 6 minutos escasos, moviendo la cazoleta de vez en cuando. Se sirven en seguida, tapando cada cazoleta con un plato, hasta llegar a la mesa, para que no se enfríen y no salpiquen aceite.

672. GAMBAS CON GABARDINA

Como se suelen servir de aperitivo, o bien juntas con otros pescados para fritos (calamares, boquerones, etc.), no pondré cantidades (se suele calcular para esto unos 150 g de gambas por persona).

Masa de envolver:
3 cucharadas soperas de harina,
1 pellizco de azafrán en polvo,
sifón,

sal,
1 litro de aceite (sobrará).

No se lavan las gambas, puesto que se pelan. Se les deja sólo un poco de caparazón junto a la cola. Se salan ligeramente.

Se pone el aceite en una sartén y a fuego mediano. Mientras se calienta, se hace la masa. En un plato sopero se pone la harina y, dando vueltas con unas varillas o una cuchara, se va añadiendo sifón poco a poco hasta tener una papilla. Se echa un poco de sal y el pellizquito de azafrán para dar bonito color.

Se cogen las gambas de una en una y se envuelven con la masa, agarrándolas por la cola para que ésta quede limpia. Se van echando en el aceite por tandas, para que no tropiecen, y cuando está la masa dorada se sacan del aceite con una espumadera y se reservan al calor. Una vez hechas todas las gambas, se sirven en seguida, pues cuanto más recién fritas estén mejores son.

673. REVUELTO DE GAMBAS, ESPINACAS Y HUEVOS

(Véase receta 358.)

674. MOUSSE DE GAMBAS

(Véase receta 44.)

675. MANERA DE PREPARAR Y COCER LA LANGOSTA

Para 2 personas se calcula de 500 a 600 g de langosta.

Se ata la langosta en una tabla de madera fina para que tenga bonita forma. Se ponen en una olla 3 o 4 litros de agua fría, una zanahoria mediana raspada y cortada en rodajas gordas, un trozo de cebolla pelada entera (40 g), una hoja de laurel, una ramita de tomillo, otra de perejil, $\frac{1}{2}$ vaso (de los de vino) de vino blanco seco, una cucharadita (de las de café) de sal, unos 6 granos de pimienta.

Se pone a cocer esto a fuego vivo 20 minutos. Se sumerge entonces la langosta, se tapa la cacerola, se baja el fuego lento unos 10 minutos por cada kg de langosta (se separa la olla del fuego y se deja enfriar en el agua unos 20 minutos). Se saca entonces la langosta del agua, se desata y se deja escurrir.

Se separar la cabeza de la cola. Esta se abre con unas tijeras grandes por la parte de debajo del caparazón. Se saca la carne de la cola entera y se quita la tirita negra que tiene a lo largo.

En la cabeza se le quita (sobre todo al bogavante) la bolsa del estómago, que suele tener gravilla. Se sirve siempre fría cuando está cocida.

676. LANGOSTA COCIDA, SERVIDA CON SALSA MAYONESA

Se prepara como va explicado anteriormente.

En una fuente alargada se pone la cabeza vaciada de las partes comestibles y el caparazón. Encima del caparazón de la cola se ponen las rodajas cortadas de la carne de la cola y alrededor de la fuente las patas y, en trozos, las partes de la cabeza. Se adorna también con hojas de lechuga, rodajas de tomate, huevo duro, etc.

Se sirve una mayonesa aparte, receta 94.

677. LANGOSTA EN VINAGRETA

Se prepara igual que las cigalas con vinagreta, calculando una langosta de 600 g (más o menos) para 2 personas (receta 666).

678. LANGOSTA A LA AMERICANA (4 personas)

    2 langostas vivas de 700 g cada una (o una sola pieza de 1½ kg, más o menos, para 4 personas),
   50 g de mantequilla,
    1 vaso (de los de agua) de aceite,
    1 vaso (de los de agua) de buen vino blanco seco,
    1 vaso (de los de vino) de buen coñac,
  300 g de tomates bien maduros (3 piezas),

    1 diente de ajo,
    1 pellizco de hierbas aromáticas,
    1 cebolla pequeña (50 g),
    1 chalota (20 g),
    1 cucharada sopera de harina, un poco de pimienta de Cayena,
    1 cucharadita (de las de moka) de extracto de carne Maggi, Liebig, etc.),
      sal.

Cortar las langostas en dos a lo largo o en trozos si es grande (por las articulaciones de la cola). En un tazón se recoge el líquido que pueda sacar la cabeza, así como las partes blandas de dentro, las huevas si las hay y la carne de las patas. Se pone todo con la mantequilla y un poco de coñac. Se deja en espera, machacándolo un poco.

Póngase en una sartén la mitad del aceite, caliéntese y póngase un diente de ajo pelado y aplastado (dándole para esto un golpe con el mango de un cuchillo). Cuando está dorado el diente de ajo, se saca y se tira. Se ponen entonces los trozos de langosta con sus caparazones y se saltean hasta que están bien rojos. Se tira el aceite. Se calienta el resto del coñac en un cazo pequeño, se prende con una cerilla y se flamean los trozos de langosta. Una vez bien flameados, se vierten en un plato sopero y se reservan.

En la misma sartén se pone el resto del aceite, se calienta y se añade la cebolla y el chalota peladas y muy picadas; se dejan unos 5 minutos hasta que se pongan transparentes, se agrega la harina y se dan unas vueltas con una cuchara de madera. Se añaden los tomates pelados, quitadas las semillas y cortados en trozos pequeños; se refríen un rato, machacándolos con el canto de la cuchara, y se añade el vino, el extracto de carne, las hierbas aromáticas, la sal (con cuidado, pues el extracto es salado), la pimienta negra molida y la pimienta de Cayena (con moderación, pues es muy fuerte). Se cuece esta salsa durante unos 15 minutos y, pasado este tiempo, se agrega la langosta. Se cuece otros 10 minutos. Hay quien entonces prefiere quitarles los caparazones a las langostas; esto según los gustos. Se machaca mientras tanto lo del tazón, se calienta un poco para que se deshaga bien la mantequilla, se pasa por un colador o un trapo fino y se añade al guiso. Este se puede servir así o acompañado de arroz blanco.

679.   LANGOSTA ASADA (2 personas)

1 langosta pequeña (600 g para cada 2 personas),
60 g de mantequilla,
2 cucharadas soperas de pan rallado,

2 cucharadas soperas de aceite fino,
pimienta molida,
sal.

Se cortan las langostas cuando están vivas aún. Se espolvorean de sal y pimienta y se untan con una brocha plana (o la punta de los dedos) con un poco de aceite. Se meten a horno mediano (previamente encendido 5 minutos antes) durante unos 10 minutos.

Entonces la carne se ha separado del caparazón. Se pone un poco de mantequilla entre los dos. Se espolvorea ligeramente con pan rallado y se ponen trocitos de mantequilla como avellanas por encima. Se vuelve a meter al horno más vivo para que gratine bien y se sirven en su caparazón rápidamente.

Si hiciese falta algo más de mantequilla, se puede añadir para que quede la langosta bien jugosa.

680.   LANGOSTA CON BECHAMEL AL HORNO (4 personas)

2 langostas de unos 600 g cada una,
130 g de mantequilla,
$^1/_2$ litro de leche,
1 cucharada sopera colmada de harina,

2 yemas de huevo,
zumo de $^1/_2$ limón.
50 g de queso gruyère rallado,
1 trufa grande en láminas finas,
un pellizco de curry,
sal.

Caldo corto como para cocer la langosta (receta 675).

Una vez cocidas las langostas y templadas, se parten a lo largo en dos mitades. Se les cortan las patas y las antenas. Se suelta la carne de la cola, sin sacarla, y se vacían las medias cabezas de todo lo que tienen (quitándoles la bolsita del estómago, que suele tener arena, y el hilo negro de la cola, que se tiran). Todo lo que se quita de la cabeza, las huevas color coral y las patas, se ponen con 100 g de mantequilla en un cazo. Se calienta y se machaca todo lo posible. Cuando la mantequilla empieza a espumar, se le vierte el ½ litro de leche hirviendo. Se da un hervor y se vierte en un colador grande donde se habrá puesto un trapo limpio. Se cuela y se retuerce el trapo para sacarle toda la sustancia que tenga. Se deja reposar un poco, y entonces con una cuchara se retira la grasa color rosa fuerte que flota encima de la leche, y se reserva en una taza.

En una sartén se ponen 30 g de mantequilla a derretir; se le añade la harina, se dan unas vueltas con la cuchara de madera y, poco a poco, se agrega la leche. Sin dejar de dar vueltas se cuece durante unos 10 minutos. Se sala, se pone el curry y la trufa en láminas finas. Se añade poco a poco la mantequilla roja apartada en la taza y, batiendo bien, se incorpora a la bechamel.

En un tazón se ponen las yemas y el zumo de limón y se les añade poco a poco unas cucharadas de bechamel, moviendo bien la cuchara para que no se cuajen las yemas. Se unen a la bechamel de la sartén, ya apartada del fuego. Se vierte por encima de las medias langostas, puestas con la carne hacia arriba. Se espolvorean con un poco de queso rallado y se meten en seguida al horno para gratinar. Cuando están doradas se sirven asimismo en seguida.

681. MANERA DE COCER LOS LANGOSTINOS

Se calculan unos 6 langostinos de tamaño mediano por persona.

No se deben cocer con mucha anticipación, para que queden más jugosos.

Si se van a tomar langostinos congelados, hay que dejarlos descongelar.

Se pone agua con sal a cocer, cuando hierve a borbotones se sumergen los langostinos y se dejan cocer 3 minutos y se sacan enseguida del agua.

682. CORONA DE LANGOSTINOS CON GELATINA (6 personas)

Se calculan unos 4 o 5 langostinos medianos por persona.

½ **litro de gelatina Maggi, o,**   **unas rodajas de tomate,**
½ **kg comprada y derretida,**   **mayonesa verde** (receta 95).
  unas hojas de lechuga,

Se cuecen los langostinos como está indicado anteriormente. Se les quitan los caparazones y se reservan. Se hace la gelatina como está indicado en cada marca o bien se derrite al baño maría, si se compra hecha. Cuando está líquida se vierte un poco en un molde en forma de corona, pasando previamente éste por agua fría y escurriéndolo. Una vez cuajada la gelatina, se colocan los langostinos en el molde para que tengan bonita presencia y se vierte el resto de la gelatina aún líquida. Se mete en la nevera para que cuaje y se enfríe, por lo menos unas 3 horas. Una vez bien cuajada la gelatina, se pasa un cuchillo todo alrededor del molde y se vuelca en una fuente redonda. (También se puede meter el molde unos segundos en agua caliente, pero con mucho cuidado para que no se derrita la gelatina.)

Se adorna la fuente con las hojas de lechuga y las rodajas de tomate; se pone la mayonesa en el centro y se sirve.

683. LANGOSTINOS EMPANADOS Y FRITOS (6 personas)

36 **langostinos medianos,**
2 **huevos,**
1 **plato con harina,**
1 **plato con pan rallado,**

1 **litro de aceite** (sobrará),
  sal y pimienta,
6 **pinchos metálicos.**

Se les quitan los caparazones a los langostinos y se doblan para que tengan bonita forma. Se sazonan con sal y pimienta y se dejan unos 10 minutos. Se pone el aceite en una sartén y se calienta.

Mientras tanto se baten los huevos como para tortilla y se pasan los langostinos de uno en uno por harina muy ligeramente, después por huevo y al final por pan rallado. Se pinchan de 6 en 6 en los pinchos (brochettes) y, cuando el aceite está en su punto (para saberlo se prueba con una rebanadita de pan), se fríen de 5 a 6 minutos. Se ponen las «brochettes» en una fuente y se sirven con una mayonesa aparte en salsera.

684. LANGOSTINOS CON SALSA AMERICANA Y ARROZ BLANCO (6 personas)

$\frac{1}{2}$ **kg arroz** (receta 165, 1.ª fórmula),
36 **langostinos medianos,**
1 **vaso (de los de vino) de aceite fino,**
50 **g de mantequilla,**
1 **vaso (de los de vino) bien lleno de vino blanco seco,**
$\frac{1}{2}$ **vaso (de los de vino) de buen coñac,**
3 **tomates grandes bien maduros** (más o menos 350 g),
1 **pellizco de hierbas aromáticas,**

1 **ramita de perejil,**
4 **o 5 cucharadas soperas de nata líquida,**
2 **chalotas (o una cebollita francesa mediana),**
1 **pellizco de pimienta de Cayena,**
1 **pellizco de pimienta común,**
  sal,
  unas gotas de carmín (facultativo),
1 **cucharada (de las de café) de fécula de patata** (facultativo).

Se separan las cabezas de los langostinos y se les quita a las colas el caparazón. Estas colas peladas se reservan en un plato tapadas con otro, para que no se sequen. Se podrá entonces hacer el arroz que, una vez rehogado, se moldeará en flanes pequeños o en corona.

Salsa americana:

En una sartén se pone la mitad del aceite y la mitad de la mantequilla a calentar. Cuando está la mantequilla derretida se saltean las cabezas sazonadas con sal y pimienta común a fuego vivo unos 5 minutos. Pasado este tiempo, se retiran y se reservan las cabezas en un plato hondo. En esta misma grasa se ponen las chalotas (o cebollitas) peladas y picadas, así como el tomate en trozos y quitadas las simientes. Se ponen también las hierbas aromáticas, la cayena y el perejil. Se rehoga bien todo otros 5 minutos y se añade el vino. A fuego moderado se deja cocer la salsa un rato (10 a 15 minutos).

Aparte, en una sartén o cacerola, se pone el resto del aceite y la mantequilla y cuando están calientes se rehogan las colas de los langostinos, hasta que tomen un bonito color sin tostarse. En un cazo pequeño se calienta el coñac, se prende con una cerilla y se vierte prendido en los langostinos, flameándolos muy bien. Por el chino se pasa la salsa con las cabezas, apretando mucho. Se vierte esta salsa por encima de los langostinos con su grasa y su coñac. Se les deja unos 8 minutos a fuego lento que se hagan, y fuera del fuego se agrega la nata. Se rectifica de sal y pimienta si hace falta.

Si se tuviese que esperar un poco para servirlos, se pondría la nata sólo a última hora.

Se colocan en una fuente los langostinos con su salsa y a un lado los moldes de arroz, ya salado y rehogado.

Nota.—Si la salsa está demasiado clara, se espesa antes de poner la crema con una cucharadita de las de café de fécula, desleída en una cucharada sopera de agua.

685.   MANERA DE COCER LAS QUISQUILLAS

Se pone agua abundante y sal a cocer; cuando hierve a borbotones se echan las quisquillas, y al volver a romper el hervor se dejan cocer unos 5 minutos. Se echan entonces en un colador grande. Se dejan escurrir y enfriar para servirlas. Sólo se sirven de aperitivo por ser su tamaño tan pequeño.

686.   MANERA DE LIMPIAR Y COCER LOS MEJILLONES

Se raspan con un cuchillo las conchas de los mejillones, cogiendo cada uno en la mano con la parte ancha en el sitio de los dedos y la parte estrecha en la palma de la mano. Se pasa el cuchillo tirando de las barbas (como hierbas estropajosas) que tienen, dejando la superficie de la concha limpia. Se lavan bien en agua con un pellizco de sal, pero sin dejarlos permanecer mucho en ella y moviéndolos con la mano. Se sacan, se escurren y se ponen en una sartén con 1 vaso (de los de agua para 2 o 3 kg de mejillones) de agua fría y 1 pellizco de sal. Se ponen a fuego vivo, se saltean de vez en cuando, y cuando se abren, ya están. Se retiran en seguida del fuego (hay que desechar los bichos que se han quedado cerrados, pues es señal de que están malos y, por lo tanto, no se pueden aprovechar).

Se les van quitando las conchas, las dos o solamente la que está sin bicho, según se vayan a hacer. Se recoge el agua que se cuela por un colador de tela metálica con una tela fina puesta dentro, con el fin de que no se pase la arenilla. Así ya están dispuestos para guisar y preparar según la receta que se elija.

687.   MEJILLONES EN VINAGRETA (PARA APERITIVO)

Se preparan como va explicado anteriormente.

Lo único es que se pondrá la cantidad de agua necesaria para que los cubra, con el fin de que queden bien jugosos.

Una vez abiertos y quitada la concha vacía, se prepara un picadito de cebolla, pimiento rojo (de lata) y unos pocos guisantes (de lata también). Se reparte este picadito por encima de cada mejillón y se rocían después cada uno con una vinagreta bien batida y repartida con una cuchara (1 pellizco de sal disuelto en una cucharada sopera de vinagre y 3 cucharadas soperas de aceite, después de disuelta la sal; éstas son las proporciones de una buena vinagreta).

688. MEJILLONES REBOZADOS Y FRITOS

Estos mejillones se toman mejor como aperitivo.

1 kg de mejillones grandes,	1 plato con pan rallado,
¾ litro de aceite de freír,	mayonesa (facultativo).
1 huevo,	

Se limpian, se lavan y se cuecen los mejillones (receta 686). Se quitan de su concha. Se ponen entre dos paños limpios con algo de peso encima, para que se escurra toda el agua que llevan dentro.

Se bate el huevo como para tortilla con un poco de sal. Se pone el aceite en una sartén para que se caliente. Una vez el aceite en su punto (se prueba con una rebanadita de pan), se pasa cada mejillón por huevo y luego por pan ralla-do. Se fríen y cuando están dorados se sacan con una espumadera. Se sirven en seguida, pinchados con palillos y acompañados de un bol de mayonesa.

689. MEJILLONES A LA MARINERA (6 personas)

2 kg de mejillones.

(Véase almejas a la marinera, receta 650.)

690. MEJILLONES EN SALSA BECHAMEL CLARITA (POULETTE) (6 personas)

3 kg de mejillones,	agua de cocer los mejillones,
1½ vaso (de los de vino) de agua,	2 yemas,
½ vaso (de los de vino) de vino blanco,	1 cucharada sopera de perejil picado,
25 g de mantequilla,	el zumo de 1 limón,
2 cucharadas soperas de aceite fino,	sal.
1 cucharada sopera colmada de harina,	

Se limpian, se lavan y se cuecen los mejillones (receta 686); únicamente se pone el agua mezclada con el vino. Una vez abiertos (los cerrados se desechan por malos), se les quita la concha vacía y se reservan al calor. Se cuela el jugo que han soltado por un colador fino y por una tela fina puesta dentro del colador para que no pase arenilla.

En una sartén se pone la mantequilla a derretir con el aceite; una vez calientes, se añade la harina. Se dan unas vueltas con una cuchara de madera y se añade poco a poco el agua de cocer los mejillones y algo más de agua si hace falta. Se cuece la salsa unos 5 minutos más. En un tazón se ponen las yemas, con el zumo de limón, se les agrega poco a poco unas cucharadas de bechamel para que no se cuajen y sin dejar de mover. Se vierte esto en la salsa, se añade sal y el perejil picado. Se prueba y se añaden entonces los mejillones, calentan-do todo, pero sin que vuelva a cocer. Se sirven en una fuente honda.

691. CONCHAS DE MEJILLONES AL CURRY (6 personas)

1½ a 2 kg de mejillones,
  1 vaso (de los de vino) de agua fría,
  1 vaso (de los de vino) de vino blanco,
  1 chalota,
50 g de mantequilla,
  2 cucharadas soperas de aceite fino,
  3 cucharadas soperas de harina (no muy llenas),

½ litro de leche fría,
  2 yemas de huevo,
  1 cucharadita (de las de moka) rasada de curry,
  el zumo de ½ limón,
  1 cucharada sopera de perejil picado,
  3 cucharadas soperas de pan rallado,
  sal.

Se limpian y se lavan muy bien los mejillones (receta 686) y se ponen en una sartén con 1 vaso de agua, otro de vino blanco, el chalota pelada y picada menuda y sal. Se ponen a fuego vivo y se saltean. Cuando están abiertos se retiran del fuego, desechando los que quedan cerrados, pues es señal de que están malos. Se vacían de su concha, se pican en dos o más trozos, si son muy grandes, y se reservan en un tazón tapado para que no se resequen. Se deja cocer el caldo de la sartén unos 10 minutos más para que quede más concentrado. Se cuela entonces por un colador de tela metálica con una tela fina metida dentro para que no pase la arenilla. Se reserva también este líquido.

En una sartén se pone el aceite y algo más de la mitad de la mantequilla a derretir; cuando está derretida se añade la harina, se dan unas vueltas (sin que llegue a tomar color) y, poco a poco, se agrega la leche fría, sin dejar de dar vueltas con una cuchara o las varillas. Se añade entonces como 1 vaso (de los de agua) del líquido de cocer los mejillones. Se deja cocer unos 5 minutos. Se echa el curry, el perejil y la sal (se prueba).

En un tazón se tienen las 2 yemas con el zumo de limón. Se mezcla muy poco a poco con algo de bechamel, para que no se cuajen las yemas, y se vierte esto en la bechamel, así como los mejillones reservados al principio. Se reparte esto en 6 platitos o mejor en unas conchas verdaderas o de porcelana. Se espolvorean con un poco de pan rallado y se ponen unos trocitos de mantequilla encima de cada concha. Se meten al horno fuerte a gratinar, hasta que las conchas estén doradas.

Se sirven en las mismas conchas.

692. BECHAMEL DE MEJILLONES EN SUS CONCHAS

Se preparan igual que la bechamel de almejas (receta 651).

693. MEJILLONES CON MANTEQUILLA, AJO Y PEREJIL (AL ESTILO CARACOLES) (6 personas)

2 kg de mejillones grandes,
1 vaso (de los de vino) de agua fría,
1 vaso (de los de vino) de vino blanco,
1 chalota,
1 pellizco de hierbas aromáticas,
  sal.

Mantequilla:
250 g de mantequilla,
  2 dientes de ajo,
  3 cucharadas soperas de perejil picado.

Se limpian y se lavan los mejillones (receta 686). Pero se cuecen en la sartén con agua, vino blanco, un chalota picado, un buen pellizco de hierbas aromáticas y sal. Se calientan y saltean bien, y cuando las conchas están abiertas se retiran. Se les quita la concha vacía y se colocan todos los mejillones con la concha tocando el fondo en platitos de metal individuales.

Se mezclan bien en una ensaladera la mantequilla (que no tiene que estar fría, pero tampoco a punto de derretirse), los dientes de ajo, pelados y picados muy finos, y el perejil. Una vez bien mezclada esta pasta, se pone con un cuchillo de punta redonda un poco encima de cada mejillón. Debe quedar bien cubierto. Se meten en el horno unos 3 minutos solamente, lo justo para que esté la pasta derretida y muy caliente, y se sirven en seguida.

694.   PINCHOS DE MEJILLONES, BACON Y CHAMPIÑONES

Salen 6 pinchos grandes y bien llenos

3 kg de mejillones grandes,	½ limón,
9 lonchas finas de bacon,	aceite,
¼ kg de champiñones de París medianos,	sal,
	6 pinchos largos.

Se lavan, se limpian y se abren los mejillones (receta 686). Cuando están abiertos se retiran en seguida del fuego, pues se terminarán de hacer en los pinchos.

Se cogen los champiñones y se separan las cabezas de los pedúnculos, se cepillan bien las cabezas y se lavan en agua fresca con el zumo de ½ limón.

Se pone en cada pincho la cabeza de un champiñón al principio, en mitad de la brocheta y al final. Entre medias se alternan los mejillones (sacados de sus conchas) de dos en dos con unos trocitos de bacon doblados. Se sala todo y con una brocha plana, mojada en aceite fino, se unta el conjunto del pincho.

Se ponen éstos en una besuguera de forma que el alambre quede en el reborde de la besuguera y lo que está relleno en alto para que no toque el fondo. Se mete a horno mediano, previamente calentado, unos 10 a 20 minutos, dando vueltas a los pinchos de vez en cuando. Tiene que estar el bacon y el champiñón hecho, esto determina el tiempo de horno.

Se sirven asimismo los pinchos, puestos en una fuente de servir.

695.   MANERA DE COCER LOS PERCEBES

Se lavan primero muy bien con agua fría pero sin dejarlos permanecer en ella mucho tiempo.

En una cacerola se pone agua muy abundante para que cubra bien los percebes, y sal en la proporción de 2 cucharadas soperas de sal por litro de agua. Cuando cuece el agua a borbotones se echan los percebes, y cuando vuelve a hervir se dejan cocer 5 minutos; después de este tiempo se aparta la cacerola, y al estar el agua templada, casi fría, se sacan, se escurren y se sirven.

696. VIEIRAS O CONCHAS PEREGRINAS (6 personas)

9 vieiras,
200 g de champiñones frescos,
150 g de mantequilla,
    zumo de 1 limón,
1½ vaso (de los de vino) de buen
    vino blanco,
1 cebolla mediana (50 g) picada,

1 pellizco de hierbas aromáticas,
4 cucharadas soperas de pan ralla-
    do,
4 cucharadas soperas de salsa de
    tomate, espesa,
    sal y pimienta de Cayena.

Se abren las conchas como las ostras. Se tira la concha de arriba y se quita la bolsa marrón que lleva dentro el bicho y se tira. Se desprenden con cuidado las carnes del bicho y el coral (parte roja).

En un cazo se pone un trozo de mantequilla (unos 35 g), la cebolla pelada y muy picada; se dan un par de vueltas con una cuchara de madera, se añade la carne de las vieiras y se espolvorean las hierbas aromáticas, un poco de sal, la cayena, y se rocía con el vino blanco. Se saltean durante unos 5 minutos.

Se lavan con agua y unas gotas de limón los champiñones, quitándoles bien la arena con un cepillo; se cortan en láminas y se ponen en un cazo, con un trozo de mantequilla (25 g), unas gotas de zumo de limón y sal. Se hacen a fuego lento durante unos 6 minutos (más o menos) y se reservan.

Una vez salteadas las vieiras, se escurren del jugo y se cortan en rebanaditas de 1½ cm de gruesas, así como el coral. Se untan las conchas con mantequilla abundante y se reparten en ellas la carne de las vieiras, los champiñones y el coral, que se coloca por encima en el centro.

En el cazo donde se ha quedado la cebolla y el vino blanco se añade el tomate. Se mezcla y calienta bien y se reparte esta salsa por encima de las vieiras. Se espolvorean con pan rallado y se ponen varios trocitos como avellanas de mantequilla encima de cada concha. Se mete al horno, previamente calentado, hasta que se doren por arriba y se sirven en la misma concha.

Budines y platos con pescados variados

697. BUDIN FINO DE MERLUZA (6 personas)

¾ kg de merluza (puede ser fresca
    o congelada, u otro pescado
    blanco),
4 huevos enteros,
2 claras,
    la miga de una barra de pan,

    (mejor del día anterior), unos
200 g,
1½ vaso (de los de agua) muy lleno
    de leche muy caliente, un poco
    de nuez moscado,
50 g de mantequilla,
    sal.

Salsa:
O bien de tomate clarita, o bechamel clara (con mitad leche y mitad agua de cocer el pescado) y una yema y unas colas de gambas.

Se pone la merluza a cocer en agua fría y sal, y cuando empieza el agua a hervir a borbotones se retira y se deja templar. Se saca entonces el pescado del agua y se le quita la piel, la raspa y las espinas y se desmenuza **muy fino.**

Se pone en una ensaladera la miga de pan con la leche hirviendo, y cuando está bien embebida se mezcla con el pescado y se machaca bien con un tenedor. Se añade la mitad de la mantequilla, que se deshaga bien, las yemas de huevo, la sal y un poco de nuez moscada rallada, y, al final, las 6 claras a punto de nieve muy firmes.

Se unta con el resto de la mantequilla una flanera de unos 20 cm de diámetro y se vierte la masa dentro.

Se enciende el horno unos 15 minutos antes de meter el budín y se tiene preparada una bandeja algo profunda con agua hirviendo. Se mete al baño maría, más o menos una hora, a fuego mediano.

Se desmolda en la fuente donde se vaya a servir, pasando antes un cuchillo por todos los bordes.

Se cubre con la salsa deseada y se sirve en seguida.

Salsa bechamel:
25 g de mantequilla,
 2 cucharadas soperas de aceite,
 2 cucharadas soperas de harina
    fina,

½ litro de leche,
¼ litro de agua de cocer el pescado.

Se procede como siempre (receta 67) y se añade a última hora una yema (desliéndola con un poco de salsa en un tazón para que no se cuaje).

Si son colitas de gambas, se pone un poco menos de líquido para hacer la salsa y se añaden las gambas crudas en cuanto empieza a hervir la salsa, pues así dan más gusto y se quedan más jugosas.

698. BUDIN DE PESCADO CON PATATAS Y TOMATE, FRIO O CALIENTE (6 personas)

¾ kg de pescado blanco (merluza, pescadilla, etc.),
 2 patatas medianas (150 g cada pieza),
 2 huevos enteros,
 1 clara de huevo,
50 g de mantequilla,
    un poco de pan rallado,
    sal.
Salsa de tomate:
½ kg de tomates blandos,

 2 cucharadas soperas de aceite,
 1 cucharada (de las de café) de azúcar
    sal.
Caldo corto:
    agua,
 1 chorro de vino blanco (2 cucharadas soperas),
 2 trozos de cebolla (25 g),
 1 hoja de laurel,
    sal.

Con los tomates, el aceite, el azúcar y la sal hacer una salsa de tomate (receta 63). Después de pasada por el pasapurés se deja unos 20 a 35 minutos que espese mucho, se aparta y se tiene en espera.

Se pone el pescado a cocer en un caldo corto previamente preparado. Cuando hierve a borbotones, se separa en seguida y se deja unos 10 minutos en el agua caliente. Después se saca. Cuando está templado se quita la piel y las espinas. Se desmenuza con mucho cuidado. Se reserva.

Mientras se prepara el pescado se cuecen las patatas —lavadas y sin pelar— en agua fría que las cubra bien, y sal. Se cuecen durante 30 minutos (más o menos); se pinchan para saber si están. Se pelan y se pasan por el pasapurés, poniendo el puré en una cacerola más bien grande. Se les añade la mitad de la mantequilla, se mueve bien, y después se añade el pescado muy desmenuzado y 2 cucharadas soperas de tomate (que es más o menos lo que quedará en la sartén, después de hecho).

Se baten como para tortilla 1 huevo entero con la yema del otro. Se añade al puré y se echa la sal; por fin se montan las 2 claras a punto de nieve y se agregan suavemente.

Se unta con el resto de la mantequilla el molde (que puede ser alargado, pues se corta y aprovecha mejor el budín. Puede tener unos 24 cm de largo para esta cantidad). Se espolvorea con pan rallado y se sacude el molde para que no quede más que el pan preciso pegado a la mantequilla. Se rellena con la masa y se mete en el horno a baño maría, unos 45 minutos más o menos. Se pincha a la media hora con un alambre, y si queda limpio es que el budín ya está.

Se pasa un cuchillo de punta redonda todo alrededor del molde.

Se puede servir caliente, cubierto con salsa de tomate, o con bechamel; o frío con mayonesa aparte. Se adorna entonces con rodajas de tomate y huevo duro o con gambas.

BUDIN DE BONITO FRIO

(Véase receta 539.)

Se saca el molde del horno, se pasa un cuchillo de punta redonda alrededor de la flanera y se vuelca en una fuente redonda y un poco honda. Se sirve entonces mejor con mayonesa.

699. GUISO DE PESCADO A LA MARINERA (6 personas)

600 g de merluza (pescadilla u otros pescados que se quiera),
700 g de rape,
    4 cucharadas soperas de aceite,
    1 cebolla grande (150 g),
    2 zanahorias medianas (100 g),
    2 tomates medianos maduros (200 g),
    1 diente de ajo,
    1 cucharada sopera de harina,
    1 vaso (de los de agua) de agua,
    1 vaso (de los de vino) de vino blanco,
    2 pastillas de caldo (Avecrem, Maggi, etc.),
    2 yemas de huevo (facultativo),
    3 cucharadas soperas de leche fría,
    1 pellizco de hierbas aromáticas (o una hoja de laurel, tomillo y perejil),
    1 cucharada sopera de perejil picado,
    sal y pimienta.

Se pone el pescado que se quiera, siempre que sea de clase bastante fina. Se hacen filetes para quitarles las espinas, se lava y se seca bien y se corta todo en cuadraditos no muy pequeños. En una cacerola se pone el aceite a calentar, una vez caliente se echa la cebolla pelada y picada, así como el diente de ajo picadito; se añaden las zanahorias también peladas y los tomates pelados, cortados en trozos y quitadas las simientes. Se deja todo esto de 6 a 8 minutos. Se agrega la harina, se dan unas vueltas y, poco a poco, se añade el agua y el vino. Se ponen las pastillas de caldo deshechas en un poco de agua y se añade el pescado y el pellizco de hierbas aromáticas. Se da vueltas con una cuchara y se deja cocer a fuego mediano unos 15 minutos. Se sala y se pone pimienta, teniendo en cuenta que los calditos son salados.

En el momento de servir el pescado, se ponen en un tazón las 2 yemas de huevo y se baten con la leche, se añaden poco a poco unas cucharadas de la salsa de cocer el pescado, con el fin de que no se cuajen las yemas. Se vierte esto en el pescado, se mueve bien, sin que cueza ya (esto es facultativo, aunque mejora mucho el guiso). Se prueba de sal. Se espolvorea el perejil picado y se sirve en seguida.

700. CONCHAS DE PESCADO (6 personas)

Un resto de pescado (rape, roda-ballo, merluza, besugo, lubina, etc.),
150 g de gambas,
30 g de mantequilla,
2 cucharadas soperas de aceite fino,
1 cucharada sopera colmada de harina,

1 vaso (de los de agua) lleno de le-che fría,
½ vaso, más o menos (de los de agua), de agua de cocer los des-perdicios de las gambas,
1 pellizco de curry (facultativo),
100 g de queso gruyère rallado,
sal.

Se pelan las colas de las gambas y se reserva.

En un cazo se ponen los desperdicios de las gambas, se cubren de agua y se cuecen unos 15 minutos. Se cuela luego el agua apretando bien los desperdicios para que suelten bien la sustancia.

En unas conchas naturales o de porcelana (no teniéndolas se utilizan también los platitos de los huevos al plato) se reparten los restos del pescado (que estará cocido, o al horno). En una sartén se pone el aceite y la mantequilla a derretir; cuando están se añade la harina. Se dan unas vueltas y, poco a poco, se añade la leche fría. Se cuece unos 5 minutos, se agregan las colas de las gambas, se revuelven y, poco a poco, se vierte el agua de cocer las gambas; se cuece otros 5 minutos más. Se añade el pellizco de curry y se sala.

Se vierte esta bechamel por encima del pescado, repartiéndola entre los platitos o las conchas. Se espolvorea el queso rallado y se meten en el horno para gratinar hasta que esté dorada la bechamel. Se sirven en las mismas conchas.

Nota.—Se pueden sustituir las gambas por unos mejillones que, además de buen gusto, hacen bonito. Se lavan, se pelan y se abren éstos según la receta 686.

701. COPAS DE PESCADO Y MARISCO CON SALSA DE HORTALIZAS (PIPIRRANA) (6 personas)

½ kg de gambas,
¼ kg de rape,
½ kg de pescado blanco (merluza, pescadilla),
agua,
1 hoja de laurel,
sal.

Salsa:
2 tomates maduros grandes,
1 pepino mediano,
1 pimiento verde mediano,
1 cebolla pequeña (40 g),
3 cucharadas soperas de vinagre,
6 cucharadas soperas de aceite fino,
sal y pimienta molida.

Se cuece cada pescado y marisco aparte con agua fría que lo cubra, una hoja de laurel y sal. Cuando el agua empieza a hervir a borbotones, se retira del fuego. Se saca el pescado del agua, se limpia de piel, espinas y caparazones el marisco, y se corta en trozos no muy pequeños. Se colocan en copas individuales y se deja en sitio fresco.

Se prepara la salsa (receta 100).

Unos 10 minutos antes de que se vaya a servir, se revuelve bien la salsa con su jugo, repartiéndola entre las copas.

Nota.—El pescado y el marisco se pueden variar todo lo que se quiera.

702. ALBONDIGAS DE PESCADO (6 personas)

$^1/_2$ **kg de merluza (puede ser congelada),**
  un trozo de miga de pan de 125 g (mejor del día anterior),
1 **vaso (de los de agua) de leche caliente,**
1 **diente de ajo,**
1 **cucharada (de las de café) de perejil picado,**
1 **huevo,**
  agua,
1 **plato con harina,**
$^1/_2$ **litro de aceite** (sobrará),
  sal.

Salsa:
6 **cucharadas soperas de aceite,**
1 **cebolla mediana (100 g) picada,**
1 **cucharada sopera de harina,**
$^1/_2$ **litro de agua (de cocer la merluza),**
1 **hoja de laurel,**
  unas hebras de azafrán,
  sal.

En un tazón se pone la miga de pan en remojo con la leche muy caliente.

Se pone la merluza en un cazo y se cubre de agua fría con sal. Se pone al fuego y, cuando el agua empieza a hervir, se retira en seguida. Se escurre bien, se quitan la piel y las espinas y se desmenuza con un tenedor. Se mezcla entonces en una ensaladera el pescado, la miga de pan remojada, el huevo entero, el ajo, el perejil y la sal. Se mezcla bien y se forman bolitas como las albóndigas de carne. Se pasan por harina. En una sartén se pone el $^1/_2$ litro de aceite a calentar y se van friendo las albóndigas de 5 en 5 para que no se estropeen.

En otra sartén se ponen las 6 cucharadas soperas de aceite (del que ha sobrado de freírlas). Se echa la cebolla picada, se deja dorar y después se añade la harina, removiendo con una cuchara de madera hasta que quede un poco dorada (5 minutos). Se agrega entonces el $^1/_2$ litro de agua de cocer el pescado (colada y enfriada, para que no forme grumos) y la hoja de laurel; en el mortero se machacan las hebras de azafrán, que se disuelven con un par de cucharadas de la salsa que está cociendo en la sartén. Se añade esto a la salsa, que cocerá unos 10 minutos. Se cuela la salsa y se ponen las albóndigas dentro una vez colada, para que se calienten, y se sirve en seguida con triángulos de pan frito o moldes de arroz blanco, como más guste.

Nota.—Se pueden servir también las albóndigas con una salsa de tomate clarita en vez de la salsa indicada anteriormente (salsa de tomate, receta 63).

703. BOUILLABAISSE (8 personas)

½ kg de merluza en rodajas,
½ kg de rape en rodajas,
2 salmonetes,
1 lubina de ½ kg,
1 cola de besugo de ½ kg,
½ kg de cangrejos de mar,
2 cebollas medianas,
3 dientes de ajo,
2 tomates pelados y sin pepitas,
1 ramita de tomillo,

1 hoja de laurel,
1 ramita de perejil,
1 cáscara de naranja,
1 ramita de hinojo,
8 cucharadas soperas de aceite,
   agua hirviendo,
1 barra de pan de ½ kg (del día anterior si puede ser),
   sal, pimienta y unas hebras de azafrán.

Poner en una cacerola la cebolla picada en trozos grandes, los 3 dientes de ajo (dados un golpe, para estallarlos), los tomates pelados y sin pepitas, el tomillo, el laurel, el perejil, el hinojo, la cáscara de naranja. Encima de todo esto, el pescado más duro (rape, cangrejos, besugo) y las 8 cucharadas soperas de aceite, el agua hirviendo (la suficiente para que cubra el pescado), la sal, la pimienta y las hebras de azafrán (previamente machacadas en el mortero con una cucharada sopera de agua).

Poner a fuego vivo y cuando rompe a hervir dejar 5 minutos, después de lo cual se añade el resto del pescado y más agua, si hiciese falta. Se pone de nuevo a cocer y, tan pronto como vuelva a hervir, se deja unos 10 minutos.

Retirar entonces del fuego, poner el pescado en una fuente y colar el líquido echándolo en una sopera, en la cual se habrán colocado las rebanadas de pan cortadas de 1½ cm de gruesas, y verter el líquido por encima.

Se sirven juntos la sopera y la fuente de pescados.

Vaca o buey

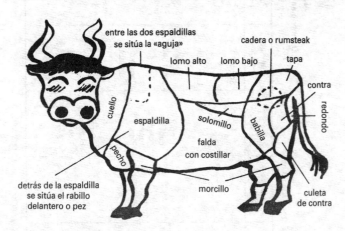

entre las dos espaldillas
se sitúa la «aguja»

cadera o rumsteak

lomo alto lomo bajo tapa

contra

cuello

espaldilla solomillo babilla redondo

falda
con costillar

detrás de la espaldilla
se sitúa el rabillo
delantero o pez

pecho

morcillo

culeta
de contra

Se calcula normalmente unos 125 g de carne de vaca por persona cuando es para filetes a la plancha o fritos.

Para asada, unos 150 g, pues merma algo (solomillo, lomo, etc.).

Para guisada, 200 g por persona (redondo, ragoût, etc.), pues es la forma en que mengua más.

VACA

Fritos o a la plancha

Qué parte pedir	Peso por persona	Tiempo
Solomillo en filetes		
Filetes picados (hamburguesas)	125 g a 150 g por persona	3 a 4 minutos por cada cara para fritos medianos
Lomo bajo		4 a 6 minutos para bien fritos
Tapa, cadera, babilla		

Asados
El horno bien caliente desde el principio

Qué parte pedir	Peso por persona	Tiempo
Solomillo		
Lomo alto		
Lomo bajo	150 g sin huesos	15 minutos por cada medio kilo
Cadera o rumsteak		
Tapa o contra	250 g con huesos	
Tapa (es más seco)		

Guisos

Qué parte pedir	Peso por persona	Tiempo
Redondo		
Rabillo	180 g a 200 g por persona	2 a 2½ horas
Espaldilla		
Falda		
Tapa		

Para el cocido: pez, morcillo o culata de contra.

704.   MANERA DE HACER LOS FILETES A LA PLANCHA O FRITOS

Los filetes de solomillo, lomo bajo o lomo alto y rumsteak (tapa o contratapa) son los mejores.

Son muy buenos también y muy clásicos los filetes de babilla y cadera, pero son algo más duros y secos, sobre todo si la res estuviese recién matada. Se compran más delgados que los anteriores.

Acompañamiento:
Los filetes se pueden acompañar de muchas maneras:
   Patatas fritas: cortadas gordas, paja o a la inglesa.
   Con puré de patatas.
   Con toda clase de verduras: guisantes, judías verdes, pimientos verdes fritos, etc., cebollas fritas en buñuelos, tomates rebozados y fritos o al horno asados, etc. (estas recetas vienen en el capítulo de verduras).
   O simplemente con una ensalada.
   No pondremos para cada filete el acompañamiento, que será a gusto de cada uno.

705.   FILETES A LA PLANCHA

Se unta un poco de aceite en cada cara del filete y se tienen de $\frac{1}{2}$ a 1 hora así en reposo. Se enciende la plancha (o a falta de plancha se usa una sartén gruesa tipo Tefal, Magefesa, etc., de las que no necesitan grasa), unos 10 minutos antes. Se ponen los filetes en ella y se tienen de 3 a 5 minutos por cada cara, salando la cara que se vuelve cuando está ya hecha.

Se suele poner, al servir cada filete, una rodaja fina de limón con un montoncito de mostaza encima (como una avellana con cáscara), o con mantequilla revuelta con perejil, como más guste.

Mantequilla con perejil
Se tiene la mantequilla blanda (fuera de la nevera) y se revuelve con perejil picado. Una vez mezclada, se mete otra vez en la nevera un rato para que se endurezca y tenga mejor presentación.

Se sirve también, cuando son filetes de solomillo (tournedos), con salsa bearnesa (receta 73) o salsa de mantequilla y anchoas (receta 86), servidas aparte.

706.   FILETES FRITOS

Se salan los filetes por las dos caras y se fríen en una sartén en la que se habrá puesto un poco de aceite a calentar (sólo el fondo de la sartén cubierto con un poco de aceite). Se fríen unos 5 minutos de cada lado (este tiempo medio es muy personal según guste el filete, se puede dejar menos o también más).

Se ponen los filetes en una fuente caliente con la salsa de freírlos por encima.

Se salan antes de freír con el fin de facilitar la salida de la sangre del filete. Esta se mezcla al aceite de freír y da una salsa muy buena, con la cual se rocían los filetes.

707. FILETES DE SOLOMILLO CON SALSA DE OPORTO Y MOSTAZA (6 personas)

6 filetes de solomillo
4 cucharadas soperas de aceite,
5 cucharadas soperas de vino de Oporto,

1 cucharada (de las de café) de mostaza,
sal.

Con los dedos se unta un poco de aceite en las dos caras de los filetes y se dejan reposar así una $\frac{1}{2}$ hora.

Se echa sal a los filetes, se fríen según guste a cada persona, un término medio de 3 minutos por un lado y 4 minutos por el otro. Se reservan en una fuente al calor.

En la sartén donde se han frito los filetes y con el jugo que han soltado al freírlos se pone el oporto y la mostaza. Se revuelve bien y se cuece un par de minutos. Se vierte esta salsa sobre cada filete y se sirve en seguida, acompañando con la guarnición que se quiera (verduras, puré de patatas, patatas fritas o rehogadas, etc.).

708. FILETES DE SOLOMILLO O LOMO, CON UN PICADITO DE CHAMPIÑON, CEBOLLA Y JAMON (6 personas)

6 filetes de solomillo o lomo bajo (un poco gruesos, de unos 150 g cada uno),
5 cucharadas soperas de aceite,
3 cebollitas francesas medianas (150 g),
200 g de champiñones frescos,

100 g de jamón serrano veteado (no muy curado, pues está más duro),
20 g de mantequilla,
zumo de un limón,
sal.

Se untan los filetes por las dos caras con el aceite $\frac{1}{2}$ hora antes de ir a hacerlos.

Se lavan y cepillan los champiñones, quitándoles la parte terrosa del pedúnculo. Se van echando en agua fría con unas gotas de limón. Se escurren en seguida para que no pierdan su aroma y se pican en trocitos como de $1\frac{1}{2}$ cm. Se ponen en un cazo con la mantequilla, unas gotas de limón y sal. Se hacen a fuego mediano durante unos 6 minutos. Se reservan. En una sartén se ponen 3 cucharadas de aceite a calentar. Se pelan y se pican las cebollas y se ponen en la sartén a fuego mediano, revolviéndolas de vez en cuando con una cuchara de madera. Cuando la cebolla se pone transparente (unos 5 minutos), se le añade el jamón picado, se revuelve un poco y se añaden los champiñones con su jugo. Se reserva al calor muy suave.

Se hacen a la plancha o se fríen en una sartén (según se quiera) los filetes. Se salan cuando ya está una cara frita y luego por el otro lado. Se ponen en una fuente donde se vayan a servir y con una cuchara se pone encima de cada filete un montón del revuelto de champiñones, jamón y cebollas con el jugo que ha soltado. Se sirve en seguida en platos calientes, a ser posible.

709. FILETES DE SOLOMILLO CON MANTEQUILLA Y ANCHOAS (6 personas),

6 filetes de solomillo (pequeños pero gruesos),
3 cucharadas soperas de aceite,
100 g de mantequilla,

8 anchoas (de lata),
1 cucharada sopera de perejil,
el zumo de un limón,
sal.

Se untan los filetes con un poco de aceite por las dos caras una ½ hora antes de hacerlos.

Se hacen a la plancha o en una sartén con muy poca grasa, unos 4 minutos por cada cara. Se salan muy ligeramente después de fritos y se reservan al calor.

En un mortero se machacan las anchoas (bien escurridas de su aceite) con parte de la mantequilla primero. Después de bien hechas puré, se agrega el resto de la mantequilla. Esto se pone en la sartén donde se han hecho los filetes. Una vez derretida la mantequilla (sin que se fría), se añade el zumo de limón y el perejil picado. Se revuelve todo y se vierte por encima de los filetes, ya puestos en su fuente de servir (o se sirve en salsera aparte). Se adorna con patatas fritas o puré de patatas.

710. FILETES DE SOLOMILLO A LA PIMIENTA Y FLAMEADOS CON COÑAC (6 personas)

6 filetes de solomillo (de 150 g cada uno),
1 cucharada sopera de pimienta en grano (15 g) para cada filete.,

6 cucharadas soperas de buen coñac (½ vaso de los de vino),
3 cucharadas soperas de aceite,
sal.

Se salan las dos caras de cada filete. Se machacan un poco los granos de pimienta, de forma que queden en trozos y no en polvo. Se ponen repartidos encima de las dos caras de cada filete, apretando luego bien para incrustarlos y que no se caigan al freír éstos.

Se coge una sartén amplia y de chapa gruesa (Tefal, Magefesa, etc.), se pone el aceite a calentar; una vez bien caliente, se ponen los filetes de 3 en 3 y se dejan 4 minutos de cada lado (para una carne medianamente frita, cuyo centro saldrá rosado).

Mientras se fríen los filetes, se pone el coñac en un cazo pequeño a calentar. Cuando está templado, se le prende fuego con una cerilla y flameando se rocían los filetes: se coge en seguida el coñac con una cuchara sopera y se flamean lo más posible para que se queme el coñac bien y no resulte fuerte.

Se ponen los filetes en la fuente de servir (que estará caliente) y se rocían con su salsa. Se sirven en seguida.

711. FILETES DE SOLOMILLO CON CHAMPIÑON, TRUFA Y CREMA (6 personas)

6 filetes de solomillo (150 g cada uno),
un poco de aceite fino para untar los filetes,
6 rebanadas de pan tostado,
20 g de mantequilla (para el pan),
3 cucharadas soperas de buen coñac,

100 g de champiñones frescos,
el zumo de ½ limón,
20 g de mantequilla,
1 latita de trufas,
4 a 5 cucharadas soperas de nata líquida,
sal y pimienta.

Se limpian de tierra, se lavan bien los champiñones y se pican. Se ponen en un cazo con unas gotas de zumo de limón, la mantequilla y un poco de sal. Se saltean de vez en cuando durante los 6 minutos que necesitan para hacerse. Se pica también la trufa y se mezcla con el champiñón, añadiendo también el jugo de la trufa. Se reserva al calor.,

Se unta una cara de las rebanadas de pan (de molde o corriente) con un poco de mantequilla y se tuestan. Se reservan al calor.

Se fríen los filetes, previamente untados por las dos caras, con aceite fino. Cuando están fritos de un lado se vuelven y se sala la cara ya frita (de 3 a 5 minutos de cada lado, según guste). Se ponen en la uente donde se van a servir.

En un cazo se calienta el coñac, se prende con una cerilla y se vierte prendido por encima de los filetes, flameándolo bien. Se pone entonces debajo de cada filete una rebanada de pan y se reserva la fuente al calor mientras se hace la salsa.

En el cacito de los champiñones se añade la nata líquida. Se calienta revolviendo todo, pero con mucho cuidado de que la nata no hierva; se rectifica de sal y se rocían los filetes con esta salsa.

Se sirve con puré de patatas o bolitas de puré.

712. FILETES CON ACEITUNAS Y VINO BLANCO (6 personas)

6 filetes de lomo bajo o cadera (125 g cada uno),
½ vaso (de los de vino) de vino blanco,
125 g de aceitunas sin huesos,
1 cucharada (de las de café) de concentrado de tomate (o de salsa espesa),

½ cucharada (de las de café) de extracto de carne (Liebig, Mandarín, etc.),
4 cucharadas soperas de aceite,
sal.

Se echan las aceitunas en un cazo con agua fría, se ponen al fuego y se les da un hervor de 2 minutos; después se escurren bien, se secan con un paño limpio y se cortan en dos mitades.

En una sartén se pone el aceite a calentar. Mientras tanto, se echa sal ligeramente por cada cara de los filetes. Se fríen de dos en dos y se reservan al calor.

En la misma sartén, escurrida de la mitad de la salsa, se ponen las aceitunas, el vino blanco, el tomate y el extracto de carne. Se revuelve todo bien y se deja cocer unos 3 o 4 minutos. Se colocan los filetes en una fuente, con la guarnición que se haya elegido (patatas fritas, puré, etc.), y se vierte la salsa por encima de los filetes. Se sirven en seguida.

713.   FILETES EMPANADOS (6 personas)

6 filetes de cadera o babilla,
delgados (125 g cada uno),
1 diente de ajo (facultativo),
1 ramita de perejil,

1 plato con pan rallado,
2 huevos,
³/₄ de litro de aceite (sobrará mucho),
sal.

Se piden en la carnicería unos filetes delgados; si no, se aplastan para que queden finos.

En el mortero se machaca el diente de ajo, la ramita de perejil y un poco de sal (esto es facultativo).

Con la punta de los dedos se untan las dos caras de cada filete con esto. Después se pasan por el huevo batido como para tortilla y luego por pan rallado, que tiene que quedar muy uniforme por todo el filete.

Se preparan con un poco de anticipación (¹/₂ hora basta) para que el pan rallado quede bien adherido.

Se fríen en aceite abundante.

Nota.—Se puede suprimir el ajo y el perejil machacados en el mortero y sólo salar y empanar los filetes.

714.   FILETES A CABALLO (CON HUEVOS) (6 personas)

6 filetes de solomillo (de unos 150 g
cada uno),
6 rebanadas de pan de molde,
50 g de foie-gras,

el zumo de ¹/₂ limón,
6 huevos,
¹/₂ litro de aceite (sobrará),
sal y pimienta.

Se cortan los filetes gruesos y se les ata una cuerda alrededor con el fin de que no ensanchen al freír.

Se untan con un poco de aceite (con la punta de los dedos) una ¹/₂ hora antes de hacerlos. Se salan y se echa pimienta en los filetes (por cada cara) y se fríen en una sartén gruesa (Tefal, Magefesa, etc.), previamente calentada y sin más grasa que la que tienen los filetes untados. Se hacen unos 3 minutos por una cara y 4 por la otra (o más si se quiere). Se reservan al calor.

Mientras tanto, se tuestan o se fríen las rebanadas de pan y, una vez doradas, se untan con un poco de foie-gras por una cara. Se reservan al calor.

En una sartén se pone el aceite a calentar y se fríen los huevos.

En una fuente se colocan las rebanadas de pan y encima de cada una 1 filete. Se calienta la salsa que han soltado, añadiéndole el zumo de limón. Se rocía cada filete con esto y sobre cada filete se coloca 1 huevo frito. Se suele servir solo o con ensalada aparte o acompañados de patatas fritas (paja o a la inglesa).

715.   FILETES (CEBON) RELLENOS DE JAMON, ACEITUNAS
Y HUEVO DURO (6 personas)

6 filetes de cadera de cebón (125 g
cada uno, cortados muy delgados),
12 aceitunas,
100 g de jamón serrano,
2 huevos duros,
harina en un plato para rebozar,
aceite para freír, ¹/₄ litro (sobrará),
1 cebolla pequeña (60 g),

1 diente de ajo,
1 ramita de perejil,
1 cucharada sopera rasada de harina,
¹/₂ vaso (de los de vino) de vino blanco,
4 vasos (de los de agua) de agua,
sal.

Se pican las aceitunas, el jamón y el huevo duro. Con ello se rellenan los filetes, dejando un poco de relleno para añadir luego en la salsa. Se enrollan los filetes y se atan con una cuerda fina, dejándole un rabo para poderlo agarrar cuando se vaya a quitar, al servir.

En una sartén se pone el aceite. Cuando está caliente, se rebozan los filetes ligeramente con harina y se fríen de 3 en 3. Se reservan en un plato.

En una cacerola se ponen 6 cucharadas soperas del aceite donde se han frito los filetes, se echa la cebolla muy picadita, que se dora. Se ponen entonces los filetes, el vino blanco y el agua.

En un mortero se machaca el diente de ajo con el perejil y un poco de sal; se deslíe lo del mortero con 2 o 3 cucharadas de salsa donde está cociendo la carne y se echa en la cacerola.

Se revuelve bien y se cuece a fuego mediano-lento durante unos 45 minutos (según sean de duros los filetes).

Al ir a servirlos, se les quita la cuerda y se le echa a la salsa el resto del relleno para que dé un hervor. Se vierte por encima y se sirven con picatostes, arroz blanco o puré de patatas.

716. FILETES RELLENOS DE JAMON YORK Y DE ACEITUNAS (6 personas)

6 filetes de babilla o cadera, de 125 g cada uno y cortados delgados,
3 lonchas grandes (pero finas) de jamón de York,
100 g de aceitunas rellenas de pimientos,
2 vasos (de los de vino) no muy llenos de vino blanco,
1½ vaso (de los de agua) de agua,
1 vaso (de los de agua) de aceite,
2 cubitos de caldo de pollo o carne,
2 cucharadas soperas de harina, el zumo de un limón,
1 pellizco de hierbas aromáticas,
1 cebolla mediana (50 g),
1 diente de ajo, sal y pimienta.

Se sazona con sal y pimienta ligeramente cada filete. Se coloca en cada uno ½ loncha de jamón y en el centro un poco de aceitunas picadas. Se enrolla cada filete y se mantiene así con un palillo o con una cuerdecita (que luego al servir se quitará).

Se pone en una cacerola el aceite a calentar. Se doran los filetes de 2 en 2 y se van reservando en un plato aparte. Una vez fritos, se retira un poco de aceite, no dejando más que el preciso para dorar la cebolla y el diente de ajo, pelados y picados. Se refríen hasta que están empezando a dorarse (unos 10 minutos). Se añade la harina, se dan unas vueltas con una cuchara de madera y se echa el vino, los calditos desmenuzados, las hierbas aromáticas y algo de agua. Se da un hervor a la salsa y se ponen en ella los rollitos de carne, dejándolos cocer a fuego lento durante 1¼ de hora. Se añade entonces el zumo de limón y se cuece durante otros 15 minutos.

Hay que comprobar después de este tiempo si la carne está tierna (esto depende de la clase), pinchándola con un alambre; si hace falta, se deja un poco más.

Se sacan los rollitos, se les quita el palillo o la cuerda y se colocan en la fuente donde se servirán. Se cubren con la salsa, que se pasará por el chino, apretando mucho para que dé toda su sustancia la cebolla.

Se puede adornar con puré de patatas o arroz blanco.

717. FILETES (CEBON) GUISADOS CON CERVEZA Y CEBOLLA
(6 personas)

6 filetes cortados gruesos (redondo, rabillo tapa, etc.),
5 cucharadas soperas de aceite,
3 cebollas grandes (700 g),

1 botella de cerveza (o 1½, según tamaño),
sal.

Se pone el aceite a calentar en una cacerola. Cuando está en su punto, se pasan los filetes sólo un minuto de cada lado y se sacan. Se reservan en un plato.

Se pelan las cebollas y se cortan en redondeles finos a lo ancho (para que cuando se separe la cebolla forme unos aros). Se pone la mitad de las cebollas donde está el aceite de freír la carne, se posa la carne encima, se sala y se cubre con la otra mitad de las cebollas. Se tapa la cacerola y se deja a fuego muy lento durante unos 10 minutos más o menos, hasta que la cebolla se ponga transparente; entonces se le echa la cerveza, lo bastante para que cubra la carne. Se vuelve a tapar la cacerola y se deja a fuego mediano lento 1 a 2 horas (según sea de dura la carne).

En este tiempo conviene mover de vez en cuando la carne en su salsa para que no se agarre.

Se sirve en una fuente con la salsa y la cebolla por encima de la carne, y se puede acompañar con molde de arroz blanco o puré de patatas.

718. LOMO DE VACA CON PEREJIL, MANTEQUILLA Y LIMON
(6 personas)

800 g a 1 kg de lomo alto, en 1 o 2 filetes grandes (también se puede hacer lo mismo con rumsteak),
50 g de mantequilla,
2 cucharadas soperas de aceite,

el zumo de un limón,
1 cucharada sopera de perejil picado,
sal y pimienta.

Se unta el filete grande de lomo con aceite por cada cara. Se enciende el horno fuerte unos 5 minutos y, pasado este tiempo, se pone encima de la parrilla el lomo unos 5 minutos por una cara y 10 por la otra. Se saca y se le echa sal y pimienta por las dos caras, y se coloca en la fuente donde se va a servir. Se corta entonces en trozos de unos 3 dedos de ancho (4 cm). Se recoge el jugo que haya soltado y se pone en una sartén pequeña con la mantequilla. Se calienta todo sin que la mantequilla haga más que derretirse y no cocer. Se agrega el limón y el perejil. Se revuelve bien y se vierte por encima del lomo. Se sirve en seguida en platos calientes.

719. LOMO DE VACA CON SALSA DE VINO TINTO (6 personas)

800 g a 1 kg de lomo alto, en 1 ó 2 filetes gruesos y grandes,
4 cucharadas soperas de aceite fino,
2 chalotas medianas (60 g),

1¼ vaso (de los de agua) de buen vino tinto,
3 cucharadas soperas de crema líquida,
sal y pimienta negra molida.

Se echa el aceite en una sartén grande y, cuando está caliente, se pone el filete de lomo 8 minutos de cada lado (si se quiere medianamente hecha la carne, algo más si se prefiere, pero esta forma de servir la carne siempre es a base de carne poco hecha para que esté buena).

Una vez la carne en su punto y estando en la sartén, se sala y se le pone pimienta de los dos lados. Se retira y se coloca en la fuente donde se vaya a servir, reservándola al calor.

Se pelan y se pican las chalotas, se echan en la sartén donde se ha frito la carne y en el mismo jugo se dejan las chalotas unos 5 minutos. Se revuelven de vez en cuando con una cuchara de madera y se añade el vaso y cuarto de vino tinto (éste debe ser bueno, pues es la gracia de la salsa). A fuego bajo se deja cocer esta salsa durante unos 10 a 15 minutos, con el fin de que se reduzca. Se añade entonces la nata líquida, teniendo buen cuidado de que no cueza; se revuelve bien todo y se vierte encima del lomo que está en espera y que se habrá trinchado en tiras gruesas de 3 dedos de ancho cada una (unos 4 cm de ancho).

Se sirve en seguida acompañada de patatas cocidas o salteadas, o simplemente de una buena ensalada servida aparte.

Nota.—Se puede sustituir la nata líquida por 75 g de mantequilla. Esta se incorpora a la salsa al final, en 3 veces, batiendo cada vez mucho y sin que cueza.

720. FILETES PICADOS O HAMBURGUESAS (6 personas)

Para 6 personas se suelen comprar 750 g de carne picada. Esta puede ser de cebón o de vaca, pero siempre es más sabrosa si se mezcla con carne de salchichas o simplemente con magro de cerdo.

La proporción para las hamburguesas es de $\frac{1}{2}$ kg de carne picada y $\frac{1}{4}$ kg de cerdo o salchicha.

Para las albóndigas o la carne en rollo, se suelen poner 400 g de vaca o cebón y 150 g de cerdo o salchicha.

También se puede mezclar vaca y ternera, mitad y mitad.

721. FILETES PICADOS (HAMBURGUESAS) REBOZADOS
(6 personas)

6 hamburguesas, $\frac{1}{4}$ litro de aceite,
1 plato con harina,   sal.
2 huevos,

Se salan las hamburguesas por las dos caras. Se pasan ligeramente por harina y después por huevo batido como para tortilla.

Se tiene una sartén con el aceite caliente y se van friendo los filetes por tandas.

Una vez fritos todos, se sirven en una fuente con el acompañamiento que se quiera.

Nota.—Están también muy buenos los filetes de carne picada solamente salados, pasados por harina y fritos sin rebozar en huevo.

722. FILETES PICADOS (HAMBURGUESAS) EN SALSA CON CEBOLLA (6 personas)

6 hamburguesas,
1 plato con harina,
1 cucharada (de las de café) de harina,
1 vaso (de los de agua) de aceite (sobrará),

1 vaso (de los de vino) de vino blanco,
½ vaso (de los de vino) de agua,
1 cebolla grande (250 g),
sal.

En una sartén se pone el aceite a calentar. Cuando está caliente, se salan las hamburguesas por las dos caras, se pasan por harina y se fríen de 2 en 2. Se van poniendo en una cacerola amplia para que no se monten unas sobre otras. Se quita casi todo el aceite de la sartén, dejando sólo un fondo (como 3 cucharadas soperas). Se pela la cebolla y se corta toda a tiras finas. Se fríe y cuando empieza a dorarse se echa la harina, dando unas vueltas con una cuchara de madera; luego se añade poco a poco el vino y el agua. Se cuece la salsa unos 5 minutos. Luego se vierte en la cacerola donde están las hamburguesas y se da un hervor de 10 minutos. Se colocan las hamburguesas en la fuente donde se vayan a servir, se recoge la cebolla con un tenedor y se coloca encima de ellas y se vierte la salsa en el plato. Se sirve en seguida acompañado de puré de patatas, o patatas rehogadas.

723. HAMBURGUESAS CON QUESO (6 personas)

6 hamburguesas,
1 plato con harina,
1 vaso (de los de agua) de aceite,

150 g de queso gruyère rallado,
unas ramitas pequeñas de perejil,
sal.

Se salan las hamburguesas, se pasan por harina y se fríen en una sartén con aceite caliente (unos 3 minutos de cada lado). Se ponen entonces en una parrilla y se espolvorean por encima con queso rallado. Se meten al horno con el gratinador bien caliente. Se dejan hasta que el queso esté medio derretido. Se adorna cada hamburguesa con unas ramitas de perejil y se sirven en seguida.

724. ALBONDIGAS (6 personas)

½ kg de carne picada,
1 ramita de perejil,
1 diente de ajo,
4 cucharadas soperas de pan rallado,
3 cucharadas soperas de vino blanco,
1 huevo batido,
½ litro de aceite,
1 plato sopero con harina,
sal.

Salsa:
4 cucharadas soperas de aceite,
100 g de cebolla picada,
2 tomates maduros medianos,
2½ vasos de agua (de los de agua),
unas ramitas de azafrán (pocas),
2 cucharadas soperas rasadas de harina,
sal.

En una ensaladera se ponen el perejil y el ajo muy picados y el huevo un poco batido. Se pone la carne (puede ser ternera, vaca, mezcla de las dos, o mezcla de cada una de ellas con un poco de cerdo), el pan rallado, el vino y la sal. Se mezcla muy bien con una cuchara de madera. Después de bien mezclado todo se hacen bolas con las manos y, una vez formadas, se pasan ligeramente por harina.

En una sartén se pone el aceite a calentar y se fríen las albóndigas, dándoles unas vueltas para que se doren un poco. Se retiran y se van colocando en una cacerola donde no estén apretadas.

Se hace la salsa.

En una sartén se pone el aceite a calentar, cuando está, se echa la cebolla y se deja dorar unos 5 minutos, después se añaden los tomates en trozos y se machacan con el canto de una espumadera otros 6 u 8 minutos. Se agregan entonces 2 vasos de agua y la sal. Cuando rompe el hervor, se pasa por el pasapurés sobre la cacerola de las albóndigas.

En un mortero se machacan en seco las ramitas de azafrán, se añade un poco de agua del $^1/_2$ vaso reservado. Se vierte por encima de las albóndigas, se enjuaga el mortero con el resto del agua y se vuelve a echar sobre las albóndigas, moviendo para que se mezcle bien la salsa.

Se dejan cocer de 15 a 20 minutos las albóndigas en su salsa (15 minutos para ternera, 20 minutos para otras carnes).

725. ROLLO DE CARNE PICADA ASADA (6 personas)

$^1/_2$ kg de carne picada,
1 ramita de perejil,
1 diente de ajo,
1 puñado de miga de pan (125 g más o menos),
1 vaso (de los de vino) de leche hirviendo,
6 cucharadas soperas de vino blanco,

1 huevo batido,
1 plato con harina,
5 cucharadas soperas de aceite,
1 vaso (de los de agua) de agua, un poco de harina (para envolver la carne),
sal.

En un tazón se pone la miga de pan y se le vierte la leche hirviendo. Se deja un rato (10 minutos más o menos) para que se empape bien. En una ensaladera se pone el perejil y el diente de ajo muy picados, la carne (que puede ser vaca o ternera, mezclada con algo de cerdo), el huevo un poco batido (como para tortilla), el pan remojado, 3 cucharadas soperas de vino y la sal.

Se mezcla bien con una cuchara de madera. Después de bien mezclado, se forma un rollo grande, como un asado. Se envuelve ligeramente en harina.

En una besuguera donde se vaya a asar se pone el aceite a calentar. Cuando está en su punto, se pone la carne y se dan unas vueltas para que quede bien dorada por todos lados. Se añaden las otras 3 cucharadas soperas de vino blanco y el agua y se mete al horno. Este estará previamente calentado a fuego mediano unos 10 minutos antes. Se asa $^1/_2$ hora, más o menos, a fuego mediano vivo, volviendo y rociando de vez en cuando el asado.

Se sirve trinchado como un asado y adornado con moldes de arroz blanco, o puré de patatas, o verduras rehogadas, etc.

726. ROLLO DE CARNE PICADA EN SALSA (6 personas)

½ kg de carne picada,
1 ramita de perejil,
1 diente de ajo,
1 puñado de miga de pan (125 g más o menos),
1 vaso (de los de vino) de leche hirviendo,
3 cucharadas soperas de vino blanco,
1 huevo batido,
4 cucharadas soperas de aceite,

1 cebolla grande (100 g),
1 cucharada sopera de harina (no colmada),
un poco de harina para envolver la carne,
1½ vasos (de los de agua) de agua,
1 vaso (de los de vino) de vino blanco,
1 hoja de laurel,
sal.

Se procede a preparar la carne igual que en la receta anterior. Una vez envuelta en harina, se pone el aceite a calentar en una cacerola, se dora la carne y, una vez dorada, se saca y se reserva. En este mismo aceite se echa la cebolla pelada y picada a dorar. Cuando está bien dorada (unos 10 minutos), se le añade la harina, se dan unas vueltas con una cuchara de madera y se agrega el vino, el agua, la hoja de laurel, un poco de sal y la carne. Se tapa la cacerola, que no debe ser muy grande con el fin de que la carne esté bien cubierta por la salsa. Se cuece durante unos 30 minutos.

Se sirve trinchada como anteriormente y con la salsa aparte en una salsera.

Nota.—Se puede añadir a la salsa unos champiñones o unas setas, cortados en láminas y cocidos en la misma salsa, pero puestos sólo unos 15 minutos antes de terminar de cocer la carne.

727. CARNE PICADA CON PURE DE PATATAS Y HUEVOS DUROS, AL HORNO (6 personas)

½ kg de carne picada de vaca,
1 vaso (de los de agua) de leche caliente,
40 g de mantequilla,
1 cebolla grande (200 g),
2 huevos duros,

1 huevo,
1 puñado de pasas (facultativo),
6 cucharadas soperas de aceite,
1 kg de patatas,
1½ cucharadas soperas de azúcar,
agua y sal.

Se ponen las pasas a remojar con agua caliente que las cubra bien.

Con agua, sal, patatas, mantequilla y leche caliente se hace un puré de patatas (receta 207) y se reserva al calor.

Mientras se cuecen las patatas del puré, se ponen en una sartén las 4 cucharadas soperas de aceite a calentar. Cuando están calientes, se pone la cebolla pelada y muy picada a freír. Se le da vueltas hasta que empiece a dorarse (unos 8 minutos). Se añade entonces la carne picada y se revuelve con la cebolla durante unos 4 minutos más o menos; se sala. Se añaden las pasas escurridas y se revuelven con la carne (esto es si gustan las pasas). Se pone la carne en una fuente de cristal o porcelana resistente al horno. Encima de la carne se ponen los 2 huevos duros cortados en gajos o en rodajas no muy finas. El puré de patatas se mezcla con el huevo batido como para tortilla. Con este puré se cubre la carne. Se rocían las 2 cucharadas soperas de aceite por encima del puré y se espolvorea el azúcar con la mano como si fuese sal.

Se mete en el horno, previamente calentado, durante unos 15 minutos y se sirve en la misma fuente.

728. GRATINADO DE CARNE PICADA CON ARROZ Y BECHAMEL (6 personas)

½ kg de carne (cerdo, ternera o vaca, mezcla de 2 carnes),
200 g de arroz blanco,
4 tomates grandes (¾ de kg a 1 kg),
1 cebolla grande (125 g),
3 cucharadas soperas de aceite,
1 cucharada sopera de perejil picado,

40 g de gruyère rallado,
2 cucharadas soperas de jerez,
sal.,
Bechamel:
20 g de mantequilla,
2 cucharadas soperas de aceite,
1 cucharada sopera de harina,
½ litro de leche fría,
sal.

En una sartén pequeña se ponen las 3 cucharadas soperas de aceite a calentar. Se echa la cebolla pelada y picada muy fina; cuando se pone transparente (unos 5 minutos), se le añaden los tomates lavados, pelados, quitadas las simientes y cortados en trozos medianos. Se hacen a fuego lento unos 5 minutos, moviéndolos de vez en cuando con una cuchara de madera. Una vez hechos, se reservan.

Se hace el arroz blanco como está indicado en la receta 165, pero **sin rehogar**, y se reserva.

Se pica la carne cruda en trocitos de ½ cm. En una ensaladera se pone la carne, el arroz, el refrito de tomate y cebolla, el jerez y el perejil. Se revuelve todo, se sala y se echa en una fuente de barro, cristal o porcelana resistente al horno.

Se hace la bechamel. En una sartén se pone el aceite y la mantequilla a derretir. Una vez calientes, se añade la harina, se da un par de vueltas con las varillas o una cuchara de madera y se añade poco a poco la leche fría. Sin dejar de mover, se cuece la bechamel unos 5 minutos; ésta debe quedar clarita. Se sala ligeramente. Se vierte la bechamel por encima de la carne. Se espolvorea con queso rallado y se mete al horno flojo unos 20 minutos, y luego se pone a gratinar hasta que la bechamel esté dorada.

Se sirve en la misma fuente.

729. ASADO AL HORNO

Se ata la carne con una cuerda fina para darle bonita forma.

En la asadera se derrite manteca de cerdo o se pone aceite. Se dora el asado por todos lados y se sala. Se unta entonces todo el asado con extracto de carne (Bovril, Liebig, etc.).

Se tendrá el horno al máximo de calor un buen rato antes de meter el asado (unos 10 minutos a 300°).

Un asado de 1½ kg se suele asar durante unos 30 minutos para que salga rosado en el centro, pero este tiempo es muy personal, pues hay quien le gusta la carne más cruda o más hecha. De todas maneras un buen asado debe quedar bastante rosado.

Se abre entonces el horno para que la carne no se haga más y se deja reposar unos minutos, pues al reposar la carne se trincha mejor.

Se quita el asado de la asadera y se reserva al calor tapada con papel de plata. En la asadera se echa agua hirviendo, se rasca con una cuchara todo el fondo, se cuece un poco y se sirve en salsera.

730. ASADO EN CACEROLA

A falta de horno, se usan unas cacerolas de hierro especiales que son gruesas (cocotte).

Se calienta la manteca de cerdo y, una vez derretida, se pone el asado a dorar por todos lados; una vez dorada toda la carne se volverá solamente cada 10 minutos, dejando destapada la cacerola.

Se procede para la sal y la salsa igual que en la fórmula anterior.

Para este procedimiento de asado se debe calcular unos 15 minutos por cada $^1/_2$ kg de carne.

Carnes guisadas

Para hacer platos de carne guisada se compra redondo, rabillo, aguja, falda, tapa o espaldilla. También al comprar un lomo para asar, los trozos que sobran al darle bonita forma son muy buenos para guisar. Igualmente pasa con el solomillo: la parte baja y la parte alta son buenísimas para guisar en trozos.

Se calcula unos 200 a 250 g por persona, sin huesos.

La cacerola donde se haga el guiso debe ser gruesa, pues se hace mejor. Se suelen encontrar de importación en grandes almacenes o en tiendas especializadas en baterías de cocina, etc.

731. RAGOÛT CON ZANAHORIAS, CEBOLLITAS FRANCESAS Y GUISANTES (6 personas)

$1^1/_2$ **kg de carne de vaca cortada en trozos,**
$^1/_2$ **kg de zanahorias,**
$^1/_4$ **de cebollitas francesas,**
1 cebolla mediana (50 g) muy picada,
2 cucharadas soperas de salsa de tomate espesa (facultativo),
1 lata pequeña de guisantes (o un puñado frescos y sin cáscara),
1 vaso (de los de agua) no lleno de aceite,
1 vaso (de los de agua) no lleno de vino blanco,
1 cucharada sopera rasada de harina,
1 pellizco de hierbas aromáticas,
20 g de mantequilla (para las cebollitas),
agua y sal.

Se corta la carne en trozos cuadrados de unos 3 dedos de grosor. Puede ser morcillo, falda, o sea, carne de segunda. En una cacerola se pone el aceite a calentar; cuando está caliente se ponen los trozos por tandas a dorar, y se van reservando en un plato cuando están bien rehogados.

Una vez rehogada toda la carne se quita casi todo el aceite, no dejando más que un poco en el fondo de la cacerola; se pone la cebolla picada y se deja dorar ligeramente. Se añade la harina y se rehoga todo unos 5 minutos. Se vuelve a poner la carne en la cacerola, se le echa el vino blanco, después agua para que justo la cubra. Se sala y se espolvorea el pellizco de hierbas, se mueve bien, se deja que rompa el hervor y se tapa con tapadera. Se cuece durante $1^1/_2$ horas y entonces se agregan las zanahorias, peladas, lavadas y partidas a lo largo en trozos grandecitos. Se cuece $^3/_4$ de hora más. Se añaden entonces las 2 cucharadas de tomate.

Durante este tiempo, se ponen las cebollitas francesas previamente peladas a cocer en un cazo pequeño con un poco de agua (justo que las cubra) y la mantequilla. Una vez que están tiernas, pero enteras, se reservan. Unos 10 minutos antes de servir el guiso, se añaden las cebollitas y los guisantes escurridos de su agua.

Se sirve en una fuente, previamente templada, y con los platos del servicio también templados, pues este tipo de ragoût debe comerse muy caliente para que no se solidifique la grasa.

Restos de carne de ragoût, en canelones:

(Véase receta 262.)

732. CARNE ADOBADA Y GUISADA EN VINO TINTO (6 personas)

1½ kg de carne de vaca en trozos (tapa y babilla),
1 cebolla grande (200 g),
1 zanahoria grande,
½ litro de vino tinto,
2 hojas de laurel,
⅓ de vaso (de los de vino) de buen vinagre,
1 ramillete con perejil, 1 diente de ajo y unas ramas de tomillo,
150 g de tocino fresco veteado en lonchitas,
2 cucharadas soperas de aceite,
½ litro de agua caliente,
sal y pimienta molida.,

Se corta la carne en trozos cuadrados de 3 a 4 cm de lado.

En un cacharro de barro hondo se ponen los trozos de carne, encima se corta ½ cebolla en unos 3 trozos grandes (después de pelada), la zanahoria pelada y cortada en rodajas un poco gruesas (como un duro), las 2 hojas de laurel, el ramillete, se sala y se echa un poco de pimienta. Después se rocía con ½ litro de vino tinto y el vinagre. Se tapa con tapadera y se tiene así de 6 a 10 horas, en sitio fresco (pero no en la nevera), moviendo de vez en cuando los trozos para que todos se remojen bien.

Al ir a hacer el guiso se escurren bien los trozos de carne en un plato. En una cacerola se pone el aceite y el tocino; cuando están calientes se les echa la otra ½ cebolla picada, hasta que quede bien dorada. Se echan entonces los trozos de carne y se les da una vuelta durante unos 10 minutos, moviéndolos bien con una espumadera para que todos queden rehogados. Se les añade entonces el adobo (vino, cebolla, laurel, etc.) y con la cacerola destapada se deja reducir el caldo a la mitad. Se le agrega entonces ½ litro de agua caliente y se tapa con tapadera, dejándolo a fuego lento de 2 a 3 horas, según la clase de carne.

Se sirve en una fuente honda con acompañamiento de puré de patatas o simplemente con triángulos de pan frito.

733. CARNE GUISADA CON VINO TINTO (BOURGIGNON, ESTILO FRANCES) (6 personas)

1½ kg de carne en trozos (tapa, espaldilla, pecho, etc.),
1 cebolla mediana (100 g),
200 g de tocino veteado,
3 cucharadas de aceite,
1 litro de buen vino tinto,
2 cucharadas soperas colmadas de harina,
¼ kg de cebollitas francesas,
20 g de mantequilla (1 trocito),
agua,
pimienta y nuez moscada
sal.

En una cacerola se pone el aceite a calentar. Cuando está caliente (sin que salga humo) se le añade el tocino cortado en dados pequeños y la cebolla pelada y picada. Se rehoga bien todo unos 10 minutos, hasta que la cebolla empieza a dorarse. Se retiran entonces con una espumadera la cebolla y el tocino, que se reservan. Se agrega la carne cortada en trozos de 3 cm de costado; se refríen bien y, cuando están rehogados por todos lados, se espolvorean con la harina. Se vierte poco a poco el vino moviendo todo bien con una cuchara de madera, se echa un poco de pimienta molida y se ralla un poco de nuez moscada. Se revuelve bien todo junto hasta que empieza a cocer el vino. Se ponen entonces otra vez el tocino y la cebolla ya refritos, y, si hiciese falta, algo de agua caliente para que cubra justo la carne. Se tapa la cacerola y se cuece durante unas $2^1/_2$ horas (según sea de tierna la carne). Se moverá el guiso de vez en cuando para que no se agarre el fondo de la cacerola.

Aparte, mientras tanto, se pelan las cebollitas francesas, se ponen en un cazo de forma que no se monten unas encima de otras, se cubren justo con agua fría, se salan y se les añade la mantequilla. Se cuecen así unos 20 minutos.

Cuando la carne está ya en su punto, se sala muy ligeramente si hace falta, se añaden las cebollitas y se revuelve todo junto durante unos 10 minutos. Se sirve el guiso en plato más bien hondo, con su salsa por encima y con patatas cocidas o fritas alrededor.

Carne guisada con vino tinto (otra variación):

Se hace igual que la anterior, pero después de rehogar bien la carne se añaden 3 cucharadas soperas de salsa de tomate bien espesa, o $1^1/_2$ cucharada sopera de concentrado de tomate. Luego se espolvorea la harina, etcétera.

Se sirve este guiso con unos coditos, cocidos en agua y sal, escurridos y mezclados con un poco de mantequilla y queso rallado.

734. RABILLO DE CADERA O TAPILLA GUISADA CON ZANAHORIAS Y CEBOLLITAS (6 personas)

$1^1/_2$ kg de un rabillo o tapilla de vaca,
4 cortezas de jamón,
$^1/_2$ pata de ternera grande o una pequeña partida en dos ($^1/_2$ kg),
3 cucharadas soperas de coñac,
$1^1/_4$ litros de agua (más o menos),
1 vaso (de los de vino) bien lleno de vino blanco,
4 cucharadas soperas de aceite,
2 zanahorias medianas,
$^1/_4$ kg de zanahorias pequeñas y muy tiernas,
1 cebolla pequeña (50 g),
$^1/_4$ kg de cebollitas francesas,
20 g de mantequilla,
1 pastilla de caldo (Gallina Blanca, Starlux de pollo, etc.),
1 cucharadita (de las de moka) rasada de hierbas aromáticas en polvo (o un ramillete: perejil, 1 diente de ajo pelado, una hoja de laurel, una ramita de tomillo), sal y pimienta molida.

Se mecha la carne en la carnicería o en casa y se ata con una cuerda para darle bonita forma. Se chamusca la pata para quemarle los pelos.

En una cacerola se pone el aceite a calentar; cuando está caliente (sin humear) se añaden las cortezas de tocino y la cebolla picada; se pone la carne y la pata de ternera a dorar por todos los lados, volviéndolas con una cuchara de madera y un tenedor, hasta que estén doradas. Se rocían con el coñac calenta-

do previamente en un cazo pequeño y prendiéndolo con una cerilla para quitarle fuerza. Una vez preparada así la carne, se agregan las 2 zanahorias lavadas,
raspada la piel y cortadas en rodajas. Se espolvorean las hierbas aromáticas y
se cubre la carne con agua (más o menos el $\frac{1}{2}$ litro). Se sala ligeramente y se
echa un poco de pimienta molida. Se cubre la cacerola con tapadera y, a fuego
mediano, más bien lento, se deja cocer unas 3 horas. Pasado este tiempo, se
añade el vino blanco, la pastilla de caldo disuelta en 2 o 3 cucharadas de salsa
de la carne y se incorporan también las zanahorias, peladas y cortadas en dos a
lo largo. Se deja cocer $\frac{1}{2}$ hora más. Se rectifica de sal si hace falta. Mientras tanto, en un cazo pequeño se cuecen las cebollitas francesas, peladas y apenas cubiertas de agua, con la mantequilla y un poco de sal.

Cuando la carne está tierna, se saca y se le quita la cuerda que le daba bonita
forma. Se corta en lonchas y se coloca en una fuente. Se deshuesa la pata de
ternera y se ponen los trocitos encima. Se ponen las zanahorias en trozos grandes alrededor, mezcladas con las cebollitas francesas, y se cuela la salsa por un
chino, machacando las rodajas de zanahorias y la cebolla picada. Se sirve con la
salsa por encima.

Receta anterior servida fría:

Se hace igual que la anterior, con muchas menos cantidades, o mejor, se aumenta algo de carne en la otra receta y con las sobras se hace el pâté de carne
(con carne de la pata de ternera y 100 g de jamón serrano, todo en trocitos menudos, como dados). Se hace también $\frac{1}{2}$ litro de gelatina (Maggi, Royal o comprada, y se derrite).

En un molde alargado (de cake) se pone parte de la salsa del guiso mezclada
con la gelatina; se deja cuajar en la nevera y se adorna el fondo con rodajas de
zanahoria y algunos guisantes (de lata o cocidos): se alternan capas de carne,
jamón y pata mezclados, con algunos guisantes y trozos de zanahorias. Después se vierte la salsa, hasta que cubra bien el pâté. Se mete en la nevera unas
horas, hasta que cuaje la gelatina.

Se desmolda y se sirve frío, adornado con rodajas de tomate, remolacha y
hojitas de lechuga.

735. CARNE EN ROPA VIEJA (6 personas)

Un resto de carne de redondo (de
cocido, etc.), ya guisado, o trozos
de carne sobrante que se freirán
calculando lo que haga falta (1 kg
más o menos en crudo),
1 kg de tomates maduros,

1 pimiento colorado grande (400 gra-
mos) o de lata,
1 cebolla grande (200 g),
4 cucharadas soperas de aceite,
1 cucharada (de las de café) de azúcar,
sal.

En una sartén se pone el aceite a calentar y se añade la cebolla picada; se deja
unos 5 minutos que se dore sola. Después se añaden los tomates cortados en
trozos y quitadas las simientes, y se machaca lo de la sartén con el canto de una
espumadera. Una vez que haya cocido unos 15 minutos, se pasa por el pasapurés y se añade el azúcar y la sal.

En el horno, previamente calentado, se asa un pimiento entero, hasta que esté blando (unos 30 minutos). Se saca, se deja enfriar cubriéndolo con un plato o

un paño y se pela, quitando las simientes. Se corta en tiras de un dedo de ancho.

En la sartén se echa la carne cortada en trozos grandes, con el pimiento, para que todo junto dé un hervor.

Se sirve en una fuente con moldecitos de arroz blanco (receta 165, 1.ª fórmula).

736. REDONDO GUISADO (8 a 10 personas)

2 a 2½ kg de redondo de cebón,
2 cebollas grandes (250 g),
1 hoja de laurel,
2 cucharadas soperas de harina,

4 cucharadas soperas de aceite,
1½ vaso (de los de vino) de vino blanco,
agua y sal.

En una cacerola se pone el aceite a calentar; cuando está caliente (sin que salga humo) se pone el redondo a dorar por todos lados. Cuando está bien dorado, se saca y se reserva en un plato. Se echan entonces las cebollas peladas y picadas, que se rehogan hasta que estén bien doradas (unos 10 a 12 minutos). Se agrega entonces la harina, se dan unas vueltas, se vierte el vino, se mueve y se vuelve a poner el redondo. Se sala y se pone la hoja de laurel, agregando agua templada o fría hasta que lo cubra bien. Se tapa la cacerola y, cuando vuelve a romper el hervor, se baja el fuego hasta que cueza lentamente durante unas 2½ horas (según sea de dura la carne, más tiempo si hace falta). Se da de vez en cuando una vuelta al redondo para que se haga bien por todos lados.

Para servirlo se saca de la salsa y en la tabla se trincha en rodajas de 1½ cm de ancho. Se cuela la salsa por el pasapurés o por el chino y se sirve en salsera aparte, acompañado de puré de patatas.

Nota.—El redondo de vaca está mejor mechado con unos trozos de tocino. Lo pone más jugoso.

Se puede añadir al redondo una manzana reineta, pelada y cortada en dos, que se pasará con la salsa.

737. MANERAS DE UTILIZAR EL RESTO DEL REDONDO

1.   En ropa vieja (receta 735).

2.   Envuelto con bechamel:

2 cucharadas soperas colmaditas de harina,
2 vasos (de los de agua) bien llenos de leche fría (algo más de ½ litro),
25 g de mantequilla,
3 cucharadas soperas de aceite fino crudo,

2 huevos,
1 plato con pan rallado,
   aceite para untar la tabla de la carne,
1 litro de aceite para freír (sobrará), sal.

En una sartén se pone el aceite con la mantequilla a derretir; cuando están, se añade la harina, se dan unas vueltas y, poco a poco, se agrega la leche fría, dando vueltas continuamente para que no se formen grumos. Se cuece la bechamel unos 10 minutos para que quede espesa, echándole entonces la sal.

Fuera del fuego, se meten de una en una las rodajas de redondo, de forma que queden bien cubiertas por la bechamel. Se sacan y se ponen a enfriar en la tabla de la carne bien untada con aceite (para que no se peguen). Se hace esto por lo menos una hora antes de ir a freírlas.

Un poco antes de ir a servirlas, se pone el aceite a calentar. Mientras tanto se baten los huevos como para tortilla. Se pasa cada pedazo de redondo primero por el huevo batido y después por pan rallado. Se fríen hasta que tengan un bonito color dorado y se sirven en seguida.

3.   Otra manera de utilizar un resto de redondo, contra, etc., ya guisado, con bechamel y alcaparras (6 personas):

6 o 12 rodajas de carne (según sean de grandes),
2 cebollas medianas (150 g),
3 cucharadas soperas de aceite,
25 g de mantequilla,
2 cucharadas soperas de harina,
1 cucharada sopera de vinagre,
¼ litro de leche,
¼ litro de caldo (o agua con un cubito de Starlux, Gallina Blanca, etc.),

2 cucharadas soperas de alcaparras,
2 cucharadas soperas de pan rallado,
1 diente de ajo,
1 hoja de laurel,
50 g de mantequilla,
sal.

Se pelan y se pican muy menudas las cebollas. En una sartén se pone el aceite a calentar y, cuando está, se rehogan hasta que estén transparentes (unos 5 minutos). Se añade entonces la hoja de laurel y el diente de ajo pelado y aplastado con un golpe dado con el mango de un cuchillo. Se rehoga un poco y se agregan los 25 g de mantequilla y la harina; se rehoga todo dando vueltas un ratito, y luego, poco a poco, se añade primero el vinagre, la leche fría y luego el caldo. Sin dejar de mover, se cuece unos 10 minutos. Se sala.

En una fuente de porcelana, cristal o barro (resistente al horno) se ponen 3 cucharadas de salsa en el fondo, teniendo cuidado de quitar de ella la hoja de laurel y el diente de ajo. Se colocan las rodajas de carne. En el resto de la salsa se echan las alcaparras, se revuelven y se vierte por encima de la carne. Se espolvorea con el pan rallado, se pone la mantequilla en trocitos por encima y se mete al horno a gratinar hasta que esté bien dorado.

Se sirve en la misma fuente.

738.   CARNE GUISADA CON TOMATES Y ACEITUNAS (6 personas)

1½ kg de carne en trozos (aguja, falda, morcillo, etc.),
1 vaso (de los de agua) de aceite (sobrará),
150 g de jamón serrano veteado picado,
2 cebollas grandes (200 g),
½ kg de tomates muy maduros (3 grandes),

100 g de aceitunas rellenas de pimiento,
2 cucharadas soperas rasadas de harina,
1 vaso (de los de vino) de vino blanco,
1 pellizco de hierbas aromáticas (o un ramillete con perejil, 1 diente de ajo y una hoja de laurel),
agua y sal.

En una cacerola se pone el aceite a calentar. Cuando está a punto (sin que salga humo) se rehogan bien los trozos de carne y, a medida que están, se retiran y se reservan en un plato.

Se retira parte del aceite, no dejando más que lo justo para cubrir el fondo de la cacerola (4 cucharadas soperas, más o menos). Se echa la cebolla pelada y muy picada para que se rehogue. Cuando empieza a dorarse (unos 8 minutos) se agrega la harina, se vuelve a rehogar un poco y después se ponen los tomates pelados, cortados en trozos y quitadas las simientes. Se rehogan otros 5 minutos, machacándolos bien con el canto de una espumadera o con el de la cuchara. Se incorpora entonces la carne, el jamón y después el vino blanco. Se sala y se pone el pellizco de hierbas aromáticas o el ramillete. Se revuelve todo junto unos 5 minutos y se pone el agua suficiente para que quede la carne cubierta. Se cubre la cacerola, y, cuando rompe el hervor, se deja cocer a fuego mediano unas 2 horas (este tiempo depende de la clase de carne que se haya empleado; puede ser más o menos tiempo). Si entonces está la carne tierna se incorporan las aceitunas, a las cuales, aparte, se les habrá dado un hervor de 2 minutos y después cortadas en dos. Se revuelve bien, se tiene 10 minutos más al fuego con la cacerola ya destapada. Se sirve en fuente honda adornada con triángulos de pan frito.

739. CONTRA GUISADA (6 personas)

1¼ kg de contra de cebón,	2 cebollas grandes (200 g),
150 g de tocino para mechar,	½ kg de zanahorias,
1 vaso (de los de agua) de aceite,	8 granos de pimienta,
1 vaso (de los de agua) de vino blanco,	1 manzana reineta (facultativo), sal,
1 vaso (de los de agua) de agua,	agua, si hiciese falta en la salsa.

Se manda mechar el trozo de contra y se ata con una cuerda.

Se pone el aceite a calentar y cuando está caliente se rehoga la carne, de manera que esté dorada por todos lados. Se retira y se reserva en un plato. En el aceite se pone la cebolla pelada y picada hasta que empiece a dorarse (unos 10 minutos); se vuelve a poner la carne y se rocía ésta con el vaso de agua. Se echa la pimienta en grano y la sal. Se tapa muy bien y se cuece a fuego muy lento durante 1½ hora, dándole de vez en cuando la vuelta. Pasado este tiempo se añaden las zanahorias lavadas, raspada la piel y en trozos grandes y el vino. Se vuelve a tapar la cacerola y se cuece otros ¾ de hora más (este tiempo depende de lo tierna que esté la carne).

Al ir a servir se quita la cuerda de la carne, se trincha en rodajas no muy gruesas. Se retiran casi todas las zanahorias menos 2 que se reservan para la salsa; las demás se pondrán de adorno en la fuente.

Se pasa la salsa por el pasapurés (si está muy espesa después de pasada se añade un poco de agua), se calienta bien y se vierte por encima de la carne.

Se pueden poner de adorno patatas cocidas, puré o verduras en montones alrededor de la fuente.

Nota.—Después de echar el vino, se puede añadir una manzana reineta pelada y cortada en trozos. Esta se pasará por el pasapurés con lo demás.

740. CARNE FIAMBRE (6 a 8 personas)

1 kg de redondo de cebón,
30 g de sal de nitro (comprada en farmacia),
4 litros de agua,
350 g de sal,
6 granos de pimienta,
1 hoja de laurel,
1 ramita de tomillo,
1 vaso (de los de vino) de vino blanco,
2 puerros medianos,
2 zanahorias medianas (100 g),
2 huesos de rodilla u otros de vaca.,

Se unta la carne ligeramente con sal de nitro y se deja unas horas así en sitio fresco, pero no en la nevera (toda la noche, por ejemplo). Después se pone en una salmuera.

En una cacerola se pone la carne; se cubre con los 4 litros de agua, se le añade la sal, la pimienta, el laurel y el tomillo, y así se tiene 24 horas. Se mueve de vez en cuando la salmuera para que la sal no se deposite en el fondo.

Se saca, se lava ligeramente y luego se pone en una cacerola con los puerros y las zanahorias cortados en trozos grandes, los huesos, el vino blanco y agua suficientes para que la cubra. Una vez que rompa el hervor, se cuece a fuego mediano durante unas 3 horas. Se saca y se prensa (con una tabla de la carne por encima), y, una vez fría, se corta y se sirve como si fuese fiambre, con ensaladilla o ensalada de adorno.

741. RABO DE BUEY GUISADO (6 personas)

2 rabos de buey cortados en trozos,
2 cebollas grandes (180 g),
1 hoja de laurel,
4 granos de pimienta,
2 clavos (especias),
¼ kg de zanahorias,
2 vasos (de los de vino) de vino blanco,
3 o 4 litros de agua,
sal.

En una cacerola grande se pone agua fría y los trozos de rabo de buey, de forma que bailen bien en el agua (unos 3 litros). Se pone a cocer, y cuando empieza a hervir el agua se quita la espuma que se forma por encima; sin separarlo del fuego, se añaden entonces las cebollas enteras, peladas y con un clavo metido en la pulpa de cada cebolla, los granos de pimienta, la hoja de laurel, las zanahorias raspadas y lavadas, cortadas en dos a lo largo, el vino y la sal.

Se deja cocer destapado unas 2 a 3 horas, hasta que se separa la carne del hueso y se queda el caldo bien consumido (lo justo para hacer una salsa).

Se quitan el laurel y los granos de pimienta y se pasan por el chino o el pasapurés las zanahorias y las cebollas. Se pone la carne sin los huesos en una fuente y se cubre con la salsa. Se sirve en seguida, adornado con patatas fritas o puré de patatas.

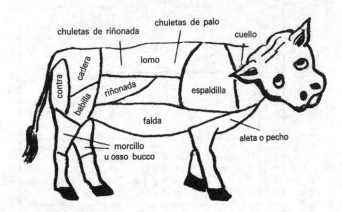

Se calcula para fieles corrientes 150 g por persona (125 g para empanados, pues deben ser muy delgados).

Para ternera asada, de 200 a 225 g por persona, pues esta carne merma mucho.

Pra ternera guisada, 200 a 250 g por persona.

742. FILETES FRITOS (6 personas)

6 filetes de babilla o solomillo,
3 cucharadas soperas de aceite,

2 cucharadas soperas de manteca de cerdo o de aceite (60 g),
sal.

Se salan los filetes por las dos caras. Se pone la manteca, o el aceite, a calentar.

Se fríen unos 5 minutos por cada cara a fuego vivo, procurando darles la vuelta con una espumadera para no pincharlos, pues así se les va el jugo. Después se tapa la sartén con una tapadera y se dejan otros 2 minutos a fuego muy lento.

Se sirven en una fuente con el adorno quese haya elegido de verduras o de patatas en puré, rehogadas o fritas.

743. FILETES FRITOS CON LIMON Y MANTEQUILLA (6 personas)

6 filetes de babilla,
4 cucharadas soperas de aceite,
el zumo de 1 limón,

1 cucharada sopera de perejil pica-do,
50 g de mantequilla,
sal.

Se salan los filetes. En una sartén se pone el aceite a calentar y, cuando está ca-liente (sin que salga humo), se fríen los filetes unos 5 a 6 minutos de cada lado,

405

TERNERA
El horno mediano al principio y más fuerte en la mitad del tiempo de asar

| Qué parte pedir | Frita | | Qué parte pedir | Peso por persona | Tiempo de cocción | Guisos | | |
	Peso por persona	Tiempo de cocción				Qué parte pedir	Peso por persona	Tiempo de cocción
Chuletas	180 g	10 minutos para chuletas	Contra			Falda		2 horas para los guisos
Filetes de babilla	150 g normales	8 a 10 minutos para los filetes, primero a fuego vivo, después más lento	Babilla	250 g sin huesos	20 minutos por cada medio kilo	Aguja		
Tapa			Chuletas deshuesadas o silla			Morcillo	200 a 250 g	
Cadera						Contra		1½ a 2½ horas para platos en salsa
Espaldilla	125g para empanar					Osso bucco		

procurando darles la vuelta con una espumadera para no pincharlos. Se sacan y se reservan en la fuente donde se vayan a servir, al calor.

Se escurre un poco de aceite de la sartén, no dejando más que el fondo que está más oscuro de freír la carne. Se pone la mantequilla a derretir y el zumo de limón. Se mueve esto junto muy bien, teniendo cuidado de no dejar cocer la mantequilla, pues así sienta peor y se pone oscura. Se añade el perejil y se rocían los filetes con la salsa.

Se adornan éstos como los anteriores.

744. FILETES DE TERNERA EMPANADOS (6 personas)

6 filetes finos de babilla o tapa,
1 plato con pan rallado (muy fino),
2 huevos,

³/₄ litro de ceite (sobrará),
sal.

Se aplastan bien los filetes y se recortan los bordes para darles bonita forma. Se les echa sal por las dos caras y se pasan ligeramente por pan rallado muy fino (para ello se cuela por un colador de agujeros grandes, sacudiéndolo para que caiga sólo lo más fino). Una vez untados todos los filetes, se baten los huevos en un plato sopero, como para tortilla. De uno en uno se pasan los filetes por el huevo y después otra vez por el pan rallado, pero esta vez el pan tiene que quedar bien uniforme.

Se fríen en aceite abundante y caliente (para saber el punto del aceite se prueba friendo una rebanadita de pan, que no se debe arrebatar en seguida, pues así los filetes quedarían crudos por dentro).

745. FILETES DE TERNERA RELLENOS CON BACON Y GRUYÈRE (6 personas)

6 filetes de ternera (babilla, tapa o cadera),
6 lonchas finas de bacon,
6 lonchitas finas de queso gruyère,
1 pellizco de hierbas aromáticas,
2 cucharadas soperas de aceite,
50 g de mantequilla,

1 cucharada (de las de café) de perejil picado,
zumo de ¹/₂ limón,
sal,
2 cucharadas soperas de nata líquida (facultativo).

Se compran unos filetes delgados y con forma de óvalo más bien alargado. Se extienden de uno en uno, se salan ligeramente; en la mitad se coloca una lonchita de bacon (cortándole la parte dura del borde) y encima la lonchita de queso. Se espolvorean un poco con polvo de hierbas. Se doblan como si fuese una empanadilla y se pincha el borde o los dos bordes con un palillo, para que no se mueva el relleno.,

Se salan las dos caras externas ligeramente (pues el queso ya sala el filete).

En una sartén se pone a calentar el aceite con la mitad de la mantequilla. Cuando está caliente se fríen los filetes, primero a fuego vivo un par de minutos por cada cara, y, después, a fuego más lento 8 minutos de cada lado. Se separan una vez fritos, se ponen en una fuente caliente y se reservan a la boca del horno templado para que no se enfríen. En la sartén se quita la grasa que han soltado, si hubiese mucha, se pone la mantequilla que se tiene separada y el zumo de limón, y, si se quiere más salsa, un par de cucharadas soperas de agua caliente. Se revuelve bien, y, ya fuera del fuego, se echan las 2 cucharadas de nata (calentando con cuidado esta salsa para que ya no cueza, pues se cortaría la nata).

Se espolvorean los filetes con perejil picado y se rocían con la salsa. Se sirven en seguida. Se pueden adornar con patatas paja o puré de patatas.

746. FILETES DE TERNERA CON SALSA DE OPORTO, MOSTAZA Y PEREJIL (6 personas)

6 filetes de babilla, tapa o cadera,
5 cucharadas soperas de aceite,
5 cucharadas soperas de vino de oporto,

1 cucharada sopera de perejil picado,
2 cucharadas (de las de café) de mostaza,
sal.

Se salan ligeramente los filetes. Se pone a calentar el aceite y se fríen de dos en dos, unos 6 minutos por cada cara, volviéndolos con una espumadera para no pincharlos. Se van reservando al calor, en la fuente donde se vayan a servir.

Una vez fritos los filetes, se retira un poco de aceite, dejando sólo el fondo con grasa; se añade el oporto y la mostaza. Se revuelve bien y se cuece un par de minutos. Se agrega el perejil y se vierte esta salsa por encima de los filetes, que se servirán en seguida, con el adorno de patatas (puré, rehogadas, fritas, etc.) que más guste.

747. FILETES MIGNON CON CHAMPIÑONES Y BECHAMEL (6 personas)

6 filetes de solomillo de ternera,
6 redondeles de pan de molde fritos,
¼ kg de champiñones de París frescos,
30 g de mantequilla,
el zumo de ½ limón grande,
1 vaso (de los de agua) de aceite,
25 g de mantequilla,
2 cucharadas soperas de aceite,
2 cucharadas soperas rasadas de harina,
¾ litro de leche fría (2 vasos de los de agua, muy llenos),
sal.

Se separan las cabezas de los champiñones de los pedúnculos. Se lavan bien con agua y unas gotas de zumo de limón, y se escurren. Las cabezas (que deben ser pequeñas y bastante iguales) se ponen en un cazo con 30 g de mantequilla, zumo de limón y un poco de sal. A fuego lento se van haciendo durante unos 6 minutos, después se reservan. Los rabos de los champiñones se pican muy menudos y se reservan así en crudo.

En una sartén se ponen los 25 g de mantequilla y el aceite a calentar; cuando están derretidos se añade la harina, se dan unas vueltas con una cuchara de madera o unas varillas y, poco a poco, se va agregando la leche fría, y, por último, el picadito de champiñones crudos y el jugo de los champiñones del cazo.

Se cuece la bechamel durante unos 10 minutos. Se reserva al calor sin que cueza más.

Aparte, en otra sartén, se pone el aceite a calentar y se fríen los canapés de pan, que deben ser un poco mayores que la carne. Se ponen en una fuente. Se fríen después los filetes de solomillo, echándoles antes un poco de sal por cada cara y quitando un poco de aceite de la sartén. Se fríen unos 4 o 5 minutos de cada lado. Se posa cada uno sobre las rebanadas de pan. Se rocían con la bechamel que ha de estar espesa, se ponen las cabezas de los champiñones todo alrededor de los filetes, pero encima del pan. Se mete todo unos 5 minutos en el horno previamente calentado, y se sirve en cuanto empieza a dorarse un poco.

748. ESCALOPINES DE TERNERA REBOZADOS Y CON PICADITO DE CHAMPIÑONES (6 personas)

12 filetes pequeños y delgados (escalopines) de babilla o cadera,
2 huevos,
1 plato con harina,
½ kg de champiñones frescos medianos,
25 g de mantequilla,
el zumo de limón,
1 cucharada sopera de harina,
2 cucharadas soperas de aceite,
20 g de mantequilla,
3 cucharadas soperas de coñac,
1 vaso (de los de agua) de agua fría,
¾ litro de aceite (sobrará),
sal y pimienta.

Se preparan los champiñones. Se les quitan las cabezas, se lavan éstas al chorro cepillándolas bien y se ponen enteras en un cazo con el trozo de mantequilla (25 g), unas gotas de limón, 2 cucharadas soperas de agua y sal. Se cuecen hasta que están tiernos (unos 10 minutos). Se pinchan con una aguja para saber si están en su punto. Se reservan al calor.

A los pedúnculos o rabos se les cortan las partes sanas y sin tierra, se lavan bien con agua y el zumo del $\frac{1}{2}$ limón, se escurren en seguida y se reservan.

En una sartén se pone el aceite y la mantequilla (20 g) a calentar. Cuando ésta se ha derretido, se añade la harina. Se deja que se tueste ligeramente, dándole vueltas con una cuchara de madera; se añade el coñac y el agua, se mueve para que no forme grumos y se añaden los pedúnculos de los champiñones picados, la sal y la pimienta. Se deja cocer unos 10 minutos a fuego lento.

En una sartén amplia se pone el aceite a calentar. Mientras tanto se salan los filetes, se pasan por harina, sacudiéndolos para que caiga la sobrante. Se baten en un plato sopero los huevos como para tortilla y se pasan los escalopines de uno en uno dentro del huevo. Se fríen por tandas y se reservan al calor en la fuente donde se vayan a servir. Se colocan en redondo. Alrededor de la fuente se ponen las cabezas de champiñón enteras y alguna en el centro, y se sirve con la salsa aparte en una salsera.

749. ROLLITOS DE TERNERA CON BACON Y ANCHOAS
(6 personas)

6 filetes de ternera delgados (150 g cada uno) de babilla, tapa o cadera,
12 lonchas de bacon finas,
6 anchoas en aceite,
1 cucharada sopera rasada de harina,

1 cebolla mediana (80 g),
1 vaso (de los de vino) de vino blanco,
2 vasos (de los de vino) de agua,
4 cuharadas soperas de aceite,
1 hoja de laurel,
sal.

Se ponen los filetes de ternera en una tabla y se sazonan con sal y pimienta. Se corta la parte dura de las lonchas de bacon con unas tijeras. En cada filete se ponen 2 lonchas, y en el centro se coloca una anchoa a lo largo, bien escurrido el aceite, y se enrolla cada filete para que tenga la forma de un chorizo. Se ata con una cuerda (se dejará un rabo para agarrar bien en el momento de ir a quitarla).

En una cacerola se pone el aceite a calentar; cuando está en su punto, se ponen los rollos a dorar y se van separando cuando están bien dorados, reservándolos en un plato.

Se pela y se pica la cebolla y se rehoga en el aceite de la carne durante unos 7 minutos, hasta que empieza a dorarse. Se agrega la harina y se le da unas vueltas con una cuchara de madera; se añade el vino poco a poco (para que no haga grumos), y después 1 vaso de agua y la hoja de laurel. Se ponen los rollos y se echa el agua del segundo vaso hasta que cubra los rollos. Se sazona con un poco de sal y se pone a cocer. Cuando rompe el hervor se tapa la cacerola y, a fuego mediano, se deja cocer durante una hora o $1\frac{1}{4}$ hora.

Se sacan entonces los rollos, se les quita la cuerda y se colocan en una fuente. Se cubren con la salsa pasada por el chino o pasapurés. Se sirven con triángulos de pan frito o puré de patatas.

750. ROLLITOS DE TERNERA CON TOCINO Y CARNE PICADA
(6 personas)

6 filetes de ternera delgados (125 g cada uno) de babilla, tapa o cadera,
¼ kg de carne picada,
1 loncha gruesa de panceta,
6 ramitas de perejil,
1 cucharada sopera rasada de harina,

1 cebolla mediana (80 g),
1 vaso (de los de vino) de vino blanco,
2 vasos (de los de agua) de agua,
4 cucharadas soperas de aceite,
1 hoja de laurel,
sal.

Se ponen los filetes en una tabla, se sazonan con un poco de sal y se reparte la carne picada entre los 6 filetes, aplastándola un poco. En el centro de la carne picada se pone como un dedo de tocino y una ramita de perejil entera, lavada y seca. Se enrolla cada filete y se ata con una cuerda, dejando un rabo para poder agarrarla después de hechos los filetes y cortarlda para quitarla. Para todo lo demás se procede como en la receta anterior.

TODAS LAS RECETAS QUE SIGUEN SE HACEN IGUAL CON TERNERA

Filetes de solomillo con picadito de champiñón, cebolla y jamón (receta 708).
Filetes de cebón rellenos de aceitunas, jamón y huevo duro (receta 715).
Filetes rellenos de jamón de York y aceitunas (receta 716).
Filetes con aceitunas y vino blanco (receta 712).
Carne picada en rollo asada (receta 725).
Carne picada en rollo en salsa (receta 726).
Gratinado de carne picada con arroz blanco (receta 728).
Albóndigas (receta 724).

751. CHULETAS DE TERNERA CON REVUELTO DE TOMATE Y PIMIENTOS VERDES (6 personas)

6 chuletas de ternera (de riñonada o de palo),
6 tomates maduros medianos (750 g),
4 pimientos verdes (400 g),

½ litro de aceite,
2 cucharadas soperas de agua,
1 cucharada (de las de café) de azúcar,
sal.

En una sartén pequeña se ponen 2 cucharadas de aceite a calentar. Cuando está caliente (sin que salga humo) se echan los tomates pelados, cortados en trozos y quitadas las simientes. Se machacan con el canto de una espumadera y se hacen a fuego vivo durante unos 20 minutos para que quede la salsa espesa. Se añade entonces el azúcar y la sal, y se revuelve bien. Se reserva en su sartén.

En otra sartén se pone un vaso de aceite y el agua a calentar. Mientras se calienta, se preparan los pimientos, cortándoles el rabo con un trozo de pulpa alrededor y se vacían sus pepitas. Se cortan en cuadraditos y se salan. Cuando el aceite está caliente, se ponen los pimientos dentro y, a fuego más bien lento, se fríen durante 20 minutos, tapándolos con una tapadera. Pasado este tiempo, se escurren de su aceite y se añaden al tomate, revolviendo bien.

Aparte se fríen en una sartén amplia con unas 6 cucharadas de aceite las chuletas previamente saladas. Se ponen de 3 en 3 para que no tropiecen. Se fríen unos 5 minutos de cada lado, primero a fuego vivo y después a fuego más lento.

Se colocan las chuletas ya fritas en la fuente donde se vayan a servir. Se pone encima de cada chuleta un par de cucharadas soperas de revuelto de tomate con pimientos, y alrededor de la fuente se pueden poner patatas rehogadas.

752. CHULETAS DE TERNERA CON ALMENDRAS Y VINO DE MALAGA (6 personas)

6 chuletas de palo o de riñonada,
5 o 6 cucharadas soperas de aceite (un vaso de los de vino bien lleno),

100 g de almendras en láminas,
1 vaso (de los de vino) de vino de Málaga,
sal.

En una sartén se pone el aceite a calentar y se fríen las chuletas por tandas (unos 5 minutos de cada lado, primero a fuego vivo y después más lento). Se salan luego y se reservan al calor en la fuente donde se vayan a servir.

En la misma grasa se refríen las almendras hasta que estén tostadas. Una vez doradas, se rocían con el vino, se revuelve bien y se reparten las almendras y la salsa por encima de las chuletas.

Se sirven con puré de patatas o lo que más guste de acompañamiento.

753. CHULETAS DE TERNERA EN PAPILLOTE (6 personas)

6 chuletas de ternera de palo (200 g cada una),
3 lonchitas muy finas de jamón serrano,
125 g de champiñones de París frescos,
1 cucharada sopera de perejil picado,

2 cebollitas francesas, (100 g),
25 g de mantequilla,
unas gotas de zumo de limón,
10 cucharadas soperas de aceite (sobrará),
sal y pimienta,
3 hojas de papel plata.

En un cazo pequeño se pone la mantequilla a derretir; cuando está, se echan las cebollas peladas y muy picadas. Se rehogan unos 5 minutos y después se añaden los champiñones previamente limpios de tierra, lavados y picados. Se rocían con un poco de zumo de limón (una cucharadita de las de café) y se echa sal. Se saltea esto durante unos 8 minutos y se agrega el perejil; se deja otro par de minutos, y se reserva.

En una sartén se ponen unas 8 cucharadas de aceite a calentar. Se fríen las chuletas por tandas y sólo un minuto de cada lado. Se retiran.

Se cortan las hojas de papel de plata. Se unta cada papel muy ligeramente con aceite, con un pincel. Se echa sal y pimienta por las dos caras de cada chuleta.

Se coloca cada una en su papel, se reparte el champiñón con la cebolla y el perejil, en un montoncito encima de cada chuleta, y se cubre con ½ lonchita de jamón. Se cierra muy bien el papel y se ponen los paquetes así formados en una besuguera que se mete al horno. Este estará encendido previamente unos 5 minutos. Se hacen las chuletas a horno mediano-lento durante unos 20 minutos. Se debe dar en este tiempo una vez la vuelta a las chuletas, para que durante un rato se haga también la parte de abajo.

Se sirven en su mismo papel en una fuente.

754. CHULETAS DE TERNERA EN PAPILLOTE CON HIGADITOS DE POLLO (6 personas)

6 chuletas de ternera de riñonada,
6 higaditos de pollo,
6 ramitas de perejil,
1 cebolla mediana (80 g),
6 cucharadas soperas no llenas de aceite fino,
6 cucharadas soperas no llenas de vino blanco,
sal,
pimienta molida (facultativo),
papel de aluminio.

Se salan y se pone pimienta molida (poca) en cada cara de las chuletas. Se limpian los higaditos de nervios, se les quita la bolsita de hiel si la tuviesen y se cortan en dos sin llegar al final, para formar un filetito pequeño. Se aplica el hígado en una cara de la chuleta. Se vuelve a salar un poco. Se pone una ramita de perejil, se pela la cebolla y se cortan redondeles finos, aplicando uno en el hígado. Se rocía con una cucharada de aceite y luego con otra de vino blanco.

Se envuelve cada chuleta en papel de aluminio, dejando éste bastante holgado. Se mete a horno mediano, previamente calentado, durante 5 minutos, y se dejan las chuletas durante 25 minutos.

Se sirven en una fuente con su papel, tal como salen del horno.

755. CHULETAS EN SALSA (6 personas)

6 chuletas de palo o riñonada (de 225 g cada una, más o menos),
30 g de mantequilla,
8 cucharadas soperas de aceite,
1 vaso (de los de vino) de vino blanco ajerezado,
1 vaso (de los de vino) de agua,

1 cucharadita (de las de moka) de extracto de carne,
1 cucharada (de las de café) de perejil picado,
el zumo de ½ limón,
1 cucharadita rasada (de las de moka) de fécula de patata,
sal.

En una sartén se pone el aceite a calentar. Cuando está caliente, se fríen las chuletas por tandas, primero a fuego vivo y luego algo más lento, unos 4 minutos de cada lado. A medida que están fritas las chuletas, se salan y se colocan en la fuente donde se vayan a servir y se reservan al calor.

Una vez fritas todas, se escurre la sartén, volcándola un poco para quitarle casi toda la grasa, dejando sólo el fondo de salsa que han dejado las chuletas. Se echa entonces el vino y el agua y se cuece a fuego vivo para dejar la salsa reducida a la mitad. Se añade la fécula disuelta en un poco de agua y se agrega el resto de la mantequilla, el extracto de carne y el zumo de limón. Se revuelve todo (sin que cueza ya la mantequilla) y se vierte por encima de cada chuleta esta salsa.

Se sirven con puré de patatas, patatas fritas o rehogadas, o bien verduras.

756. CHULETAS EMPANADAS

Se procede como para los filetes empanados, teniendo en cuenta que las chuletas deben ser más bien delgadas para que salgan buenas (receta 744).

757. ASADO DE TERNERA AL HORNO (6 personas)

1½ kg de contra, babilla, riñonada, etc.,
100 g de manteca de cerdo o 5 o 6 cucharadas soperas de aceite,

1 cebolla pequeña (50 g) (facultativo),
agua caliente,
½ limón
sal.

Se ata el trozo de ternera que se va a asar para que tenga bonita forma.

En una besuguera se pone el trozo de ternera bien untado de manteca de cerdo. Se mete al horno, previamente calentado, durante 5 a 10 minutos, y a fuego mediano se derrite la manteca y se da un par de vueltas al asado. Pasada ½ hora, se sala, se rocía con un poco de agua caliente (primero ½ vaso de los de vino) y se pone la cebolla pelada y partida en dos trozos grandes de cada lado de la besuguera (esto es para que al asarse la cebolla dé un bonito color a la salsa) y se sube un poco el calor del horno. De vez en cuando se le da la vuelta al asado y se añade un poco de agua si hace falta. Se rocía el asado con su jugo. Se asa durante 1 hora. Pasado este tiempo, se apaga el horno, se abre un ratito (2 minutos) y se vuelve a cerrar para que repose el asado al calor unos 5 minutos antes de trincharlo.

Se quitan las cebollas; se sirve la salsa en salsera aparte y la carne adornada con verduras, bolas de puré de patatas, etc.

758. ASADO DE TERNERA, PRESENTADO CON MAYONESA Y HUEVO DURO

2 huevos duros.

Se prepara y asa igual que en la receta anterior.

Se tiene hecha mayonesa (2 huevos, $^1/_2$ litro de aceite fino, sal, zumo de un limón, en la batidora), que tiene que quedar bastante dura (receta 94).

En la fuente de servir la carne se pone la ternera asada y trinchada. Se cubre con la mayonesa y se espolvorean por encima de ésta los huevos duros muy picados. Se adorna la fuente con verduras y se sirve en seguida. Aparte, en salsera, se sirve la salsa de asar la ternera bien caliente. Es un plato muy lucido y bueno.

759. ASADO DE TERNERA CON SALSA DE YEMAS Y PURE DE TOMATES (6 personas)

Se hace exactamente igual que el cordero (receta 805).

760. ASADO DE TERNERA HECHO EN CACEROLA (6 personas)

1$^1/_4$ kg de contra, babilla o riñonada,
2 huesos,
5 ó 6 cucharadas soperas de aceite o 100 g de manteca de cerdo,
1 cebolla mediana (60 g),

1 pellizco de hierbas aromáticas (o un ramillete con perejil, laurel y un diente de ajo),
1 vaso (de los de vino) de agua, sal.

Se ata el asado para que tenga bonita forma.

En una cacerola se pone el aceite a calentar. Cuando está caliente, se pone la ternera y se dora por todos lados. Una vez bien dorada la carne, se añade la cebolla pelada y partida en dos trozos grandes; se añade sal, el pellizco de hierbas aromáticas, los huesos y el agua. Se cubre la cacerola con tapadera y a fuego mediano-lento se asa durante 1 hora, volviendo la carne cada $^1/_4$ de hora.

Una vez hecha, se le quita la cuerda a la carne, se deja reposar unos 5 minutos en la cacerola fuera del fuego y se trincha. Se quitan los huesos y se cuela por colador de agujeros grandes la salsa para quitarle la cebolla. Generalmente hay bastante salsa, pero si no se añade un poco de agua caliente, se revuelve toda la salsa en la cacerola donde se ha hecho la carne y se sirve en salsera aparte, adornada la carne con verduras, bolitas de patata, berenjenas o calabacines rebozados y fritos, etc.

Nota.—La cacerola es mejor que sea de hierro fundido, del estilo de las llamadas en Francia «cocotte». Al ser gruesa, sale mucho mejor y sabrosa la carne.

761. CONTRA DE TERNERA ASADA CON NARANJA (6 personas)

1½ kg de contra de ternera,
100 g de manteca de cerdo o 6 cucharadas soperas de aceite,
  ½ vaso (de los de vino) de coñac,
  1 cucharada sopera de cáscara de
  naranja rallada,
  el zumo de 2 naranjas medianas,
  1 naranja grande o 2 pequeñas
  para adorno,

20 g de mantequilla,
  2 cucharadas soperas de azúcar
  agua y sal,
Puré de patatas:
1¼ kg de patatas
  ¼ litro de leche
50 g de mantequilla
  agua y sal.

Se ata la carne para que tenga bonita forma. Se calienta un poco el coñac y una vez puesta la carne en una besuguera se prende el coñac y se flamea con él la carne. Se unta después con la manteca de cerdo y se mete al horno, previamente calentado 5 minutos. Una vez que la carne se empieza a dorar, se sala por todos lados y se añade un poco de agua caliente (½ vaso de los de vino). Con el jugo se rocía varias veces el asado, que se tendrá durante 1¼ horas asando a horno mediano, dándole la vuelta de vez en cuando.

Mientras, se cortan las naranjas en rodajas sin pelarlas. En un cazo se pone un vaso no lleno (de los de agua) de agua, 2 cucharadas soperas de azúcar y un trocito de mantequilla. Se cuece unos 5 a 7 minutos y se meten las rodajas a dar un hervor. Se reservan al calor en su caldo.

Cuando la carne está asada, se apaga el horno, se abre y se vuelve a cerrar con el fin de que deje de asar pero esté caliente. Se deja la carne unos 10 minutos antes de trincharla.

Se trincha y se ponen las lonchas en la fuente donde se vaya a servir, adornándola con montones de puré de patatas y las rodajas de naranja preparadas anteriormente y escurridas. En la salsa de la besuguera se pone la ralladura de la naranja y el zumo. Se mezcla bien, calentando la salsa, que se servirá en salsera aparte.

762. OSSO BUCCO EN SALSA CON CHAMPIÑONES (6 personas)

6 trozos de osso bucco,
  5 o 6 cucharadas soperas de aceite,
3 tomates grandes y maduros
  (500 g),
¼ kg de champiñones frescos,

1 vaso (de los de agua) de vino blanco,
1 vaso (de los de agua) de caldo (o
  agua con una pastilla de Starlux,
  Gallina Blanca, etcétera),
1 plato con harina,
  sal y pimienta (ésta es facultativo).

Se limpian y se lavan bien los champiñones, cortándolos en trozos grandes. Se reservan.

En una cacerola se pone el aceite a calentar (lo suficiente para que cubra el fondo, pero sin sobrar). Una vez caliente, se pasa cada trozo de carne por harina y se van dorando.

Se añaden los champiñones y también se les dan unas vueltas para que se rehoguen. Se echan entonces los tomates pelados, quitadas las simientes y cortados en trozos no muy grandes. Se rocía todo esto con el vino y después con el caldo. Se echa un poco de pimienta y de sal (con cuidado, pues el caldo ya sala el guiso, si es de pastilla).

Se tapa la cacerola y se cuece a fuego lento durante 1 a 1½ hora (según sea de tierna la carne).

Se sirve en una fuente un poco honda con la salsa por encima.

763. OSSO BUCCO EN SALSA (6 personas)

6 trozos de osso bucco,
1½ vaso (de los de agua) de aceite,
20 g de mantequilla,
   unas gotas de zumo de limón,
¼ kg de cebollitas francesas,
1 cebolla mediana (80 g),
3 tomates medianos (300 g),
1 cucharadita (de las de moka) rasada de hierbas aromáticas (o un ramillete con perejil, tomillo y laurel),

1 cucharada sopera de corteza de limón rallada,
1 vaso (de los de agua) de vino blanco (bien lleno),
1 vaso (de los de agua) de caldo (o agua con una pastilla de caldo),
1 cucharada sopera de perejil picado,
1 diente de ajo,
1 plato con harina,
   sal y pimienta (facultativo).

En una sartén se pone el aceite a calentar; cuando está en su punto, se pasan los trozos de osso bucco de uno en uno por harina, se sacuden para que no quede demasiada pegada y se fríen hasta que estén bien dorados por las dos caras. Una vez dorados, se reservan en un plato al calor.

En una sartén se ponen unas 3 cucharadas soperas del aceite de freír la carne (pero colándolo para que no quede harina). Se rehoga la cebolla hasta que empiece a dorarse (unos 8 minutos). Se añaden entonces los tomates lavados y cortados en trozos, quitadas las simientes. Se machacan bien con el canto de una espumadera durante 10 minutos, se echan las hierbas aromáticas y el limón rallado y se revuelve bien.

Se colocan los trozos de osso bucco en una cacerola. Se echa en la sartén el vino blanco, el caldo, la sal y la pimienta molida. Se revuelve y se vierte por encima de la carne. Se cuece a fuego lento durante 1¼ hora con la cacerola tapada.

Mientras tanto, en un cazo se cuecen las cebollitas francesas peladas, con agua que las cubra, la mantequilla, unas gotas de zumo de limón y sal. Cuando están tiernas (más o menos 20 minutos, se pinchan con un alambre para saber si están cocidas), se escurren de todo su caldo. Se ponen 2 cucharadas soperas de aceite (del de freír la carne, colado) en el mismo cazo, se doran las cebollitas y se reservan.

Se sacan los trozos de osso bucco de su salsa y se colocan en una fuente caliente y se vierte por encima la salsa pasándola por el pasapurés. Se adorna la fuente con las cebollitas y se espolvorea con el perejil picado; se sirve en seguida.

Nota.—Hay quien prefiere la salsa sin pasar.

764. GUISO DE TERNERA EN SALSA DE WHISKY CON ARROZ BLANCO (6 personas)

1½ kg de morcillo o falda o aguja de ternera,
½ kg de arroz,
1 hoja de laurel,
2 cebollas medianas (125 g),
4 zanahorias medianas, (300 g),
½ vaso (de los de vino) de vino blanco,

1 cucharada sopera de harina,
2 cucharadas soperas de aceite,
25 g de mantequilla,
3 cucharadas soperas de buen whisky,
50 g de mantequilla (para rehogar el arroz),
1 cucharada sopera de perejil picado, agua y sal.

En un cazo se pone la carne en trozos, las zanahorias lavadas, raspadas y cortadas en dos a lo largo, una cebolla pelada y cortada en dos trozos, la hoja de laurel, el vino blanco, agua fría que cubra bien la carne y sal. Cuando rompe el hervor, se quita la espuma que se forma por encima del agua y se tapa el cazo. Se deja cocer a fuego mediano una hora o 1½ (según sea de tierna la carne). Mientras cuece la carne se hace el arroz blanco (receta 165, 1.ª fórmula). Una vez refrescado, se reserva. Después de cocida la carne se hace la salsa.

En una sartén se pone el aceite y la mantequilla a calentar; cuando están calientes, se echa la otra cebolla pelada y picada muy menuda. Se rehoga y cuando empieza a dorar (unos 10 minutos) se añade la harina, se rehoga un poco y se pone el whisky y, poco a poco, caldo de cocer la carne (colado). Se mueve bien con unas varillas o una cuchara y se cuece unos 10 minutos esta salsa. Se pondrán más o menos ¾ de litro de caldo para que la salsa resulte abundante.

Se echa dentro la carne escurrida y se deja cocer unos 5 minutos todo junto.

Se rehoga el arroz con la mantequilla, se sala y se pone en un molde en forma de corona. Se vuelca y se adorna con las zanahorias picaditas por encima de la coronilla del molde de arroz.

Se pone la carne con su salsa en el centro del molde y se espolvorea con el perejil picado. Se sirve en seguida.

765. GUISO DE TERNERA CON ZUMO DE LIMÓN (6 personas)

1½ kg de ternera en trozos (falda, aguja o morcillo),
1 cucharada sopera de harina,
6 cucharadas soperas de aceite,
el zumo de 3 limones,
la ralladura de un limón,
1 cebolla mediana (60 g),
3 vasos (de los de agua) de agua,
1 vaso (de los de vino) de moscatel,
1 cucharada (de las de café) de azúcar,

1 cucharadita (de las de moka) de concentrado de carne (Bovril, Liebig, etc.),
1 cucharada (de las de café) de mostaza,
1 cubito de caldo (Gallina Blanca, etc.),
1 plato con harina,
¼ kg de cebollitas francesas,
15 g de mantequilla,
sal y pimienta.

Se rebozan en harina los trozos de carne cortados en cuadraditos, sacudiéndolos, para que sólo quede la necesaria. En una cacerola se pone el aceite a calentar. Se refríe la cebolla pelada y picada en trocitos hasta que esté transparente (5 minutos más o menos). Se ponen los trozos de carne, para darles una vuelta.

Una vez dorados, se espolvorea con la harina, se mueve bien con una cuchara de madera y se añade el agua templada o fría, el zumo y la ralladura de los limones. Se aplasta un poco entre los dedos el cubito de caldo y se mueve bien después de echarlo en el agua. Se tapa la cacerola con tapadera y a fuego mediano se deja durante 1¼ hora más o menos (hasta que la carne esté tierna).

Mientras cuece, se preparan las cebollitas francesas. Se pelan y se ponen a cocer en un cazo con un poco de agua que las cubra y el trocito de mantequilla unos 15 minutos.

Cuando se vaya a servir, unos 15 ó 20 minutos antes se prepara la salsa que sigue:

En otro cazo se pone la cucharadita de azúcar a tostar. Cuando está color caramelo se le añade la mostaza y el moscatel. Se vierte esto sobre el guiso, se mueve muy bien, se rectifica de sal y se deja cocer todo junto con las cebollitas francesas escurridas del jugo de cocerlas durante unos 8 a 10 minutos.

Se sirve en una fuente con la salsa por encima y adornada la carne con triángulos de pan frito o con moldecitos de arroz blanco.

766.   FILETES DE FALDA DE TERNERA GUISADOS (6 personas)

6 filetes de falda (tiras de unos 200 g cada una),
5 cucharadas soperas de aceite,
2 tomates medianos maduros,
¼ kg de cebollitas francesas,
1 cebolla mediana picada (50 g),
3 dientes de ajo,
200 g de champiñones frescos,
50 g de aceitunas deshuesadas,
el zumo de un limón,
40 g de mantequilla,
1½ vaso (de los de vino) de vino blanco,
1 vaso (de los de vino) de agua (o algo más si hiciese falta),
1 pellizco de hierbas aromáticas (o un ramillete),
sal.

En una cacerola (o cocotte) se pone el aceite a calentar. Cuando está en su punto, se doran los trozos de carne de 2 en 2. Se van reservando en un plato. Una vez dorada toda la carne, se pone la cebolla muy picada y se deja unos 5 minutos, así como los dientes de ajo, pelados y dados un golpe con el mango de un cuchillo (para que suelten más aroma). Se vuelve a poner la carne en la cacerola. Se pela y quita la simiente a los tomates y se cortan en trocitos que se van echando por encima de la carne. Se rocía el guiso con el vino y el agua, se agrega el pellizco de hierbas aromáticas y la sal. Se mueve, se tapa y cuando rompe el hervor se baja el fuego para que cueza despacio durante una hora.

Mientras tanto, se pelan las cebollitas francesas, se ponen en un cazo con agua que las cubra, sal, la mitad de la mantequilla y unas gotas de zumo de limón. Se cuecen unos 20 minutos (depende de su tamaño). Una vez cocidas, se reservan.

Se cortan, se limpian y se lavan los champiñones, cortándolos (si hiciese falta) en trozos grandes. Se lavan en agua con el zumo de ½ limón, se escurren y se ponen en un cazo con lo que queda de zumo de limón, la mantequilla que sobra de las cebollas y sal. Se tapan y se saltean unos 8 minutos.

A la hora de cocer la carne se incorporan las cebollitas escurridas, el champiñón con su jugo y las aceitunas partidas en dos a lo largo. Se revuelve todo junto, se deja 10 minutos más a fuego mediano y se sirve en una fuente.

767. BLANQUETA DE TERNERA (6 personas)

$^1/_2$ kg de arroz,
$1^1/_2$ kg de pecho de ternera en trozo (como para ragoût),
2 zanahorias medianas, (100 g),
1 cebolla pequeña (50 g),
1 hoja de laurel,
$^1/_2$ vaso (de los de vino) de vino blanco,
agua fría,
2 yemas de huevo,

el zumo de $^1/_2$ limón,
$1^1/_2$ cucharadas soperas de harina,
$^1/_4$ litro de leche fría (un vaso de los de agua),
$^1/_2$ litro de caldo de cocer la carne,
2 cucharadas (de las de café) de perejil picado,
2 cucharadas soperas de aceite fino,
75 g de mantequilla,
sal.

Se pone en un cazo la carne. Se cubre con agua fría, se echa una hoja de laurel, una cebolla partida en dos, las 2 zanahorias en rodajas, el vino blanco y la sal. Cuando empieza a cocer, se quita la espuma que se forma encima y se deja cocer más o menos una hora o $1^1/_2$ (depende de lo tierna que ésta sea) a fuego lento, pero sin dejar de hervir.

Aparte se va haciendo el arroz blanco (receta 165, 1.ª fórmula).

Una vez escurrido, se deja en espera.

En una sartén se ponen 25 g de mantequilla y las 2 cucharadas soperas de aceite. Cuando está caliente se añade la harina y con la leche fría se deslíe. Se agrega entonces $^1/_2$ litro del caldo de cocer la carne. En un tazón se ponen las 2 yemas y el zumo de $^1/_2$ limón; se van deshaciendo muy poco a poco con la salsa. Se incorpora todo a la salsa, se espolvorea el perejil y se rectifica de sal. Guarda al calor, pero sin que cueza más.

Se ponen en un cazo los 50 g de mantequilla a derretir, se añade el arroz y se sala. Se mueve bien rehogando el arroz, que se coloca en una fuente alargada en la mitad de la fuente. En la otra mitad se ponen los trozos de carne y, por encima de ésta, se echa la salsa; se sirve en seguida.

Se deben calentar los platos para la carne, pues este guiso se enfría rápidamente.

768. ALETA DE TERNERA RELLENA CLASICA (8 a 9 personas)

1 aleta de ternera de $1^1/_2$ kg, carne picada (los sobrantes de la aleta, o más o menos $^1/_4$ kg),
125 g en una loncha de jamón serrano,
1 huevo duro,
3 zanahorias medianas (una se reserva para la salsa),

1 cebolla grande (225 g),
4 cucharadas soperas de aceite,
1 manzana reineta en trozos,
1 vaso (de los de vino) de vino blanco seco,
agua fría,
sal.

El carnicero habrá preparado la aleta cortándola en medio por la parte más fina, sin llegar al otro borde, para que quede como un filete grande. Los picos de carne de todo alrededor se cortan y se pican.

Una vez extendida la aleta, se pone un poco extendida en el centro la carne picada. Se colocan sobre ella y todo a lo largo unas tiras de un dedo de grueso del jamón y la zanahoria (evitando poner el centro de éstas, que suele ser más pálido) y el huevo duro pelado y cortado a lo largo en tiras (6 trozos, por ejemplo). Después se le echa sal y se enrolla toda la aleta a lo largo; se ata con cuerda fina apretando un poco para que quede todo bien pegado al desatarlo.

En una cacerola se pone el aceite a calentar y se da una vuelta a la aleta. Cuando está dorada, se retira. Se pone la cebolla a dorar, picada, y una vez dorada se vuelve a poner la carne, la manzana pelada y en trozos, una zanahoria en rodajas y sal. Se agrega el vino blanco y, cuando empieza a dar un hervor, se echa el agua fría hasta que casi la cubra. Cuando rompe el hervor, se tapa y se hace a fuego lento (más o menos 1¼ horas) hasta que quede sólo la salsa suficiente para servir.

Se retira la aleta y se quita la cuerda. Se trincha en rodajas de un cm (como un asado). Se pasa la salsa por el pasapurés y se sirve bien caliente en salsera. Se puede adornar la fuente de la aleta con grupitos de verduras, puré de patatas o con patatas fritas en cuadraditos.

769. ALETA DE TERNERA RELLENA CON ESPINACAS Y TORTILLAS (6 personas)

¾ kg de aleta de ternera (abierta por el carnicero),
200 g de carne picada con 100 g de jamón serrano (una punta),
2 huevos,
3 cucharadas soperas de aceite (para hacer las tortillas),

1 kg de espinacas,
5 cucharadas soperas de aceite (o manteca de cerdo),
½ vaso (de los de vino) de vino blanco,
1 vaso (de los de vino) de agua caliente,
sal.

Se limpian de rabos y se lavan muy bien las espinacas. Se cuecen poniéndolas en agua abundante hirviendo y sal. Una vez sumergidas, se tapa la cacerola y a los 5 minutos se escurren, apretándolas muy bien para quitarles el agua. Se pican con machete y se reservan.

Una vez abierta la aleta, se pone la parte abierta contra la mesa. Si la otra parte tuviese mucho pellejo, se quita cortándolo con unas tijeras. Se sala ligeramente y se extiende la carne picada.

En una sartén pequeña se hacen dos tortillas planas, como crêpes. Para esto se bate cada huevo por separado, se sala y con 1½ cucharada de aceite se hace cada tortilla. Se colocan éstas encima de la carne picada, una al lado de la otra, en la parte más larga de la aleta. Por encima de las tortillas se ponen las espinacas en una tira ancha de unos tres dedos, y todo lo larga que es la aleta. Se enrolla con cuidado de no desplazar nada y se ata con una cuerda fina.

En una besuguera se ponen a calentar las 5 cucharadas soperas de aceite, se dora la aleta por todos lados, se sala muy ligeramente por fuera y se mete al horno mediano, previamente calentado durante 5 minutos. Se asa durante ½ hora y entonces se rocía con el vino. Se asa otro ¼ de hora y se rocía con agua caliente (primero, ½ vaso y si va haciendo falta, el otro ½). Se deja 1¼ de hora en total, rociando la aleta de vez en cuando con su salsa.

Se puede servir caliente, pero hay que dejarla reposar con el horno abierto durante unos 10 minutos antes de trincharla; o bien fría, que también resulta muy buena.

770. ESPALDILLA DE TERNERA GUISADA (6 personas)

1 espaldilla (o sea, paletilla) de 2 kg más o menos,
50 g de manteca de cerdo o 5 cucharadas soperas de aceite,
1 vaso (de los de agua) de vino blanco,
¼ kg de zanahorias,
2 cebollas medianas (200 g),
2 tomates maduros medianos (400 g),
1 cucharada sopera de fécula de patata,

1 cucharada (de las de café) rasada de pimentón,
½ cucharadita (de las de moka) de extracto de carne,
1 pellizco de hierbas aromáticas (o 1 ramillete con perejil, laurel y tomillo),
sal y agua,
patatas rehogadas o puré para acompañar.

Se manda deshuesar la espaldilla en la carnicería y se piden los huesos. Se enrolla la carne y se ata.

En una cacerola se pone la manteca a derretir (o el aceite a calentar). Se añade la carne, las cebollas peladas y cortadas en trozos, las zanahorias raspadas, lavadas y en rodajas o trozos grandecitos y los huesos.

Se dora la carne por todos lados y se agregan los tomates pelados, quitadas las simientes y cortados en trozos. Se espolvorea con el pellizco de hierbas aromáticas y un poco de sal. Se rocía con el vino blanco y 1 vaso (de los de vino) de agua templada. Cuando empieza a cocer, se pone la cacerola en el horno previamente calentado y con calor mediano; se deja 1½ hora. Se le da la vuelta de vez en cuando a la carne y se rocía con la salsa.

Una vez tierna, se saca de la cacerola, se trincha y se reserva al calor. Se pone la cacerola en el fuego, con una cuchara se le quita un poco de la grasa que esté encima de la salsa. Se disuelve en un tazón la fécula de patata con un poco de agua y el extracto de carne. Se añade a la salsa. Se quitan los huesos y se pasa la salsa por el chino. Se echa entonces el pimentón, moviendo bien la salsa, se prueba de sal y, si hace falta, se rectifica. Si la salsa está muy espesa, se añade un poco de agua caliente. Si está clara, se deja cocer un poco antes de poner el pimentón. Se vierte por encima de la carne y se sirve adornando la fuente con puré de patatas o patatas rehogadas.

771. TERNERA CON CEBOLLA Y VINO DE JEREZ (6 personas)

1½ kg de babilla, contra o tapa,
5 cucharadas soperas de aceite (o 75 g de manteca de cerdo),
¾ kg de cebollas,
2 dientes de ajo,

1 vaso (de los de vino) de jerez no lleno,
2 vasos (de los de vino) de agua,
2 clavos (de especia),
sal y pimienta.

Se ata la carne como para un asado, dándole bonita forma. En una cacerola (o mejor, una cocotte) se pone el aceite a calentar (o la manteca a derretir), se pone entonces la carne para que se dore por todos lados.

Una vez dorada, se agregan las cebollas peladas y picadas en trozos más bien gruesos, los dientes de ajo pelados y dados un golpe con el mango de un cuchillo; el vino, el agua, los clavos, la sal y un poco de pimienta molida. Se tapa la cacerola y, a fuego mediano, más bien lento, se cuece durante una 1¾ de hora (más o menos). Se saca la carne, se le quita la cuerda y se trincha. Se pasa la salsa por el chino o el pasapurés, apretando bien. Se sirve con patatas cocidas o con unos coditos cocidos con agua y sal, y rehogados con mantequilla y un poco de queso rallado.

772. TERNERA ESTOFADA (6 personas)

1½ kg de falda, aguja o morcillo en trozos,
1 vaso (de los de vino) de vinagre,
1 vaso (de los de vino) de aceite,
1 cabeza de ajo,
1 cebolla grande (150 g),
1 pellizco de hierbas aromáticas (o

una hoja de laurel, 2 ramitas de perejil y una de tomillo),
1 cucharada (de las de café) de pimentón,
sal,
agua (si hace falta).

En una cacerola se pone la carne en trozos con todos los ingredientes. Se tapa con una tapadera que encaje muy bien (o con un papel, la tapadera y un peso encima). Se pone a fuego lento durante unas 2 horas más o menos (hasta que la carne esté tierna). Durante este tiempo, de vez en cuando se revuelve, para que no se pegue la carne al fondo, y si hiciese falta, se puede añadir un poquito de agua caliente para que el estofado quede jugoso.

Se sirve en fuente más bien honda con unos triángulos de pan de molde fritos.

773. TERNERA A LA CAZUELA CON SETAS (6 personas)

1½ kg de redondo de ternera,
100 g de manteca de cerdo (o 6 cucharadas soperas de aceite),
1 vaso (de los de vino) de agua,
1 vaso (de los de vino) de Málaga o jerez dulce,
¾ kg de setas frescas,

1 cucharadita (de las de moka) de jugo de carne (Mandarín, Liebig, etc.),
1 cucharada (de las de café) de fécula de patata,
sal.

En una cacerola (o mejor, en una cocotte) se pone a calentar la manteca (o el aceite). Se rehoga bien la carne a fuego mediano durante $\frac{1}{4}$ de hora. Se añade entonces el vino y el agua, y se sala ligeramente. Se cubre la cacerola con tapadera y se cuece la carne durante otra $\frac{1}{2}$ hora, volviéndola de vez en cuando.

Mientras, se limpian de tierra las setas, se lavan y se cortan en trozos más bien grandes. Se secan y se incorporan a la carne. Se vuelve a tapar la cacerola y se deja otra $\frac{1}{2}$ hora.

Pasado este tiempo, se saca la carne y se trincha. Se coloca en la fuente donde se vaya a servir, reservándola al calor. Se disuelve la fécula y el jugo de carne con un poco de agua y se vierte en la salsa, se mueve bien y se deja dar un hervor. Se revuelve bien, se prueba de sal y se cubre la carne con esta salsa y con las setas.

Se sirve en seguida.

Nota.—Se puede hacer también con setas secas, pero habrá que preparar éstas según venga explicado en el paquete.

774. TERNERA AL AJILLO CON TOMATE (6 personas)

$1\frac{1}{2}$ kg de falda o morcillo,
  4 cucharadas soperas de aceite,
  1 cucharada sopera de pan rallado,
$1\frac{1}{2}$ vaso (de los de vino) de agua hirviendo,
  1 cabeza de ajo (50 g más o menos),
  1 pastilla de caldo (Starlux, Gallina Blanca, etc.),
  sal.,

Salsa de tomate:
  1 kg de tomates muy maduros,
  3 cucharadas soperas de aceite frito,
  1 cucharada (de las de café) de azúcar,
  1 pellizco de hierbas aromáticas (o una hoja de laurel y una ramita de tomillo),
  sal.

Primero se hace una salsa de tomate que quede muy espesa (receta 63).

En una cacerola (o cocotte) se pone el aceite a calentar. Se echa la ternera cortada en trozos de 3 dedos de costado. Se rehogan bien, hasta que están dorados los trozos. Se espolvorea entonces el pan rallado por encima de la carne, se añade la salsa de tomate, los dientes de ajo pelados pero enteros y el agua hirviendo, con la pastilla de caldo disuelta. Se echa sal (pero no mucha).

Se tapa la cacerola y, a fuego más bien lento, se cuece durante $1\frac{1}{2}$ horas.

Se retiran los dientes de ajo y se sirve en una fuente con acompañamiento de patatas rehogadas, de arroz blanco, o simplemente con unos triángulos de pan de molde fritos.

Cerdo

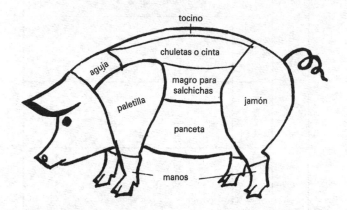

tocino

chuletas o cinta

aguja

magro para
salchichas

paletilla

jamón

panceta

manos

La buena carne de cerdo debe ser rosada o roja pálida, según la parte que sea. Mengua mucho al asar, freír y guisarla, casi $1/3$ de su peso. Un asado de cinta de $1^{1}/_{2}$ kg en crudo se queda en 1 kg asado.

Es muy sabrosa, pero, como es una carne con mucha grasa, es un poco indigesta.

775. LOMO DE CERDO ASADO (6 personas)

$1^{1}/_{2}$ kg de lomo de cerdo,
    sal y pimienta,

$^{1}/_{2}$ limón,
    agua.

Se ata el cerdo como un asado corriente. Se le pone sal y pimienta por lo menos 1 hora antes de ir a meterlo en el horno.

Se pone una besuguera primero sin nada. Se enciende el horno unos 5 minutos antes de meter la carne. Se mete y se deja dorar con su grasa (si la tiene, si no, se unta el lomo ligeramente con manteca de cerdo). Se le da la vuelta varias veces hasta que esté dorado por todos lados; entonces se agregan unas 3 o 4 cucharadas soperas de agua caliente, y con el caldo se rocía el asado de vez en cuando. Se tendrá asando $1^{1}/_{4}$ horas, después de lo cual se sacará del horno el asado y se dejará reposar 5 minutos fuera del horno, antes de trincharlo en rodajas finas. Se mezcla a la salsa unas gotas de zumo de limón antes de servirla en la salsera.

Se sirve adornado con puré de patatas, patatas rehogadas con manteca y perejil, bolas de puré de patata, berros, nouilles o cintas, etc.

Como el asado de cerdo es buenísimo frío, servido con una ensalada, tiene cuenta asar más cantidad y reservar un trozo para tomar frío.

Nota.—Hay a quien le gusta más, una vez salada la carne, frotarla con 1 diente de ajo pelado.

CERDO

	Frito o a la plancha			Asado			Guisado	
Qué parte pedir	Peso	Tiempo	Qué parte pedir	Peso	Tiempo	Qué parte pedir	Peso	Tiempo
Chuletas	200 g	6 minutos por cada cara, primero a fuego vivo y después más lento	Cinta	200 a 225 g (sin hueso) por persona	30 minutos por cada ½ kg	Costillas	200 g por persona	1½ a 1¾ de hora según el tamaño del trozo
Filetes de jamón	150 g por persona		Solomillo			Aguja		
Cinta			Jamón fresco			Paletilla		

776. CINTA O LOMO DE CERDO ASADO CON MOSTAZA
(6 personas)

1½ kg de cinta o de lomo,
2 cucharadas soperas de buena
   mostaza,

1 vaso (de los de vino) de vino
   blanco,
   agua caliente,
   sal.

Se ata el asado para darle una bonita forma y se sala 1 hora antes de ir a asarlo.

Se enciende el horno fuerte unos 5 minutos antes de meter la carne. Mientras se calienta el horno, se unta todo el asado con la mostaza.

Se coloca en una besuguera y se mete en el horno. Se deja dorar, dándole la vuelta de vez en cuando. Cuando la carne está dorada, se va rociando en unas tres veces con el vino blanco y se baja el fuego. Se rocían de vez en cuando con el jugo de la besuguera. Estará asado en 1¼ hora. Se apaga el horno, se abre un par de minutos y se vuelve a cerrar para que esté caliente pero no mucho, y se deja durante unos 10 minutos el asado para que repose. Se saca entonces, se le quita la cuerda y se trincha en lonchas más bien finas, pues está mejor. Se ponen en la fuente donde se vayan a servir y se reserva al calor, tapando la carne con una hoja de papel de aluminio para que no se reseque.

En la besuguera se ponen 2 o 3 cucharadas soperas de agua caliente. Se revuelve bien, rascando la besuguera con un tenedor y calentando mucho la salsa. Se sirve ésta en salsera aparte.

La carne se adorna con patatas fritas, puré o coditos cocidos y revueltos con un poco de mantequilla y queso rallado.

777. CINTA O LOMO DE CERDO CON LECHE (6 personas)

1½ kg de cinta o lomo de cerdo,
1 litro de leche templada,
30 g de manteca de cerdo (una cucharada sopera),

4 dientes de ajo sin pelar,
4 granos de pimienta,
   sal.

Se ata el trozo de cerdo como un asado corriente y se sala 1 hora antes de ir a hacerlo.

Se pone la manteca a derretir en una cacerola o, mejor, en una cocotte. Se dora la carne por todos lados y entonces se rocía con la leche templada, se añade la pimienta y los dientes de ajo sin pelar. Destapada la cacerola y a fuego mediano, se calienta hasta que rompe el hervor, después se tapa y se deja a fuego lento, sin que deje de cocer despacio, durante 2½ horas más o menos, teniendo la precaución de darle vueltas a la carne de vez en cuando, para que no se agarre la leche.

Si pasado el tiempo debido para cocer la carne la salsa fuese mucha, se destaparía la cacerola, se sacaría la carne reservándola al calor y se reduciría la salsa a fuego vivo.

Para servir, se le quita la cuerda a la carne, se trincha en lonchas más bien finas y se colocan en la fuente. Esta se puede adornar con puré de patatas o compota de manzana, como más guste.

Se cuela la salsa por un colador de agujeros grandes, o un pasapurés, quitando la pimienta y los ajos. Con un tenedor se bate la salsa (se puede batir también en la batidora) y se ssirve aparte en salsera.

778. CINTA DE CERDO ASADA CON COSTRA DE SAL
(6 personas)

1½ kg de cinta de cerdo.   1½ a 2 kg de sal gorda.

En el fondo de una besuguera se pone una capa de sal de 1 cm de gruesa y del largo y ancho del asado. Se posa ésta encima y se echa el resto de la sal cubriendo toda la carne con una capa espesa. Se aprieta un poco con las manos mojadas para formar como un caparazón. Se enciende el horno unos 5 minutos antes de meter la carne, y, a fuego mediano, se mete el cerdo durante 1¾ hora más o menos (el mismo tiempo de un asado normal). El tiempo lo suele señalar la sal, que se resquebraja. Se rompe la corteza de sal. Se saca la carne y se trincha como un asado normal.

Esta receta es muy sabrosa pero no da salsa. Se puede tomar la carne caliente, con cualquier acompañamiento, o fría.

779. LOMO DE CERDO BRASEADO CON REPOLLO
(6 personas)

1½ kg de lomo de cerdo,   1 repollo francés de 1 kg,
1 loncha gruesa de bacon (100 g),   agua y sal.
50 g de manteca de cerdo,

Se ata con una cuerda la carne, como un asado corriente, y se sala por lo menos 1 hora antes de ir a hacerlo.

En una cacerola, o mejor en una cocotte, se pone la manteca a derretir, se le quita la corteza dura al bacon y se corta en trocitos, se rehoga y se pone el lomo a dorar, por todos lados. Una vez dorado, se tapa la cacerola y a fuego lento se hace el lomo. Mientras tanto se corta en tiritas el repollo, se lava y se pone una cacerola con agua abundante y sal, a cocer. Cuando hierve a borbotones, se echa el repollo bien escurrido. Se empuja con una espumadera para que quede bien sumergido todo él. Se cuece unos 15 minutos, después de lo cual se añade a la carne poniendo el repollo alrededor, bastante escurrido. Se tapa otra vez la cacerola y se deja cocer a fuego mediano ¾ de hora moviendo de vez en cuando la carne y la verdura.

Se deja reposar la carne en la cacerola unos 5 minutos, fuera del fuego. Se saca, se quita la cuerda y se trincha en lonchas finas, que se ponen en la fuente donde se servirá, y se coloca todo alrededor el repollo. Se echa la salsa por encima o se sirve en salsera aparte, como más guste.

780. CERDO ASADO CON PIÑA (6 personas)

1½ kg de cinta o de lomo de cerdo,   1 cucharada (de las de café) de
2 cucharadas soperas de mostaza,   fécula de patata,
30 g de manteca de cerdo,   3 cucharadas soperas de agua fría,
1 lata de 6 rodajas de piña en al-   sal.
  míbar,

Se ata el asado de cerdo con una cuerda para darle bonita forma. Se sala 1 hora antes de ir a asarlo.

Al ir a meterlo en el horno, se encenderá éste bastante caliente durante unos 15 minutos antes. Mientras tanto, se unta el asado con la mostaza.

En la besuguera se pone la manteca a derretir, y en el fuego (no en el horno) se pone el asado para que se dore; una vez bien dorado por todos lados, se mete en el horno durante 1 ¼ hora más o menos, dándole vueltas de vez en cuando y rociándolo con su salsa (si es necesario se añade un poquito de agua caliente).

Pasado este tiempo se saca el asado, se le quita la cuerda y se trincha en rodajas más bien finas, que se colocan en la fuente donde se vayan a servir, reservándola al calor y tapándola con una hoja de papel de aluminio, mientras se hace la salsa, para que no se seque.

Se escurren las rodajas de piña de su jugo. Se pasan éstas por la salsa de la besuguera y se cortan en dos. Se ponen unas cuantas medias rajas encima del asado y las otras alrededor.

En un tazón se pone la fécula y se disuelve con el agua; se vierte en la salsa del asado, así como el almíbar de la piña. Se revuelve todo junto, calentándolo mucho, y se sirve en salsera aparte.

781. CINTA O LOMO DE CERDO CON MANZANAS
(6 personas)

1 ½ kg de cinta o lomo de cerdo,
50 g de mantequilla,
6 manzanas reinetas pequeñas,
3 cucharadas de jerez,
2 cucharadas soperas de manteca de cerdo (60 g),

3 cucharadas soperas de agua,
1 cucharada (de las de café) de fécula de patata,
3 cucharadas (de las de café) de azúcar,
agua y sal.

Se ata la carne con una cuerda como un asado normal. Se unta de sal 1 hora antes de ir a asarla.

Al ir a hacer la carne, se unta con la manteca de cerdo y se mete en el horno, previamente calentado unos 5 minutos. Se deja dorar dándole la vuelta varias veces y añadiéndole de vez en cuando una cucharada sopera de agua caliente (hasta unas 3 cucharadas). Se asa así durante ³/₄ hora.

Mientras tanto, se pelan las manzanas y se les quita el corazón duro y las pepitas, pero con cuidado de no vaciar el fondo de las manzanas. En el sitio del corazón se les pone $^1/_2$ cucharada de azúcar y como una avellana de mantequilla y se ponen alrededor de la carne en la misma besuguera. Se rocían las manzanas con el jerez ($^1/_2$ cucharada en cada una) y se asan durante $^1/_2$ hora a fuego ya más lento, pues las manzanas tienen que quedar enteras pero blandas.

Se saca la carne, se le quita la cuerda y se trincha en rodajas más bien finas; se ponen en la fuente donde se vayan a servir, con las manzanas alrededor. Se le agrega a la salsa la fécula de patata disuelta con un poco de agua fría, se revuelve todo bien con la salsa del asado y se vierte por encima de la carne. Se sirve en seguida.

782. CINTA DE CERDO ADOBADA Y GUISADA (6 personas)

1$^1/_2$ kg de cinta de cerdo,
50 g de manteca de cerdo,
$^1/_2$ litro de vino blanco,
3 cucharadas soperas de vinagre,
1 cebolla mediana (100 g),
2 zanahorias medianas (100 g),
1 diente de ajo,
1 buen pellizco de hierbas aromá-

ticas (o una hoja de laurel,
1 diente de ajo, perejil y tomillo),
6 granos de pimienta,
1 cucharada (de las de café) de fécula de patata,
1 cucharada sopera de concentrado de tomate,
sal.

Se ata la carne con una cuerda, como un asado corriente. Se pone en un cacharro de barro o de cristal, con el vino blanco, el vinagre, la cebolla pelada y partida en cuatro, las zanahorias raspadas la piel, lavadas y partidas en rodajas, la pimienta y el pellizco de hierbas aromáticas. Se tapa y se deja así unas 8 o 10 horas (la noche anterior).

Al ir a hacer la cinta, se escurre del caldo de su adobo, se sazona con bastante sal, se unta con la manteca y se pone la cebolla y las zanahorias alrededor de la carne. Se mete al horno bastante fuerte y previamente calentado durante unos 5 minutos. Cuando empieza la cebolla y la carne a dorarse, se rocía varias veces con el caldo del adobo y se le da vuelta a la carne también de vez en cuando. Pasadas 1$^1/_2$ hora, se saca la carne, se trincha en lonchas más bien finas y se reservan al calor. Se pone la fécula en un tazón, se deslíe con un poco de agua fría, se añade a la salsa, así como el concentrado de tomate. Se calienta y se revuelve todo bien; se cuela la salsa por el chino, apretando muy bien para que pasen las zanahorias. Se puede servir la carne con patatas cocidas o con coditos cocidos y salteados con mantequilla y queso rallado. Todo ello cubierto con la salsa.

783. LOMO O CINTA DE CERDO EN ADOBO (PARA CONSERVAR)

Se corta el trozo de lomo o de cinta en filetes y se ponen en una cacerola. Se machacan en un mortero unos dientes de ajo, pimentón en polvo y sal. Se disuelve con agua y se echa por encima de la carne, así como un pellizco de orégano. Se cubre la carne de agua y se mueve todo para que se reparta bien. Se tiene así en sitio fresco (sin ser la nevera) unos 4 o 5 días.

Pasado este tiempo, se sacan las rodajas de carne del líquido y se escurren. En una sartén se pone aceite o manteca de cerdo y cuando está caliente se fríen los filetes por los dos lados, unos 3 minutos cada cara. A medida que están fritos se van poniendo en un puchero de barro, y cuando están todos preparados se vierte manteca de cerdo derretida por encima hasta que los cubre bien.

Así se conserva mucho tiempo la carne. Para servirlos, se calientan en la misma grasa que los cubría y se sirven.

784. CERDO GUISADO CON AJO, CEBOLLA Y TOMATES
(6 personas)

1½ kg de filetes de magro de cerdo o de costillar,
4 cucharadas soperas de aceite,
1 diente de ajo,
1 cebolla grande (125 g),

3 tomates grandes maduros (½ kg),
1 vaso (de los de vino) de vino blanco,
1 hoja de laurel,
sal.

Se preparan unos filetes de magro de cerdo, o de costillar (siendo éstas quizá se tenga que calcular un poco más de cantidad, por los huesos), salándolos 1 hora antes de guisarlos.

En una cacerola se pone el aceite a calentar; cuando está en su punto, se rehoga la cebolla pelada y muy picadita, así como el diente de ajo, también muy picado. Cuando la cebolla se pone transparente (unos 5 minutos), se va poniendo la carne, para que se dore por todos lados. Una vez dorada, se rocía con el vino blanco y después se añaden los tomates pelados, partidos y quitadas las simientes, y la hoja de laurel. Se tapa la cacerola y, a fuego lento, se tiene de 25 a 30 minutos (según sea de dura la carne). De vez en cuando conviene destapar la cacerola y mover el guiso para que no se agarre.

Cuando está hecha, se colocan los trozos de carne en una fuente caliente y se vierte la salsa por encima.

Se puede adornar con pimientos verdes fritos o patatas (rehogadas, fritas o en puré).

785. FILETES DE CINTA DE CERDO CON MOSTAZA, SALSA DE VINO Y ZUMO DE NARANJA (6 personas)

12 filetes de cinta de cerdo, mostaza,
1 cebolla mediana (100 g) picada,
1 cucharada sopera rasada de harina,
el zumo de una naranja grande,
1 cucharada sopera de perejil picado muy fino,

1 vaso (de los de vino) de vino blanco,
1½ vasos (de los de vino) de agua,
1 vaso, no lleno (de los de agua) de aceite,
sal.

Se untan con sal y mostaza las dos caras de cada filete de cerdo. Una vez untados todos, se fríen por tandas en una sartén donde se habrá puesto el aceite a calentar, reservándolos después de fritos en un plato, al calor. En esta misma sartén, en la que se deja sólo un poco de aceite para cubrir el fondo de la misma, se dora la cebolla (unos 6 a 8 minutos) y después se agrega la harina, dando a todo esto unas vueltas con una cuchara de madera. Se añade entonces, poco a poco, el vino, el agua y el zumo de la naranja y se cuece un ratito, dando

vueltas. Se cuela la salsa por el chino y se pone en una cacerola. Se agrega el
perejil picado y se meten los trozos de cerdo a calentar en esta salsa unos 3 minutos. Se sacan pasado este tiempo, colocándolos en una fuente, que se adorna
con puré de patatas, y se pone un poco de salsa por encima de la carne, sirvien-
do el resto de la salsa en salsera.

Puré de patatas:

1 kg de patatas,
50 g de mantequilla,

¼ litro de leche caliente (un vaso de
los de agua, bien lleno),
sal.

(Véase receta 207.)

786. FILETES DE CERDO CON SALSA DE MOSTAZA Y NATA LIQUIDA (6 personas)

6 filetes de magro de cerdo (o 12 de
cinta delgados),
4 cucharadas soperas de aceite,
1 cucharada sopera de manteca (un
trozo de unos 35 g),

1 cucharada sopera de buena mostaza,
¼ litro de nata líquida (o de bechamel: una cucharada sopera rasada
de harina y un vaso no lleno, de
los de agua, de leche fría).

Se salan los filetes un buen rato antes de ir a freírlos.

En una sartén se pone el aceite y la manteca a calentar. Cuando están calientes, se fríen los filetes por tandas, unos 5 minutos de cada lado, a fuego mediano. Se ponen en la fuente donde se irán a servir y se reservan al calor.

En la sartén donde se han frito se echa primero la mostaza y después la nata,
se revuelve bien sin que hierva y se vierte esta salsa por encima de los filetes.
Estos se adornan con patatas rehogadas.

Nota.—Si no se tiene nata, después de la mostaza se añade la harina, se revuelve un par de minutos y se agrega poco a poco la leche fría. Se cuece esta salsa
durante unos 6 minutos y se vierte por encima de los filetes.

787. FILETES DE CINTA DE CERDO CON ALMENDRAS Y VINO DE MALAGA

(Véase receta 752.)

788. CHULETAS DE CERDO CON CEBOLLAS EN SALSA (6 personas)

6 chuletas de cerdo de palo,
1 vaso (de los de agua) de aceite
(sobrará),
20 g de mantequilla,
1 vaso, no muy lleno (de los de
agua), de leche fría,

3 cebollas grandes (½ kg),
1 cucharada sopera de harina,
agua caliente,
sal y pimienta.

Se les pone sal y pimienta a las chuletas 1 hora antes de ir a freírlas.

En una sartén se pone el aceite a calentar; cuando empieza a estar caliente, se fríen las chuletas (de 2 en 2 o de 3 en 3). Cuando están bien fritas por cada lado (5 minutos por cada cara a fuego mediano, volviéndolas solamente una vez para no endurecerlas), se reservan en un plato al calor.

Se vacía casi todo el aceite y sólo se deja un poco en el fondo de la sartén (2 o 3 cucharadas soperas). Se calienta y se echan las cebollas peladas y cortadas a lo ancho en rodajas finas. Se rehogan unos 6 minutos, más o menos, y se cubren (justo cubiertas; es decir, con poca agua) con agua caliente. Se cuecen a fuego lento unos 15 minutos y se separan del fuego, reservándolas en su sartén al calor suave.

En otra sartén se ponen la mantequilla y 2 cucharadas soperas de aceite (de freír las chuletas); una vez caliente, se añade la harina, se revuelve unos 2 minutos y se agrega la leche fría. Se cuece la bechamel unos 5 minutos sin dejar de moverla. Se añaden entonces las cebollas y su jugo. Bien revueltas con la bechamel, se deja cocer unos 5 minutos hasta que espese un poco la salsa.

Se ponen las chuletas en la fuente donde se vayan a servir, se cubren con la salsa de cebolla y se sirven en seguida.

Se puede adornar la fuente alrededor con patatitas redondas rehogadas.

789.   CHULETAS DE CERDO CON CIRUELAS PASAS (6 personas)

6 chuletas de cerdo de palo,
1½ vaso (de los de vino) de aceite,
½ kg de ciruelas pasas,
1½ vasos (de los de agua) de vino tinto,
1 vaso (de los de agua) de agua,
2 palitos de canela en rama,
2 cucharadas soperas de azúcar,

1 cucharada sopera de fécula de patata o maizena,
1 kg de patatas nuevas pequeñas,
50 g de manteca de cerdo,
1 cucharada sopera de perejil picado,
sal y pimienta.

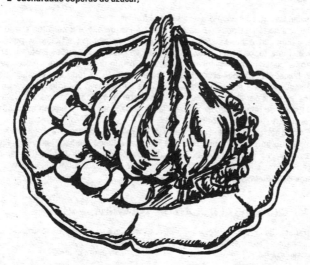

Se ponen las ciruelas pasas en remojo la noche anterior (o sea, unas 6 horas por lo menos). Una vez remojadas, se tira el agua del remojo y se ponen en un cazo con el vino, la canela, el azúcar y el agua que las cubra justo lo necesario. Se revuelve todo bien y se cuecen a fuego lento, destapadas, durante unos 20 minutos (tienen que estar blandas, pero sin abrirse). Se reservan, sin que que se enfríen.

Se salan y se pone pimienta a las chuletas una hora antes de freírlas.

En una sartén se derrite la manteca de cerdo y se ponen las patatas peladas y lavadas para que se vayan dorando lentamente. Se sacude de vez en cuando la sartén para que se doren por todos lados. Tardarán para estar buenas de 35 a 40 minutos. Se salan y se espolvorean con el perejil picado. Se reservan al calor.

En una sartén se pone el aceite a calentar y se fríen las chuletas por tandas y con fuego mediano durante 5 minutos de cada lado, volviéndolas sólo una vez para no endurecerlas.

Una vez fritas y bien doradas, se ponen en la fuente donde se vayan a servir con las patatas de un lado y las ciruelas escurridas del otro.

En la salsa de las ciruelas se agrega la fécula desleída con una cucharada sopera de agua fría (o maizena, algo menos de cantidad); se revuelve bien para espesar y calentar la salsa y se sirve en salsera aparte.

790. CHULETAS DE CERDO CON SALSA DE TOMATE (6 personas)

6 chuletas de cerdo de palo,
8 cucharadas soperas de aceite,
1 cebolla mediana (60 g),
6 tomates medianos (600 g),
²/₃ de vaso (de los de vino) de vino blanco,

1 diente de ajo (facultativo),
1 pellizco de hierbas aromáticas (o una hoja de laurel y una ramita de tomillo),
sal.

Se salan las chuletas una hora antes de ir a freírlas.

En una sartén se ponen 2 cucharadas soperas de aceite a calentar; cuando está a punto, se echa la cebolla pelada y picada. Se rehoga hasta que se ponga transparente (unos 5 minutos); se agregan entonces los tomates cortados en trozos y quitadas las simientes. Se añade el diente de ajo pelado y picado, el vino blanco, las hierbas aromáticas y la sal. Se machaca todo con el canto de una espumadera y se revuelve bien. Se tiene a fuego vivo durante unos 20 minutos, se pasa por el pasapurés y se vuelve a poner en la sartén, una vez pasada la salsa. Se pone entonces a fuego lento hasta que quede bastante espesa la salsa (a gusto del consumidor).

En otra sartén se pone el resto del aceite a calentar suavemente y se fríen las chuletas durante unos 5 minutos de cada lado a fuego mediano, volviéndolas solamente una vez para no endurecerlas. Se colocan en la fuente donde se vayan a servir, cubriendo cada chuleta con salsa de tomate. Se puede adornar la fuente con patatas fritas cortadas gruesas.

791. CHULETAS DE CERDO CON NARANJA (6 personas)

6 chuletas de cerdo de palo,
6 cucharadas soperas de aceite,
2 naranjas,

1 cucharada sopera de Cointreau o Curaçao,
sal y pimienta blanca.

Se salan y se pone pimienta a las chuletas una hora antes de ir a freírlas.

Se pone el aceite a calentar medianamente y cuando empieza a estar caliente se fríen las chuletas por tandas, 5 minutos de cada lado, no volviéndolas más que una vez para no endurecerlas. Se colocan en la fuente donde se vayan a servir, reservándolas al calor.

Se pela una de las naranjas y se corta en rodajas. Con la otra se hace zumo. En la misma sartén donde se han frito las chuletas, se fríen con cuidado las rajas de naranja. Se escurren y se ponen encima de las chuletas o alrededor de la fuente. En la salsa se agrega el zumo y el licor. Se calienta y revuelve muy bien y se vierte por encima de las chuletas.

Se puede acompañar la fuente con puré de patatas, y se sirve bien caliente.

CHULETAS DE CERDO QUE SE HACEN IGUAL QUE LAS DE TERNERA

Chuletas con revuelto de tomates y pimientos verdes (receta 751).
Chuletas con almendras y vino de Málaga (receta 752).
Chuletas en papillote (receta 753).
Chuletas glaseadas (receta 755).
Chuletas en papillote con higaditos de pollo (receta 754).

792. COCHINILLO ASADO

Se debe escoger un animalito joven (de mes y medio, más o menos). Se limpia por dentro y se corta en dos partes a lo largo. Se sala muy bien varias horas antes de asarlo. Se le mete en el interior un buen pellizco de hierbas aromáticas y se unta por dentro y por fuera con un poco de aceite. Se mete en el horno previamente calentado unos 10 minutos antes y a fuego más bien flojo. Se rocía de vez en cuando con el jugo que va soltando y se le da la vuelta de vez en cuando. Se tiene así durante $1\frac{1}{2}$ hora.

Pasado este tiempo, se rocía por la parte de la piel con un vaso (de los de agua) de vino blanco. Se rocía con la salsa de vez en cuando y, al estar la salsa casi consumida, se sirve trinchado en trozos grandes.

Lo clásico era asar el cochinillo en un horno de pan; resulta mucho mejor que hecho en casa, pero es más complicado de lograr, por lo cual damos este método.

793. CODILLOS DE JAMON FRESCO CON SALCHICHAS, REPOLLO Y PATATAS (6 personas)

$1\frac{1}{2}$ kg de repollo francés
2 codillos de jamón frescos o en salmuera,
220 g de tocino entreverado en un trozo,
3 cucharadas soperas de aceite,

6 salchichas de Frankfurt,
6 patatas pequeñas,
1 cebolla mediana,
2 zanahorias medianas,
4 clavos (especias),
agua y sal.

En una olla se ponen los codillos, el tocino, la cebolla con los clavos pinchados en ella y las zanahorias, lavadas y raspada la piel.

Se añade agua fría abundante (3 litros, más o menos) y se pone a cocer. Cuando rompe el hervor, se baja el fuego para que cueza despacio durante $\frac{1}{2}$ hora.

Aparte se lava y se pica el repollo. Se tiene una olla con agua cociendo y sal. Cuando hierve a borbotones se echa el repollo, empujándolo con una espumadera para que quede bien sumergido. Se tapa la olla y se cuece a fuego vivo 5 minutos, a partir del momento en que vuelve a romper el hervor. Con la espumadera se saca, se escurre y se echa en seguida en la olla donde cuecen los codillos y el tocino. Cuando vuelve a romper el hervor, se baja el fuego para que cueza despacio durante 30 minutos.

Mientras, se pelan y se lavan las patatas y se echan en la olla. Se vuelve a dejar unos 30 minutos hasta que las patatas estén tiernas pero enteras (este tiempo último depende de la clase de patatas).

Una vez cocido todo, se escurre el repollo. En una sartén se pone el aceite a calentar y se fríen a fuego lento las salchichas (que se habrán pinchado antes con un palillo en varios sitios). Una vez fritas, se reservan al calor.

En la misma sartén se rehoga el repollo con la grasa de las salchichas, se pone en la fuente y las patatas se colocan alrededor de la misma. Entre patata y patata se pone un codillo, y por encima del repollo las salchichas y el tocino cortado en tiras de un dedo de gruesas. Se sirve todo en seguida.

Nota.—Con el caldo se hace una sopa muy buena con las zanahorias y las patatas cocidas y picadas en cuadraditos.

794. MANERA DE FREIR LAS SALCHICHAS

Se pinchan las salchichas en varios sitios con una aguja un poco gruesa (o un palillo fino, de los redondos). Se ponen en una sartén, se rocían con aceite y se ponen a fuego lento y se dejan dorar, volviéndolas de vez en cuando hasta que estén en el punto deseado, más o menos doradas.

795. MANERA DE COCER LAS SALCHICHAS

Se pinchan en varios sitios las salchichas con una aguja gruesa o un palillo fino (de los redondos). Se tiene una sartén con agua y un chorrito de vino blanco hirviendo. Se sumergen las salchichas y, cuando rompe otra vez el hervor, se baja el fuego para que el agua cueza muy despacio (sólo con burbujas alrededor del cazo). Se tienen así unos 8 a 10 minutos y se sacan para servirlas en seguida.

796. SALCHICHAS ENCAPOTADAS (6 personas)

Masa de envolver las salchichas:

300 g de harina fina,
150 g de mantequilla,
  1 cucharadita (de las de moka) rasada de sal,

  1 vaso (de los de vino) de agua, más o menos,
    harina para espolvorear la mesa,
 12 salchichas de Frankfurt,
  1 huevo.

Se hace la masa quebrada (receta 995, 1.ª receta). Se deja reposar una hora por lo menos. Se espolvorea la masa con un poco de harina y se extiende sobre el mármol cortando unos rectángulos de 18 por 16 cm. Se pone cada salchicha en un ángulo para enrollarla en diagonal. Se doblan las esquinas apretando un poco con los dedos y poniendo la punta de la masa hacia arriba. Se bate el huevo como para tortilla y con una brocha plana se untan todos los rollos. Se colocan sobre una parrilla en el horno, previamente calentado, durante unos 30 minutos, a temperatura mediana, dándoles la vuelta una vez doradas y untándoles huevo por la segunda cara. Se sirven calientes.

797. SALCHICHAS DE FRANKFURT CON SALSA DE MOSTAZA
(6 personas)

12 salchichas de Frankfurt,
6 rebanadas de pan de molde,
40 g de mantequilla,
 1 cucharada sopera de aceite fino,
 1 cucharada sopera de harina,

1 vaso (de los de agua) de leche fría,
1 cucharada sopera de mostaza,
3 cucharadas soperas de pan rallado,
sal.

En una sartén se pone la mitad de la mantequilla a derretir con el aceite. Una vez calientes, se añade la harina, se dan unas vueltas con unas varillas y poco a poco se agrega la leche; se cuece durante 5 minutos sin dejar de dar vueltas y fuera del fuego se añade la mostaza. Se prueba y, si hace falta, se añade sal. Se reserva la salsa.

En un cazo se pone agua a cocer y cuando empieza a hervir se meten las salchichas dentro y se cuecen durante 8 minutos (despacio, con burbujas alrededor del cazo).

Mientras tanto se tuestan o fríen (como más guste) las rebanadas de pan. Una vez tostadas, se colocan en la fuente donde se vayan a servir (que será resistente al fuego). Se sacan las salchichas del agua. Se escurren muy bien y se cortan en dos a lo ancho. Se colocan encima de las tostadas.

Se cubren en parte con la salsa, dejando los finales de las salchichas sin cubrir. Se espolvorean con un poco de pan rallado y se ponen encima como dos avellanitas de mantequilla; se meten en el horno fuerte a gratinar hasta que esté la salsa dorada.

Se sirven en seguida.

798. JAMON DE YORK CON ESPINACAS Y SALSA DE MADEIRA
(6 personas)

2½ kg de espinacas bien frescas (o
    un 1 kg congeladas),
25 g de mantequilla,
 2 cucharadas soperas de aceite
    fino,
 1 cucharada sopera de harina,
 1 vaso (de los de agua) de leche
    fría,
 6 lonchas de jamón de York pe-
    queñas y un poco más gruesas
    de lo corriente,
    agua y sal.

Salsa:
 3 cucharadas soperas de aceite,
 1 cebolla pequeña,
 1 cucharada sopera de harina,
 ¼ litro de agua,
 1 cucharadita (de las de moka) de
    extracto de carne,
 ¾ de vaso de vino de Madeira (o de
    Málaga, o de Jerez, si no se tiene
    de Madeira),
20 g de mantequilla,
    sal.

Se cuecen y se preparan las espinacas con bechamel (receta 357).

Se prepara la salsa (receta 79) y, una vez hecha la salsa, se ponen las lonchas de jamón dentro para que se calienten.

Para servir este plato se pone la crema de espinacas a un lado o en los dos extremos de la fuente. Se doblan las lonchas de jamón en dos y se colocan en la fuente. Se vierte la salsa por encima del jamón, y se sirve.

799. JAMON DE YORK CON BECHAMEL Y CHAMPIÑONES
(6 personas)

 6 lonchas de jamón de York corta-
    das algo gruesas,
125 g de champiñones frescos,
 20 g de mantequilla,
    zumo de limón,
    sal.,
Bechamel:
 25 g de mantequilla,
  2 cucharadas soperas de aceite fino,

1½ vasos (de los de agua) de leche
    fría,
1½ vasos (de los de agua) de caldo
    (o agua más una pastilla de Ave-
    crem),
 2 cucharadas soperas de harina,
 1 pellizco (muy pequeño) de curry,
    sal.

Se lavan, se cepillan y se cortan en láminas los champiñones. Se van poniendo en agua fresca con zumo de limón. Cuando están todos preparados, se escurren y se ponen en un cazo con la mantequilla (20 g), zumo de limón y sal. Se cubre el cazo con una tapadera y, a fuego lento, se hacen durante unos 6 minutos.

Mientras tanto, en una sartén se hace la bechamel. Se calienta la mantequilla con el aceite; cuando está derretida ésta, se añade la harina, se dan unas vueltas y, poco a poco, se vierte primero la leche, se cuece un par de minutos y después, también poco a poco, el caldo. Se echa el curry y la sal con cuidado, pues el caldo ya está salado. Se cuece, sin dejar de mover, unos 5 minutos. Se agregan entonces los champiñones con su jugo.

Se meten en esta salsa las lonchas de jamón todas juntas, es decir, en un solo bloque. Se dejan así, separadas del fuego, para que se calienten.

Al ir a servirlas, con un tenedor se separan de una en una, se colocan en la fuente donde se vayan a servir, doblándolas como una hoja de papel. Se vuelve a calentar un poco la bechamel, que se vierte por encima de las lonchas colocadas, y se sirve en seguida.

800. JAMON CALIFORNIANO CON PIÑA (10 a 14 personas)

1 lata de jamón de York de unos 3 kg (de muy buena marca),
300 g de azúcar morena,
10 a 14 clavos (especias),

1 lata de zumo de pomelo (½ litro),
3 o 4 rodajas de piña en lata,
6 guindas en almíbar.

Si se encuentra el jamón de lata con hueso, sale aún más sabroso que sin él.

Se le quita al jamón unos trozos todo alrededor (que se podrán aprovechar para otra cosa), para dejarlo del tamaño de un asado de ternera grande. Con un cuchillo bien afilado se hacen unos cuadros por encima. Se cubre el jamón de azúcar, apretando un poco para que no se caiga. Se pone también azúcar debajo y en los costados. En cada ángulo de los cuadros se mete un clavo. Se pone el jamón en una chapa de horno o una besuguera y se rocía con el zumo de pomelo.

Se mete al horno, previamente calentado durante 5 minutos, y con temperatura mediana durante más o menos una hora.

Pasado este tiempo, se adorna por arriba con las rodajas de piña y las guindas cortadas en dos. Se vuelve a meter en el horno durante unos 5 minutos para que se caliente la piña.

Se coloca en la fuente de servir, cortando unas rodajas, como las de un asado de ternera, y se sirve.

Se puede acompañar con arroz blanco, bolas de puré de patatas, etc.

Nota.—En vez de rociar el jamón con pomelo se puede rociar con cerveza, que también resulta muy bueno.

Canutillos de jamón de York con ensalada rusa y gelatina
(Véase receta 41.)

Rollos de jamón de York con mayonesa y espárragos
(Véase receta 42.)

801. EMPAREDADOS DE JAMON DE YORK (6 personas)

3 lonchas grandes o 6 pequeñas de jamón de York,
12 rebanadas de pan de molde,

1 plato sopero con leche fría,
2 huevos,
1 litro de aceite (sobrará).

Se pone entre dos rebanadas de pan una loncha de jamón de York. Una vez formado el emparedado, se pasa rápidamente por la leche.

Se colocan en un mármol y se prensan ligeramente con una tapadera o un plato. Se tienen así durante ¹/₂ hora. Al ir a hacerlos, se corta cada uno en dos triángulos.

Se pone el aceite a calentar en una sartén. Se baten los huevos como para tortilla y se pasan los emparedados de uno en uno por el huevo. Se fríen y cuando están bien dorados por un lado se vuelven. Una vez fritos (por tandas, para que no se estropeen al chocar), se colocan en la fuente donde se vayan a servir, que se reservará al calor hasta que estén fritos todos los emparedados. Se sirven calientes.

Croquetas de jamón de York
(Véase receta 56.)

Para 6 personas se pondrán 200 g de jamón de York picado menudo o 150 g de jamón serrano, también bastante picado. Se tendrá en cuenta que el jamón está salado, para echar la sal debida a la masa de las croquetas.

Filetes de jamón de York con bechamel y empanados
(6 personas)

3 lonchas gruesas de jamón de York (125 g cada una).

Bechamel:
2 cucharadas soperas de harina (colmadas),
2 vasos (de los de agua) bien llenos de leche fría,
25 g de mantequilla,
2 cucharadas soperas de aceite crudo,
sal.,

Envuelto:
1 plato con pan rallado,
2 huevos,
aceite para untar la tabla de la carne,
1 litro de aceite para freír (sobrará).

Cortar las lonchas de jamón en tiras de dos dedos de anchas. Hacer la bechamel y seguir la receta 737/2.

Una vez frito el jamón, se sirve en una fuente adornada con unos ramilletes de perejil frito.

Cordero

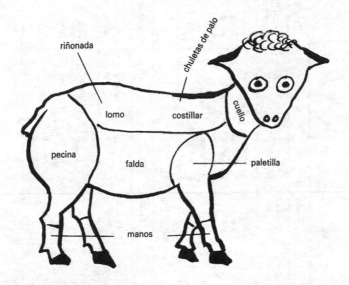

PASCUAL:

La carne del cordero pascual debe ser color rojo claro. Siendo oscura, es de un animal viejo y, por lo tanto, tendrá un sabor fuerte que no agrada.

Debe estar la carne cubierta de grasa blanca. Se debe dejar reposar 2 o 3 días antes de comerla, siendo recién matado.

Se calculan unos 200 g por persona.

LECHAL:

La carne del cordero lechal es sonrosada pero pálida. Es menos alimenticia que la del cordero pascual, pero muy rica.

Se calculan unos 250 g por persona.

802. CORDERO LECHAL ASADO

Se suele comprar para asar $^1/_2$ corderito. Se le dan unos golpes en la carnicería para trincharlo más fácilmente al ir a servirlo.

CORDERO PASCUAL

Frito o a la plancha			Asado			Guisos		
Qué parte pedir	Peso por persona	Tiempo	Qué parte pedir	Peso por persona	Tiempo	Qué parte pedir	Peso por persona	Tiempo
Chuletas de palo o de riñonada	200 a 225 g (con hueso)	5 minutos de cada lado para una chuleta mediana	Pierna Paletilla	200 a 225 g (con hueso)	20 minutos por cada 1/2 kg con horno previamente calentado	Paletilla Cuello Falda	200 a 225 g por persona	1 1/4 de hora para los guisos 1 1/2 hora los platos en salsa

CORDERO LECHAL

Frito o a la plancha			Asado			Guisos		
Qué parte pedir	Peso por persona	Tiempo	Qué parte pedir	Peso por persona	Tiempo	Qué parte pedir	Peso por persona	Tiempo
Chuletas de palo o de riñonada	250 g	3 minutos de cada lado	Medio corderito	250 g	30 minutos por cada 1/2 kg con horno previamente calentado	Chuletas Paletillas Cuello	250 g por persona	1 1/2 hora

Se frotan los trozos con un diente de ajo. Se unta ligeramente con manteca de cerdo y se espolvorea de sal. Se mete a horno mediano durante 30 minutos por cada $^1/_2$ kg y se rocían de vez en cuando con su jugo. Cuando está casi hecho el cordero, se rocía con una cucharada (de las de café) de vinagre (o, mejor, con una brocha se unta un poco de vinagre por el lado externo del cordero, es decir, del lado pegado a la piel del animal). Se vuelve a meter en el horno unos 15 minutos, y se sirve bien caliente.

803. PIERNA DE CORDERO PASCUAL ASADA (6 personas)

1 pierna de cordero de 1$^1/_2$ a 2 kg,
40 g de manteca de cerdo,
2 dientes de ajo,

1 cucharada (de las de café) de vinagre,
agua caliente para la salsa
sal.

Se debe escoger con preferencia la pierna redonda y no alargada.

Una hora antes de ir a asar el cordero, se frota bien por todos lados con los 2 dientes de ajo pelados. Se unta con la manteca de cerdo y se le pone sal. Se deja así.

Se calienta el horno previamente unos 5 minutos antes de meter la carne. Se pone ésta en una chapa del horno o en una besuguera y se mete a horno más bien fuerte durante 15 minutos; después se baja el fuego y se deja mediano (una hora en total para una pierna de 1$^1/_2$ kg; una hora y cuarto para 2 kg). Se rocía de vez en cuando con su jugo. Con una brocha se unta con muy poco vinagre un $^1/_4$ de hora antes de acabar el tiempo de asarla.

Cuando está ya asado el cordero, se apaga el horno y se deja la pierna dentro unos 5 o 10 minutos más para que repose al calor. Se saca, se trincha recogiendo todo el jugo que sale al partirla, y se reserva. Se pone un poco de agua caliente en la besuguera, se rasca con un tenedor el fondo y los bordes, y en el fuego se calienta bien la salsa así hecha, añadiendo el jugo de partirla. Se sirve en salsera aparte.

Se puede acompañar con patatas rehogadas, puré de patatas o judías blancas secas (receta 198) o frescas de adorno (frijoles).

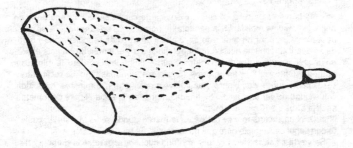

804. CORDERO ASADO A LA SEPULVEDANA

Se puede hacer con cordero lechal o cordero pascual que no sea muy grande.

Se unta la pierna de cordero o el trozo de cordero (costillas, paletilla, etc.) con manteca de cerdo. Se sala, se pone en la bandeja de horno o en una besuguera. Se enciende el horno unos 5 minutos antes de meter la carne. Se mete y, cuando está la carne un poco dorada (unos 15 minutos), se rocía con el siguiente líquido:

En un cazo se cuece (para 6 personas):

1½ vaso (de los de vino) de agua,	½ cebolla grande (100 g),
2 ramitas de perejil,	2 cucharadas soperas de vinagre,
2 dientes de ajo (sin pelar),	el zumo de un limón,
1 hoja de laurel,	sal.

Una vez que haya cocido todo durante 5 minutos, se cuela y con esto se rocía la carne.

Al mismo tiempo que se echa el líquido se pueden poner unas patatitas redondas, peladas, lavadas, que se hacen con el líquido de la carne. Esta se rocía de vez en cuando con el jugo. Cuando el cordero está asado, se deja reposar la carne al calor unos 5 a 10 minutos antes de trincharla.

805. CORDERO ASADO SERVIDO CON SALSA DE YEMAS Y PURE DE TOMATE (6 a 8 personas)

1 pierna de 1½ a 2 kg,	Salsa:
40 g de manteca de cerdo,	2 yemas,
1 cebolla pequeña (60 g),	el zumo de un limón,
2 ramitas de perejil,	1½ cucharadas soperas de perejil pi-
½ hoja de laurel,	cado,
1 diente de ajo,	25 g de mantequilla.
1 vaso (de los de vino) de vino blanco,	
4 cucharadas soperas de puré de tomate (salsa espesa),	
sal y pimienta.	

Se unta la pierna de cordero con la manteca de cerdo, se sala y se le pone un poco de pimienta molida. En la bandeja de horno (o en una besuguera) se coloca la pierna, se pone de cada lado de la carne un trozo de cebolla pelada y partida en dos y el ramillete hecho con el perejil, el ajo y el laurel. Se calienta el horno unos 5 minutos antes de ir a meter la carne. Se pone el cordero 10 minutos a horno bastante fuerte, y luego otros 15 minutos algo más flojo. Se rocía entonces la carne con el vino blanco y se vuelve a dejar otros 15 minutos, rociándola con su jugo de vez en cuando. Se añade entonces a la salsa el puré de tomate y se deja otros 5 a 10 minutos más.

Se trincha el cordero y se coloca en la fuente donde se vaya a servir, cubierto con papel de aluminio para que no se seque. Se reserva al calor.

Se vierte su salsa en un cazo y con una cuchara sopera se le quita la grasa que flota en la superficie. Se pone el cazo al baño maría con agua muy caliente.

En un tazón se baten las 2 yemas, el zumo de limón y el perejil picado y **sólo cuando se va a servir la carne se hace la salsa.** Se pone un poco de ésta en el tazón para que no se cuajen las yemas y se agregan al cazo, así como la mantequilla, batiendo la salsa constantemente con unas varillas. Cuando la salsa se ve fina y brillante, es que está terminada y en su punto.

Se puede reservar un ratito al baño maría, pero poco tiempo, pues se espesa rápidamente. Se sirve el cordero adornado, si se quiere, con patatas rehogadas, y la salsa en salsera aparte (previamente calentada con agua casi hirviendo).

806. PIERNA DE CORDERO PASCUAL RELLENA (6 a 8 personas)

1 pierna de $1^1/_4$ a $1^1/_2$ kg (deshuesada),
6 salchichas frescas,
100 g de champiñones,
$^1/_2$ vaso (de los de vino) de jerez,
20 g de mantequilla,

$^1/_2$ limón,
$^1/_2$ vaso (de los de vino) de agua,
3 cucharadas soperas de aceite,
1 pellizco de hierbas aromáticas,
sal
harina en un plato para rebozar.

Se le pide al carnicero que le quite el hueso central a la pierna. En el sitio donde estaba el hueso se coloca un relleno hecho de la siguiente manera:

Se lavan muy bien los champiñones y se van echando en agua fría con unas gotas de zumo de limón. Una vez limpios todos, se pican menudos y se ponen a rehogar con la mantequilla, unas gotas de zumo de limón y sal en un cazo tapado y a fuego lento unos 6 minutos.

Mientras tanto, se abren las salchichas y se les quita la piel, se amasa el picado con la mitad del jerez, las hierbas y los champiñones cuando éstos están en su punto. Se pone el relleno en el centro de la pierna y ésta se cose o se ata con cuerda fina para darle una bonita forma. Se le echa sal por encima y se pasa ligeramente por harina, sacudiendo la sobrante. Se coloca en una besuguera con el aceite y el jerez sobrante y se pone a horno mediano (más bien lento) durante $1^1/_4$ hora o $1^1/_2$, dándole la vuelta varias veces y rociándola con la salsa para que se dore por todos lados. Si hiciese falta, se irá añadiendo poco a poco agua caliente para formar salsa.

Para servir, se corta como un asado corriente, quitando la cuerda antes, y se acompaña con patatas fritas o en puré, con la salsa aparte en salsera.

807. PIERNA DE CORDERO COCIDA A LA INGLESA (6 personas)

1 pierna de $1^1/_2$ a 2 kg,
1 mata de apio (pequeña o unas ramas),
3 zanahorias medianas,
1 cebolla mediana (100 g),

1 cucharada (de las de café) de hierbas aromáticas (o un ramillete: perejil, laurel, tomillo y un diente de ajo),
4 granos de pimienta,
agua y sal.,

Esta pierna de cordero se puede pedir al carnicero deshuesada; se partirá así en lonchas de forma muy bonita y se trinchará entonces como un asado corriente.

Se ponen todos los ingredientes (salvo la carne) en una cacerola amplia con mucha agua. Se pone a cocer; cuando rompe el hervor, se sumerge la pierna, y cuando rompe el hervor de nuevo se cuece despacio (sin grandes borbotones), a razón de 15 minutos por cada $^1/_2$ kg de carne.

Una vez pasado este tiempo, se saca del agua, se escurre un poco y se trincha.

Se sirve caliente o fría con jalea de menta (como si fuese mostaza).
También se puede acompañar con una bechamel clarita con alcaparras:

25 g de mantequilla,
2 cucharadas soperas de aceite,
1½ cucharada sopera de harina,
2 vasos del caldo de cocer la carne,

3 cucharadas soperas de alcaparras,
1 cucharadita (de las de moka) de extracto de carne (Bovril, Liebig, etc.) (véase receta 70).

808. SILLA DE CORDERO ASADA

La silla de cordero es todo el lomo del animal en una pieza. Se enrolla la falda y se ata como un asado. Se prepara y se asa como la pierna, haciéndole antes de meterla en el horno unas incisiones poco profundas a lo largo de la carne.

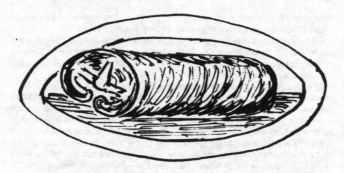

809. PALETILLA DE CORDERO DESHUESADA (6 personas)

De 1¼ a 1½ kg de paletilla deshuesada por el carnicero y atada como un asado corriente. Se procede lo mismo que para la pierna de cordero pascual asada (receta 803).

810. PALETILLA DE CORDERO CON PATATAS Y CEBOLLA (PANADERA) (6 personas)

1¼ a 1½ de paletilla deshuesada,
2 cebollas grandes (250 g),
1 diente de ajo,
5 patatas medianas (600 g) o, mejor, patatitas nuevas,
80 g de manteca de cerdo,

1 vaso (de los de agua) bien lleno de caldo (o simplemente agua con una pastilla de Gallina Blanca, Starlux, etc.),
sal.

Se enrolla, se ata y se sala la paletilla deshuesada. Se frota primero con un diente de ajo y luego se unta con manteca de cerdo y se pone en una cacerola de porcelana o una «cocotte» (cacerola de hierro fundido). Se mete destapada en el horno previamente calentado fuerte durante 10 minutos. Se baja el horno y se asa la paletilla furante 20 minutos, dándole la vuelta de vez en cuando para que esté dorada por todos lados.

Aparte se pelan las patatas, se lavan y se secan bien. Se pelan las cebollas y se cortan en redondeles finos y las patatas en rodajas de $1\frac{1}{2}$ cm de grosor.

Se pone el resto de la manteca en una sartén. Cuando está caliente, se echan las cebollas y se refríen unos 6 minutos hasta que empieza a dorarse. Se añaden las patatas y se hace todo a fuego mediano, echándole un poco de sal. Cuando la paletilla lleva los 20 minutos en el horno, se ponen las patatas y las cebollas alrededor de la carne. Se rocía el caldo por encima de la carne y las patatas, y se vuelve a dejar en el horno otros 20 minutos, rociando el asado y su acompañamiento unas 3 o 4 veces en este tiempo.

Se trincha la carne en la tabla y se coloca en el centro de la fuente con su adorno de patatas y cebollas alrededor. Se deben calentar los platos de la carne, pues el cordero y su salsa se enfrían de prisa y no resulta bueno.

811. PALETILLA DESHUESADA BRASEADA (6 personas)

1 paletilla deshuesada de $1\frac{1}{2}$ a $1\frac{3}{4}$ kg,
2 cebollas grandes (125 g),
4 cucharadas soperas de aceite,
$1\frac{1}{2}$ vaso (de los de agua) de caldo (o agua con una pastilla de Gallina Blanca, Starlux, etc.),

$\frac{1}{2}$ vaso (de los de vino) de vino blanco,
1 plato con harina,
1 cucharadita (de las de moka) de hierbas aromáticas (o perejil, laurel, tomillo y un diente de ajo),
sal.

En una cacerola (o, mejor, una «cocotte») se pone el aceite a calentar. Se pelan y se pican las cebollas y se ponen a fuego lento en la cacerola con el fin de que se hagan despacio. Cuando están doradas (unos 10 o 12 minutos), se sacan con una espumadera y se reservan en un plato.

Se pasa la paletilla (atada como un asado corriente) ligeramente por harina. Se pone a dorar en la cacerola y, una vez dorada por todos los lados, se vuelven a poner las cebollas. Se rocía todo con el vino, después con el caldo, finalmente se añaden las hierbas aromáticas y la sal. Se mueve bien todo, se tapa muy bien la cacerola, y a fuego mediano se deja que rompa el hervor. Después se baja el fuego, y lentamente se deja cocer durante unos $\frac{3}{4}$ a $1\frac{1}{4}$ hora (según sea la carne).

Para servir, se saca la carne, se le quita la cuerda que la ata y se trincha. Se cuela la salsa por el pasapurés o el chino, apurando bien las cebollas, y se vierte por encima de la carne.

Se puede adornar la carne con patatas o, mejor, con pimientitos verdes fritos enteros.

Nota.—Hay a quien le gusta con unas aceitunas deshuesadas y cortadas en dos o tres trozos. Entonces se pondrán a cocer durante 5 minutos en un poco de agua. Se escurren y se añaden a la carne unos 5 minutos antes de retirarla para trinchar.

812. CORDERO ESTOFADO (6 personas)

1½ kg de cordero en trozos (paletilla, falda, costillar o cuello),
1 vaso (de los de vino) de vinagre,
1 vaso (de los de vino) de aceite,
1 cabeza de ajos entera, sin pelar,
1 cebolla grande (150 g) pelada y en 2 trozos,
1 hoja de laurel,
1 cucharada (de las de café) de pimentón,
sal.

En una cacerola se ponen con la carne todos los ingredientes. Se tapa muy bien la cacerola y se pone a fuego lento durante unas 3 horas (hasta que la carne esté tierna).

Durante este tiempo de vez en cuando se revuelve para que no se pegue la carne al fondo y, si hiciese falta, se puede añadir un poquito de agua caliente para que el estofado esté jugoso.

813. GUISO DE CORDERO CON GUISANTES, ALCACHOFAS Y PATATAS (6 personas)

2 paletillas de cordero (1½ a 1¾ kg),
1 kg de guisantes,
1 kg de alcachofas,
½ kg de patatas,
1 cebolla grande (125 g),
1 cucharada sopera rasada de harina,
5 a 6 cucharadas soperas de aceite,
½ litro de aceite (sobrará),
½ vaso (de los de vino) de vino blanco,
agua y sal.

En la carnicería se piden las paletillas cortadas en trozos.

En una cacerola se pone el aceite a calentar. Cuando está caliente, se echa la cebolla pelada y picada bastante menuda. Se le da vueltas durante unos 5 minutos hasta que se ponga transparente. Se añade entonces el cordero, se rehoga bien y se agregan las alcachofas lavadas, quitadas las primeras hojas duras y las puntas de las hojas, cortadas en 2 o 4 trozos (según sean de grandes), los guisantes y la harina. Se rehoga todo junto; se añade la sal, el vino y se cubre el guiso de agua fría. Se cuece a fuego mediano lento, con la cacerola cubierta con tapadera, durante unos 45 minutos. Se mueve de vez en cuando el guiso para que no se agarre al fondo de la cacerola.

Mientras tanto, se pelan y se lavan las patatas. Se cortan en cuadraditos. En una sartén se pone el ½ litro de aceite a calentar y se echan las patatas, que se fríen a fuego bastante lento con el fin de que queden duritas pero no doradas. Se sacan, se escurren de su aceite y se añaden al guiso. Se revuelve todo bien y se vuelve a dejar cocer durante unos 20 minutos, más o menos, moviendo la cacerola de vez en cuando para que no se agarre el guiso; se sirve en fuente honda.

814. GUISO DE CORDERO CON ZANAHORIAS Y NABOS
(6 personas)

2 paletillas de cordero (1½ a 2 kg), o falda, o costillar, o cuello,
5 cucharadas soperas de aceite,
1 cebolla mediana (80 g),
¼ kg de zanahorias tiernas,
¾ kg de nabos,
400 g de patatas,
1 vaso (de los de agua) de caldo (o agua con un cubito Maggi, Starlux, etc.),

½ vaso (de los de vino) de vino,
1 clavo (especia),
1 ramita de tomillo,
1 diente de ajo,
2 tomates bien maduros o una cucharada sopera rasada de tomate concentrado,
sal.

En una cacerola se pone el aceite a calentar; cuando está, se echa la cebolla pelada y picadita. Se deja ésta hasta que empiece a ponerse transparente, dándole vueltas con una cuchara de madera (unos 5 minutos).

Se echa el cordero, quitados los huesos más grandes (esto lo hace el carnicero) y cortado en trozos. Se le deja dorar y se añaden las zanahorias lavadas, raspadas y cortadas en rodajas más bien finas. Se agrega el vino, la sal, el clavo, la ramita de tomillo, el diente de ajo pelado y los tomates lavados, pelados y cortados en cuatro, quitándoles las simientes.

Se tapa la cacerola con tapadera y se deja a fuego mediano durante una hora. Se añaden entonces los nabos lavados, pelados y cortados en cuadraditos, así como las patatas, también en cuadraditos. Se añade el caldo y se vuelve a tapar la cacerola, dejándolo otra hora más (más o menos), hasta que la carne está tierna.

Se sirve en una fuente honda, con unos trozos de pan frito si se quiere.

815. CORDERO AL AJILLO Y TOMATE

Se aprovecha la falda, el cuello o el costillar alto y se procede como para la ternera al ajillo con tomate (receta 774).

816. CHULETITAS DE CORDERO CON BECHAMEL (6 personas)

18 chuletitas de palo de cordero lechal,
1 litro de aceite (sobrará),
2 huevos,
1 plato con pan rallado,
sal.,

Bechamel:
2 cucharadas soperas colmaditas de harina,
2 vasos (de los de agua) bien llenos de leche fría,
25 g de mantequilla,
2 cucharadas soperas de aceite,
sal.

Se pelan muy bien los huesos de las chuletas, de manera que queden limpios. Se salan las chuletas.

En una sartén se pone aceite (como un dedo de espesor en el fondo). Se calienta y se fríen las chuletas. Se sacan y se reservan en un plato.

Se unta de aceite un mármol o la tabla de la carne.

En otra sartén se ponen la mantequilla y el aceite a calentar. Cuando están, se añade la harina, se dan unas vueltas y poco a poco se va añadiendo la leche, dando vueltas con unas varillas para que no se formen grumos. Se echa sal.

Se cuece durante unos 10 minutos con el fin de que la bechamel esté espesa. Se cogen las chuletitas de una en una por el hueso, se sumergen en la bechamel de forma que queden bien cubiertas por los dos lados. Se colocan en el mármol o la tabla untada de aceite y se dejan enfriar.

Cuando se van a servir, se pone todo el aceite en la sartén donde se han frito y se calienta. Se baten los huevos como para tortilla y se pasan las chuletas primero por huevo y después por pan rallado. Se fríen por tandas, reservándolas al calor, y cuando están bien doraditas se ponen en una fuente y se sirven.

817. MANERA DE APROVECHAR UNOS RESTOS DE CORDERO (paletilla o pierna)

En ropa vieja (receta 735).
Con bechamel y alcaparra (receta 737, número 3).

Aves

Pollo y gallina

818. MANERA DE DESPLUMAR LAS AVES

Se suelen vender las aves con las plumas ya quitadas. Si no es así, conviene hacerlo en seguida después de muerta el ave. En caso de no haber podido quitarlas en seguida, se facilita mucho la operación sumergiendo el ave en agua hirviendo un minuto, sujetándola para ello por las patas. Esta manera de desplumar es rápida, pero tiene el inconveniente de que pierde sabor la carne del animal.

819. MANERA DE VACIAR LAS AVES

Una vez desplumadas, se hace un corte pequeño atravesado cerca y debajo de la rabadilla. Por ese agujero se mete la mano y se sacan las tripas, el hígado, el corazón, la molleja, etc. La molleja se corta en dos, se le quita la bolsa interior y la piel de fuera. Se corta el cuello con la cabeza a ras del cuerpo del ave. En el hígado hay una bolsita con la hiel, que se tiene que quitar en seguida y entera, pues de romperse amargaría mucho el hígado y el pollo.

820. MANERA DE FLAMEAR LAS AVES

Se agarran por el cuello y las patas y se pasan por la llama del gas, o mojando un algodón con alcohol se prende y se pasa así el ave por todos lados. Una vez

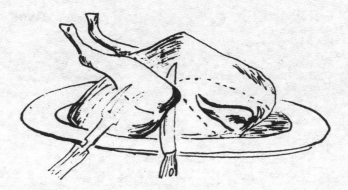

chamuscados los pelos, con un cuchillo se arrancan los rebeldes que sean más grandes. Una vez pelada y vaciada y chamuscados los pelos, se cortan las patas (la parte con piel amarilla y sin carne) y el cuello; así está el ave preparada para hacerla de la manera que se desee.

821. MANERA DE PELAR LAS PATAS

El cuello y las patas (una vez quitada la piel) son muy sabrosos para emplearlos en un caldo. Para pelar las patas se puede sumergir $\frac{1}{2}$ minuto en agua hirviendo, luego con un paño se tira de la piel como si fuese un guante. También se puede quemar la piel y se quita entonces a trozos.

Para que el pollo y las aves en general tengan bonita forma hay que atarles las patas y los alones con una cuerda fina. Esta sujetará también las lonchitas de bacon.

822. MANERA DE TRINCHAR UN POLLO

Todas las aves se trinchan más o menos igual; la única dificultad consiste en encontrar la articulación para sacar la pata entera, que después se cortará en dos partes, y la pechuga con el alón, también una vez separada del caparazón, se trinchará en dos o más pedazos.

823. POLLO ASADO (4 a 6 personas)

1 **pollo tierno y grande** (1$\frac{1}{2}$ a 2 kg),	$\frac{1}{2}$ **limón,**
3 **lonchas de bacon** (finas),	**agua caliente,**
30 **g de manteca de cerdo,**	**sal.**

Una vez pelado, vaciado, chamuscados los pelos y quitados el cuello y las patas (la parte amarilla), como va explicado al principio del capítulo, se unta todo el pollo con la manteca de cerdo, se sala por fuera y por dentro y se atan 2 lonchas de bacon, una en la pechuga y otra en la espalda; la 3.ª se mete dentro del pollo.

452

Se coloca en una besuguera y se mete en el horno, previamente calentado unos 5 minutos. Se asa a horno mediano, más bien fuerte, más o menos una hora, según el tamaño, dándole varias veces la vuelta para que se dore bien por todos lados. Al volverlo, se rocía bien con la salsa que se va formando en el fondo de la besuguera. De esto depende que el pollo esté bien asado y sabroso.

Cuando está ya bien asado y dorado, se retira de la besuguera, se le quita la cuerda y las lonchas de bacon (que se tiran) y se trincha para servir.

En la besuguera, con una cuchara sopera se quita gran parte de la grasa, se añade agua caliente y un chorrito de zumo de limón. Se pone a fuego vivo, moviendo bien la salsa con un tenedor para raspar toda la parte tostada del fondo de la besuguera. Se sirve la salsa en salsera y el pollo con patatas paja, verduras o puré de patatas, como más guste.

824. POLLO ASADO EN COCOTTE (O CACEROLA)

A falta de horno se pueden hacer los pollos en una «cocotte» (cacerola de hierro fundido) o incluso en una cacerola corriente, pero de aluminio bastante grueso.

Se prepara el pollo con el bacon y la sal, igual que para asarlo al horno. La manteca se mezcla con un par de cucharadas soperas de aceite, se calienta y se pone a dorar el pollo por todos lados.

Una vez dorado, se cubre la cacerola y, a fuego mediano, se hace el pollo calculando 20 minutos por cada $\frac{1}{2}$ kg. Cuando el pollo está hecho, se destapa la cacerola, se sube el fuego y se deja dorar el pollo dándole vueltas. Se saca, se le quita la cuerda y el bacon, se trincha y se pone en la fuente de servir.

Se añaden unas 4 o 5 cucharadas soperas de agua caliente al jugo del pollo y un chorrito de zumo de limón. Se dan unas vueltas rápidas y se sirve el jugo en una salsera aparte.

825. POLLO ASADO CON LIMON (8 personas)

2 pollos de 1$\frac{1}{4}$ kg cada uno,
2 vasos (de los de vino) de vino blanco seco,
2 cucharadas soperas de zumo de limón,
2 chalotas medianas,

60 g de mantequilla,
1$\frac{1}{2}$ cucharadas (de las de café) de paprika,
2 cucharadas soperas de perejil picado,
sal.

Se parten los pollos en dos por la parte de la pechuga y sin llegar al lomo. Se ponen abiertos en una besuguera, con la parte externa reposando sobre el fondo de la besuguera, y se salan.

Aparte se mezclan todos los elementos de la salsa: el vino blanco, el zumo de limón, los chalotas muy picados, la paprika, el perejil y la mantequilla derretida. Se vierte sobre los pollos y se meten a horno mediano (previamente calentado durante unos 10 minutos) durante $\frac{3}{4}$ de hora. Pasado este tiempo, se vuelven los pollos y se rocían con su jugo. Se dejan unos 15 minutos más, hasta que la piel esté bien dorada.

Cuando están bien asados y antes de servir, se trincha cada pollo en cuatro partes y se sirve con la salsa por encima.

Se pueden servir de adorno patatas paja o arroz blanco.

826. POLLO ASADO CON POMELOS O NARANJAS
(6 personas)

1 pollo de 1¹/₂ kg a 1³/₄ (grande),
2 pomelos o 4 naranjas,
50 g de manteca de cerdo,
2 lonchas de bacon,

2 cucharadas soperas de buen coñac,
pimienta,
1 manojo de berros,
sal.

Un poco antes de asar el pollo, se sala por dentro y por fuera, se le pone un poco de pimienta molida.

En un cazo pequeño se calienta un poco el coñac y se prende con una cerilla. Cuando ha ardido un poco, se vierte dentro del pollo y se meten los gajos de un pomelo pelado y separado cada gajo.

Cuando se va a asar, se enciende el horno durante unos 5 minutos antes. Se ata el pollo y se pone una loncha de bacon arriba (pechugas) y otra abajo (lomo). Se unta con la manteca de cerdo y se mete al horno. Se asará a horno mediano, a razón de 20 minutos por ¹/₂ kg. Mientras se va asando, se rocía de vez en cuando con su jugo y se le da la vuelta. A medio asar, se añade a la salsa el jugo del otro pomelo y se sigue rociando el pollo. Cuando está asado, se quita la cuerda y el bacon, se trincha el pollo y se coloca en la fuente donde se vaya a servir, con los gajos de pomelo alrededor y 2 ramilletes de berros bien limpios y lavados adornando la fuente.

Nota.—Se pueden sustituir los pomelos por naranjas. Se procede en todo igual.

827. POLLO FRITO (6 personas)

1 pollo de 1¹/₂ kg o 2 pequeños,
1 vaso (de los de vino) bien lleno de
vino blanco,
4 granos de pimienta,
1 buen pellizco de hierbas aromáticas (o una hoja de,

laurel, una ramita de tomillo,
otra de perejil y un diente de ajo),
1 plato con harina,
sal,
1 litro de aceite (sobrará).

Se trincha el pollo en trozos y se pone en una cacerola de barro. Se sala y se rocía con el vino; se espolvorea con las hierbas aromáticas (o se ponen éstas entre medias de los trozos de pollo), se echan los granos de pimienta y se tapa la cacerola con una tapadera.

Se tiene así en adobo un par de horas, revolviendo de vez en cuando los trozos de pollo.

En una sartén se pone el aceite a calentar y, una vez bien escurridos los trozos de pollo, se pasan muy ligeramente por harina, sacudiendo bien después cada pedazo, y se fríen por tandas.

Se reservan los trozos al calor, y se sirven en la misma fuente con patatas paja.

828. POLLITOS FRITOS (4 personas)

2 pollitos de 700 g cada uno,
4 cucharadas soperas de aceite,
1 limón,
1 cebolla mediana (60 g),
4 ramilletes de perejil para freír,
3 ramitas de perejil,
1 plato con harina mezclada con 3 cucharadas soperas de pan rallado,
pimienta en polvo,

1 litro de aceite (sobrará),
sal.,
Salsa de tomate:
¾ kg de tomates maduros,
2 cucharadas soperas de aceite (frito),
1 cucharada (de las de café) de azúcar,
1 cebolla mediana,
sal.

Se chamuscan los pelos de los pollos, se quitan las patas y los cuellos y se parte cada uno en cuatro trozos. Se salan y se les echa pimienta. Se colocan en una fuente honda o una ensaladera; se rocían con el aceite, el limón cortado en rodajas, la cebolla pelada y cortada en rodajas y las ramitas de perejil. Se deja así un par de horas, dando de vez en cuando unas vueltas a todo para que se impregne bien.

Mientras tanto se va haciendo la salsa de tomate (receta 63), que se reservará al calor mientras se fríen los trozos de pollo.

Al ir a servir el pollo, se escurren bien los trozos, se pasan por el plato con harina y pan rallado mezclado y se fríen en aceite abundante, medianamente caliente al principio, unos 10 minutos, y más fuerte después, 5 minutos más, hasta que los trozos estén bien dorados.

Se colocan en la fuente donde se vayan a servir y se adorna con los ramilletes de perejil atados con un hilo, lavados, bien secos con un trapo limpio y fritos (cuidando de separar la sartén del fuego al poner el perejil, pues salta el aceite). Se sirve con la salsa de tomate aparte en salsera.

829. POLLO EN TROZOS EMPANADO (4 personas)

1 pollo de 1¼ a 1½ kg.
2 dientes de ajo,
pan rallado,

80 g de mantequilla,
sal.

Se parte el pollo en cuatro (cuartos) trozos. Se le quita la piel y se frotan bien los trozos con los dientes de ajo pelados. Se les pone sal y se rebozan en pan rallado, apretando bien para que queden bien cubiertos. Se colocan los trozos en una besuguera, primero por la parte interior y con la mitad de la mantequilla, se pone un trozo en cada cuarto; se asa bien a horno, previamente calentado, fuerte, y cuando se mete el pollo se deja a fuego mediano hasta que quede bastante dorado. Después se da la vuelta a los trozos, se vuelve a poner un poco de pan rallado, si hace falta, y el resto de la mantequilla.

Se sirve enseguida que esté el pollo en su punto, con patatas fritas y el jugo que han soltado.

830. POLLO ALIÑADO, AL HORNO Y DESPUES FRITO (6 personas)

1 pollo de 1½ kg y ½ pollo más
(grande también),
2 dientes de ajo,
4 cucharadas soperas de perejil picado,

agua caliente (o fría),
40 g de mantequilla,
1 plato con harina,
1 litro de aceite (sobrará).
sal.

Se parte el pollo en trozos quitándole el caparazón (por ejemplo, cada pechuga en dos trozos). Se mezclan en un plato el perejil y los dientes de ajo pelados y muy picados. Se sazonan con sal los trozos de pollo y se frotan con el perejil y el ajo, dejándolo en los trozos de pollo por lo menos un par de horas antes de ir a hacerlo.

Se rebozan entonces ligeramente con harina, se colocan en una parrilla y debajo de la parrilla se pone una bandeja con agua (fría o caliente) y dentro la mantequilla. El pollo no debe tocar el líquido. Se mete a horno mediano, encendiendo éste unos 10 minutos antes de meter el pollo. Se deja más o menos una hora. Pasado este tiempo o en el momento de ir a servir el pollo, se pone el aceite a calentar y se fríen los trozos por tandas, dejándolos bien dorados. Se colocan en una fuente y se adornan con patatas fritas.

Se puede servir aparte una salsa mayonesa verde (receta 95) o mantequilla con vinagre y estragón (receta 93, 2.ª manera).

831. POLLO AL AJILLO (6 personas)

1 pollo tierno de 1.600 g o dos pequeños,
8 cucharadas de aceite (sobrará),

4 dientes de ajo,
sal.

Se parte el pollo en trozos y se salan. Se pone el aceite a calentar en una sartén grande; cuando está caliente, se refríen los trozos de pollo hasta que estén dorados, luego se echan los dientes de ajo, se revuelve con una cuchara de madera de vez en cuando y se dejan unos 45 minutos; después se tapa la sartén durante unos 15 minutos, se retiran los ajos, se escurre un poco de aceite para que no esté tan grasiento y se sirve en una fuente con su jugo por encima.
Nota.—Se pueden poner, si se quiere, los ajos muy picaditos en vez de enteros para que el gusto sea aún más marcado.

832. POLLO GUISADO CON VINO MOSCATEL Y PASAS
   (6 personas)

1 pollo de 1½ a 2 kg,
1 cebolla mediana (100 g),
1 ramillete de perejil y un diente
de ajo,
1 plato con harina,
1 buen puñado de pasas (100 g),

2 vasos de aceite (sobrará).
3 vasos (de los de agua) de agua,
1½ vaso (de los de vino de moscatel
o Madeira),
sal y pimienta molida.

Se corta el pollo en trozos. Se pone en una cacerola a calentar el aceite; cuando está caliente, se pasa cada trozo de pollo por harina y se fríen por tandas hasta que estén dorados. Se van separando en un plato. Cuando todo el pollo está frito, se quita casi todo el aceite, no dejando más que lo justo para cubrir el fondo.

Se pela y se pica la cebolla y se dora en este aceite; se vuelve a poner el pollo, se rocía con la mitad del vino, se mueve bien y luego, poco a poco, se le echa el agua. Se pone el ramillete, sal y pimienta molida. Se deja cocer a fuego mediano y cubierta la cacerola unos 30 minutos (hasta que esté tierno el pollo).

Aparte, en un cazo pequeño, se ponen las pasas (sin rabos) y el resto del vino. Se calienta sin que hierva. Se dejan un buen rato (mientras se hace el pollo) y a última hora se vierte esto en la cacerola. Se revuelve todo, se quita el ramillete y se sirve en una fuente con su salsa.

Se puede adornar la fuente con unos triángulos de pan frito (mojados en leche, según se quiera que queden blandos o no).

833. POLLO CON SALSA DE CHAMPIÑON (8 personas)

2 pollos de 1 ¼ cada uno, trinchados en trozos no muy grandes,
¼ kg de champiñones frescos,
25 g de mantequilla,
el zumo de ½ limón,
1 sobre de sopa-crema de champiñón (Knorr, Maggi, etc.) de 4 raciones,
1 vaso (de los de vino) de vino blanco,
1 cebolla pequeña (60 g),
5 cucharadas soperas de aceite,
1 ramillete (un diente de ajo, una hoja de laurel, una ramita de tomillo y una ramita de perejil),
1 litro de agua (menos un vaso de los de vino),
la mitad de ¼ litro de nata líquida (facultativo),
sal.

En una cacerola se pone a calentar el aceite. Una vez en su punto, se doran los trozos de pollo por tandas y se reservan en un plato. En este mismo aceite se echa la cebolla pelada y muy picada, dándole vueltas con una cuchara de madera durante 7 minutos, más o menos, hasta que se empieza a dorar.

Se vuelven a poner los trozos de pollo en la cacerola.

En un tazón se disuelve la sopa con el vino y se añade el agua caliente (la que indique el sobre, menos la correspondiente al vino, que suele ser, más o menos, un litro). Se vierte esto en la cacerola por encima del pollo. Se añade el ramillete y se sala ligeramente, teniendo en cuenta que la sopa lleva sal. Se cubre la cacerola con tapadera y, a fuego mediano, se deja unos 35 minutos a una hora (según sean de tiernos los pollos).

Mientras tanto, se lavan muy bien los champiñones, se cortan en láminas, quitándoles las partes con tierra, y se ponen en un cazo con la mantequilla, unas gotas de zumo de limón y sal. Se hacen a fuego lento durante unos 6 minutos. En el momento de ir a servir el pollo, se retira el ramillete y se agregan los champiñones con su jugo y la nata (si se quiere). Se revuelve todo muy bien y se sirve en fuente más bien honda.

Se puede adornar la fuente con unos triángulos de pan fritos o servir un poco de arroz blanco aparte.

834. GUISO DE POLLO Y CHAMPIÑONES A LA FRANCESA
(6 personas)

1 pollo hermoso (1½ a 2 kg),
2 zanahorias medianas (125 g),
1 cebolla mediana (125 g),
50 g de tocino fresco veteado,
5 cucharadas soperas de aceite,
1 vaso (de los de agua) de vino blanco,
1 vaso (de los de agua) de agua,
¼ kg de champiñones,
el zumo de ½ limón,

20 g de mantequilla,
1 cucharada sopera rasada de harina,
1 ramita pequeña de tomillo, o una hoja de laurel,
1 vaso (de los de vino) de nata líquida,
2 yemas de huevo,
sal.

Se corta el pollo en trozos como para una pepitoria. En una cacerola se pone el aceite a calentar; cuando está, se refríen dentro el tocino cortado en cuadraditos pequeños y después la cebolla pelada y picada muy menuda. Se deja dorar ésta un poco (unos 8 minutos), se echan entonces los trozos de pollo, se espolvorean con la harina, se añaden las zanahorias peladas, lavadas y cortadas en rodajas finas. Se sacude la cacerola con el fin de que se doren todos los trozos de pollo. Se rocían con el vino y el agua, se añaden las hierbas aromáticas y se sala.

Se deja cocer, a partir del momento en que empieza a hervir, a fuego mediano ½ hora, si el pollo es tierno.

Mientras tanto, se lavan muy bien y cortan los champiñones en láminas. Se echan en agua con unas gotas de zumo de limón. Se escurren y se ponen en un cazo con 20 g de mantequilla y el resto del zumo de limón. Se tapa el cazo y se dejan unos 6 minutos.

En un tazón se baten las 2 yemas con la nata líquida.

Cuando se va a servir el pollo, se agregan los champiñones con su jugo, se sacan unas 3 o 4 cucharadas de salsa de la cacerola y, muy poco a poco, se incorporan a la nata (para que no se corte y no se cuajen las yemas). Se vierte lo del tazón en el pollo. Desde este momento ya no debe cocer la salsa.

Se sirve en una fuente un poco profunda con la salsa por encima.

835. POLLO EN SALSA CON SETAS SECAS, CEBOLLITAS, NATA Y YEMAS (6 personas)

1 pollo de 1.600 g,
18 cebollitas francesas,
1 cucharada (de las de café), de azúcar,
20 g de mantequilla,
1 puñado de setas secas (o 500 g de frescas),
8 cucharadas soperas de aceite fino,
3 cucharadas soperas de aceite fino para las cebollitas,

1 vaso (de los de agua) de vino blanco,
½ vaso (de los de agua) de agua,
1 vaso (de los de vino) lleno de nata líquida,
2 yemas de huevo,
el zumo de ½ limón,
1 cucharada sopera rasada de maizena,
1 cucharada sopera de agua,
sal y pimienta,
6 triángulos de pan de molde fritos.

Se ponen las setas secas en agua templada en un tazón para que se ablanden (unos 15 minutos).

En una cacerola se pone el aceite a calentar. Cuando está, se echa el pollo trinchado en crudo en trozos grandes. Se doran bien por todos lados, moviéndolos con una cuchara de madera durante unos 7 u 8 minutos. Entonces se echa la mitad de las cebollitas francesas peladas y, si alguna fuese grande, cortada en dos. Se dejan dorar, moviendo bien la cacerola por un asa. Cuando todo está dorado, se echa el vaso de vino blanco y el medio vaso de agua. Se agregan las setas escurridas, si son secas, o lavadas, si son frescas. Se echa sal y pimienta molida. Se tapa y se deja a fuego lento unos 20 a 30 minutos.

Las otras cebollitas, escogidas muy iguales de tamaño y peladas, se ponen en un cazo con agua fría que las cubra, azúcar, mantequilla y sal. Se dejan una $\frac{1}{2}$ hora cociendo despacio y, cuando están cocidas (pinchándolas con un alambre se ve si el centro está tierno) se escurren y se rehogan en una sartén con las 3 cucharadas soperas de aceite hasta que estén doradas.

En un tazón se bate la nata líquida con las yemas y el zumo de limón. En otro tazón se deslíe la maizena con el agua y se va añadiendo la salsa de los pollos, colándola para que no pase la cebolla. Se mueve y se deja dar un hervor para que no sepa a cruda la maizena. Esto se va añadiendo muy poco a poco al tazón con la nata y las yemas. Se baten bien las dos salsas juntas, se ponen en un bol al baño maría (con el agua caliente pero fuera de la lumbre) para que se conserve bien caliente.

Se colocan en una fuente honda los trozos de pollo y alrededor los triángulos de pan fritos y las cebollitas doradas. Se cubre todo con la salsa y se sirve en seguida.

836. GUISO DE POLLO CON PIÑONES, PIMIENTOS VERDES Y TOMATES (6 personas)

1 pollo de 1$\frac{1}{2}$ a 1$\frac{3}{4}$ kg,
4 tomates medianos ($\frac{1}{2}$ kg),
3 pimientos verdes ($\frac{1}{4}$ kg),
2 cebollas medianas ($\frac{1}{4}$ kg),
1 cucharada sopera rasada de pan rallado,
50 g de piñones,
$\frac{1}{2}$ cucharadita (de las de moka) de , hierbas aromáticas (o un ramillete con tomillo, laurel y perejil),

2 dientes de ajo,
1 vaso (de los de vino) de vino blanco,
1 vaso (de los de vino) de aceite,
2 pastillas de caldo de pollo (Avecrem, etc.),
sal y pimienta.

Se trincha el pollo en trozos. En una fuente de barro resistente al horno se ponen las cebollas peladas y picadas; por encima se colocan los trozos de pollo. Se pelan y se cortan los tomates en trozos, quitándoles la piel y las simientes, y se colocan por encima del pollo. Los pimientos verdes se lavan, se secan y se les quita el rabo y la simiente de dentro, y se cortan en redondeles finos (1 cm de ancho cada uno), que se ponen también por encima del pollo.

Se espolvorea el pan rallado y después los piñones, las hierbas aromáticas, la sal y la pimienta. Se pelan y se colocan los 2 dientes de ajo entre el pollo. Se rocía todo con el aceite, se revuelve y se mete a horno mediano, previamente calentado. A los 15 minutos se revuelve todo y se añade el vino y los calditos disueltos en un poco de agua caliente (3 cucharadas soperas).

459

Se cuece el guiso durante unos 20 minutos más, revolviéndolo de vez en cuando, y se sirve en la misma cazuela donde se ha guisado, procurando volver a colocar los redondeles de pimiento por encima del pollo.

Se puede adornar la fuente con unos triángulos de pan de molde fritos.

Nota.—Si los pimientos son nuevos, se hacen antes; por lo tanto, se guarda la mitad y se ponen por encima de la fuente a la mitad del tiempo de guisar el pollo para que no se ablanden demasiado y sirvan de adorno.

837. POLLO EN SALSA (6 personas)

1 pollo grande (1½ a 2 kg) o,
1½ pollos medianos trinchados en trozos,
1 puñado de miga de pan (en rebanadas gruesas, como de 3 cm, sin corteza),
1 diente pequeño de ajo,
1 cebolla mediana (100 g),
2 ramitas de perejil,
1 cucharada (de las de café) rasada de perejil muy picado,
1 cucharada (de las de café) rasada de hierbas aromáticas, o bien un ramillete (tomillo, laurel y perejil, etc., atado),
1 pellizco de azafrán en polvo,
1 vaso (de los de vino) de vino blanco,
¼ litro de aceite,
3 vasos (de los de agua) de agua, sal.

Se pone el aceite a calentar en una sartén mediana. Cuando está, se fríen los trozos de pollo en tandas y se reservan, una vez fritos, en un plato.

Se fríe la miga de pan y se reserva también. Se quita aceite y no se deja más que un poco, que cubra bien el fondo de la sartén. Se pone la cebolla a dorar en este aceite y cuando empieza a dorarse (unos 6 a 8 minutos), se retira con una espumadera y se pone en el mortero. Se fríe en este aceite un diente de ajo y, cuando empieza a tomar color, también se retira y se machaca en el mortero con el perejil, el azafrán, la cebolla y la miga de pan.

Se ponen unas 3 cucharadas soperas de aceite (del de freír el pollo) en una cacerola, se calienta y se echa el pollo. Se rocía con el vaso de vino blanco y se cuela por encima lo del mortero, pasándolo por un chino y desliéndolo con un vaso de agua vertido en 2 o 3 veces. Se revuelve todo bien, se espolvorea con las hierbas aromáticas y se añade agua, si hace falta, hasta que cubra los trozos de pollo. Se sazona de sal, se mueve bien y se deja cocer a fuego mediano unos 30 minutos, hasta que el pollo esté tierno, pero cuidando de que no se deshaga. Unos 10 minutos antes de ir a servir el pollo, se espolvorea con el perejil picado.

Se sirve en una fuente honda y, aparte, se sirve arroz blanco.

838. POLLO EN SALSA AL HORNO (6 personas)

1 pollo de 1¾ kg (2 pollos de 1 kg, más o menos),
1 vaso (de los de agua) de aceite,
25 g de manteca de cerdo,
harina en un plato para rebozar,
1 cucharada sopera de harina,
1 cebolla pequeña (50 g) muy picada,
1 diente de ajo pelado,
2 ramitas de perejil,
unas hebras de azafrán,
1 vaso (de los de vino) de vino blanco,
sal.

Se corta el pollo en trozos. Se echa sal en cada trozo y se pasan por harina. En una sartén se pone el aceite a calentar con la manteca y se van friendo los trozos. Cuando están bien doraditos, se colocan en una fuente honda resistente al horno (porcelana, cristal o barro). En el aceite que queda en la sartén se echa la cebolla picada; cuando está dorada se añade la cucharada de harina.

En el mortero se machaca un diente de ajo, el perejil y el azafrán. Se añade allí mismo el vaso de vino y esto se agrega a lo de la sartén. Se revuelve todo junto y cuando rompe a hervir la salsa, se rocía por encima de los trozos de pollo. Se mete a horno más bien fuerte la fuente durante una $\frac{1}{2}$ hora, y se sirve en la misma fuente.

Se puede preparar este plato de antemano hasta poner el pollo en el horno. Esta última fase no se hace más que al ir a servirlo.

839. POLLO ASADO CON SALSA DE ZUMO DE NARANJAS
(6 personas)

1 pollo tierno y grande (unos 1.600 g),
30 g de manteca de cerdo,
3 lonchas finas de bacon,
sal.
Salsa:
1½ cucharada sopera de azúcar «glass» (molida como harina),
1 cucharada sopera de vinagre,
1 decilitro de agua (un vaso de los de vino no lleno),
1 cucharadita (de las de moka), de extracto de carne (Liebig, Bovril, etc.),

1 cucharada (de las de café) de fécula de patata,
3 naranjas grandecitas,
1 cucharada sopera de agua,
1 para desleír la fécula,
Guarnición (puré de patatas):
1 kg de patatas,
40 g de mantequilla,
1 vaso (de los de agua) de leche caliente,
(véase receta 207).

Se limpia, se flamea y se prepara el pollo como lo indican las recetas 819 y 820. Se mete al horno, previamente calentado, durante 1 hora (más o menos) hasta que esté bien dorado, rociándolo de vez en cuando con su propia salsa y volviéndolo unas cuantas veces para que esté dorado. Una vez asado en su punto el pollo, se reserva al calor en otra besuguera. Se puede tapar con papel de plata para que no se reseque.

Salsa:
A la salsa del pollo se le quita la grasa con una cuchara y se le añaden 3 o 4 cucharadas soperas de agua caliente. Con un tenedor se rasca bien el fondo de la fuente, para que se mezcle bien toda la salsa y lo tostado.

En una sartén se pone el azúcar «glass» a calentar. Cuando se empieza a dorar (como caramelo), se le añade el vinagre, para lo cual se separa la sartén del fuego, se agrega en seguida el zumo de 2 naranjas, el decilitro de agua y el extracto de carne. Se mezcla bien y, tapando la sartén con una tapadera, se deja cocer lentamente unos 10 minutos.

Se trinchan los pollos y se ponen en la fuente donde se vayan a servir. Se adornan con medias rodajas de naranja y montoncitos de puré de patatas. Se reservan al calor tapados.

En un tazón se disuelve la fécula con un poco de agua, se añade a la salsa de la sartén, dejándola cocer un par de minutos. Se añade entonces la salsa de asar los pollos y se sirve en salsera aparte.

Nota.—Si se hacen varios pollos, no hay que multiplicar exactamente los ingredientes de la salsa, entre otras cosas porque el jugo de los pollos no aumenta al doble por cada pieza. Para 3 pollos se pondrán 2 cucharadas de azúcar, 3 zumos de naranja, 2 de vinagre, 2 de extracto de carne y 2 de fécula. Esto, más o menos.

840. POLLO GUISADO CON CEBOLLITAS Y TOMATE
(6 a 8 personas)

2 pollitos de 1¼ kg cada uno (cortados en trozos medianos),
100 g de tocino veteado,
4 cucharadas soperas de aceite,
6 tomatitos pequeños,
8 cebollitas francesas,
1 nuez de mantequilla (15 g),
1 lata pequeña de pimiento colorado (100 g),
½ vaso (de los de agua) de vino blanco,
½ vaso (de los de agua) de agua,
1 pellizco de hierbas aromáticas,
1 cucharada sopera de perejil picado,
sal.

Una vez flameado y preparado se corta el pollo.

En una cacerola se pone el aceite a calentar. Cuando está en su punto, se rehogan bien los trozos de pollo. Se les añade el tocino cortado en dados. Se echan los tomates pelados, pero enteros. Se sazona con sal y las hierbas aromáticas. Se mueve bien con una cuchara de madera y se rocía con el vino y el agua. Se cubre con una tapadera la cacerola y, a fuego mediano, se hace el pollo durante más o menos ¾ de hora (si son tiernos; un poco más si hace falta, pero cuidando de que no se deshagan).

Aparte, en un cazo pequeño, se cuecen las cebollas peladas, con la mantequilla, un poco de agua que las cubra y sal. Cuando el pollo está tierno, se le agregan las cebollitas, el pimiento cortado en tiras finas y el perejil picado. Se dan unas vueltas con una cuchara de madera y se sirve acto seguido en una fuente.

841. POLLO CON SALSA AL CURRY (6 personas)

1 pollo de 1¾ kg,
los despojos de otro pollo,
3 lonchas de bacon,
25 g de manteca de cerdo,
sal.,
Salsa:
1 cucharada sopera de harina,
25 g de mantequilla,
2 cucharadas soperas de aceite fino,
½ vaso (de los de agua) de leche fría,
1 vaso (de los de agua) de caldo de pollo,
½ cucharadita (de las de moka) de curry,
1 yema.
Acompañamiento:
½ kg de arroz,
agua y sal,
50 g de mantequilla,
1 latita de guisantes.

Una vez preparado el pollo, se ponen a cocer las patas (peladas) y el cuello del pollo, así como los otros despojos, en agua fría con sal. Se tiene cociendo durante una hora y se deja que el caldo se quede reducido a un vaso de los de agua. Se reserva para hacer la salsa.

Se sala y se pone el bacon como para asar el pollo (o sea, una loncha en la pechuga, otra en el dorso y la 3.ª dentro del pollo). Se se tiene una «cocotte» (y si no en una cacerola gruesa), se pone el pollo y tapándola con tapadera se asa el pollo encima de la lumbre (receta 824). Si no se tiene, se asa sencillamente como va explicado en la receta 823, en el horno.

Se asa durante ³/₄ de hora más o menos, sin que sea necesario que el pollo se dore mucho. Se prepara mientras el arroz, y seguidamente la salsa.

Se procede para el arroz blanco como va explicado en la receta 165, 1.ª fórmula.

En una sartén se pone el aceite y la mantequilla a calentar, se añade entonces la harina, se le dan unas vueltas con unas varillas y, poco a poco, se añade la leche y después el caldo, sin dejar de dar vueltas. Se deja cocer unos 10 minutos, se prueba de sal y se incorpora el curry.

En un tazón se pone la yema y se deshace con un poco de salsa, uniéndolo al resto de la bechamel.

Una vez asado el pollo, se trincha, se pone en la fuente donde se vaya a servir y se reserva al calor. Se añade la salsa del pollo (quitándole primero toda la grasa con una cuchara) a la bechamel. Se vierte por encima del pollo. Se adorna la fuente con el arroz blanco salteado con mantequilla y revuelto con los guisantes, y se sirve en seguida.

842. POLLO GUISADO CON CERVEZA Y CEBOLLAS (6 personas)

1 pollo grande (1³/₄ kg),
¹/₂ kg de cebollas,
1 botella de cerveza (1¹/₂ vasos de los de agua),
1 vaso (de los de agua) de aceite (sobrará),
1 cucharada (de las de café) de fécula de patata,
1 cucharadita (de las de moka) de extracto de carne (Viandox, Liebig, etc.),
sal.

Se limpia y se prepara el pollo como de costumbre. Se sala por dentro. En una cacerola (o, mejor, una «cocotte») se pone el aceite a calentar. Cuando está caliente, se echa el pollo para que se dore por todos lados. Una vez bien dorado, se retira y se reserva en un plato. Se quita parte del aceite, no dejando más que el necesario para cubrir el fondo de la cacerola. Se pelan y se cortan las cebollas en rodajas finas que, al deshacerse, formen anillas. Se ponen éstas en aceite y se rehogan hasta que se vayan poniendo transparentes (unos 6 minutos). Se vuelve a poner el pollo en la cacerola y se rocía con la cerveza. Se sala ligeramente, se cubre y se deja, una vez que ha roto el hervor, a fuego muy lento durante ³/₄ de hora (más o menos, depende del pollo). Durante este tiempo se volverá el pollo varias veces y cada vez se rociará con la salsa.

Una vez hecho, se saca el pollo, se trincha y se colocan los trozos en la fuente de servir. Se cuela la salsa por un colador grande. La cebolla, una vez separada de la salsa, se coloca alrededor del pollo.

En un tazón se pone la fécula, se deshace con una cucharada sopera de agua fría y se añade a la salsa. Se dará un hervor a ésta de un par de minutos. Ya separada del fuego, se le agrega el jugo de carne, se revuelve bien y se sirve en salsera aparte.

463

843. PECHUGAS DE POLLO RELLENAS (6 personas)

6 pechugas deshuesadas (se encuentran ya preparadas en algunas pollerías) y sin piel,
3 lonchas finas de jamón de York (o 6 pequeñas),
200 g de champiñones,
25 g de mantequilla,
50 g de aceitunas rellenas de pimientos,
2 vasos, no muy llenos (de los de vino), de vino blanco,
el zumo de un limón,
1 cucharada sopera rasada de pan rallado,

1 vaso (de los de agua) lleno de aceite,
1½ pastilla de caldo de pollo,
2 dientes de ajo,
1 cebolla pequeña (50 g más o menos),
1 ramita de perejil,
1 cucharada sopera rasada de perejil picado,
1½ vaso (de los de agua) de agua,
1 plato con harina,
sal y pimienta.

Se sazona con sal, y luego con pimienta molida, cada pechuga. Se colocan las medias lonchas de jamón y en el centro un poco de aceitunas rellenas picadas. Se doblan las pechugas y se cierran con uno o dos palillos. Se pone el aceite a calentar y, cuando está en su punto, se pasan las pechugas ligeramente por harina y se fríen de 2 en 2. Se separan en un plato una vez doradas.

Se retira un poco de aceite, no dejando más que lo preciso para freír la cebolla picada, los 2 dientes de ajo cortados en cuatro trozos cada uno y la ramita de perejil. Una vez doradas las cebollas y los ajos, se añade el pan rallado, se dan unas vueltas y se agrega el vino, las pastillas de caldo desmenuzadas y algo de agua. Se da un hervor a la salsa y se pasa por el pasapurés, apurando bien la cebolla.

Se colocan las pechugas en una fuente de barro, cristal o porcelana resistente al fuego y se vierte la salsa encima, añadiéndole el resto del agua para que queden las pechugas casi cubiertas.

Se preparan los champiñones, lavándolos muy bien y cortándolos en láminas más bien finas. Se ponen en un cazo pequeño con la mantequilla y unas gotas de limón. Se hacen así durante unos 6 a 8 minutos.

Se ponen a cocer las pechugas durante 15 minutos. Se prueba entonces la salsa, por si hubiese que añadirle sal (las pastillas ya salan). Pasados unos 10 minutos, se incorpora lo que queda del zumo de limón, el perejil picado y los champiñones con su jugo. Se mezcla bien y se cuece durante 5 minutos más.

Se puede servir con arroz blanco o con picatostes de pan frito adornando la fuente. Este plato se puede preparar unas horas antes y calentarse en el momento de servir.

844. PECHUGAS DE POLLO ASADAS CON HIGADITOS Y BACON (6 personas)

6 pechugas de pollo deshuesadas (véase receta anterior),
6 higaditos de pollo,
unos pellizcos de hierbas aromáticas,

6 lonchas grandes y finas de bacon,
60 g de manteca de cerdo (más o menos),
agua y sal.

Se compran las pechugas deshuesadas (y si no se deshuesan en casa). Se les pone sal y un pellizco pequeño de hierbas aromáticas. En el centro de cada pechuga se pone un higadito de pollo, limpio y quitada la hiel. Se enrolla cada pechuga y, una vez enrollada, se pone alrededor una lonchita de bacon. Se atan los rollitos con una cuerda fina. Se unta cada pechuga con un poco de manteca de cerdo. Se enciende el horno unos 5 minutos antes de meter las pechugas. Estas, una vez colocadas en una besuguera, se meten en el horno durante más o menos ½ hora, dándoles la vuelta de vez en cuando y rociándolas con su jugo. Una vez hechas, se les quita la cuerda a cada pechuga y se colocan en la fuente donde se servirán.

A la salsa que queda en la besuguera de asar las pechugas, con una cuchara sopera se le quita parte de la grasa y se añaden unas cucharadas de agua caliente. Se da un hervor a la salsa, removiéndola bien, y se vierte por encima de las pechugas.

Se sirven éstas con un acompañamiento de patatas paja o bien con unos tomates al horno con perejil y ajo picado (receta 411).

845. SUPREMA DE POLLO (4 personas)

Plato frío.

4 pechugas,
2 zanahorias grandecitas (100 g),
1 cebolla grande (125 g),
   agua,
1 pastilla de Avecrem de pollo,
   sal.

Suprema:
 25 g de mantequilla,
 1½ cucharadas de harina,
 1½ litros de caldo de cocer los pollos,
 2 yemas,
   sal,
   unas trufas de adorno.

Se ponen las pechugas a cocer en una cacerola, cubiertas con agua fría; se añaden las zanahorias peladas, lavadas y cortadas en trozos grandes, la cebolla pelada y cortada en cuatro cascos, el Avecrem y un pellizco muy pequeño de sal. Cuando rompe el hervor, se deja cocer durante ½ hora más o menos, hasta que el pollo esté tierno. Entonces se sacan las pechugas, se les quita la piel y se colocan en una fuente.

Se hace entonces la bechamel. En un cazo se pone la mantequilla a derretir; cuando está (sin que cueza), se añade la harina, se da unas vueltas y poco a poco se añade el caldo de cocer los pollos, que deberá estar templado nada más. Se hace una salsa medianamente espesa y se deja enfriar un poco. Se ponen las 2 yemas en un tazón, se añade un poco de salsa para que no se cuajen y se agrega después a la salsa bechamel. Con ella se cubren los trozos de pollo. Se meten en la nevera y, una vez fríos, se adorna con unas rodajitas de trufa.

Este plato se sirve frío, con lo cual se debe preparar de antemano; esto resulta muy cómodo para una cena fría.

846.   SOPA DE POLLO A LA BELGA: WATERZOOI (8 personas)

½ pata de ternera,
los despojos de un pollo,
1 pollo grandecito o 2 pequeños
(1½ kg),
1 mata de apio,
2 puerros medianos,
3 zanahorias medianas tiernas
(150 g),
1 pellizco de hierbas aromáticas (o
un ramillete con tomillo, una
hoja de laurel y perejil),

5 cucharadas soperas de aceite,
25 g de mantequilla,
1 cucharada sopera, más bien colmada, de harina,
2½ litros de agua,
2 yemas,
el zumo de ½ limón,
sal y pimienta molida,
1 plato con rebanaditas de pan frito.

En una olla se pone la pata de ternera chamuscada y bien lavada, los despojos del pollo, 1 puerro entero (quitadas las partes más verdes), ½ mata de apio (lo verde, bien lavado), una zanahoria lavada, raspada y cortada en rodajas, sal y 2½ litros de agua fría. Se pone a cocer todo esto a fuego lento durante una hora. Pasado este tiempo, se cuela el caldo y se reserva.

Se pica el otro puerro, las zanahorias y el resto del apio y se rehogan en una cacerola honda, donde se habrán puesto 3 cucharadas soperas de aceite a calentar. Se rehogan sin que lleguen a dorarse (unos 5 minutos); se añade el pollo cortado en trozos grandes, se espolvorea con las hierbas aromáticas y un pellizco de pimienta. Se le agrega el caldo reservado y se deja cocer suavemente unos 20 minutos (según sea de duro el pollo).

Pasado este tiempo, en una sartén se calienta la mantequilla y el aceite que queda, se añade la harina, se dan unas vueltas con la cuchara de madera y se añade, poco a poco, caldo de cocer el pollo. Se cuece esta bechamel durante unos 8 minutos y se incorpora al pollo en su cacerola. Se envuelve bien y se cuece unos 10 minutos más.

En un tazón se ponen las 2 yemas con el zumo del ½ limón; muy poco a poco se les agrega un poco de caldo de cocer el pollo. Se echa el pollo con su caldo en la sopera donde se vaya a servir (si hay algún hueso suelto se quita, pues el pollo debe quedar bastante deshecho) y se le revuelven las yemas desleídas. Se sirve en seguida en platos soperos y las rebanaditas de pan frito servidas aparte.

847.   GALLINA EN PEPITORIA (6 personas)

1 gallina de 1½ kg, tierna,
1 vaso (de los de agua) de aceite,
1 vaso (de los de vino) de vino blanco,
1 cebolla mediana (70 g),
1 diente de ajo,
1 ramita de perejil,

2 cucharadas soperas de piñones,
15 almendras tostadas y peladas,
2 huevos duros,
unas hebras de azafrán,
1 hoja de laurel,
1 plato con harina,
agua y sal.

Se pone el aceite a calentar en una sartén. Se trincha la gallina en trozos no muy grandes y se reboza cada pedazo en harina. Se fríen en el aceite por tandas y, cuando están bien dorados, se van reservando en un plato. En este mismo aceite se rehoga la cebolla muy picada, el diente de ajo entero, la hoja de laurel; cuando está todo bien dorado, se echan los piñones y se les da unas vueltas. Con la espumadera se saca todo y se echa en el mortero con el azafrán, las almendras, el perejil y la sal. Se machaca todo un poco.

En una cacerola se pone la gallina, se rocía con el aceite de la sartén, se añade el vino blanco, todo lo del mortero y se cubre con agua. Se pone a cocer 1$\frac{1}{2}$ a 2 horas a fuego lento (según sea de dura la gallina).

En el momento de servir se machacan las 2 yemas de los huevos duros con un tenedor y un poco de salsa de la gallina. Se incorporan a la cacerola, sin que hierva ya la salsa. Las claras se pican muy finas y se mezclan también.

Se sirve en plato hondo con su salsa, y se adorna la fuente con triángulos de pan frito o bien se acompaña con arroz blanco servido aparte.

848. BLANQUETA DE GALLINA (6 personas)

1 gallina tierna de 1$\frac{1}{2}$ kg,
$\frac{1}{2}$ kg de arroz,
1 cebolla pequeña (50 g),
1 hoja de laurel,
2 zanahorias medianas, (100 g),
3 clavos (especias) clavados en la cebolla,
$\frac{1}{2}$ vaso (de los de vino) de vino blanco,
agua fría,
2 yemas de huevo,

el zumo de $\frac{1}{2}$ limón,
1$\frac{1}{2}$ cucharada sopera de harina,
$\frac{1}{4}$ litro de leche fría (un vaso de los de agua),
$\frac{1}{2}$ litro de caldo de cocer la gallina,
1 cucharada sopera de perejil picado,
2 cucharadas soperas de aceite fino,
30 g de mantequilla,
sal.

Se procede igual que para la blanqueta de ternera (receta 767); lo único que cambia es que la gallina se pone entera y se cuece de 1$\frac{1}{2}$ a 2 horas, según sea de dura. Una vez cocida y tierna, se trincha y se reservan al calor los trozos en un poco de caldo para que no se sequen.

849. PECHUGA DE GALLINA RELLENA (6 personas)

1 pechuga de gallina grandecita ($\frac{1}{2}$ kg más o menos),
$\frac{1}{4}$ kg de carne de ternera picada,
$\frac{1}{4}$ kg de carne de cerdo picada,
1 loncha gruesa de jamón serrano (150 g),
1 trufa (facultativo),
sal.,

Caldo corto:
1 vaso (de los de vino) de vino blanco,
1 ramita de apio (facultativo),
2 zanahorias medianas,
2 puerros medianos,
1 pellizco de hierbas aromáticas (o un ramillete con tomillo, laurel y perejil),
4 granos de pimienta,
agua y sal.

Se deshuesa la pechuga de gallina; cortando ésta por la pechuga, se tira de los huesos y del caparazón, dejando la gallina sin huesos. Se extiende esta carne encima de un paño limpio, con la piel de la gallina tocando el paño.

En una ensaladera se mezclan las dos carnes y se ponen extendidas encima de la pechuga. Se corta en tiritas finas la loncha de jamón por la parte más estrecha y se colocan por encima de la carne picada todas en el mismo sentido (el más largo de la pechuga). Se pone, por fin, la trufa cortada en láminas finas. Se enrolla la carne primero y después el paño, que se ata por las puntas dándole bonita forma.

En un cazo o una ollita se pone la carne, se cubre de agua fría, se le añade el vino blanco, los puerros (solamente la parte blanca), el apio y las zanahorias raspadas, lavadas y partidas en trozos, el pellizco de hierbas aromáticas, los granos de pimienta y un poco de sal. Se tapa con tapadera y se pone al fuego. Cuando rompe a hervir, se baja éste y se deja cocer de 1 $^1\!/_2$ a 2 horas (contando que la gallina no ha de ser dura). Se saca entonces del caldo y se deja enfriar con algún peso encima para que adquiera bonita forma (el peso no debe ser mucho).

Una vez fría, se trincha como un fiambre y se sirve con gelatina y ensalada aparte.

Nota.—Con el caldo de cocer la pechuga y gelatina en polvo (Maggi o Royal) se hace la gelatina, que se pondrá picada alrededor de la gallina.

Si no se quiere hacer gelatina, se puede utilizar el caldo para una sopa, pues es muy bueno.

Pavo, capón, pato, pichones

Se limpia y prepara igual que el pollo (recetas 819 y 820).
Para un pavo de 1 $^1\!/_2$ a 2 kg = 1 hora 15 minutos de horno.
Para un pavo de 2 a 3 kg = 1 hora 30 minutos de horno.
Para un pavo de 3 a 5 kg = 2 a 2 $^1\!/_2$ horas de horno.

850. MANERA DE QUITAR LOS TENDONES A LOS MUSLOS

Se da un golpe en la coyuntura de la pata (entre la parte amarilla y el nacimiento del muslo), después se destroza dándole vueltas y al final se tira de los 5 o 6 tendones que hay. Así el muslo se queda mucho más tierno para comer.

851. PAVO ASADO (8 personas)

A ser posible, es mejor elegir una pava, que suele ser más tierna y sabrosa que el macho.

Un par de días antes de asar el pavo, se le pone en el interior un vasito de coñac (unas 6 a 8 cucharadas soperas). Se mueve de vez en cuando el animal, para que quede bien empapada toda la parte de dentro. Al prepararlo para asar, se vacía el coñac que quede.

1 pava de 2 $^1\!/_2$ kg, $^1\!/_2$ limón,
6 lonchas no muy finas de bacon,   agua y sal.
75 g de manteca de cerdo,

Se procede igual que para el pollo asado, poniendo 5 lonchas de tocino ahumado envolviendo la pava exteriormente. La última loncha se mete en el interior del animal.

Se suele tapar el pavo con una hoja de papel de plata. Esto se hace para que no se dore desde el principio, sino que se ase por dentro primero. Se retira cuando se va a dorar, es decir, en la $\frac{1}{2}$ hora final.

Se asará a fuego mediano durante $1\frac{1}{2}$ hora, y después a fuego más vivo la $\frac{1}{2}$ hora final, dándole varias veces la vuelta y rociándola cada vez muy bien con su jugo.

Para saber si está bien asada, se pincha con un alambre un muslo; si sale jugo rosado, aún está poco asada.

Se trincha, se le quita la grasa a la salsa y se añade agua caliente y un chorrito de zumo de limón. Se rasca muy bien el fondo de la fuente y se sirve la salsa en salsera.

852. PAVO RELLENO (10 personas)

Para un pavo de unos 4 kg,
  6 lonchas de bacon,

100 g de manteca de cerdo,
  sal.

Relleno 1.º:

  $\frac{1}{2}$ kg de salchichas frescas,
100 g de bacon,
  25 g de especias en polvo (nuez moscada, pimienta y sal),
  1 huevo más una yema,

  2 cucharadas soperas de piñones (20 g),
100 g de ciruelas pasas (un puñado),
  1 vaso (de los de vino) no lleno de jerez seco

En una ensaladera se mezclan todos los ingredientes. El bacon picado, las ciruelas sin el hueso y cortadas en dos y los huevos batidos como para tortilla.

Se rellena por el cuello y por la parte de abajo, por donde se sacan las tripas. Se cosen los dos agujeros, dejando un trozo de cuerda, de rabo, para poder tirar de él al ir a quitarlo.

Se procede después de relleno igual que para el pavo asado.

Para servirlo, se trinchan las patas y los alones en varios trozos, y las pechugas, una vez separadas, en lonchas; con un cuchillo grande y bien afilado se abre el caparazón, se saca el relleno y éste se pone cortado, en un lado de la fuente, al lado de la carne del pavo. Una vez hecha, se sirve la salsa en salsera aparte.
Nota.—Hay mucha gente que sirve aparte compota de manzana o puré de castañas. Esto va en gusto.

Relleno 2.º:

  $\frac{1}{2}$ kg de magro de cerdo,
150 g de jamón serrano,
  1 lata de foie-gras (125 a 150 g),

  1 huevo batido como para tortilla,
  pimienta,
  sal.

En una ensaladera se mezcla todo, una vez picada la carne de cerdo con el jamón, y se procede igual que para el relleno 1.º

853. CAPON

Se limpia y se prepara igual que los pollos (recetas 819 y 820), y se asa como el pavo.

Sirven las mismas recetas.

854. PATO (MANERA DE TRINCHARLO)

Para que sea tierno el pato debe ser joven, de unos 4 meses para poderlo asar o guisar.

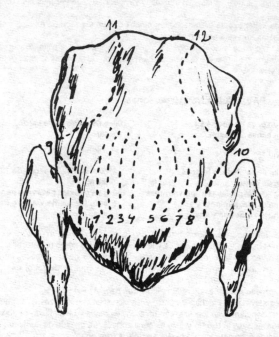

Se prepara igual que los pollos: se pelan, se chamuscan las pelusillas, etc.; pero, además, se les tiene que quitar dos glándulas que están colocadas a cada lado de la rabadilla.

Se trincha de una manera algo diferente del pollo.

Buscando el encuentro (o coyuntura), se trinchan las patas y los alones igual que el pollo. La pechuga se trincha en filetes, como se puede ver en el dibujo.

Para asar un pato se calculan de 15 a 20 minutos por cada $\frac{1}{2}$ kg. Hay que tener en cuenta que el pato es un animal que tiene mucha grasa, por lo tanto se le pondrá poca manteca al prepararlo y se suprime el bacon.

855. PATO A LA NARANJA (4 a 5 personas)

1 pato de 1½ kg,
3 naranjas medianas,
50 g de manteca de cerdo,
1 cucharada sopera de fécula de patata,
3 naranjas de zumo medianas,
1 vaso (de los de vino) de vino blanco,

1 vaso (de los de agua) de caldo,
2 vasos (de los de agua) de agua,
1 zanahoria grande (50 g),
2 o 3 cebollitas francesas (125 g),
2 cucharadas soperas de Curaçao (licor),
sal.

Lo primero se cuecen los despojos del pato en 2 vasos de agua fría y sal durante 30 minutos a fuego mediano. Se aparta y se cuela el caldo.

Se flamea y prepara el pato, metiéndole una de las naranjas pelada y cortada en trozos en la tripa. Se sala.

En una cacerola se pone la manteca a derretir. Cuando está derretida, se pone el pato, la zanahoria raspada, lavada y cortada en rodajas y las cebollas peladas y también cortadas en rodajas. Se vuelve por todos lados el pato, para que quede bien dorado. Se vierte el vino blanco, un vaso (de los de agua) de caldo y el zumo de ½ naranja. Se tapa la cacerola y se cuece a fuego mediano durante ¾ de hora.

Pasado este tiempo, se saca el pato. Se vacía la naranja (ésta no se aprovecha) y se cuela la salsa. En un tazón se deslíe la fécula con un par de cucharadas soperas de agua y se le añade el zumo de 1½ naranja y un trozo de cáscara cortado muy fino para que no lleve blanco. Con una cuchara se le quita a la salsa la grasa que sobre y se le agrega la fécula con el zumo. Se cuece un par de minutos.

Se trincha el pato como va indicado en un dibujo anterior y se sirve con la salsa aparte (a ésta se le retirará, al servir, la corteza).

Se puede adornar la fuente con rodajas de naranjas, con su cáscara, partidas en dos.

Otra receta para la salsa:

1 hígado de pato,
20 g de mantequilla,
1 cucharada sopera de aceite,
1 cucharada sopera de harina,
el zumo de 2 naranjas grandes,

2 cucharadas soperas de licor de Curaçao,
la salsa de asar el pato (sin la grasa),
agua y sal.

Se fríe un poco el hígado de pato y en el mortero se machaca muy bien. En una sartén se pone un trocito de mantequilla (20 g) y una cucharada sopera de aceite; cuando están calientes, se añade una cucharada sopera de harina y el hígado machacado. Se agrega el zumo de 2 naranjas, 2 cucharadas soperas de Curaçao, y el jugo de asar el pato, quitándole primero la grasa. Se revuelve todo esto junto, y si fuese necesario se puede agregar una cucharada sopera de agua caliente. Se cuela la salsa por un colador, se prueba de sal y se sirve en salsera aparte.

856.   PATO BRASEADO CON ACEITUNAS (6 personas)

1 pato de 1 ½ kg (más o menos),
1 cebolla grande (100 g),
2 zanahorias grandes (125 g),
1 cucharada bien llena (de las de café) de fécula,
3 o 4 cucharadas soperas de aceite.,
½ litro de caldo (agua con una , pastilla de Gallina Blanca, Starlux, etc.),

1 vaso (de los de vino) de vino blanco,
100 g de aceitunas sin hueso,
2 tomates maduros grandes, sal y pimienta,
6 triángulos de pan de molde fritos

En una cacerola (o, mejor, una «cocotte») se pone el aceite a calentar; cuando está en su punto, se pone el pato ya preparado. Se deja dorar por todos lados, teniendo cuidado de darle la vuelta a menudo, pero con una paleta o dos cucharas para **no pincharlo**. Mientras se va dorando, se añade la cebolla pelada y cortada en trozos y las zanahorias raspadas, lavadas y cortadas en rodajas. Se deja dorar todo lentamente unos 15 minutos. Se añaden entonces los tomates lavados, pelados y cortados en trozos, quitándoles las simientes. Se rehogan con lo demás unos 10 minutos más. Se añade entonces el vino, el caldo, la pimienta y la sal (el caldo sala también, luego hay que salar con cuidado). Se tapa la cacerola y se cuece así lentamente durante una hora. Pasado este tiempo, se saca el pato entero y se reserva al calor. Se pasa la salsa por el pasapurés o el chino.

En un tazón se deslíe la fécula con un poco de salsa para que no haga grumos y se añade a la salsa. Se añaden también las aceitunas, las cuales antes se ponen en un cazo pequeño cubiertas con agua fría y se les da un hervor de 2 minutos. Se escurren, se cortan en 2 o 3 trocitos y se agregan a la cacerola, así como el pato que se vuelve a poner en la cacerola.

Se cuece todo unos 8 o 10 minutos más. Se saca el pato, se trincha y se colocan los trozos en la fuente donde se vayan a servir. Se cubre con la salsa y se sirve la fuente adornada con unos triángulos de pan fritos.

857.   PICHONES RELLENOS Y SERVIDOS CON COMPOTA DE MANZANA (6 personas)

3 pichones jóvenes,
12 salchichas corrientes,
5 cucharadas soperas de aceite,
1 vaso (de los de vino) de vino añejo,
1 vaso (de los de agua) de agua, sal,

½ kg de manzanas reinetas,
2 cucharadas soperas de azúcar,
3 cucharadas soperas de agua,
1 cucharada sopera de coñac, sal.,

Una vez preparados, vaciados y flameados los pichones, se salan ligeramente. Se rellenan con la carne de las salchichas, a las cuales se les habrá quitado la tripa que las envuelve. Se ponen unos palillos pinchados en la piel del agujero que se ha hecho para vaciar los pichones, con el fin de que no se salga el relleno.

En una cacerola (o, mejor, una «cocotte») se pone el aceite a calentar. Se doran los pichones, volviéndolos varias veces para que se hagan por igual. Una vez dorados, se rocían con el vino y el agua. Se salan ligeramente y se cuecen a fuego mediano durante más o menos 40 minutos, hasta que estén tiernos.

Mientras tanto se va haciendo la compota de manzana. Se pelan y cortan en 4 trozos las manzanas, quitándoles el corazón con las pepitas. Se cortan entonces en dados de 2 cm de costado y se rocían con unas 3 cucharadas soperas de agua. Se mezcla bien y se tapa la cacerola, cociéndolas unos 20 minutos a fuego lento. Si entonces no estuviese la compota bien seca, se cuece un poco más destapada y se añade entonces el azúcar. Se calienta en un cazo pequeño el coñac, se prende con una cerilla y se flamea; después se mezcla con la compota (hay quien prefiere la compota pasada por el pasapurés, o así tal cual, esto va en gusto). Esta se reserva al calor.

Cuando los pichones están hechos, se echa la compota en el fondo de la fuente donde se vayan a servir. Encima se colocan los pichones partidos en dos a lo largo (no hay que olvidarse de quitar los palillos) y se pone el relleno alrededor de la fuente, sirviéndose en seguida.

Si se quiere, se puede adornar la fuente con unos triángulos de pan de molde fritos.

858. PICHONES GUISADOS CON ACEITUNAS (6 personas)

3 pichones tiernos.

Se procede igual que para el pato braseado con aceitunas (receta 856).
Como los pichones son animales más pequeños que un pato, sólo se brasearán 30 minutos. Los 15 minutos después de pasar la salsa serán los mismos.

Para los pichones sirven algunas recetas de perdiz:

Perdices con uvas (receta 877).
Perdices estofadas (receta 879).
Perdices en salsa con cáscara de naranja amarga (receta 881).
Perdices guisadas con vinagre en caliente (receta 883).
También se hace como el **Pollo asado con limón** (receta 825) y se sirve con un adorno de guisantes.

Caza

Conejo

Los conejos de monte son más sabrosos que los caseros, porque muchas veces se alimentan de hierbas aromáticas.

859. CONEJO CON NARANJA (6 a 8 personas)

2 conejos tiernos (1¼ kg cada uno),
3 naranjas grandes,
6 cucharadas soperas de aceite,
1 cebolla mediana (100 g),
1½ vaso (de los de agua) de vino blanco,
1 cucharada (de las de moka) de

hierbas aromáticas, o un ramillete (perejil, laurel, un diente de ajo y tomillo),
1 cucharada sopera colmada de harina,
1 cucharada sopera de perejil picado,
sal.

En una cacerola se pone a calentar el aceite; cuando está en su punto, se echa la cebolla pelada y picada. Cuando ésta se empieza a dorar, se ponen los conejos cortados en trozos; cuando están bien dorados, se espolvorean con la harina, se revuelven bien con una cuchara de madera y se rocía con el vino blanco. Se añaden un par de trozos de corteza de naranja, las hierbas aromáticas y la sal. Se cuece a fuego mediano durante ¾ de hora, cubierto con tapadera, y pasado este tiempo se agrega el zumo de 2 naranjas. Se vuelve a tapar y se deja cocer unos 10 minutos más, revolviendo de vez en cuando el guiso.

Se pela la tercera naranja y se corta en rodajas y éstas en dos. Con ella se adorna la fuente, previamente calentada, donde se va a servir el conejo. Se pone el guiso en el centro, se retiran las cortezas de naranja y el ramillete (si lo hay) y se vierte la salsa por encima. Se espolvorea con perejil picado y se sirve en seguida.

860. GUISO DE CONEJO CON CEBOLLITAS Y CHAMPIÑONES
(4 a 5 personas)

1 conejo de 1¼ kg (sin piel),
¼ kg de champiñones frescos,
¼ kg de cebollitas francesas,
1 cebolla pequeña (50 g),
1 vaso (de los de agua) de vino blanco,
1½ vaso (de los de agua) de aceite,
½ vaso (de los de agua) de agua,

1 pastilla de caldo (Avecrem, Starlux, etc.),
1 plato con harina,
1 hoja de laurel,
1 ramita de tomillo,
30 g de mantequilla,
el zumo de un limón,
sal y pimienta molida.,

Se corta el conejo en trozos y la cabeza, una vez quitados los ojos, en dos.

En una cacerola se pone el aceite a calentar. Se pasan los trozos de conejo de uno en uno por harina y se doran en el aceite. Se van separando en un plato. Se quita un poco de aceite, dejando el fondo de la cacerola solamente cubierto. Se pela y se pica la cebolla muy fina, y se dora. Una vez dorada (unos 8 minutos), se añade el conejo. Se vierte el vino, se da unas vueltas con una cuchara de madera, se añade el agua, el laurel, el tomillo y el caldito deshecho en un poco de agua caliente. Se echa un poco de sal (el caldito ya sala la salsa) y pimienta. Se tapa la cacerola y, a fuego lento, secuece ¾ de hora más o menos.

Mientras tanto se ponen las cebollitas a cocer aparte (peladas y enteras), con un poco de agua que justo las cubra y la mitad de la mantequilla, unos 10 minutos.

Se lavan y se cortan los champiñones y se ponen a cocer en un cazo pequeño con la otra mitad de la mantequilla y unas gotas de zumo de limón, también durante unos 6 minutos.

Se añaden entonces al conejo los champiñones con todo su jugo y las cebollas, escurridas. Se cuece otros 10 minutos, revolviendo todo junto. Se prueba de sal (se añade si hiciese falta) y en el momento de servir se rocía con el resto del zumo de limón. Se sirve con su salsa en una fuente honda, adornada, si se quiere, con picatostes.

861. CONEJO CON SALSA DE HIGADITOS, PIÑONES Y PIMIENTOS
(6 personas)

1 conejo grande o 2 pequeños (trinchados),
100 g de tocino veteado,
4 cucharadas soperas de aceite,
1 cebolla pequeña (50 g) picada,
4 tomates medianos,
30 g de piñones,
2 higaditos (de pollo si no se tienen de conejo),

1 lata pequeña de pimientos colorados (100 g),
1 buen pellizco de hierbas aromáticas,
1 vaso (de los de agua) con mitad vino blanco y mitad agua,
sal,
1 cucharada sopera de perejil picado,
sal.

En una cacerola se pone el aceite a calentar; cuando está caliente, se refríe el tocino cortado en dados y la cebolla. Cuando se les ha dado unas vueltas, se añaden los trozos de conejo y, moviéndolos con una cuchara de madera, se les deja dorar ligeramente. Se agregan los tomates pelados, cortados y quitadas las simientes, se sazona con la sal y las hierbas y se echan casi todos los piñones (reservando unos pocos). Se rocía con el vaso de agua y vino y se añaden entonces los higaditos. Se cubre la cacerola con una tapadera y se deja a fuego mediano más o menos $^3/_4$ de hora (siendo el conejo tierno; un poco más si hiciese falta, sin que se deshagan los trozos). Un poco antes de servir se ponen en el mortero y se machacan los higaditos crudos (pero teniendo buen cuidado de quitarles la bolsita de la hiel) con los piñones reservados y un trocito de pimiento, y se incorpora esta pasta a la salsa.

Se pone el resto del pimiento cortado en tiras finas y se espolvorea el perejil picado. Se da una vuelta a todo con una cuchara de madera y se sirve bien caliente en una fuente.

862. CONEJO GUISADO CON CEBOLLITAS, TOMATES Y ZANAHORIAS (6 a 8 personas)

2 conejos pequeños de 1 $^1/_4$ kg cada uno,
100 g de tocino veteado,
6 cucharadas soperas de aceite,
3 o 4 tomates maduros grandes (400 g),
8 cebollitas francesas,
3 zanahorias tiernas medianas (125 g),
1 lata pequeña de pimientos colorados (100 g),

1 nuez de mantequilla (15 g),
$^1/_2$ vaso (de los de agua) de vino blanco,
$^1/_2$ vaso (de los de agua) de agua,
1 cucharadita (de las de moka) de hierbas aromáticas (rasada), o un ramillete: perejil, laurel, tomillo y un diente de ajo,
sal.

Se trinchan los conejos. En una cacerola se pone el aceite a calentar; cuando está en su punto, se rehogan bien los trozos de conejo. Se les añade el tocino cortado en dados, los tomates pelados y cortados en cuatro (quitándoles la simiente) y las zanahorias raspadas, lavadas y cortadas en rodajas finas. Se sazona con sal y las hierbas aromáticas. Se mueve bien todo con una cuchara de madera y se rocía con el vino y el agua. Se cubre con una tapadera la cacerola y se hace a fuego lento en cuanto ha roto a hervir. Si los conejos son tiernos, $^3/_4$ de hora más o menos; pero cuidando de que no queden deshechos.

Aparte, en un cazo pequeño, se cuecen las cebollitas, previamente peladas; para ello se cubren con agua fría y se pone la mantequilla y sal. Se cuecen durante unos 10 a 15 minutos.

Cuando el conejo está tierno, se le agregan las cebollitas escurridas y el pimiento cortado en tiras finas. Se da una vuelta con una cuchara de madera y se sirve en seguida en una fuente. Se puede adornar ésta con triángulos de pan de molde fritos, si se quiere.

863. CONEJO GUISADO CON VINO BLANCO (6 a 8 personas)

2 conejos de 1 ¼ kg cada uno (cortados en trozos),
1 cebolla mediana (100 g),
8 cucharadas soperas de aceite,
1 vaso (de los de vino) de vino blanco seco,
½ vaso (de los de agua) de agua,
1 cucharadita (de las de moka) de hierbas aromáticas,
1 cucharada sopera de perejil picado,
sal.

En una cacerola se pone a calentar el aceite; cuando está en su punto, se echa la cebolla muy picada. Cuando empieza a ponerse transparente (unos 5 minutos), se echan los trozos de conejo hasta que queden bien doraditos (unos 10 minutos más o menos). Se espolvorea la cucharada de harina, se mueven bien los trozos con una cuchara de madera y se vierte el vino blanco y el agua; se sala y se espolvorean las hierbas aromáticas. Se cubre la cacerola y se deja a fuego mediano, más bien lento, para que cueza despacio durante unos 45 minutos. Si el conejo es tierno, debe estar en su punto (si no, se cuece algo más).

Se sirve en una fuente espolvoreando el conejo con perejil y con la salsa por encima.

Se puede acompañar con una guarnición de puré de patatas o unos coditos cocidos con agua y sal y rehogados con un poco de mantequilla y queso rallado.

864. GUISO DE CONEJO CON ACEITUNAS Y ALMENDRAS (4 personas)

1 conejo tierno de 1 ¼ kg,
5 cucharadas soperas de aceite,
1 plato con harina,
1 cebolla grande (125 g),
100 g de aceitunas sin hueso,
1 vaso (de los de vino) de vino blanco,
3 dientes de ajo,
50 g de almendras tostadas,
agua,
sal.

Se trincha el conejo en trozos, se salan y se pasan por harina.

En una cacerola se pone el aceite a calentar; cuando está caliente, se fríen los trozos por tandas hasta que estén dorados y se van reservando en un plato. En el aceite de freírlos se rehogan 2 dientes de ajo, pelados y dando un golpe con el mango de un cuchillo. Una vez bien dorados, se retiran. Se echa entonces la cebolla pelada y muy picada, se deja llorar ligeramente (unos 8 minutos), se vuelven a poner los trozos de conejo y se rocían con el vino. Se deja unos 10 minutos para que se consuma un poco el vino y se añade la pimienta molida y el agua templada, la justa para que cubra el conejo. Se tapa la cacerola y a fuego mediano, más bien lento, se deja hasta que el conejo esté tierno, sin estar deshecho (unos 45 minutos).

Mientras tanto se ponen las aceitunas en un cazo con agua fría, se cuecen unos 3 minutos, se escurren bien y se secan con un paño limpio. Se cortan en dos o tres a lo ancho y se agregan al conejo.

En el mortero se machacan las almendras (sin piel) con el diente de ajo y se agrega también al guiso. Se revuelve todo bien. Estas dos cosas, es decir, las aceitunas y el ajo con las almendras, se añaden unos 15 minutos antes de terminar de cocer el guiso.

Se sirve en una fuente con la salsa por encima y adornada ésta con bolas de puré de patatas.

865. TRASERO DE CONEJO ASADO CON MOSTAZA (6 personas)

1 conejo grande y tierno (de 2 kg)
o 2 pequeños,
mostaza (Louit),
2 cebollas medianas (150 g),
100 g de tocino veteado,
4 cucharadas de aceite,
1 cucharadita (de las de moka) de

hierbas aromáticas (o 2 o 3 ramitas de tomillo),
4 o 5 cucharadas soperas de agua
hirviendo,
¼ litro de nata,
1 cucharada sopera de harina,
sal.

Abrir bien las patas traseras del conejo para que quede bien plano y cortar toda la parte delantera, es decir, después de las patas delanteras. Esta parte, que comprende patas y cabeza, no se utiliza.

Una vez vaciado el conejo de hígado, riñones, etc., se sala y se unta bien con mostaza.

En una besuguera o fuente honda de barro o porcelana resistente al horno se cubre el fondo con el aceite, se posa el trasero del conejo con la parte interior del mismo tocando la fuente. Todo alrededor del conejo y muy cerca de él se ponen las cebollas peladas y picadas en trozos grandes y el tocino en cuadraditos. Se espolvorea con las hierbas aromáticas (o se posan las ramitas de tomillo encima del lomo) y se mete a horno bastante fuerte y previamente calentado 5 minutos. Se asa durante 30 minutos, rociándolo de vez en cuando con el jugo y las cucharadas de agua, que se irán añadiendo poco a poco. Después de pasado este tiempo, se agrega algo menos de la mitad de la nata, se baja el fuego y se tiene otros 10 minutos más.

En un tazón se pone la harina y se mezcla con el resto de la nata. Se trincha el conejo y se pone en la fuente de servir, formando con los trozos el mismo trasero que antes de trinchar. Se cuela la salsa de asar el conejo, se mezcla con lo del tazón, se calienta con cuidado para que no sepa a harina cruda sin dejar de mover con una cuchara de madera. Se rocía la carne y se sirve.

866. GUISO DE CONEJO CON SALSA DE SANGRE (CIVET)

(Véase la receta 868.)

867. CONEJO ESCABECHADO (4 o 5 personas)

1 conejo tierno de 1¼ kg (sin piel),
1 vaso (de los de agua) de aceite,
3 dientes de ajo,
2 hojas de laurel,
6 granos de pimienta,

1 vaso (de los de vino) de buen vinagre de vino,
agua fría,
sal.

Se trincha el conejo. En una sartén se pone el aceite a calentar y se doran los trozos por tandas. A medida que están dorados, se ponen en una cacerola. Se deja en la sartén un fondo de aceite (unas 5 o 6 cucharadas soperas); se rehogan los dientes de ajo pelados, las hojas de laurel y los granos de pimienta. Se separa la sartén del fuego y se añade el vinagre y el agua. Se revuelve todo junto y se vierte por encima del conejo. Si el caldo del escabeche no cubriese el conejo, se añadiría un poco más de agua. Se echa sal, se tapa la cacerola y se cuece a fuego lento hasta que el conejo esté tierno, es decir, ¾ de hora más o menos.

Se puede servir caliente o frío.

Liebre

868. GUISO DE LIEBRE CON SALSA DE SANGRE: CIVET
(6 personas)

1 liebre joven de 1½ a 2 kg sin piel,
Adobo:
1 cebolla mediana (100 g),
2 zanahorias pequeñas (100 g),
1 ramita de tomillo,
1 hoja de laurel,
2 clavos (de especias),
2 dientes de ajo,
1 litro de vino tinto bueno,
  sal y 6 granos de pimienta.,

Guiso:
150 g de tocino con poca veta,
  1 cebolla mediana (100 g),
  2 cucharadas soperas de harina,
  1 vaso (de los de agua) de caldo (o
    agua y una pastilla de caldo de
    Gallina Blanca, Starlux, etc.),
  2 cucharadas soperas de vinagre,
  sal,
  unos triángulos de pan frito.

Para que el civet sea bueno, la liebre tiene que ser joven, tiene que tener sangre y hay que conservar el hígado, quitándole con mucho cuidado la bolsita de hiel.

Para recoger bien la sangre, se pone el vinagre en la tripa y se recoge así toda la sangre arrastrada, con cuajos y todo, en un tazón. Se reserva en sitio fresco.

La noche antes de hacer el civet se trincha la liebre en trozos medianos, se ponen en una cazuela de porcelana o barro. Se sazona con sal y pimienta. Se corta una cebolla en trozos grandes, las zanahorias se raspan y se lavan y se cortan en 4 trozos y se ponen con la liebre, así como los 2 dientes de ajo pelados. Se añade el tomillo y el laurel y se rocía todo con el vino tinto (que ha de ser de buena clase). Se tapa la cacerola y se deja en sitio fresco (pero no en nevera). Se procura mover unas 3 o 4 veces.

Cuando se va a guisar la liebre, se pone el tocino cortado en dados en una cacerola o, mejor, una «cocotte»; se calienta y, cuando está la grasa bien derretida, con una espumadera se quitan los trocitos de tocino ya rehogados, no dejando más que la grasa. Se doran los trozos de liebre escurridos y se reservan en un plato sopero. Se pone la cebolla pelada y picada a dorar unos 8 minutos; cuando empieza a tomar color, se añade la harina y se dan unas vueltas; se vuelven a poner los trozos de liebre y se cubren con el vino del adobo colado. Se recogen el tomillo, el laurel y el ajo, que se atan juntos, añadiéndolos a la liebre. Se pone a cocer y, al romper el hervor, se deja a fuego mediano 1½ hora. Se revuelve de vez en cuando y se va añadiendo poco a poco el caldo, según haga falta. Si la salsa se ve clarita, se destapa el guiso para que se consuma un poco. Poco antes de ir a servir la liebre, se machaca el hígado crudo en el mortero, se le añade una vez hecho puré la sangre con el vinagre y en el mismo mortero se ponen unas cucharadas soperas de salsa para que se deshaga; después se añade todo lo del mortero a la salsa. Se revuelve, se quita el ramillete y se sirve en fuente honda con la salsa por encima y con los triángulos de pan frito alrededor.

Nota.—Este guiso está mejor recalentado, con lo cual se guardará algo de caldo, por si la salsa está espesa. El hígado y la sangre se pondrá sólo en el momento de servir.

869. GUISO DE LIEBRE ADOBADA (6 personas)

1 liebre de 1 ½ kg,
2 cebollas medianas (200 g),
½ litro de vino blanco,
½ litro de caldo (o agua con una pastilla de Avecrem, Starlux, etc.),
2 cucharadas soperas de vinagre,
200 g de tocino veteado,

5 cucharadas soperas de aceite,
1 plato con harina,
1 ramillete (una hoja de laurel, 2 ramitas de perejil, una ramita de tomillo, un diente de ajo),
1 cucharada sopera de perejil picado,
sal y pimienta.

La noche anterior de ir a guisar la liebre se prepara como sigue: Se corta la liebre en trozos y se ponen en un cacharro de barro o cristal. Se sazona con sal y pimienta, se pela y se corta en 4 una de las cebollas, se pone el ramillete, el vinagre y se rocía con el vino. Se saltea (en crudo) todo esto varias veces para que quede la liebre bien impregnada. (Tiene que estar unas 12 horas). Al ir a guisar la liebre, se sacan los trozos y se escurren muy bien. En una cacerola se pone el aceite a calentar y se le añade el tocino cortado en cuadraditos pequeños y la cebolla picada menuda. Se rehoga todo esto hasta que empieza a dorar (pero sólo empezar), unos 7 minutos. Se pasan los trozos de liebre muy ligeramente por la harina y se sacuden bien; se ponen en la cacerola. Con una cuchara de madera se les da unas vueltas, después se añade poco a poco el vino del adobo con todos los ingredientes y, pasados unos 5 minutos, el caldo.

Se cubre la cacerola con un papel de estraza o un paño limpio y se cierra muy bien con la tapadera encima del papel. Se cuece a fuego lento durante 1 ½ a 2 horas, sacudiendo de vez en cuando la cacerola para revolver la liebre con la salsa.

Para servir, se presenta en un plato hondo con su salsa por encima. Se espolvorea con el perejil picado, sacando entonces el ramillete, que se tira. Se adorna con unos triángulos de pan frito, o bien con unos coditos cocidos aparte y salteados con queso rallado y mantequilla, éstos servidos en fuente aparte.

870. TRASERO DE LIEBRE ASADO CON MOSTAZA

(Véase la receta 865.)

Perdiz

871. MANERA DE CONOCER Y PREPARAR LAS PERDICES

Son más sabrosas las hembras de perdiz que los machos. Estos se conoce porque tienen un botón en la pata.

Se conocen que una perdiz es tierna si la parte de abajo del pico es blanda.

La perdiz se pela tirando de las plumas, que suelen ser fáciles de arrancar. Se agarra la perdiz por las patas y se tira de las plumas empezando por el trasero. Se corta la piel cerca del trasero y se sacan por allí las tripas. Al hígado hay que quitarle la hiel.

Después se chamuscan los pelos que quedan con una llama de gas o quemando un algodón mojado en alcohol y prendido con una cerilla.

Se cortan las patas. El cuello se corta hacia la mitad, de largo; se tira de la piel hacia los hombros del animal y se corta entonces el cuello a ras de los hombros. Se junta la piel, que se cose o se sujeta con un palillo.

Si se quieren lavar, se tendrán que secar muy bien después con un paño limpio.

872. PERDICES CON SETAS (4 personas)

2 perdices jóvenes y tiernas,
½ kg de setas (100 g para el relleno y 400 g para adorno),
Relleno:
1 miga de pan del grosor de un huevo,
1 vaso (no lleno) de los de vino, de leche caliente,
los hígados de las perdices,
7 cucharadas soperas de aceite,

1 cucharada (de las de café) de perejil picado,
1 chalota pequeña picada,
½ vaso (de los de vino) de coñac,
1 vaso (de los de vino) de agua templada,
1 pellizco de hierbas aromáticas, o un ramillete (tomillo, laurel, perejil y un diente de ajo),
sal.

Se arreglan las perdices. Se prepara el relleno, calentando la leche y poniendo dentro la miga de pan en remojo. En una sartén pequeña se ponen a calentar 2 cucharadas soperas de aceite; cuando están calientes, se echan los 100 g de setas (previamente lavadas y picadas), se les dan unas vueltas y se añaden los hígados. Cuando éstos están fritos (unos 5 minutos), se separa la sartén del fuego y se machacan bien los hígados en la misma sartén con un tenedor. Se agrega la miga de pan (un poco escurrida para quitarle la leche sobrante), la chalota muy picada y el perejil. Se mezcla todo muy bien. Se salan un poco las perdices por dentro y se les pone el relleno, cosiendo el agujero de la tripa por donde se han rellenado para que no se salga éste.

En una cacerola se ponen a calentar las 5 cucharadas de aceite que quedan; se colocan las perdices. En un cazo pequeño se calienta el coñac y, prendiéndolo con una cerilla, se flamean las perdices.

Se colocan las demás setas (lavadas y cortadas en trozos grandes) alrededor de las perdices y se sala el conjunto. Se vierte el agua y se espolvorea el pellizco de hierbas aromáticas. Se mete la cacerola tapada a horno mediano durante unos 20 minutos, y después a horno más fuerte durante otros 15 minutos, destapada, moviendo la cacerola y volviendo de vez en cuando las perdices para que se doren.

Una vez en su punto, se sacan las perdices, se cortan en dos a lo largo, repartiendo el relleno, y se sirven en una fuente con las setas alrededor. La fuente estará caliente, para que no se enfríe el guiso al ir a servirlo.

873. PERDICES CON CHOCOLATE (4 personas)

2 perdices jóvenes y tiernas,
1 vaso (de los de vino) de aceite,
1½ vasos (de los de vino) de vino blanco,
2 vasos (de los de vino) de agua,

1 cebolla grande (250 g),
1 hoja de laurel,
3 onzas de chocolate,
sal.

Una vez arregladas y saladas las perdices, se les atan las patas. Se pone el aceite a calentar en una cacerola o, mejor, una «cocotte». Cuando está caliente, se ponen las perdices y se doran por todos lados. Después de doradas, se sacan y se reservan en un plato. En este mismo aceite se echa la cebolla pelada y picada muy menuda. Se dan vueltas hasta que se ponga transparente (unos 6 minutos, más o menos). Se vuelven a poner las perdices en la cacerola y se rocían con el vino y un vaso de agua. Se echa el laurel y un poco de sal en la salsa. Se cubre la cacerola y a fuego muy lento se van haciendo dándoles la vuelta de vez en cuando.

Si son tiernas, en 45 minutos estarán hechas, pero esto depende de las perdices; se pinchan para saber si están en su punto; quizá haya que añadirles entonces un poco más de agua caliente, si se tienen que cocer más tiempo.

Una vez hechas, se reservan al calor muy suave y 10 minutos antes de ir a servirlas se agrega el chocolate rallado fino, se revuelve con la salsa y se incorpora el 2.º vaso de agua (caliente esta vez) en dos o tres veces.

Se sacan las perdices, se les quita la cuerda y se trinchan en dos a lo largo. Se ponen en la fuente donde se vayan a servir y se cubren con su salsa bien caliente. Se puede adornar la fuente con unos triángulos de pan de molde fritos.

874. PERDICES CON SALCHICHAS Y ZANAHORIAS (6 personas)

3 perdices tiernas,
9 salchichas corrientes (de carnicería),
½ kg de zanahorias,
1 cebolla grande (150 g),
1 vaso (de los de vino) de aceite,
1 vaso (de los de agua) de vino blanco,
2 vasos (de los de agua) de agua,
1 hoja de laurel,
sal.,

Una vez preparadas las perdices, se salan y se rellenan cada una con una salchicha. Las otras dos salchichas se cortan de manera que queden abiertas como un libro y se aplican una en la pechuga y otra en el dorso de cada perdiz. Se atan con una cuerda las perdices con sus salchichas.

En una cacerola (o, mejor, «cocotte») se pone el aceite a calentar. Cuando está en su punto, se doran bien las perdices por todos lados, se sacan y se reservan en un plato.

Se echa la cebolla pelada y picada, se deja dorar ligeramente (unos 8 minutos), se agregan las zanahorias peladas, lavadas y cortadas en rodajas gruesas. Se rehogan unos 5 minutos, se vuelven a poner las perdices y se rocían con el vino y el agua. Se les añade una hoja de laurel. Cuando rompe el hervor del líquido, se cubre la cacerola y se dejan a fuego lento más o menos 1½ hora, hasta que estén tiernas (se pinchan con un tenedor para saberlo).

Se separan las perdices en un plato, se les quitan las cuerdas y las salchichas de fuera y se pasa por la batidora toda la salsa con las salchichas y las zanahorias. Se vuelve a poner la salsa en la cacerola y se reserva hasta el momento de servirla. Se trincha en dos cada perdiz, se ponen en la fuente de servir. Las salchichas que llevaban dentro se cortan en dos y se ponen de adorno. Se puede adornar la fuente con montoncitos de coles de Bruselas cocidas y rehogadas con mantequilla (½ kg), alternando con cebollitas francesas (½ kg), también cocidas y luego rehogadas con aceite para que se doren un poco.

También se puede adornar la fuente con patatas paja o lo que más guste.

875. PERDICES RELLENAS DE PASAS Y GUISADAS CON LECHE (4 personas)

2 perdices medianas y tiernas,
100 g de uvas pasas,
5 cucharadas soperas de aceite,
1 cebolla mediana (125 g),
1½ cucharadas soperas de harina (rasada),

3 cucharada sopera de coñac,
½ litro de leche (más o menos),
pimienta negra molida,
sal.

Se preparan las perdices. Una vez preparadas y saladas por dentro, se rellenan con las pasas. Se pone un palillo en la piel del trasero para que no se salgan.

En una cacerola se pone el aceite a calentar y se rehogan las perdices hasta que estén doradas. Se sacan y se reservan en un plato. Se pone la cebolla pelada y picada a dorar. Cuando se pone transparente (unos 5 minutos), se espolvorea con la harina, se da unas vueltas con una cuchara de madera hasta que esté dorada.

Mientras tanto se calienta el coñac en un cazo pequeño, se prende con una cerilla y se flamean bien las perdices en el plato. Una vez flameadas, se ponen en la cacerola con el coñac y se cubren con leche templada. Se sala y se pone un buen pellizco de pimienta. Se cuece a fuego lento en cuanto ha roto el hervor y se dejan así tapadas una hora (según sean de tiernas las perdices).

Pasado este tiempo, se sacan las perdices, se trinchan en dos a lo largo y se ponen en la fuente donde se vayan a servir. Se adornan con las pasas y se vierte la salsa por encima, pasándola por un chino o un pasapurés. Se puede servir de adorno unas bolas de puré de patatas.

876. PERDIZ CON SALSA DE NATA (4 personas)

2 perdices pequeñas y tiernas,
1 cebolla mediana (125 g),
4 cucharadas soperas de aceite,
1 vaso (de los de vino) de agua,
½ vaso (de los de vino) de vino blanco,
½ cucharadita (de las de moka) de extracto de carne (Bovril, Liebig, etc.),

¼ litro de nata líquida,
1 cucharada (de las de café), de fécula de patata,
zumo de ½ limón,
1 pellizco de hierbas aromáticas (o un ramillete con laurel, tomillo y perejil),
pimienta molida y sal.

Una vez preparadas las perdices, se salan por dentro. En una cacerola se pone el aceite a calentar y se ponen las perdices y la cebolla pelada y picada en trozos grandes. Se deja dorar, volviendo las perdices para que se doren por todos lados. Cuando están doradas, se rocían el agua y el vino. Se salan ligeramente y se les echa pimienta y el ramillete o pellizco de hierbas. Se tapa la cacerola y se dejan cocer, a fuego lento, más o menos una hora (hasta que estén tiernas). Cuando están, se retiran de la salsa, se cortan en dos a lo largo y se colocan en la fuente donde se van a servir. Esta se reserva en sitio caliente.

Se cuela la salsa por el chino y se le agrega el extracto de carne. En una taza se deshace la fécula con una cucharada sopera de agua fría y el zumo del limón y se añade un poco de salsa; dando vueltas con una cuchara se echa todo lo de la taza en la salsa. Se añade entonces la nata y se calienta bien, con mucho cuidado de no dejar cocer la salsa para que no se corte. Se vierte por encima de las perdices y se sirve.

Se puede adornar la fuente con triángulos de pan de molde fritos o con coles de Bruselas cocidas y rehogadas con mantequilla.

877. PERDICES CON UVAS (6 personas)

3 perdices más bien pequeñas y tiernas,
45 g de manteca de cerdo,
3 cucharadas soperas de aceite,
1 vaso (de los de vino) de vino blanco,
1 vaso (de los de vino) de agua,
400 g de uvas blancas,
3 cucharadas soperas de coñac,
sal y pimienta.

Una vez preparadas las perdices, se salan en el interior, se untan con un poco de manteca y se salan por fuera, metiendo en el interior de cada una un puñadito de uvas peladas.

En una cacerola (o, mejor, una «cocotte») se pone el aceite a calentar, se añaden entonces las perdices, se doran por todos lados, volviéndolas con cuidado de no pincharlas. Una vez doradas, se rocían con el vino, se espolvorean con pimienta, se tapa la cacerola y, a fuego más bien lento, se dejan una hora (más o menos, según sean de tiernas), volviéndolas de vez en cuando.

Mientras tanto se pelan las demás uvas.

Cuando las perdices están tiernas, se les ponen las uvas alrededor.

En un cazo pequeño se calienta el coñac, se prende con una cerilla y, una vez prendido, se rocía con él las perdices, procurando que el coñac se queme lo más posible. Se vuelve a tapar la cacerola y se deja otros 5 minutos a fuego mediano.

Se sirven las perdices partidas en dos a lo largo, con las uvas alrededor y la salsa por encima.

Si la salsa fuese un poco escasa, se le puede agregar unas cucharadas soperas de agua muy caliente, revolviendo bien la salsa antes de servirla.

878. PERDICES CON MELON

Se prepara exactamente igual que las perdices con uvas, pero sustituyendo las uvas por dados de melón.

Los dados deben ser de 2 X 2 cm, es decir, grandecitos.

El melón debe ser bueno, dulce y bien maduro.

879. PERDICES ESTOFADAS (4 personas)

1.ª receta:

2 perdices tiernas,
1 vaso (de los de vino) bien lleno de aceite,
1 vaso (de los de vino) bien lleno de vino blanco,
1 cebolla grande (200 g),
1 tomate pequeño (100 g),
20 g de mantequilla (una nuez), pimienta molida, canela en polvo, nuez moscada rallada, orégano,
½ cucharadita (de las de moka) de pimentón,
1 cucharadita (de las de moka) de mostaza,
1 vaso (de los de vino) de aceite para freír el pan (sobrará),
1 rebanada de pan frito,
1 cucharada sopera de vinagre,
2 dientes de ajo grandes,
sal.

Se preparan las perdices. En un mortero se machacan los dientes de ajo pelados con la sal. Con esto se untan las perdices por dentro y por fuera. Se ponen en una cacerola y se les añade en crudo el aceite, el vino, la mantequilla, la cebolla pelada y picada, el tomate entero (lavado y secado) y la mostaza; la canela, la nuez moscada, la pimienta y el orégano (de cada cosa un pellizquito). Después se añade el pimentón. Se tapa la cacerola y se pone a fuego lento, dándoles a las perdices la vuelta de vez en cuando. Después de una hora de estarse guisando, se fríe una rebanada de pan; al estar dorada, se retira del aceite y caliente aún se rocía con el vinagre. Se mete a cocer con las perdices más o menos durante otra hora. Este tiempo depende de lo duras que sean las perdices, teniendo que vigilar; si una es más tierna, se sacará antes que la otra y se reservará al calor.

Se sacan, se trinchan en dos o cuatro partes, se pasa la salsa, con el pan y la cebolla, por el chino o el pasapurés y se vierte por encima de las perdices.

Se pueden adornar con cebollitas francesas cocidas aparte (véase receta 324) o triángulos de pan frito.

2.ª receta:

2 **perdices medianas,**	1 **cabeza pequeña de ajos,**
1 **vaso (de los de agua) de vino blanco,**	12 **cebollitas francesas,**
	20 **g de mantequilla,**
1 **vaso (de los de agua) de aceite,**	1 **cucharadita (de las de moka) de azúcar,**
1 **vaso (de los de agua) de agua,**	**agua,**
1 **ramillete con una ramita de tomillo, 2 hojas de laurel, 2 ramitas de perejil,**	**sal,**
	8 **triángulos de pan de molde fritos.**

Se preparan las perdices.

En una cacerola (o, mejor, «cocotte») se pone todo en crudo: las perdices (saladas por dentro), el vino, el aceite, el agua, el ramillete, la cabeza de ajos, 4 cebollitas peladas y enteras y sal.

Se tapa la cacerola y, a fuego lento, se dejan más o menos durante 1½ hora (hasta que estén tiernas).

En un cazo aparte se ponen las 8 cebollitas sobrantes con agua (que justo las cubra), sal, azúcar y la mantequilla. Se cuecen durante unos 20 minutos y se reservan.

Se sacan entonces las perdices, se trinchan en cuatro y se ponen en la fuente donde se vayan a servir. Esta se adorna con el pan frito, se ponen las cebollitas reservadas alrededor y la salsa por encima de las perdices. Se sirven bien calientes.

880. PERDICES ESTOFADAS Y ENVUELTAS EN REPOLLO
(6 personas)

2 **perdices medianas,**	6 **a 12 hojas de repollo francés,**
1 **vaso (de los de agua) de vino blanco,**	**agua,**
	1½ **cucharada sopera de harina,**
1 **vaso (de los de agua) de aceite,**	20 **g de mantequilla,**
1 **vaso (de los de agua) de agua,**	2 **cucharadas soperas de aceite,**
1 **ramillete (un diente de ajo, una hoja de laurel, 2 ramitas de perejil, una de tomillo),**	1 **vaso (de los de agua) de leche fría (¼ litro),**
2 **tomates medianos maduros,**	100 **g de queso rallado,**
1 **cebolla mediana,**	**sal.**

Se limpian y se preparan las perdices. En una cacerola (o, mejor, una «cocotte») se pone todo en crudo: las perdices, saladas ligeramente por dentro, el vino, el aceite, el agua, el ramillete, la cebolla (partida en cuatro), los tomates (lavados, cortados en cuatro y quitadas las simientes) y la sal. Se cubre la cacerola y, a fuego más bien lento, se cuecen más o menos durante $1\frac{1}{2}$ hora (este tiempo depende de lo duras que estén las perdices).

Mientras se van haciendo las perdices, se lavan las hojas enteras de repollo (deben ser las hojas de fuera para que sean grandes). Se pone en una olla agua abundante con sal y cuando hierve a borbotones se sumergen las hojas de repollo; se tapa la olla y se cuecen más o menos 20 minutos. Pasado este tiempo, se escurren y se reservan.

Una vez cocidas las perdices, se sacan, se trinchan las dos patas y las dos pechugas (como si fuesen pollos asados). Se les quitan los huesos, dejando los trozos de carne lo más grandes posibles. Se reparte la carne en las 12 hojas de repollo (o en 6 si se prefieren los paquetes como de ración). Se doblan las hojas, formando un paquete. Se van colocando en una fuente de cristal o porcelana resistente al horno. Se pasa la salsa por el chino y se reserva.

En una sartén se calienta la mantequilla y el aceite, se les añade la harina, se dan unas vueltas y, poco a poco, se agrega la leche fría. Se hace una bechamel que se cuece unos 6 minutos. Se le agrega entonces como $\frac{1}{2}$ vaso (de los de agua) de salsa. Se mezcla bien, se cuece todo unos 5 minutos, se rectifica de sal y se vierte por encima de los paquetes de repollo y perdiz. Se espolvorea con queso rallado y se mete al horno a gratinar. Cuando está bien dorada la bechamel, se sirve en la misma fuente.

881. PERDICES EN SALSA CON CASCARA DE NARANJA AMARGA (4 personas)

2 perdices medianas,
5 cucharadas soperas de aceite,
2 cebollas grandes (250 g),
1 vaso (de los de vino) de vino blanco,
1 pastilla de caldo de pollo (Starlux, Gallina Blanca, etc.),
1 cucharada sopera colmada de harina,
el zumo de una naranja corriente,
2 cáscaras de naranja amarga,
agua y sal.

Se limpian y preparan las perdices. En una cacerola (o, mejor, una «cocotte») se pone el aceite a calentar. Cuando está caliente, se ponen las perdices a dorar. Una vez doradas por todos lados, se sacan y se reservan en un plato. Se pelan y se pican las cebollas, se ponen en la cacerola y con una cuchara de madera se les dan vueltas hasta que empiezan a dorarse; se echa entonces la harina y también se revuelve durante unos 5 minutos. Se ponen de nuevo las perdices. Se rocían con el vino blanco y después con el agua templada, de forma que queden cubiertas. Se ponen las cáscaras de naranjas y la pastilla de caldo machacada o desleída con una cucharada de agua caliente (teniendo en cuenta que esto sala algo la salsa) y la sal (con cuidado). Se tapa la cacerola y cuando rompe el hervor se baja mucho el fuego, de manera que cuezan muy despacio durante $1\frac{1}{2}$ a 2 horas (hasta que estén tiernas). Se sacan de la cacerola, se trinchan en cuatro partes y se ponen en la fuente de servir.

Se pasa la salsa por el chino o el pasapurés, se le añade el zumo de naranja, se prueba de sal, rectificando si hace falta, y se rocían con algunas cucharadas de salsa.

El resto de la salsa se servirá en salsera aparte. Se puede adornar la fuente con coditos cocidos y rehogados con mantequilla y queso rallado, o con puré de patatas o con coles de Bruselas cocidas y salteadas con mantequilla.

Nota.—Si la salsa se aclarase demasiado al poner el zumo de naranja, se podría añadir una cucharadita (de las de café) de fécula de patata disuelta con 2 cucharadas soperas de agua. Se agrega a la salsa, se cuece un par de minutos y se sirve como hemos dicho.

882. PERDICES CON REPOLLO (6 personas)

2 perdices medianas (tiernas),
4 lonchas de bacon,
150 g de tocino veteado,
3 cucharadas soperas de aceite,
1 cucharada sopera de harina,
1 pellizco de hierbas aromáticas (o un ramillete con un diente de

ajo, 2 ramitas de perejil, una de tomillo y una hoja de laurel),
1 cucharadita (de las de moka) de extracto de carne (Bovril, Liebig),
agua y sal.

Se limpian y se preparan las perdices.

Se les ata a cada una 2 lonchas de bacon en el lomo y la pechuga y se salan ligeramente por dentro.

En una cacerola (o, mejor, una «cocotte») se pone el aceite a calentar. Cuando está caliente, se ponen las perdices a dorar, dándoles la vuelta para que queden bien doradas. Se espolvorean con harina y se cubren a media altura con agua templada. Se les agrega el ramillete y sal (con moderación). Se tapa la cacerola y cuando rompe el hervor se deja a fuego mediano más o menos 1¼ hora.

Aparte se lava y pica el repollo. En una olla se pone agua fría con sal y el tocino partido en dos trozos. Cuando rompe el hervor, se echa el repollo, empujándolo al fondo con una espumadera. Se cuece durante 20 minutos. Se escurre en un colador grande y, una vez bien escurrido, se coloca alrededor de las perdices, así como el tocino. Se deja con las perdices unos 15 minutos más. (Se supone que las perdices estarán entonces tiernas.) Se sacan éstas, se les quita el bacon y el ramillete y se trinchan en cuatro partes, que se colocan en la fuente donde se vayan a servir. Se escurre el repollo y se pone alrededor de las perdices. El tocino se corta en tiras de un dedo y se ponen de adorno encima del repollo.

Si la salsa está demasiado líquida, se la deja cocer destapada para que se reduzca un poco; se cuela, se le añade el extracto de carne y se sirve aparte en salsera.

883. PERDICES GUISADAS CON VINAGRE CALIENTE (6 personas)

3 perdices pequeñas,
100 g de manteca de cerdo o un vaso (de los de vino) de aceite,
1 cebolla grande (150 g),
3 zanahorias medianas (125 g),
1 vaso (de los de vino) de vino blanco,
½ vaso (de los de vino) de buen vinagre,

1 pastilla de caldo (Avecrem de pollo),
agua,
1 pellizco de hierbas aromáticas (o un ramillete con tomillo, laurel, perejil, un diente de ajo),
sal,
unos triángulos de pan de molde fritos.

Se arreglan las perdices. En una cacerola se pone el aceite o la manteca a calentar. Se ponen las perdices (saladas por dentro) a rehogar; cuando están bien doradas, se sacan y se reservan en un plato. Se echa entonces la cebolla, pelada y picada, se deja que se ponga transparente y se añaden las zanahorias raspadas, lavadas y cortadas en rodajas. Se rehogan bien (unos 10 minutos), se vuelven a poner las perdices y se rocían con el vino y el vinagre. Se deshace la pastilla de caldo en un poco de agua. Se vierte, se añade agua caliente, la necesaria para que cubra bien las perdices. Se pone sal (con cuidado, pues el caldo sala). Se tapa la cacerola y, a fuego lento, se dejan cocer más o menos durante 1¼ hora. Este tiempo depende de lo tiernas que sean las perdices.

Se sacan de la salsa y se trinchan en dos a lo largo, se colocan en la fuente donde se vayan a servir. Se pasa la salsa por el chino y se vierte por encima de las perdices.

Se adorna la fuente con unos triángulos de pan de molde fritos.

884. PERDICES ESCABECHADAS (6 personas)

3 perdices pequeñas,
1 vaso (de los de vino) de aceite,
1 vaso (de los de vino) de vino blanco,
1 vaso (de los de vino) de buen vinagre,
agua,
3 zanahorias medianas (125 g),
1 cebolla mediana (125 g),

2 dientes de ajo,
1 ramita de apio,
1 ramita de tomillo,
1 ramita de perejil,
2 hojas de laurel,
6 granos de pimienta,
sal.

Se preparan las perdices (vaciadas, chamuscadas, etc., receta 871). En una cacerola se pone el aceite a calentar; cuando está caliente, se ponen las perdices para que se doren. Se retiran después de unos minutos y se reservan en un plato. Se quita casi todo el aceite de la cacerola y se vuelven a poner las perdices, la cebolla pelada y picada en trozos grandes, las zanahorias raspadas, lavadas y cortadas en rodajas, el tomillo, el laurel, el perejil, el apio y los dientes de ajo, que se atan juntos con un hilo. Se echan los granos de pimienta y se rehoga todo durante 5 minutos. Se añade entonces el vino blanco y el vinagre, se tapa la cacerola y se deja durante 10 minutos a fuego mediano; pasado este tiempo, se añade agua para que cubra justo las perdices. Se sala y se cuecen tapadas a fuego lento durante más o menos 1½ hora (depende de lo tiernas que sean las perdices).

Se retira la cacerola del fuego y se dejan enfriar en su salsa. Si se va a comer, se sacan y se cortan por la mitad. Se pasa la salsa por el chino y se cubren con ella.

Si se han de conservar, se dejan enteras y se ponen en una olla de barro o un cacharro de cristal con boca más bien estrecha. Se cubren con salsa de cocerlas, sin pasar por el chino, de modo que queden bien cubiertas. Se vierten unas cucharadas soperas de aceite y se tapa muy bien la olla, que se conservará en sitio fresco.

Para servirlas, se trinchan en dos, se adornan con las rodajas de zanahoria y se cuela la salsa, que se echa por encima.

Se sirven frías en los dos casos.

Becada

885. MANERA DE PREPARAR LAS BECADAS

Se calcula una becada por cada 2 o 3 comensales.

Se deben tener unos 4 o 5 días después de muertas colgadas por las patas, al aire libre, en sitio fresco, pero sin humedad y sin pelarlas.

Cuando se van a guisar, se despluman, se les quitan los ojos y la molleja, pero **no se vacían**. Se flamean, se salan y se les pone pimienta por dentro y por fuera; así están preparadas para el guiso que más guste.

886. BECADAS ASADAS (6 personas)

3 becadas,
6 lonchas de tocino veteado, finas,

6 costrones de pan,
sal y pimienta.

Se preparan las becadas como va explicado anteriormente. Después se envuelven en unas lonchas finas de tocino, que se sujetan con un hilo. Se atraviesan con el asador y se meten a horno bien caliente y previamente calentado durante unos 5 minutos. Se ponen unos costrones de pan debajo de las becadas, con el fin de que recojan el jugo que éstas rezuman. Si el asador da vueltas, mejor; si no habrá que darles vueltas bastante a menudo. Se asan 20 minutos (más o menos, según tamaño). Una vez asadas, se trinchan en dos a lo largo (se vacían las tripas si se quiere) y se pone el tocino encima de los costrones y las medias becadas encima. Se sirven así bien calientes.

Nota.—Hay quien en el momento de pasarlas a la mesa y en la misma fuente las rocía con coñac previamente calentado (sin que llegue a hervir) y prendido con una cerilla. resulta bonito y sabroso servirlas así flameantes.

887. BECADAS EN CACEROLA (6 personas)

3 becadas,
6 lonchitas de tocino veteado,
50 g de manteca de cerdo o 4 o 5 cucharadas soperas de aceite,

1 vaso (de los de vino) de jerez,
unas cucharadas soperas de agua caliente,
sal y pimienta molida.

Se preparan igual que para asarlas. Se pone la manteca de cerdo o las cucharadas soperas de aceite en una cacerola (o, mejor, una «cocotte»). Cuando está caliente la grasa, se ponen las becadas, se doran por todos lados y se cubre la cacerola. Se hacen a fuego mediano durante unos 20 a 25 minutos, dándoles la vuelta de vez en cuando.

En mitad de la cocción se les añade el jerez.

Una vez hechas las becadas, se sacan y se trinchan en dos a lo largo. Se les quitan las tripas, que se pondrán en la salsa. Se colocan en una fuente las medias becadas y se tienen al calor. Se rasca bien el fondo de la cacerola, se agregan unas 3 o 4 cucharadas soperas de agua hirviendo y se pasa la salsa por el chino, apretando muy bien. Se vierte por encima de las becadas y se sirve.

Se puede adornar la fuente con triángulos de pan frito o bolas de puré de patatas.

888. BECADAS CON COÑAC (6 personas)

3 becadas,
100 g de manteca de cerdo,
1 vaso (de los de vino) bien lleno de coñac,

el zumo de ½ limón,
1 cucharada sopera de perejil picado,
sal y pimienta molida.

Se preparan las becadas (receta 885). Se salan y se les unta muy bien con manteca de cerdo, por fuera, y se mete dentro de ellas como una avellana de manteca. Se asan a horno caliente y previamente calentado. Se asan sólo durante 12 a 15 minutos. Se sacan y se trinchan como si fuese un pollo, quitándoles las dos pechugas y las dos patas. Se recoge bien el jugo rosado que sueltan al trincharlas y se reservan las partes trinchadas en una fuente al calor.

Los caparazones se pican en la tabla de la carne con un cuchillo o un machete.

En un cazo mediano se pone el coñac a calentar y se prende con una cerilla. Una vez apagado, se le añade lo picado, el jugo de las becadas, sal y pimienta. Se cuece a fuego vivo, dando vueltas con una cuchara de madera durante 10 minutos. Se pasa por el chino, apretando mucho. Una vez colada la salsa, se sala y se pone pimienta; se agrega el zumo de limón y el perejil. Se vierte esta salsa por encima de las becadas y se sirve con triángulos de pan o bolitas de puré de patatas.

Codorniz

889. MANERA DE PREPARAR LAS CODORNICES

Las codornices se deben comer lo más rápidamente posible después de cazadas. Se despluman, se flamean con alcohol para quitarles la pelusa, se vacían y se salan.

Normalmente se calcula dos codornices por persona, según sean de gruesas.

890. CODORNICES ASADAS (6 personas)

6 codornices bien gorditas,
6 lonchas de tocino finas,
6 hojas de viña (si se tienen, pero, aunque resultan muy buenas con ellas, es facultativo),
50 g de manteca de cerdo,

3 o 4 cucharadas soperas de agua caliente,
2 manojos de berros,
6 rebanadas de pan frito,
sal.

Se preparan las codornices como va explicado anteriormente. Una vez saladas, se untan con un poco de manteca las hojas de viña y se aplican contra las pechugas. En el lomo se pone el tocino. Se unta también con un poco de manteca. Se atan y se meten a horno mediano (previamente calentado) durante 15 o 20 minutos (en una besuguera).

Se les quita el tocino y la hoja de viña. Se colocan sobre una rebanada de pan frito, con el tocino por encima. Se rocían con jugo y se sirven en seguida con la fuente adornada con unos montoncitos de berros ligeramente aliñados.

891. CODORNICES EN NIDO DE PATATAS PAJA (6 personas)

Se preparan igual que para asadas, pero no se les pone la hoja de viña. Se fríen las patatas paja. Se forman los nidos y se coloca en cada uno una codorniz con la pechuga hacia arriba. Se pone el tocino encima y se sirven.

La salsa se pondrá en salsera aparte. Si ésta fuese poca, se le añade una cucharada sopera de agua hirviendo. Se rasca bien el fondo de la besuguera con un tenedor y se revuelve bien esta salsa.

892. CODORNICES EN CACEROLA (6 personas)

6 codornices bien gorditas,
6 lonchas de tocino finas,
6 hojas de viña,
50 g de manteca de cerdo,
3 cucharadas soperas de aceite,

4 o 5 cucharadas soperas de agua-
   caliente,
agua,
6 rebanadas de pan frito.

Se preparan igual que para asadas. Una vez preparadas, se pone el aceite en una cacerola (o, mejor, una «cocotte») a calentar. Cuando está caliente, se ponen las codornices y se doran por todos lados; se baja el fuego y se dejan ya a fuego mediano durante unos 15 o 20 minutos, destapadas.

Se sacan, se les quita el tocino y las hojas y se ponen en una fuente encima de las rebanadas de pan frito. Se rasca la cacerola con un tenedor, se añaden las cucharadas de agua caliente, se mueve bien la salsa, que se servirá en salsera aparte o rociando las codornices.

893. CODORNICES EN PIMIENTOS (6 personas)

12 codornices,
12 pimientos verdes (de suficiente
   tamaño para que quepa una codorniz dentro de cada uno),

100 g de panceta en lonchas finas,
5 cucharadas soperas de aceite,
sal.

Se preparan las codornices (receta 889).

Se salan las codornices por dentro y por fuera. Se envuelve cada pieza con una loncha de tocino de panceta. Se les quita el rabo a los pimientos y se vacían de las simientes. Se mete cada codorniz dentro de cada pimiento.

En una cacerola se pone el aceite que cubra ligeramente el fondo (5 cucharadas más o menos), se calienta un poco y se ponen los pimientos. Se guisan a fuego mediano, más bien lento, tapando la cacerola, de forma que se vayan haciendo con el jugo de los pimientos y del tocino. Se destapa de vez en cuando para darles la vuelta, con cuidado de no estropear los pimientos.

Se tendrán haciendo más o menos 30 minutos. Se sirven calientes con su jugo.

894. CODORNICES EN SALSA (6 personas)

12 codornices,
5 cucharadas soperas de aceite,
3 cebollas grandes (³/₄ de kg),
12 cucharadas soperas de vino blanco,
12 cucharadas soperas de caldo de
   cocido (o agua y una pastilla),
   pimienta en polvo, nuez moscada, canela,

1 cucharada (de las de café) de mostaza,
sal,
12 triángulos de pan de molde fritos
   (o picatostes, rectángulos de pan
   mojados en leche o agua y fritos).

Una vez desplumadas y limpias las codornices (receta 889), se pone el aceite a calentar en una cacerola. Se fríen de manera que quede la carne blanquecina, dándoles la vuelta y sin dejarlas que se tuesten. Se van reservando en un plato. En el mismo aceite se fríen las cebollas peladas y muy picadas. Se rehogan hasta que se pongan transparentes, dándoles vueltas con una cuchara de madera, pero sin que lleguen a dorarse (unos 6 minutos, más o menos).

Se colocan las codornices encima de la cebolla. Deben estar apretadas las unas con las otras. Se les añade el caldo y el vino blanco (en una cucharada de éste se deshace la mostaza antes de echarla). Se espolvorea con un poco de sal (pues el caldo está ya salado), se añade la pimienta, la nuez moscada y la canela (la punta de un cuchillo de cada cosa). Se cubren y se ponen a cocer; cuando rompe el hervor, se baja mucho el fuego para que cuezan lentamente durante 1 a 2 horas.

Se sirven en una fuente caliente, con la salsa, sin pasar, por encima y los triángulos de pan frito adornando la fuente alrededor.

895. CODORNICES GUISADAS (6 personas)

6 codornices gordas o 12 más pequeñas,
1 cebolla grande (150 g),
5 cucharadas soperas de aceite,
1 plato con harina,

½ litro, más o menos, de vino blanco (1½ vaso de los de agua),
sal, pimienta, nuez moscada y canela (un pellizco),
1 hoja de laurel, unaramita de tomillo.

Se preparan las codornices (receta 889).

En una cacerola se pone el aceite a calentar; una vez caliente se echa la cebolla pelada y picada. Cuando ésta empieza a dorar (6 minutos más o menos), se pasan las codornices por harina y se ponen en la cacerola. Cuando están doradas, se les echa la sal, la pimienta, un poco de nuez moscada rallada y un pellizco de canela. Se rocían con vino blanco (que las debe medio cubrir). Se agrega el laurel y el tomillo, se pone un papel de estraza encima de la cacerola y encima la tapadera. Se cuecen a fuego mediano, sacudiendo la cacerola de vez en cuando.

Cuando las codornices están cocidas (unos 25 minutos más o menos), se sacan de la salsa, se ponen en la fuente (caliente) donde se vayan a servir. Se quita el laurel y el tomillo y se pasa la salsa por el chino, apretando bien la cebolla. Se vierte por encima de las codornices.

Estas se podrán adornar con triángulos de pan frito.

Faisán o poularda

896. FAISANES O POULARDAS (6 personas)

1 faisán de 2 kg (o una poularda),
4 lonchas finas de tocino veteado,
100 g de manteca de cerdo,
1½ vaso (de los de agua) de caldo de
    cocido (o agua y unas pastillas
    de Gallina Blanca, Starlux, etc.),
1 cucharada sopera rasada de pan
    rallado,

100 g de jamón serrano en cuadradi-
    tos,
2 zanahorias medianas,
    (100 g),
1 lata pequeña de guisantes
    (100 g),
    sal.

Se arreglan igual que los pollos (recetas 820 y 821).

Una vez flameado, etc., se sala por dentro y por fuera y se atan las lonchas de tocino en el lomo y la pechuga. Se unta con la punta de los dedos con la manteca de cerdo, se coloca en una besuguera y se mete a asar a horno mediano durante ¾ de hora, igual que un pollo, dándole la vuelta de vez en cuando.

Después de asado el faisán, se le quita el tocino y se trincha. Se ponen los trozos en una cacerola con la salsa que haya soltado, se rocía con el caldo y se le añade el jamón en cuadraditos, las zanahorias peladas, lavadas y cortadas en rodajas finas y el pan rallado. Se ponen a fuego mediano-lento. Cuando las zanahorias están tiernas (más o menos 30 minutos), se agregan los guisantes, se dejan unos 5 ó 6 minutos para que se calienten bien y se sirven en una fuente.

Se puede adornar la fuente con champiñones frescos (véase receta 424), o unos fondos de alcachofas, rehogados con un poco de aceite y espolvoreados con perejil picado.

Nota.—Las poulardas, siendo más tiernas, tienen que hacerse durante menos tiempo.

Corzo o ciervo

897. PIERNA DE CORZO CON SALSA DE GROSELLA (8 a 10 personas)

1 pierna de 2½ kg,
5 cucharadas soperas de aceite,
1 cucharada (de las de café) de hier-
    bas aromáticas (o machacar laurel,
    tomillo y pimienta juntos),
    un poco de nuez moscada,
1 vaso (de los de vino), poco lleno, de
    agua caliente,
    sal.,
Salsa:
2 chalotas,

1 mata de apio pequeña (o ½ gran-
    de),
200 g de piltrafas de carne de corzo,
    4 cucharadas soperas de aceite,
    ¾ litro de buen vino tinto (Bur-
    deos),
    1 cucharada sopera de fécula de
    patata,
    ½ vaso (de los de vino) de coñac,
    ½ frasco o lata de jalea de grosella
    (250 g)

Se machacan el laurel y el tomillo juntos, si no se tienen hierbas aromáticas ya mezcladas. Se mezclan con el aceite, así como la pimienta y la nuez moscada. Con esto se unta bien la pierna de corzo y se deja en sitio fresco (en una besuguera) durante 3 o 4 horas. Cuando se va a asar, se enciende el horno 5 minutos antes. Se mete la besuguera o bandeja de horno con la pierna y se asa durante una hora. Pasado este tiempo, se sala y se va echando el agua poco a poco. Se deja otra media hora, pero sin rociar el asado, para que se forme costra muy dorada.

Mientras tanto se hará la salsa de grosella (receta 88).

Se saca la pierna, se trincha como una pierna de cordero y se sirve con la salsa en salsera aparte.

898. CIERVO O CORZO EN CAZUELA (8 a 10 personas)

<table>
<tr><td>2 kg de carne de ciervo (de lomo o chuletas deshuesadas),</td><td>1 puñado de uvas pasas,</td></tr>
<tr><td>1½ litros de leche fría,</td><td>8 ciruelas pasas,</td></tr>
<tr><td>¾ kg de cebolla,</td><td>1 ramita de tomillo,</td></tr>
<tr><td>1 vaso (de los de vino) de aceite,</td><td>10 granos de pimienta,</td></tr>
<tr><td>4 cucharadas soperas de coñac,</td><td>5 clavos (de especias),</td></tr>
<tr><td>¼ kg de cebollitas francesas, agua,</td><td>1½ vaso (de los de vino) de caldo (o agua con una pastilla de Ave-crem, Knorr, etc.),</td></tr>
<tr><td>20 g de mantequilla,</td><td>sal.</td></tr>
<tr><td>1 cucharada (de las de café) de azúcar,</td><td></td></tr>
</table>

La víspera por la noche se pone la carne de ciervo en una cacerola y se cubre con leche cruda y fría. Tiene que estar así unas 12 horas, volviéndola de vez en cuando.

Cuando se va a guisar, se saca la carne de la leche, se pone en una cacerola y a fuego vivo se vuelve un par de veces durante 5 minutos para que suelte toda la leche.

Una vez reseco el trozo de carne, se flamea con el coñac calentado en un cazo pequeño y prendido con una cerilla. Se rocía con el aceite, se agregan las cebollas picadas, el tomillo, la pimienta, los clavos y la sal.

Se pone a fuego mediano y, poco a poco, se le va añadiendo el caldo.

Se cubre la cacerola y se hace durante 1 hora, volviendo la carne de vez en cuando. Pasado este tiempo, se añaden las pasas y las ciruelas con los huesos quitados. Se vuelve a dejar unos ¾ de hora.

Se preparan las cebollitas francesas, pelándolas y poniéndolas en un cazo con agua fría que justo las cubra, la mantequilla, el azúcar y la sal. Se cuecen unos 20 minutos y se reservan.

Una vez hecha la carne, se saca, se trincha y se pone en una fuente al calor. Se pasa la salsa por el chino y se sirve en salsera. Se adorna la carne con las cebollitas escurridas y se puede añadir también de adorno patatas cocidas o compota de manzanas.

899. PASTEL-TERRINA DE CARNES VARIADAS E HIGADITOS DE POLLO (8 personas)

¼ kg de higaditos de pollo (sin el corazón y sin la hiel),
1 pechuga entera de pollo (400 g con huesos),
150 g de tocino veteado,
350 g de magro de cerdo,
300 g de tocino sin vetas,

3 huevos,
125 g de nata líquida montada,
4 cucharadas soperas de coñac,
6 clavos (especias),
2 hojas de laurel,
1 ramita de tomillo,
  sal y pimienta molida.,

Se pica la pechuga de pollo (en crudo), el tocino entreverado, el magro de cerdo, la carne de pollo y los higaditos. Una vez bien picado, se pone en una ensaladera. Se baten los huevos como para tortilla y se agregan al picado; se añade después el coñac, la nata montada (con el aparato de montar las claras, con cuidado de no batir demasiado para que no se haga mantequilla), la sal y la pimienta. Se mezcla todo muy bien.

Se corta en lonchitas muy finas el tocino sin vetas y se cubre con ello el fondo y las paredes de una terrina (especial para hacer pâtes, de loza o porcelana). Se echa la mezcla dentro, apretando con una cuchara de madera, con el fin de que no queden huecos. Se cubre por encima la carne con lonchitas de tocino, en el cual se hincarán los clavos, y por encima se pone el laurel y el tomillo. Se cubre con la tapadera de la terrina y se pone al baño maría en agua caliente.

Se mete a horno mediano (encendido 5 minutos antes) durante 1½ hora. Pasado este tiempo, se apaga el horno y se deja enfriar dentro de él el pastel. Cuando está frío, se saca del horno, se quita la tapadera, se cubre con un papel de plata y se pone algo de peso encima (una plancha, etc.). Se pone en sitio fresco durante unas 3 o 4 horas (puede ser más tiempo).

Para servir el pastel se le quita el tomillo, el laurel y los clavos. Se vuelca y con un cuchillo se quita el tocino que le cubre. Se corta en lonchas medianamente finas y se sirve frío adornado con berros o lechuga.

900. PASTEL-TERRINA DE LIEBRE (8 a 10 personas)

400 g de magro de cerdo (aguja),
400 g de ternera (aleta o babilla),
1 liebre grandecita,
150 g de tocino no muy veteado,
350 g de tocino sin veta,

½ vaso (de los de vino) de buen coñac,
1 ramita de tomillo,
  sal, pimienta molida, nuez moscada y estragón en polvo.

Se cortan en crudo unas tiras de carne en el lomo y trasero de la liebre como el dedo meñique de finas.

Se cortan así también el magro de cerdo, la ternera y el tocino entreverado.

Se corta en lonchitas muy finas el tocino y se tapiza el fondo y las paredes de una terrina de loza. Se colocan las tiras primero de ternera, encima de liebre y, por encima de éstas, el magro de cerdo. Se alternan en las tres capas alguna tira de tocino entreverado. Se va salando y poniendo la pimienta, la nuez y el estragón entre cada una de las capas y se repite la operación hasta llenar la terrina y acabar las tres clases de carne. Se rocían entonces con el coñac. Se cubren las carnes con lonchas de tocino y se pone entonces la ramita de tomillo y, si se quiere, algunos huesos de la liebre.

Si la terrina tiene un agujero en la tapadera (chimenea), se cierra el borde haciendo una masa con harina y agua como para lacrar; si no es inútil hacer esto.

Se coloca la terrina en una cacerola con agua caliente para que cueza al baño maría, pero con buena altura de agua. Se mete a horno mediano durante 3 horas.

Una vez hecho el pastel, se saca del horno y del agua. Cuando la terrina está templada, se destapa, se quitan los huesos y el tomillo y se cubre con un papel de plata. Se coloca algo de peso encima (una plancha, por ejemplo) para que siente el pastel y se deja en sitio fresco unas horas (6 u 8 por lo menos).

Se suele servir en su misma terrina, quitando la capa de tocino de encima.

901. PASTEL-TERRINA DE HIGADO DE CERDO (8 a 10 personas)

½ kg de hígado de cerdo,
½ kg de carne de cerdo picada (aguja o carne con algo de grasa),
350 g de tocino sin vetas,

4 cucharadas soperas de coñac,
2 huevos,
1 pellizco de hierbas aromáticas, sal y pimienta.

Se corta el tocino en lonchitas muy finas y con ellas se tapiza la terrina de loza (fondo y paredes).

Se pica la carne no demasiado fina y se pica también el hígado, pero éste casi deshecho.

En una ensaladera se mezclan muy bien las dos carnes, la sal, la pimienta y las hierbas. Se añaden los 2 huevos batidos como para tortilla y el coñac. Una vez bien mezclado todo, se vierte en la terrina, se aprieta un poco con una cuchara para que no quede ningún hueco. Se cubre con lonchitas de tocino y se pone la tapadera de la terrina.

Si ésta tiene un agujerito (chimenea) en el asa de la tapadera, se hará una masa con agua y harina y se cierra como con lacre todo el borde de la tapadera. Si no lleva chimenea, no es necesario.

Se pone la terrina en una besuguera con agua caliente (baño maría) y se mete a horno suave durante unas 3 horas.

Pasado este tiempo, se saca la terrina del horno y del agua y se deja reposar durante 48 horas antes de abrirla y de poder comer el pastel.

Se suele servir en su mismo molde, quitando la capa de tocino de encima.

902. PASTEL DE PERDIZ 6 a 8 personas)

½ kg de aleta de ternera (u otro trozo magro),
¼ kg de magro de cerdo,
150 g de jamón serrano (en una loncha),
1 caja de trufas,
1 perdiz mediana,
6 huevos,
1 vaso (de los de vino) de jerez, pimienta molida y sal.,

Caldo:
Agua,
½ litro de vino blanco,
½ kg de huesos de rodilla de vaca (o ½ pata de ternera en trozos),
2 zanahorias medianas (100 g),
2 puerros medianos,
1 ramita de tomillo,
1 hoja de cola de pescado, sal.

Se manda picar en la carnicería la ternera con el cerdo (en crudo).

Se mezcla esta carne picada con el jugo de las trufas, el jerez y los huevos. Se mezcla muy bien y se añade sal y pimienta. Se extiende en una mesa un paño limpio sobre el que se coloca $^1/_3$ de la mezcla de la carne; encima se colocan tiras de jamón, alternando con trozos (lo más grande posible) de carne de perdiz cruda y tiritas de trufa. Se vuelve a poner carne picada y otra capa de jamón, perdiz y trufas. Se cubre con el resto de la carne picada y se enrolla el trapo, dándole bonita forma a la carne. Se atan las dos puntas con una cuerda y se cose el trapo por la abertura del costado.

En una olla se pone agua abundante fría. Se vierte el vino blanco, se echan los huesos, las zanahorias raspadas y cortadas en rodajas gorditas, los puerros cortados en dos a lo largo y el tomillo. Se sala poco. Se sumerge la carne y se pone al fuego. Cuando rompe a hervir, se cuece despacio durante 3 horas. Pasado este tiempo, se saca la carne y, sin desenvolverla, se pone en sitio fresco con algo de peso encima para que adquiera bonita forma. Cuando está fría, se desenvuelve. Debe estar prensada unas horas (4 o 5 por los menos).

Se cuela el caldo, primero por un colador y después por un paño fino y limpio. Se agrega una hoja de cola de pescado, previamente cortada y remojada en un poco de agua. Se mezcla bien y se deja enfriar para que cuaje.

Se trincha el pastel y se adorna con la gelatina picada y unas hojas de lechuga.

Este pastel se puede hacer también con pollo o pavo.

Nota.—Si sobrase caldo, se podría gastar como caldo para sopa, etc.

903. PASTEL DE TERNERA (8 a 10 personas)

1 aleta de ternera pequeña ($^3/_4$ kg),
$^1/_2$ kg de carne de ternera picada,
150 g de jamón serrano en una loncha,
150 g en una punta de jamón serrano picada con la carne,
125 g de miga de pan (del día anterior),
125 g de champiñones frescos,
$^1/_2$ pata grande de ternera en trozos, chamuscada y lavada,
3 cucharadas soperas de aceite,
1 cebolla mediana (100 g),
1 vaso (de los de agua) de vino blanco,
1 cucharadita (de las de moka) colmada de hierbas aromáticas (o un ramillete con laurel, tomillo, perejil y ajo),
1 vaso (de los de agua) no lleno de leche hirviendo,
agua fría,
sal y pimienta negra molida.

Se pone la miga de pan en remojo con la leche hirviendo, y mientras tanto se limpian y se lavan muy bien los champiñones; se secan con un trapo limpio y se pican bastante menudos.

En una ensaladera se pone la carne picada con el jamón; se le añade la miga de pan (si ésta se ve muy caldosa, se escurre un poco la leche, cogiendo el pan en la mano y estrujándolo ligeramente). Se añaden los champiñones. Se sala y se echa pimienta; con la mano o con una cuchara de madera se mezclan muy bien todos estos elementos. Se pone esta pasta encima de la aleta y se coloca el jamón serrano en tiras de $^1/_2$ cm de ancho y todo lo largo de la loncha. Se enrolla la carne y se envuelve muy bien en un trapo muy fino o en una gasa grande. Se atan bien las puntas con una cuerda, y el centro de la abertura de la gasa con un palillo para que no se abra.

En una cacerola se pone el aceite a calentar; cuando está caliente, se añade la cebolla picada, se deja dorar (unos 6 minutos) y se agrega la pata de ternera en trozos; se dora un poco ésta y se añaden las hierbas aromáticas y el vino blanco. Se pone la aleta y se cubre con agua. Se echa un poco de sal y se pone a cocer tapando la cacerola. Cuando rompe el hervor, se deja cocer suavemente unas 3 horas. Se saca la carne y se escurre un poco. Aún envuelta, se deja en una mesa con algo de peso encima hasta que esté fría. Se puede guardar entonces en la nevera quitándole la gasa y envolviéndola con papel de aluminio.

Se deja hervir suavemente una hora más el caldo de cocer la carne, destapado. Se cuela y se pone en un plato hondo en la nevera para que cuaje en gelatina.

Al ir a servir, se trincha la carne y se adorna con hojas de lechuga y la gelatina picada todo alrededor.

904. PASTEL DE POLLO, JAMON Y TERNERA (6 personas)

400 g de ternera picada,
150 g de jamón serrano en una loncha,
  1 pechuga de un pollo grande,
  2 huevos,
 ¹/₂ vaso (de los de vino) de jerez,

100 g de manteca de cerdo,
  1 cucharada sopera de pan rallado,
sal y pimienta.

Cogiendo un poco de manteca de cerdo se unta un molde alargado (de hacer bizcocho o cake).

En una ensaladera se mezcla muy bien la ternera, el pollo picado no muy menudo, los huevos batidos como para tortilla, el resto de la manteca de cerdo, el pan rallado, el jerez, la pimienta y la sal.

Se corta en tiras finas el jamón. Se pone la carne en el molde, alternando con las tiras de jamón.

Se pone el molde al baño maría en el horno a temperatura mediana, cubriéndolo con un papel de plata, y se cuece durante 2 horas.

Se saca del horno y del agua y, al estar templado, se pone algo de peso encima del papel para prensar un poco el pastel. Se deja unas horas en sitio fresco. Se pasa un cuchillo por los costados del molde y se desmolda en la fuente donde se vaya a servir.

Se sirve con un adorno de berros o lechuga.

905. TERRINA DE POLLO Y JAMON (8 a 10 personas)

  1 pollo de 1¹/₄ kg,
  1 loncha gruesa de jamón serrano (150 g),
100 g de tocino (en lonchas finas),
  1 hoja de laurel,
  1 ramita de tomillo,
  4 cucharadas soperas de aceite,
  1 cebolla pequeña (60 g),
  2 cucharadas soperas de coñac,
sal y pimienta.

Caldo gelatina:
  1 pata de ternera,
los despojos del pollo,
  2 zanahorias medianas, (100 g),
  1 puerro mediano,
  2 ramitas de apio,
  1 hoja de laurel,
 ¹/₂ vaso (de los de vino) de vino blanco,
agua y sal.

En una olla se ponen 3 litros de agua fría (más o menos). Se van echando: la pata de ternera (quemados los pelos y lavada) partida en trozos, los despojos de pollo (también preparados, receta 819), las zanahorias peladas, lavadas y cortadas en trozos, el puerro, el apio y la hoja de laurel, enteros, el vino blanco y la sal. Se pone a cocer y, cuando rompe el hervor, se deja a fuego mediano durante 1½ hora. Se aparta del fuego y se cuela. Se deja enfriar y si se forma grasa arriba se quita con unacuchara.

En una cacerola se pone el aceite a calentar y se añade el pollo cortado en dos a lo largo (una vez flameados los pelos y limpio). Se añade la cebolla partida en cuatro y la sal. Se rehoga y se hace durante 20 minutos. Se separa del fuego y, cuando está frío, se le quita la piel. Se pone la carne en la tabla y se pica con el machete o un cuchillo en trocitos muy pequeños. Se pica igual el jamón.

Se tapiza el fondo de la terrina con las lonchitas de tocino.

Se pone una capa de pollo y jamón mezclados y se vierte un poco de caldo, se vuelve a poner pollo, jamón y caldo hasta llenar la terrina. Se rocía con el coñac y encima se pone el tomillo y la otra hoja de laurel. Se cierra la terrina con su tapadera y se pone al baño maría con bastante agua caliente para que cubra los costados de la misma. Se mete en el horno mediano (previamente calentado durante 5 minutos) durante 45 minutos.

Pasado este tiempo, se saca la terrina y se pone en sitio fresco, destapada.

Si se viese que el pastel tiene poco caldo, se puede añadir un poco.

Se deja reposar por lo menos 6 horas hasta que esté bien cuajado. Se puede preparar también de un día para otro.

Se desmolda y se le quita el tocino del fondo, sirviéndose con una ensalada para acompañar.

906. PASTEL DE CABEZA DE CERDO (8 a 10 personas)

¼ kg de carne de cerdo magra (sin grasa),
1 kg entre pata, oreja y morro de cerdo,
1 cebolla mediana (60 g),
6 clavos (de especias),
½ vaso (de los de vino) de vino blanco,
agua fría,
2 zanahorias medianas (100 g),
1 hoja de laurel,
1 hojita de tomillo,
1 nuez moscada pequeña partida en dos,
pimienta molida y sal.

Se asa en el horno la cebolla picada, entera y pinchada con los clavos. Cuando están bien tostadas, se saca y se reserva.

En una olla se ponen las zanahorias raspadas y cortadas en cuatro (dos a lo largo y dos a lo ancho), la cebolla (ya preparada), el laurel y el tomillo atados con un hilo, la nuez moscada y la carne.

La pata, el morro y la oreja se flamean para quemar los pelos, después se lavan bien y se añaden a la olla. Se sala, se añade pimienta y se rocía el vino blanco. Se cubre con agua fría, de modo que quede todo bien tapado pero sin exceso.

Se pone a fuego vivo hasta que rompe a hervir, después de lo cual se baja el fuego para que cueza despacio durante 5 horas, cubierta la olla con su tapadera.

Se aparta del fuego y se deja templar. Se saca la carne y se pica en cuadraditos de un cm de lado; se quitan los huesos de la pata y se pica también la carne, así como la del morro. La oreja se corta en tiras muy finas con unas tijeras. Se mezclan todas las carnes.

En un molde alargado (de cake) se echa caldo en el fondo (colándolo), se meten todas las carnes y se cubre de caldo. Con un tenedor se mueve lo del molde, con el fin de que penetre bien el caldo y quede debidamente repartida la carne. Se pone en sitio fresco hasta que la gelatina esté cuajada.

Para servir, se pasa un cuchillo por los costados del molde y se vuelca éste en la fuente de servir. Se adorna con berros o escarola y se sirve frío entero o bien ya partido.

907. FOIE-GRAS

No pondré cantidades, pues siendo la receta fácil, ya se verá lo que se quiere hacer.

El mismo peso de hígado de cerdo que de manteca de cerdo (ésta en crudo, es decir, aún sin derretir).

Se pasa junto, por tandas, por el pasapurés. Una vez hecho puré, se añade a esta pasta un poco de coñac y huevo batido como para tortilla (para $\frac{1}{2}$ kg de hígado: 4 cucharadas soperas de coñac y un huevo).

Se pone la pasta en una flanera y se mete el molde al baño maría con agua abundante. A partir de cuando rompe a hervir, se deja cocer 1 hora más o menos, es decir, hasta que la grasa sube a la superficie. Se saca el molde del agua y se deja enfriar el foiegras en la flanera. Una vez frío, se desmolda y se cubre todo con la manteca que ha rezumado arriba.

Casquería

Hígado

El hígado, sea de ternera, cerdo, pollo, etc., se debe freír en aceite poco caliente, sobre todo al principio, con el fin de que no se ponga oscuro.

El tiempo depende exclusivamente del gusto de cada cual, siendo el mínimo de 6 minutos por cada filete.

908. HIGADO DE TERNERA FRITO SENCILLO (6 personas)

6 filetes de hígado (125 g cada uno),
¾ de vaso (de los de agua) de aceite,
1 cucharada sopera rasada de perejil picado,

1 cucharada sopera de vinagre o zumo de limón (facultativo),
sal.

Se preparan los filetes, quitándoles los nervios. Se salan y se fríen por tandas en aceite poco caliente al principio, como va dicho anteriormente. A medida que están fritos, se ponen en la fuente en que se vayan a servir, y se reservan al calor.

En la sartén donde se han frito, se echa el vinagre o el zumo de limón, apartando la sartén del fuego para que no salte el aceite. Se calienta bien y se vierte la salsa por encima de los filetes.

Se espolvorean con un poco de perejil picado y se sirven.

Nota.—Hay a quien le gusta con un diente de ajo muy picado. Este se echa con el perejil en la sartén, y se refríen un par de minutos con la salsa. Esta llevará o no vinagre, según guste.

También se puede sustituir el ajo, perejil y vinagre por 2 cucharadas soperas de alcaparras, que se saltearán en la sartén después de frito el hígado.

909. FILETES DE HIGADO DE TERNERA MACERADOS CON VINO DE MALAGA (6 personas)

6 filetes de hígado de ternera (125 g cada uno),
1 vaso (de los de vino) de vino de málaga,
1½ vaso (de los de vino) de aceite,
1 cucharada sopera de perejil picado,
1 cucharadita (de las de moka) rasada de hierbas aromáticas,
sal.

Se preparan los filetes, quitándoles los nervios. Se ponen en una fuente un poco honda y se rocían con el vino y se espolvorean con las hierbas aromáticas. Se dejan macerar durante 1 hora, dándoles la vuelta de vez en cuando. Pasado este tiempo, se escurren y se secan con un paño limpio. Se salan y se fríen en el aceite no muy caliente, se espolvorean con el perejil picado y se rocían con la salsa de la sartén.

Se adornan con puré de patatas, o patatas fritas o verduras, según guste.

910. FILETES DE HIGADO DE TERNERA EMPANADOS (6 personas)

6 filetes de 100 a 125 g cada uno, cortados finos,
1 diente de ajo (facultativo),
1 ramita de perejil,
1 plato con pan rallado fino,
1 o 2 huevos (según sean de gordos),
½ litro de aceite (sobrará),
sal.

Se recortan los filetes para que tengan bonita forma. Se les echa sal. En el mortero se machacan el diente de ajo, la ramita de perejil y un poco de sal. Con las puntas de los dedos se pasa esto por los filetes. Seguidamente se pasan ligeramente por el pan rallado (muy fino), después por el huevo batido como para tortilla y otra vez por el pan rallado, pero esta vez el pan tiene que quedar muy uniforme.

Se fríen en aceite abundante y bien caliente (para lo cual se prueba friendo una rebanadita de pan). Se sirven en seguida.

911. FILETES DE HIGADO CON MOSTAZA Y BACON (6 personas)

6 filetes de hígado de ternera (125 g cada uno),
6 lonchas finas de bacon,
mostaza,
¼ litro de aceite (sobrará),
sal.

Se pone un poco de sal en una de las caras de cada filete; la otra se unta de mostaza, bastante para que cubra bien.

En una sartén se pone el aceite a calentar y se fríen bien fritas las lonchas de bacon. Se reservan al calor (a la boca del horno). Se quita casi todo el aceite, dejando sólo un poco que cubra el fondo de la sartén. Estando este aceite apenas templado, se ponen uno o dos filetes a la vez y, a fuego mediano, se fríen 5 minutos de cada lado (más o menos, según el gusto de cada cual). Una vez fritos los filetes, se ponen en una fuente con las lonchas de bacon sobre la cara del filete que tiene la mostaza, y se sirven con patatas o verduras, según se quiera.

912. FILETES DE HIGADO DE TERNERA CON VINO BLANCO
(6 personas)

6 filetes de hígado de ternera (125 g cada uno),
harina en un plato,
1 vaso (de los de vino) de aceite,
1 vaso (de los de vino) de vino blanco,

1 pellizco de hierbas aromáticas,
1 cucharada (de las de café) de perejil picado,
sal.

Se salan los filetes de hígado por las dos caras y se pasan por un plato con harina, dándoles un poco con los dedos para que la harina se pegue, pero también para quitar la sobrante.

En una sartén amplia se echa el aceite; cuando está caliente (pero no mucho, pues el hígado está mejor frito lentamente que arrebatado), se fríen los filetes por las dos caras rápidamente. Se dejan en la sartén y se espolvorean ligeramente con el pellizco de hierbas aromáticas (laurel y tomillo) en polvo. Se le echa el primer vaso de vino. A fuego mediano se deja consumir este vino, se da una vuelta a los filetes y se rocían con el segundo vaso de vino. Cuando la salsa haya cocido un poco, se sirven en una fuente los filetes espolvoreados con el perejil y rociándolos con la salsa que hay en la sartén.

913. ESCALOPINES DE HIGADO CON CEBOLLA Y VINO BLANCO
(6 personas)

³/₄ kg de hígado hecho escalopines (filetes pequeños y finos),
harina en un plato para rebozar,
¹/₄ litro de aceite,

1 vaso (de los de vino) de vino blanco,
¹/₄ kg de cebolla picada,
1 pellizco de estragón en polvo,
sal.

En una sartén se pone a calentar el ¹/₄ litro de aceite; cuando está a punto (es decir, no muy caliente, pues el hígado se debe freír lento y no arrebatado), se fríen los filetes (pocos a la vez) pasados por harina y sacudidos para que no tengan demasiada.

Se sacan y se reservan. Se quita el aceite y, una vez colado, se cogen 4 cucharadas soperas y se vuelven a poner en la sartén.

Se echa la cebolla muy picada y se deja que se haga lentamente durante 6 minutos; se añade entonces el vaso de vino blanco y se deja a fuego lento otros 5 minutos. Se meten después los filetes en la salsa, se cubren con tapadera y se dejan a fuego lento 5 minutos. Se sirven en seguida.

914. HIGADO DE TERNERA (EN UN TROZO) GUISADO (6 personas)

850 g de hígado de ternera en un tro- zo (de la parte más gruesa del hí- gado),
125 g de tocino,
1 cebolla mediana (50 g),
4 cucharadas soperas de aceite,
1½ vasos (de los de vino) de vino blanco,

1 vaso (de los de vino) de agua,
1 buen pellizco de hierba aromáti- cas (o una hoja de laurel, una ra- mita de tomillo, un pellizco de polvo de estragón, etc.),
sal.

Con parte del tocino se mecha el hígado. Con lo que queda se hacen unas lon- chas muy finas y se cubre la parte de arriba del hígado. Se ata luego el trozo de carne como si fuese un asado corriente.

Se pone el aceite en una cacerola y se calienta. Una vez caliente, se echa la cebolla pelada y picada, se deja 5 minutos hasta que se pone transparente y se añade entonces el hígado. Se dora por todos lados, se sala, se espolvorea con las hierbas (o se pone el ramillete) y se rocía con el vino y con el agua. Se cubre la cacerola y, a fuego mediano, se deja durante unos 25 a 35 minutos, dándole la vuelta de vez en cuando.

Se saca entonces, se le quita la cuerda y el tocino de encima y se trincha en lonchas medianamente finas. Se pasa la salsa por el pasapurés o el chino y se sirve por encima la salsa o aparte en la salsera.

Se puede acompañar el hígado con coditos (cocidos y rehogados con mante- quilla y queso rallado), con puré de patatas o con cualquier verdura que apetez- ca (coles de Bruselas, guisantes, alcachofas, judías verdes, etc.).

915. FILETES DE HIGADO CON CEBOLLA, TOMATE Y NATA (6 personas)

6 filetes de hígado de ternera (125 g cada uno),
1 cebolla grande (150 g),
4 tomates medianos (350 g),
1 plato con harina,
1½ vasos (de los de vino) de aceite,
1 cucharada sopera rasada de pe- rejil picado,

1 cucharadita (de las de moka) de extracto de carne (Liebig, Bovril, etc.),
3 cucharadas soperas de nata lí- quida,
sal.

Se preparan los filetes, quitándoles los nervios.

En una sartén amplia se pone el aceite a calentar. Se pasan los filetes, des- pués de salados, por la harina, sacudiéndolos un poco para que caiga la harina sobrante. Se fríen y, una vez fritos, se reservan en un plato al calor.

En este mismo aceite se fríen las cebollas peladas y cortadas en rodajas para formar aros. Cuando éstas están transparentes (unos 6 minutos), se añaden los tomates pelados, cortados en trozos y quitadas las simientes. Se refríen durante unos 15 minutos. Se agrega el extracto de carne. Se colocan entonces los filetes en la sartén y se cubren, teniéndolos así unos 3 minutos. Se les da la vuelta y se tienen otros 3 minutos del otro lado.

Se sacan con un tenedor y se colocan en la fuente donde se vayan a servir. Se espolvorea en la sartén el perejil, se añade la nata separando ya la sartén del fuego, se rectifica de sal si hiciese falta y se vierte la salsa por encima de los filetes.

Se sirven acompañados de puré de patatas o de coditos cocidos y rehogados con mantequilla y queso o, sencillamente, de triángulos de pan frito.

Nota.—Si no se dispone de nata, se puede sustituir por 2 cucharadas soperas de jerez. Este se tiene que cocer un ratito con la salsa para que no esté muy fuerte.

916. FILETES DE HIGADO CON CHAMPIÑONES (6 personas)

6 filetes de hígado de ternera (125 g cada uno),
¼ kg de champiñones frescos,
1 plato con harina, para rebozar,
1½ vaso (de los de vino) de aceite,
25 g de mantequilla,
zumo de limón,
1 cucharada sopera de perejil picado,
1 cucharada sopera de agua caliente,
2 cucharadas soperas de vino blanco,
sal.

Se lavan y se preparan los champiñones, cortándolos en láminas. Se ponen en un cazo con la mantequilla, unas gotas de zumo de limón y un poco de sal. Se hacen durante unos 6 minutos (receta 424). Pasado este tiempo, se reservan.

Se limpian los filetes de nervios. Se salan y se pasan ligeramente por harina.

En una sartén se pone el aceite a calentar moderadamente y se ponen los filetes a freír por tandas. Una vez fritos, se sacan, escurriéndolos un poco, y se ponen en la fuente donde se vayan a servir.

Se ponen en la sartén los champiñones con su jugo, el perejil y el vino blanco. Se revuelve todo un par de minutos y se echa por encima de los filetes. Se sirven en seguida.

917. PINCHOS DE HIGADO DE TERNERA CON BACON (6 personas)

¾ kg de hígado de ternera en un trozo,
6 lonchas de bacon (no muy finas),
aceite,
6 rebanadas de pan finas,
sal.

Se corta el hígado en taquitos, se salan y se enfilan en un pincho, alternando con un trocito de bacon, al cual se le habrá quitado la piel dura del borde. Se unta con un pincel el aceite por todo el pincho y se mete al horno caliente durante unos 20 minutos en una besuguera estrecha, con el fin de que las dos puntas del pincho queden en alto. Se les da una vuelta de vez en cuando para que se asen por igual.

Por debajo de los pinchos se ponen unas rebanadas de pan, para que vayan recogiendo el jugo que cae de la carne. Se sirve enfilada la carne y con el pan debajo del pincho.

Otra manera de hacer los pinchos:

Una vez armados los pinchos, se empanan, pasándolos por huevo batido como para tortilla y pan rallado. Se fríen entonces en una sartén con aceite abundante. Se sirven así.

918. HIGADITOS DE POLLO (6 personas)

40 higaditos de pollo (más o menos),
 2 cebollas grandes (200 g),
 1 vaso (de los de vino) de vino blanco,

4 cucharadas soperas de aceite,
  sal y pimienta.

En una cacerola se pone el aceite a calentar; cuando está en su punto, se añaden las cebollas peladas y picadas. Cuando están transparentes (5 minutos), se echan los higaditos bien limpios de nervios y de su hiel; se salan y se les pone pimienta. Se cuecen a fuego lento durante 5 minutos, revolviéndolos de vez en cuando. Se agrega entonces el vino, se cubre la cacerola y se deja que se haga despacio durante unos 10 minutos más.

Se sirven en una fuente con triángulos de pan frito.

Riñones

919. MANERA DE LIMPIAR Y PREPARAR LOS RIÑONES DE TERNERA

Si no se preparan muy bien los riñones, sobre todo los de ternera, por ser más grandes, saben a orín.

1.ª manera de limpiarlos:

Se cortan los riñones en trocitos pequeños, quitándoles toda la grasa y los conductos. Se ponen en un colador de agujeros grandes y se les echa un puñado de sal, revolviéndolos bien con la mano para que queden impregnados de sal todos ellos. Se tienen así unas 2 horas. Pasado este tiempo, se ponen, en el mismo colador, debajo del grifo del agua fría unos 10 minutos, salteándolos de vez en cuando para que suelten la sal. Se escurren bien y entonces están a punto para guisar.

2.ª manera de limpiarlos:

Se cortan los riñones de ternera en cuatro trozos. Se les quitan los conductos blancos, la grasa y las pieles. Se lavan rápidamente en agua fresca. Se pone un cazo con agua a cocer hasta que hierve a borbotones. Se colocan los trozos de riñones encima de un colador de metal o una rejilla y se dejan al vapor unos 15 minutos. Sueltan todo el jugo fuerte que tienen en el interior. El agua del cazo se pondrá oscura. Se retiran del vapor y se preparan de la manera que se haya elegido.

920. RIÑONES CON VINO BLANCO Y ARROZ (6 personas)

1 kg de riñones de ternera,
350 g de cebollas (3 grandes),
4 cucharadas soperas de aceite,
2 ramitas de perejil,
1 diente de ajo,

1 cucharada sopera rasada de pan
rallado (facultativo),
1 vaso (de los de vino) bien lleno
de vino blanco,
sal.

Arroz blanco:

400 g de arroz, agua, 50 g de mantequilla, sal.

(Véase receta 165.)

En una cacerola se ponen las cebollas muy picadas por encima de los riñones, ya limpios y arreglados (receta anterior, 1.ª fórmula). Se rocía todo con el aceite y se pone la cacerola a fuego muy lento durante unos 20 minutos más o menos.

En un mortero se machaca el perejil con el diente de ajo (pelado y cortado para que no resbale). Se les añade el vino y esto se agrega a los riñones de la cacerola y se cuece todo revuelto otros 5 minutos. Si se ve que el guiso queda un poco claro, se le añade entonces un poco de pan rallado. Se sala y se vuelve a dejar otros 5 minutos.

Se forma una corona con el arroz blanco ya rehogado. Se vuelca en la fuente donde se vaya a servir y se echan los riñones guisados en el centro.

Se sirve en seguida.

921. RIÑONES DE TERNERA CON SALSA DE JEREZ Y ARROZ BLANCO (6 personas)

1 kg de riñones de ternera,
1½ vaso (de los de vino) de jerez,
4 cucharadas soperas de aceite,

2 cucharadas soperas de harina,
2 vasos (de los de agua) de agua,
sal.

Arroz blanco:
400 g de arroz, agua, 50 g de mantequilla, sal.

(Véase receta 165.)

Se cuece el arroz y se reserva.

Se limpian y se arreglan, según la 1.ª fórmula, los riñones de ternera.

En una sartén se pone la harina y con una cuchara de madera, dándole vueltas y a fuego mediano, se tuesta, dejándola tomar color (unos 10 minutos). Se le añade el aceite y, después de revolverlo, el jerez, el agua y la sal. Se deja cocer unos 5 minutos. Se echan los riñones y, a fuego muy lento, se dejan cocer unos 10 minutos. Mientras tanto se rehoga el arroz y se pone en un molde en forma de corona. Se vuelca en la fuente donde se vaya a servir y se reserva al calor. Se ponen en el centro los riñones y se sirven en seguida.

922. RIÑONES CON SALSA DE TOMATE, PRESENTADOS EN PANECILLOS (6 personas)

1 riñón de ternera (³/₄ kg, más o menos),
6 panecillos o alcachofas,
1 litro de aceite (sobrará),
1 cucharada sopera de piñones,
3 cucharadas soperas de buen jerez,
1 cucharadita (de las de moka), rasada de pimentón,
1 yema de huevo duro,
¹/₂ kg de tomates maduros,
2 cucharadas soperas de aceite frito,
1 cebolla mediana (60 g),
1 cucharada (de las de café) de azúcar,
sal.

Se lavan y se preparan los riñones (receta 919).

Se hace la salsa de tomate. En una sartén se pone el aceite a calentar. Se lavan y se cortan los tomates y se les quitan las simientes. Se pela y se pica la cebolla. Se agrega esto al aceite de la sartén; con el canto de una espumadera se machaca bien y se refríe durante unos 15 minutos.

En un mortero se machaca la mitad de los piñones con la yema de huevo. Se deslíe con el jerez y se agrega a la sartén, así como el pimentón, la sal y el azúcar. Se revuelve bien todo y se pasa por el chino o el pasapurés. Se reserva al calor.

Se corta una tapadera a los panecillos y se vacían de toda su miga.

En una sartén honda se fríen los panecillos por tandas y boca abajo, reservándolos igualmente al calor a horno muy flojo.

En otra sartén se pone un fondo de aceite del de freír los panes (un vaso escaso de los de vino). Se saltean los riñones, cortados en cuadraditos, durante 5 a 6 minutos. Con una tapadera se cubre la sartén y se vuelca para quitar toda la grasa de freír los riñones (ésta no se aprovechará, pues no es buena). Se salan ligeramente y se revuelven con la salsa de tomate. Se agregan los piñones reservados. Se rellenan con este revuelto los panes y se sirven en seguida.

Nota.—Se puede hacer esta receta igualmente con riñones de cerdo o de cordero. Se pueden sustituir los panecillos individuales por una libreta grande de pan.

923. PINCHOS DE RIÑONES DE CERDO O CORDERO, CON TOCINO Y CHAMPIÑONES (2 personas)

2 riñones de cerdo o 6 de cordero,
1 loncha de bacon gruesa (100 g),
125 g de champiñones frescos pequeños,
2 cucharadas soperas de aceite,
agua y el zumo de un limón,
sal y pimienta.

Se cortan los riñones en dos a lo largo, como si se abriera un libro. Se les quita la piel, las partes blancas y los conductos. Se ponen en una ensaladera con agua fría que los cubra y el zumo de ¹/₂ limón. Se mueven un poco con la mano, se escurren y se secan muy bien con un paño limpio.

Se le quita la corteza dura al bacon y se corta en cuadrados grandecitos.

Se les quita a los champiñones los rabos o pdúnculos, se lavan muy bien en agua y el zumo de otro ¹/₂ limón y se escurren muy bien.

Se cortan los riñones en trozos grandes y se enfilan en los pinchos metálicos, alternando con un cuadradito de bacon y un champiñón, hasta llenar el pincho. Se salan, se pone un poco de pimienta, y con un pincel mojado en aceite se unta todo bien. Se ponen a horno bien caliente en una fuente, de manera que el pincho de alambre quede en alto y los riñones no rocen el fondo de la fuente. Se les da la vuelta algunas veces y más o menos a los 15 minutos deben estar.

Se sirven asimismo en sus pinchos, en una fuente previamente calentada y adornada con montoncitos de berros o de patatas paja.

924. PINCHOS SIMPLES DE RIÑONES DE CERDO O DE CORDERO (2 personas)

3 riñones de cerdo u 8 de cordero,
2 cucharadas soperas de aceite,
1 diente de ajo,
1 cucharada (de las de café) de perejil picado,

3 rebanadas de pan,
agua y el zumo de ½ limón,
sal.

Se cortan, se limpian, se lavan y se secan los riñones (receta 923).

Se dejan cortados en dos y se enfilan en unos pinchos de alambre. Se salan y se untan de aceite con un pincel.

Se ponen las rebanadas de pan en el fondo de la besuguera o fuente y se posan los riñones encima para que queden en vilo, igual que en la receta anterior. Se meten a horno bien caliente, primero vueltos con la parte abombada hacia arriba y después de 10 minutos se vuelven del otro lado. Se espolvorean entonces con el ajo y el perejil muy picado y una gota más de aceite. Se tienen otros 10 o 15 minutos más y se sirven en una fuente, posados sobre las rebanadas de pan (esto es si se quiere), con patatas paja de adorno.

Sesos

925. MANERA DE LIMPIAR Y COCER LOS SESOS

Para cualquier manera de preparar los sesos, se tendrán que limpiar y cocer como va explicado seguidamente. Esta explicación es valedera para los sesos de ternera o de cordero.

Primero se ponen en un colador donde quepan justo (ni muy grande ni muy pequeño) y se colocan debajo del grifo de agua fría, que caiga suave para no estropearlos. Cuando ya no suelten sangre, se retiran.

Se ponen en una ensaladera con agua fría abundante, que los cubra bien, y se añade vinagre a este agua (para un seso de ternera mediano, $\frac{1}{3}$ de vaso de los de vino de vinagre).

Una vez remojados durante 15 ó 20 minutos, se sacan y se les quita muy bien la telilla que los cubre, las venas y la sangre que aún tengan. Después de limpios, se prepara el agua para cocerlos.

1 clavo (de especia),
3 granos de pimienta,
1 hoja de laurel,
1 casco de cebolla,

1 zanahoria en rodajas,
agua fría,
sal.

Se ponen los sesos a cocer a fuego mediano durante 15 minutos, más o menos, para un seso de ternera. Menos tiempo para uno de cordero.

Se escurre y, para que se conserven blancos, se tapan o bien con un trapo o poniéndolos en un tazón con un plato por encima.

926. SESOS HUECOS (O EN BUÑUELOS) (6 personas)

1½ seso de ternera o 3 de cordero,
1 litro de aceite para freír (sobrará),
1.ª masa de freír:
300 g de harina,
1½ vaso (de los de agua) de leche fría,
3 cucharadas soperas de aceite fino,
3 cucharadas soperas de vino blanco,

1 cucharadita (de las de moka) de levadura Royal,
sal.,
2.ª masa de freír:,
300 g de harina,
1 pellizco de levadura Royal,
1 pellizco de azafrán en polvo,
sifón,
sal.

Se limpian y se cuecen los sesos como va explicado anteriormente. Una vez cocidos y fríos, se cortan en trocitos (de 2 a 3 cm de costado), se sumergen en la masa y se fríen en seguida. Se escurren en un colador y se sirven con la salsa de tomate en salsera.

Se puede adornar la fuente con ramilletes de perejil frito (teniendo cuidado de no echar el perejil en aceite muy caliente, pues se arrebata).

927. SESOS EMPANADOS (6 personas)

1½ seso de ternera o 3 de cordero,
1 plato con pan rallado,
2 huevos,
1 cucharada sopera de aceite fino,

1 litro de aceite para freír (sobrará),
sal
salsa de tomate y arroz blanco.

Se preparan y se cuecen los sesos (receta 925). Se cortan en dos a lo largo (los 2 lóbulos del seso); éstos se cortan en lonchas más bien finas (de ½ cm). En un plato sopero se baten los huevos con la cucharada sopera de aceite y un pellizco de sal.

Se pasan las lonchitas de seso por el huevo y luego por el pan rallado. Se aplastan un poco con la mano para que el pan rallado se adhiera bien. Se dejan encima de un mármol o una tabla.

Se calienta bien el aceite y, cuando está en su punto (se prueba con una rebanadita de pan), se fríen por tandas para que no se estropeen. Se ponen en la fuente donde se vayan a servir y ésta se reserva al calor.

Se adorna la fuente con arroz blanco (receta 165) y se sirve con salsa de tomate en salsera aparte (receta 63).

928. SESOS CON MANTEQUILLA NEGRA (6 personas)

6 sesitos de cordero (para este guiso son los más finos),
½ kg de mantequilla,
1 plato con harina,

3 cucharadas soperas de buen vinagre,
2 cucharadas soperas de perejil picado (facultativo),
sal.

Una vez preparados, cocidos y escurridos los sesos (receta 925), se cortan en dos (los 2 lóbulos enteros). Se rebozan ligeramente en harina.

En una sartén se pone algo menos de la mitad de la mantequilla a derretir. Cuando está derretida, se pasan rápidamente los medios sesos, dándoles la vuelta para que se doren ligeramente. Esto se hace por tandas para que no se estropeen los sesos. Se colocan en la fuente donde se vayan a servir. Se espolvorea un pellizco de perejil en cada trozo. Se añade el resto de la mantequilla y se fríe hasta que se ponga oscura (no mucho, pues se quema y no tiene buen sabor). Se agrega entonces el vinagre, separando la sartén del fuego, y volviéndola a poner al calor una vez echado el vinagre. Se revuelve bien y con esta salsa se rocían los sesos, que se servirán en seguida para que no se enfríe la mantequilla.

Nota.—Se puede sustituir el vinagre por alcaparras.

929. SESOS EN SALSA BECHAMEL CLARITA (6 personas)

4 sesos de cordero,
30 g de mantequilla,
2 cucharadas soperas de aceite fino,
1 cebolla pequeña (40 g),
2 cucharadas soperas de harina,
1½ vaso (de los de vino) de caldo , (o agua y un trozo de pastilla de Avecrem, Starlux, etc.),

1 vaso (de los de vino) de leche,
2 yemas de huevo,
el zumo de un limón,
1 cucharada sopera rasada de perejil picado,
sal.

Se preparan y se cuecen los sesos (receta 925). Una vez templados, se cortan en dos a lo largo (se separan los 2 lóbulos) y estas mitades otra vez en dos mitades a lo largo. Se reservan.

Se hace la salsa.

En un cazo o en una sartén se pone a calentar el aceite con la mantequilla. Cuando ésta está derretida, se añade la cebolla picada muy fina; se dan unas vueltas con una cuchara de madera y se la deja tomar un poco de color (unos 6 o 7 minutos). Cuando empieza a dorarse, se agrega la harina; también se le da a ésta unas vueltas para que se tueste un poco. Se agrega primero la leche fría, sin dejar de dar vueltas, y luego el caldo. Una vez hecha la bechamel, se cuece un par de minutos (ésta debe quedar algo espesa). Se separa un poco del fuego y se sala ligeramente (pues el caldo ya está salado).

En un tazón se deslíen las yemas con el zumo de limón, se les añade una cucharada de salsa dando vueltas para que no se cuajen las yemas, después otra y, por fin, se echa lo del tazón en la salsa. Se incorporan los trozos de sesos, se espolvorean con el perejil y se calienta algo, pero con fuego bajo para que no se cuajen las yemas. Con la cuchara se echa salsa para cubrir los trozos de sesos, con el fin de que se calienten bien y, con cuidado de no romperlos, se pasa todo a una fuente previamente calentada y se sirven en seguida.

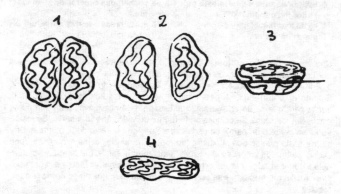

930. SESOS AL GRATEN, CON BECHAMEL Y CHAMPIÑONES
(6 personas)

2 sesos de ternera
125 g de champiñones frescos,
50 g de mantequilla,
2 cucharadas soperas de aceite fino,
2 cucharadas soperas de harina,

1½ vaso (de los de agua) de leche fría,
zumo de un limón,
50 g de gruyère rallado,
sal.

Se preparan los sesos (receta 925). Se dejan enfriar y se cortan los 2 lóbulos; cada uno se corta en láminas de un cm de gruesas y se colocan en una fuente de cristal o porcelana resistente al horno.

Aparte se lavan, primero al chorro y después en agua con el zumo de ½ limón, y se cortan en láminas finas los champiñones. Se cuecen en un cazo con el zumo de ½ limón y menos de la mitad de la mantequilla y un poco de sal (receta 424).

En una sartén se pone a calentar el resto de la mantequilla con el aceite. Cuando están calientes, se añade la harina, se dan unas vueltas con una cuchara de madera y, poco a poco, se vierte la leche fría. Se cuece a fuego mediano durante unos 6 minutos, se sala y se añaden los champiñones escurridos. Se vierte esta bechamel por encima de los sesos. Se espolvorea con el queso rallado y se mete a gratinar a fuego vivo.

Cuando está dorada la bechamel, se sirve.

931. SESOS CON SALSA DE TOMATE GRATINADOS (6 personas)

2 sesos de ternera, o 4 o 5 de cordero,
50 g de queso rallado,
30 g de mantequilla,
1 kg de tomates,
3 cucharadas de aceite frito,

1 cucharada (de las de café) de azúcar,
sal,
1 cebolla (facultativo),
sal.

Se preparan los sesos (receta 925).

Se hace la salsa de tomate (receta 63), de manera que quede más bien espesa.

Se cortan los sesos en rodajas de 2 cm de grosor y se van colocando en forma de corona en una fuente (de barro, cristal o porcelana) resistente al fuego. Se cubren con la salsa de tomate. Se espolvorean con el queso y se reparte la mantequilla por encima en cuatro montoncitos como avellanas. Se pone a gratinar en el horno y, cuando el queso está dorado, se sirven en su misma fuente.

Lengua

932. MANERA DE COCER UNA LENGUA DE VACA O DE TERNERA

Para 6 u 8 personas se calcula una lengua de 1 ¼ kg. Se limpia muy bien de hue-
sos, nervios y gordo. Se pone en remojo en agua fría durante unas 12 horas (toda la noche). Se cepilla entonces muy bien. Se pone agua abundante en una cacerola y cuando rompe el hervor se sumerge la lengua. Se deja cocer a borbotones durante 10 minutos. Pasado este tiempo, se pone la cacerola con la lengua debajo del grifo del agua fría, y cuando el agua está renovada y fría se saca la lengua. Con un cuchillo afilado se pela, quitándole la piel gruesa que tiene. Esta operación de pelar la lengua hay quien prefiere hacerla después de co-
cida en el caldo. Esto según el gusto de cada cual.

Se prepara una cacerola o una olla con 150 g de cortezas de tocino. Se ponen éstas con la piel tocando el fondo de la cacerola. Se posa la lengua encima. Se echa una cebolla grande (125 g) cortada en dos; 2 zanahorias grandes (125 g) raspadas, lavadas y cortadas en rodajas gruesas; unos huesos de rodilla u otros; un ramillete con perejil, tomillo, una hoja de laurel y un diente de ajo. Se echa sal y unos granos de pimienta, se rocía con un vaso (de los de vino) de vino blanco y se cubre de agua fría.

Se pone a fuego vivo y, cuando rompe a hervir, se cubre la cacerola, se baja algo el fuego y se tiene cociendo durante unas 2 ½ a 3 horas.

Este tiempo depende de lo tierna que sea la lengua. Para probar si está, se traspasa con un alambre fino, que debe entrar fácilmente en la carne.

Pasado este tiempo, está ya la lengua para comer, acompañada de varias salsas o hecha en guisos variados.

933. LENGUA CON SALSA DE VINAGRETA HISTORIADA

Una vez cocida la lengua, se trincha en lonchas abiesadas. Se colocan en la fuente donde se vaya a servir, caliente o fría, como más guste. Se adorna la fuente con un picadito de lechuga y se adorna la lengua con un huevo duro muy picado espolvoreado por encima.

Se sirve la salsa vinagreta aparte (receta 90).

934. LENGUA CON BECHAMEL Y ALCAPARRAS

Una vez cocida, cortar la lengua en lonchas abiesadas y proceder igual que en la receta 737, n.º 3.

935. LENGUA CON SALSA DE CEBOLLA, TOMATE Y VINO BLANCO

¼ kg de cebollas (2 grandes),
4 tomates maduros grandes (¾ kg),
6 cucharadas soperas de aceite,
1 cucharada (de las de café) de harina,

1 vaso (de los de vino) de vino blanco,
1 pellizco de hierbas aromáticas (o una hoja de laurel y una ramita de tomillo),
sal.

Una vez cocida la lengua (receta 932), se trincha en lonchas abiesadas. Se prepara igual que el bonito (véase receta 532).

Como la lengua está ya hecha y no soltará agua, quizá se deban añadir algunas cucharadas soperas de agua.

Se puede servir este plato de lengua acompañado de moldecitos de arroz blanco.

936. LENGUA ESTOFADA (6 personas)

1 lengua de 1 a 1¼ kg,
2 cebollas medianas (200 g),
4 zanahorias medianas, (150 g),
80 g de manteca de cerdo,
1 vaso bien lleno (de los de vino) de vino blanco,

1 vaso bien lleno (de los de vino) de caldo de cocer la lengua,
1 pellizco de hierbas aromáticas (o una hoja de laurel y una ramita de tomillo),
1 rebanadita de pan frito,
1 diente de ajo,
sal y pimienta.,

Se prepara y se cuece la lengua (receta 932), pero **sólo se cocerá durante 2 horas.** Pasado este tiempo, se pone la manteca de cerdo a calentar; cuando está caliente, se le añade la cebolla pelada y picada. Se rehoga hasta que esté transparente (unos 6 minutos). Se posa encima la lengua escurrida de su jugo. Se raspan y se lavan las zanahorias y se cortan en rodajas algo gruesas que se ponen alrededor de la lengua; se rocía con el vino y el caldo y se agrega el pellizco de hierbas.

En un mortero se machaca el pan frito con un diente de ajo y se deslíe con un poco de caldo de cocer la lengua (un par de cucharadas soperas). Se vierte esto por encima de la lengua. Se añaden 2 o 3 granos de pimienta y muy poca sal.

Se pone a fuego vivo hasta que rompe a hervir, y entonces se cubre la cacerola con papel de estraza y la tapadera. Se deja a fuego lento durante 1½ hora.

Se saca y se trincha la lengua, se pone en la fuente donde se vaya a servir y se adorna con las zanahorias. Se pasa la salsa por el chino o el pasapurés y se vierte por encima de la lengua. Se sirve bien caliente.

Si la salsa resultase algo clara, se espesará con una cucharada (de las de café) de fécula de patata desleída en un poco de salsa y revuelta con toda ella después.

937. LENGUA REBOZADA

Como la lengua de ternera suele ser grande, se podrá servir parte con salsa y parte rebozada, para variar.

Se corta en rodajas finas y se pasa primero por huevo batido como para tortilla y después por pan rallado, apretando un poco para que éste se adhiera bien.

Se fríe en aceite por tandas y se sirve así, o con salsa de tomate aparte en salsera.

Mollejas

938. MANERA DE PREPARAR Y COCER LAS MOLLEJAS

Se calcula 1 a 1¼ kg de mollejas de ternera para 6 personas. Para cualquier manera de hacer las mollejas, se tendrán que preparar como sigue: Se ponen en remojo en agua fresca unas 4 horas, cambiándoles el agua 3 o 4 veces.

Ingredientes para cocer las mollejas:

Para 1 o 1¼ kg de mollejas:

2 zanahorias medianas (100 g),
1 puerro mediano (o una cebolla pequeña de 50 g),
1 ramita de apio (facultativo),

1 hoja de laurel,
el zumo de ½ limón,
agua abundante
sal.

Para cocerlas se ponen en una cacerola con agua fría que las cubra bien. Se añaden las zanahorias peladas y cortadas en rodajas, el puerro (o una cebolla pequeña cortada en dos), una ramita de apio (si se tiene), una hoja de laurel, el zumo de ½ limón y sal. Se ponen a cocer y, cuando rompe el hervor, se baja el fuego y se cuecen despacio unos 5 minutos. Se retiran entonces del fuego y se vacía el agua caliente, reemplazándola por agua fría. Una vez refrescadas las mollejas, se escurren. Se limpian muy bien, quitándoles las pieles, las bolas de grasa y sangre que tengan. Se colocan en un trapo limpio, que se dobla para que queden envueltas, y se coloca algo de peso encima (una tabla de carne ligera). Se tienen así durante una hora. Pasado este tiempo, se cortan en filetes gorditos y están así a punto para condimentarlas según la receta que se quiera.

939. MOLLEJAS GUISADAS CON CHAMPIÑONES FRESCOS Y CEBOLLITAS (6 personas)

1 kg de mollejas de ternera,
¼ kg de champiñones frescos,
¼ kg de cebollitas francesas pequeñas,
1 plato con harina para rebozar,
4 cucharadas soperas de aceite,
20 g de mantequilla,

el zumo de un limón,
2 vasos (de los de vino) de buen
vino blanco,
⅛ de litro de nata líquida (o 2 yemas
de huevo),
sal.

Se preparan las mollejas como va explicado anteriormente.

Se lavan y se preparan los champiñones, dejándolos enteros si son pequeños o en trozos grandes si hay que cortarlos. Una vez lavados con el zumo de ½
limón, se escurren bien y se ponen en un cazo con la mantequilla (20 g), unas
gotas de zumo del limón que queda y sal. Se saltean, se cubre el cazo con una
tapadera y se dejan a fuego lento unos 6 minutos. Después se reservan, dejándolos en un sitio caliente.

En una cacerola se pone el aceite a calentar y se echan las cebollitas peladas
y enteras. Se rehogan bien y cuando empiezan a dorarse (unos 10 minutos) se
pasan los filetes de molleja en harina (sin sacudirlos para que esta harina sirva
para espesar la salsa) y se doran con las cebollas. Una vez dorados, se añade el
vino y se hace a fuego lento durante unos 15 minutos, sacudiendo de vez en
cuando la cacerola. Se agregan entonces los champiñones con su jugo, revolviendo todo junto. Se rectifica de sal.

En un tazón se pone la nata líquida (o las yemas) y se deslíe con un poco de
salsa. Se echa en la cacerola, apartando ésta del calor para que no cueza la salsa y se corte (lo mismo se hará si se ponen yemas).

Se vierte todo lo de la cacerola en la fuente de servir y se pasa rápidamente
a la mesa. Se puede servir la fuente adornada con moldecitos de arroz blanco.

940. MOLLEJAS GUISADAS AL JEREZ (6 personas)

1¼ kg de molleja,
1 cebolla mediana (80 g),
2 zanahorias medianas,
(100 g),
1 tomate grande (50 g) bien maduro,
4 cucharadas de aceite,
1 cucharada sopera colmada de
harina,

½ vaso (de los de vino) de jerez,
1 vaso (de los de agua) de caldo (o
agua con una pastilla de Starlux,
Avecrem, etc.),
1 pellizco de hierbas aromáticas (o
un ramillete de laurel, tomillo y
perejil),
sal y pimienta,
6 triángulos de pan de molde frito.

Se preparan las mollejas (receta 938).

En una cacerola se pone el aceite a calentar. Una vez caliente, se añade la cebolla pelada y picada. Se dan unas vueltas hasta que se ponga transparente
(unos 5 minutos); entonces se echan las zanahorias raspadas, lavadas y cortadas en rodajas y la harina. Se revuelve todo bien y se añade el tomate partido
en cuatro trozos y sin simientes. Se incorporan entonces los filetes de molleja,
que también se revuelven con cuidado para que no se deshagan, y se dejan dorar. Se echa sal, un poco de pimienta y las hierbas aromáticas (o el ramillete). Se

rocía todo primero con el jerez y después con el caldo. Se espera que rompa el hervor, se baja el fuego y se tapa. A fuego lento se deja $\frac{1}{2}$ hora, moviendo de vez en cuando el guiso.

Al ir a servir, se coloca el pan frito alrededor de la fuente, las mollejas escurridas en el centro y la salsa, una vez pasada por el chino o por el pasapurés, cubriendo las mollejas.

Se sirve en seguida.

941. MOLLEJAS FLAMEADAS CON COÑAC Y SERVIDAS CON GUISANTES (6 personas)

1 kg de mollejas,
$\frac{1}{2}$ vaso (de los de vino) de coñac,
100 g de manteca de cerdo,
1 cucharada sopera de perejil picado,

1 lata grande de guisantes ($\frac{1}{2}$ kg) sin caldo o 2 kg de guisantes frescos,
50 g de mantequilla,
sal y pimienta.

Se preparan las mollejas (receta 938).

En una sartén se pone la manteca a derretir; una vez caliente, se doran los filetes de molleja. Una vez bien dorados, se salan y se les pone un poco de pimienta. En un cazo pequeño se calienta un poco de coñac, se prende con una cerilla y se echa en la sartén, procurando con una cuchara rociar bien las mollejas para que el coñac se queme lo más posible. Se espolvorean con el perejil picado y se dejan a fuego mediano durante 15 minutos.

Mientras tanto se calienta la lata de guisantes, abierta, al baño maría. Una vez bien calientes, se escurren los guisantes (cerrando la tapa de la lata y volcándola sale el jugo). Se ponen los guisantes en un cazo, se les añade la mantequilla y se saltean un poco. Se verificará la sal, añadiendo si hiciese falta.

Se ponen las mollejas en la fuente donde se vayan a servir, rociándolas con su salsa, y alrededor se ponen los guisantes. Se sirve en seguida.

942. MOLLEJAS CON ESPINACAS (6 personas)

1 kg de mollejas,
3 kg de espinacas,
1 plato con harina para rebozar,
1 cucharada sopera de harina,
25 g de mantequilla,

1 vaso (de los de agua) de leche fría,
$1\frac{1}{2}$ vasos (de los de agua) de aceite (sobrará)
agua y sal.

Se preparan las mollejas (receta 938).

Se lavan y se cuecen las espinacas (receta 356).

Después de cocidas y bien escurridas, se pican con un machete o, mejor, se pasan por la máquina de picar la carne.

En una sartén se derrite la mantequilla; una vez derretida, se añade la harina, se dan unas vueltas con una cuchara de madera y, poco a poco, se va echando la leche fría. Se cuece unos 5 minutos dando vueltas con la cuchara y se añaden las espinacas. Se sala y se reserva al calor. El puré debe quedar espeso.

En otra sartén se calienta el aceite. Cuando está a punto, se pasan los filetes de molleja ligeramente por harina, sacudiéndolos un poco para que caiga la que sobra, y se fríen hasta que estén dorados. Se escurren bien.

En una fuente se pone la crema de espinacas y por encima las mollejas; se sirve bien caliente.

943. MOLLEJAS EMPANADAS CON SALSA DE TOMATE
(6 personas)

1¼ kg de mollejas,
2 huevos,
1 cucharada sopera de aceite,
1 plato con pan rallado,
¾ litro de aceite (sobrará),
2 ramilletes de perejil,

Salsa de tomate:
1 kg de tomates bien maduros,
3 cucharadas soperas de aceite frito,
1 cucharada (de las de café) de azúcar,
sal.

Se preparan las mollejas (receta 938).
    Se hace la salsa de tomate (receta 63).
    Una vez preparados los filetes de mollejas, se baten los huevos con la cucharada sopera de aceite y un poco de sal como para tortilla. Se pasan los filetes por el huevo y después por pan rallado, apoyando para que éste quede bien incrustado.
    En una sartén amplia se pone el aceite a calentar. Cuando empieza a calentarse, se fríen los ramilletes de perejil, que se reservan. Se calienta entonces más el aceite y se fríen las mollejas hasta que queden bien doradas. Se ponen en la fuente donde se vayan a servir y se adornan con el perejil. Aparte, en salsera, se sirve la salsa de tomate.

944. VOL-AU-VENT DE MOLLEJAS, CHAMPIÑONES Y TRUFAS
(6 personas)

6 vol-au-vent individuales (o uno grande),
½ kg de mollejas,
½ kg de champiñones frescos,
35 g de mantequilla,
    zumo de limón,
1 latita de trufas,
2 cucharadas soperas de harina,
½ litro de leche fría,

25 g de mantequilla,
2 cucharadas soperas de aceite fino,
1 cucharadita (de las de moka) de jugo de carne (Liebig, Bovril, Viandox, etc.),
    nuez moscada,
    sal.

Se preparan las mollejas (receta 938), pero en vez de hacer filetes se cortan en cuadraditos de 2 cm de lado.
    Se lavan y se preparan los champiñones (receta 424), pero sin cortarlos si son pequeños o cortándolos en trozos grandes si son grandes. Una vez hechos, se reservan al calor.
    En una sartén se pone el aceite y la mantequilla a calentar; cuando están calientes, se añade la harina. Se dan unas vueltas con una cuchara de madera y se añade, poco a poco, la leche fría sin dejar de dar vueltas. Se cuece la bechamel durante unos 5 minutos, se le añade el jugo de carne y se prueba de sal. Se raspa un poquito de nuez moscada. Se agregan las mollejas, los champiñones escurridos y las trufas, cortadas en láminas finas. Se revuelve todo junto y con este revuelto se rellenan los/el vol-au-vent. Se meten en el horno previamente calentado y con calor moderado. Una vez calientes, se sirven en una fuente.

945. CROQUETAS DE MOLLEJA

$^{1}/_{2}$ kg de mollejas.

Preparar las mollejas (receta 938), pero en vez de cortarlas en filetes se cortan en cuadraditos. Se procede igual que para las demás croquetas (receta 56).

Callos

946. CALLOS EN SALSA A LA FRANCESA (6 a 8 personas)

1 kg de callos (tripa),
$^{1}/_{2}$ kg de morros,
1 pata de vaca o de ternera ($^{3}/_{4}$ kg),
100 g de tocino con mucha veta,
2 cebollas medianas (150 g),
6 clavos (de especias),
3 zanahorias medianas,
   (150 g),
1 ramillete (laurel, tomillo, ajo, perejil),
3 cucharadas soperas de coñac,
agua,
sal y pimienta.,

Salsa:
4 cucharadas soperas de aceite,
2 cucharadas soperas de harina,
$^{1}/_{2}$ litro de caldo (o agua con 2 pastillas de Avecrem, Starlux, etc.),
3 yemas de huevo,
zumo de un limón,
1 cucharada sopera de perejil picado,
sal.

Se flamea la pata para quemar los pelos. Se parte en trozos, se cortan los callos en trozos grandes como las dos manos juntas y se lavan bien en dos o tres aguas. Se ponen después con bastante sal y vinagre, se mueven mucho y se vuelven a aclarar hasta que se quite el olor a vinagre. Se raspan y se limpian entonces con un cuchillo poco afilado o un cepillo fuerte para quitar las babas.

En una cacerola amplia se pone el tocino en tiras, las 2 cebollas peladas enteras y pinchadas cada una con 3 clavos, las zanahorias raspadas, lavadas y cortadas en rodajas gruesas, el ramillete, el coñac, la sal, la pimienta molida y los callos, con el morro y la pata. Se cubre con agua abundante y se pone a cocer. Cuando rompe el hervor, se baja el fuego para que cuezan despacio durante 5 horas. Después se escurren y se prepara la salsa.

En una cacerola se pone el aceite a calentar, se le añade la harina, se dan unas vueltas con una cuchara de madera, se va añadiendo el caldo (o agua con pastillas) para hacer una bechamel clarita. Se rectifica de sal.

Se cortan los callos y el morro en trocitos, se añade la carne de la pata y se meten en la salsa a cocer suavemente durante $^{1}/_{2}$ hora. Antes de ir a servir, se ponen en un tazón las yemas de huevo con el zumo de limón y se deslíe con unas cucharadas de salsa, teniendo buen cuidado de que no se cuajen las yemas. Se vierte esto en la salsa. Se mueve muy bien y se echa en la fuente honda, donde se servirá. Se espolvorea con el perejil y se sirve bien caliente.

947. CALLOS A LA MADRILEÑA (6 a 8 personas)

Nota.—Los callos se deben preparar el día anterior, pues están mucho mejor recalentados.

Esta cantidad es la mínima que se debe hacer para que estén sabrosos.

1½ kg de callos (tripas),
½ kg de morros,
1 pata de vaca o de ternera (750g),
4 cucharadas de aceite,
2 chorizos (150 g),
2 morcillas de callos (150 g),
½ guindilla,
1 hoja de laurel,
4 clavos de especias,
10 granos de pimienta,
un poco de nuez moscada rallada,

2 dientes de ajo picados,
1 cebolla pequeña (50 g) cortada en 4 trozos,
½ cebolla (50 g) picada,
1 cucharada sopera de harina,
2 tomates frescos (250 g),
1 cucharada (de las de café) de pimentón,
1 vaso (de los de vino) de vinagre, agua y sal.

Se cortan los callos en trozos grandes (como una mano). Se lavan bien en dos o tres aguas. Después se ponen con bastante sal y el vinagre. Se mueven mucho y se vuelven a aclarar, hasta que se les quita el olor a vinagre. Entonces con un cuchillo poco afilado se les quita, raspándolos, toda la parte viscosa que tienen. También se pueden frotar con un cepillo, quitándoles todas las bolsas de sebo.

Una vez hecho esto, se cortan en trozos más pequeños, se ponen en una olla cubiertos de agua y se ponen a fuego vivo. Cuando rompe el hervor fuerte, se tira en seguida el agua. Se vuelven a cubrir con agua, se añaden las morcillas (enteras), el laurel, la guindilla, la pimienta, los clavos, la nuez rallada (un poco), la cebolla, los ajos y un tomate pelado. Todo esto se cuece hasta que los callos están tiernos (por lo menos unas tres horas). Se puede utilizar para esto la olla exprés, con una hora de cocción.

En una sartén se pone el aceite a calentar, se echa la cebolla muy picada, el pimentón y el chorizo en rodajas. Se da unas vueltas y se añade a la olla. Se deja cocer una hora más. Se separan del fuego y se dejan enfriar.

Al ir a servirlos, se corta la morcilla en rodajas y la pata en trocitos.

Criadillas

948. CRIADILLAS EMPANADAS CON ARROZ BLANCO (6 personas)

½ a ¾ de kg de criadillas medianas,
1 huevo,
1 plato con pan rallado,

½ litro de aceite (sobrará),
sal.

Arroz blanco:
400 g de arroz, agua, sal y mantequilla.

Se mandan pelar y cortar en filetes no muy finos las criadillas.

Se prepara el arroz blanco (receta 165).

Antes de rehogarlo, se fríen las criadillas. Se bate el huevo (o 2 huevos si hiciese falta) como para tortilla, con sal. Se cortan los filetes en dos o tres partes a lo largo; se pasan por huevo y después por pan rallado. Se fríen por tandas en aceite caliente. Se escurren, a medida que se fríen, en un colador grande.

Una vez fritas todas las criadillas, se ponen en un lado de la fuente donde se vayan a servir y se reservan al calor.

Se rehoga el arroz con la mantequilla y se sala. Se pone en la otra mitad de la fuente, o en moldecitos, como más guste, y se sirve.

Nota.—Se puede acompañar con salsa de tomate en salsera.

Corazón

949. CORAZON DE TERNERA EN SALSA (6 personas)

1¼ kg de filetes de corazón de ternera cortados gruesos,
½ vaso (de los de agua) de aceite,
½ vaso (de los de agua) de vino blanco,
1 cebolla grande (125 g),
2 tomates medianos maduros (200 g),
4 zanahorias medianas, (¼ kg),
1 diente de ajo,
½ vaso (de los de agua) de agua,
1 pastilla de caldo (de pollo, Gallina Blanca, Starlux, etc.),
1 pellizco de hierbas aromáticas (o un ramillete con tomillo, laurel, perejil),
sal.

En una cacerola (o «cocotte») se pone el aceite a calentar. Cuando está caliente, se ponen los filetes a dorar por tandas y se van separando en un plato, a medida que están dorados. En el aceite se pone la cebolla muy picada y cuando se empieza a poner transparente (unos 6 minutos) se añade el diente de ajo pelado y dado un golpe con el mango de un cuchillo (para que dé más aroma). A los 5 minutos se añaden las zanahorias lavadas, peladas y cortadas en rodajas. Se saltean un par de minutos y se añade la harina. Se dan unas vueltas y se vuelve a poner la carne; se añaden los tomates pelados, quitadas las simientes y cortados en trozos. Se echa sal (poca) y las hierbas aromáticas, el vino y el agua. Se tapa la cacerola y, cuando rompe el hervor, se baja el fuego y lentamente se cuece durante ¾ de hora.

Pasado este tiempo, se agrega la pastilla de caldo machacada y disuelta en un poco de salsa de cocer la carne. Se revuelve bien y se cuece ½ hora más (este tiempo depende de lo duros que estén los filetes). Se rectifica de sal si hiciese falta.

Se sirven con su salsa, en una fuente honda, con puré de patatas o patatas cocidas y cortadas en trozos grandes.

950. CORAZON DE TERNERA EMPANADO (6 personas)

1 kg de filetes de corazón cortados finos,
2 huevos,
1 plato con pan rallado,
1 litro de aceite (sobrará),
  sal.,

Salsa de tomate:
1 kg de tomates bien maduros,
3 cucharadas soperas de aceite frito,
1 cucharada (de las de café) de azúcar,
1 cebolla mediana (80 g),
  sal.

Se hace la salsa de tomate (receta 63). Se reserva al calor.

Los filetes de corazón se salan, se pasan por huevo batido como para tortilla y por pan rallado, apretando con la mano el pan rallado para que no se caiga, y se fríen por tandas.

Una vez fritos, se sirven en una fuente. Se pueden acompañar de arroz blanco o patatas fritas; la salsa de tomate se sirve en salsera aparte.

Manos (o patas)

951. MANERA DE COCER LAS MANOS DE CORDERO

Todas las recetas de cordero deben empezar por prepararse como sigue:

Se limpian muy bien con el cuchillo si les queda algo de piel e incluso se flamean en el gas o con un algodón mojado en alcohol y prendido con una cerilla. Después de esto, se ponen en una cacerola, se cubren bien con agua fría y se dejan cocer a fuego muy vivo durante 10 minutos. Se escurren y se refrescan con agua fría y se vuelven a escurrir.

En una cacerola se pone agua fría abundante (para que pueda cubrir las manos de cordero). En un tazón se deslíen 2 cucharadas soperas de harina con agua fría y se añade al agua de la cacerola, así como una cebolla grande con 3 clavos de especias pinchados, 2 hojas de laurel, una ramita de perejil, un diente de ajo, el zumo de $\frac{1}{2}$ limón, una ramita de tomillo y sal.

Se pone esto a cocer y cuando hierve a borbotones se sumergen las patas. Cuando vuelve a romper el hervor, se tapa la cacerola y se deja cocer hasta que las patas estén tiernas (unas 3 horas más o menos). Se quita de vez en cuando la espuma que se forma arriba.

Cuando están tiernas, se sacan, se escurren y se guisan como se quiera.

952. MANOS DE CORDERO RELLENAS CON SALCHICHAS, EMPANADAS Y FRITAS (6 personas)

12 patas de cordero,
12 salchichas de carnicería (corrientes),
3 huevos,

1 plato con pan rallado,
1 litro de aceite para freír (sobrará),
  sal.

Se dejan las patas con su hueso central, se limpian y se cuecen como va explicado anteriormente. Una vez cocidas, se les quita el hueso central, que se desprende casi solo, y se rellena este hueco con una salchicha. Esta se pinchará con un palillo en varios sitios, con el fin de que al freír no estalle. Se cierra la pata con un palillo si hace falta.

En un plato se baten los huevos como para una tortilla. Se pasan las patas por huevo y después por pan rallado, apretando para que éste se adhiera muy bien.

En una sartén honda se pone el aceite a calentar y se fríen las manos por tandas, reservando las que están ya fritas al calor. Se ponen en una fuente y se sirven. Se pueden acompañar con salsa de tomate en una salsera.

Nota.—Se pueden suprimir, si se quiere, las salchichas, pero resulta un plato mucho más soso.

953. BUÑUELOS DE MANOS DE CORDERO (6 personas)

8 patas de cordero,
1 litro de aceite para freír (sobrará),
Masa de buñuelos:
300 g de harina,
1½ vaso (de los de agua) de leche fría,

3 cucharadas soperas de aceite fino,
3 cucharadas soperas de vino blanco,
1 cucharadita de levadura Royal, sal.

Se limpian y se cuecen las manos de cordero (receta 951). Una vez cocidas, se deshuesan con mucho cuidado y se cortan en trocitos.

Se hace la masa de los buñuelos como va explicado en la receta 53.

Se pone el aceite a calentar en una sartén honda. Cuando está en su punto (se prueba con una rebanadita de pan), se sumergen los trozos de carne en la masa y se fríen hasta que estén dorados. Esto se hace por tandas, reservando los buñuelos al calor.

Cuando están todos fritos y escurridos, se sirven en una fuente adornada con ramitos de perejil también fritos.

El perejil se ata con un hilo y se fríe con el aceite poco caliente, pues si no se pone en seguida oscuro.

954. MANOS DE CORDERO CON TOMATE (6 personas)

12 manos de cordero,
1 hoja de laurel,
1 cebolla pequeña (50 g),
1 kg de tomates maduros,
3 cucharadas soperas de aceite frito,

1 cucharada (de las de café) de azúcar,
1 cebolla mediana (100 g), sal.

Se hace la salsa de tomate clásica con cebolla, que quede bastante espesa (receta 63).

En la casquería se pedirá que le quiten el hueso del centro a las patas. Una vez preparadas y ya cocidas las manos (receta 951), se ponen en la salsa de tomate y se dejan a fuego lento unos 25 minutos.

Se sirven en fuente honda.

955. MANOS DE CORDERO CON SALSA DE LIMON (6 personas)

12 patas de cordero

Se preparan y se cuecen como va explicado en la receta 951.

Mientras se terminan de cocer, se hace la salsa de limón (receta 74). Se colocan las patas escurridas en una fuente y se cubre con la salsa. Se sirven en seguida.

956. MANERA DE COCER LAS MANOS DE CERDO

Para unas 4 manos.

Las manos de cerdo se suelen vender ya limpias de piel y chamuscados los pelos. Si no, se hará como va explicado para las de cordero.

Después se lavan en varias aguas. Se les da un corte desde la pezuña hasta arriba. Se ponen en una cacerola, se cubren con mucha agua y se les añade un vaso (de los de vino) de vino blanco, 2 cebollas medianas peladas y cortadas en dos, 3 zanahorias peladas, lavadas y cortadas en cuatro trozos, 2 dientes de ajo pelados, una hoja de laurel, una ramita de tomillo, una ramita de perejil, 2 clavos de especia y sal.

Se pone la cacerola a fuego vivo y cuando empieza a cocer a borbotones se tapa con una tapadera, se baja el fuego y se dejan cocer despacio durante 4 horas (más o menos) hasta que estén tiernas. Se escurren en un colador grande o en un plato, y se preparan como más gusten.

957. MANOS DE CERDO EMPANADAS

Se preparan como anteriormente. Unicamente se envuelve cada mano en una gasa limpia o se ata con una cuerda fina para que no se deformen.

Una vez cocidas, se escurren. Se deshuesan lo más posible y se arman con bonita forma. Se ponen en un mármol o una mesa y se pone la tabla de cortar la carne encima para que pese un poco. Se dejan así durante $1/2$ hora.

Pasado este tiempo, se empanan, pasando las patas primero por huevo batido como para tortilla y después por pan rallado. Se fríen en aceite caliente de dos en dos y, una vez doradas, se escurren bien y se sirven en seguida.

Se pueden acompañar con alguna salsa de tomate (receta 63), o de mayonesa con tomate y coñac (receta 96), o verde (receta 95), servida aparte en salsera.

958. MANOS DE CERDO CON TOMATE

(Véase la receta 954.)

959. BUÑUELOS DE MANOS DE CERDO

(Véase la receta 953.)

960. MANOS DE CERDO CON SALSA ESPAÑOLA

(Véase la receta 72.)

Salsa española (receta 72):

Se cuecen las manos de cerdo (receta 956). Una vez cocidas, se cortan en dos, se deshuesan y se ponen a dar un hervor dentro de la salsa española, que tiene que ser abundante.

Nota.—Resulta muy bueno el añadir a la salsa 2 cucharadas soperas de piñones, en el momento de poner las manos.

Asadura

961. ASADURA DE CORDERO (6 personas)

1 asadura de cordero entera (que son: los pulmones, el hígado y el corazón),
4 cucharadas soperas de aceite,
2 tomates medianos ($^1/_4$ kg),
2 cebollas grandes (200 g),
1 vaso (de los de vino) de vino blanco,
1 cucharada (de las de café) rasada de pimentón,
1 cucharada sopera de perejil picado,
1 pellizco de hierbas aromáticas (o un ramillete de laurel, tomillo, un diente de ajo pelado),
sal.

Se corta toda la asadura en trocitos todos iguales de dos dedos de ancho. Se pone el aceite en una cacerola para que se caliente; una vez caliente, se le añade la cebolla pelada y muy picada. Se refríe, dándole vueltas con una cuchara de madera hasta que empiece a tomar color (unos 8 minutos). Se agrega entonces la asadura cortada en trocitos cuadrados y se revuelve hasta que esté dorada. Se añade el pimentón, removiendo rápidamente, los tomates pelados, cortados en trozos y quitadas las simientes, el vino blanco, las hierbas aromáticas y la sal. Se tapa la cacerola y, a **fuego muy lento,** se cuece durante 45 minutos.

Se espolvorea con perejil picado y se sirve en una fuente, que se podrá adornar con triángulos de pan frito o puré de patatas.

Repostería

962. BIZCOCHO CON NATA DE LA LECHE (6 personas)

1 vaso (de los de agua) de nata de la leche (ésta debe guardarse cuando está cocida la leche, escurriendo un poco la nata, pero no mucho, y debe ser de varios días, para que se agrie ligeramente),
1 vaso (de los de agua) de azúcar,
   un poco de mantequilla o aceite para untar el molde,

1½ vaso (de los de agua) de harina fina,
2 huevos,
   la cáscara rallada de un limón,
1 cucharadita (de las de moka) colmada de levadura Royal,
2 cucharadas soperas de harina para untar el molde.

Se unta bien un molde alargado con la mantequilla o aceite fino y se espolvorea con las 2 cucharadas soperas de harina, quitando la sobrante que no se quede pegada, volcando y sacudiendo con una mano el molde.

En una ensaladera se pone la nata, el azúcar, la cáscara de limón rallada y los huevos batidos como para tortilla. Se revuelve todo muy bien y se echa un vaso de harina. La levadura se espolvorea encima de la harina, se revuelve bien, se añade entonces poco a poco el otro ½ vaso de harina y, una vez incorporada totalmente, se vierte en el molde la masa.

Se mete el molde en horno frío y se enciende después de metido a fuego lento, primero hasta que sube y un poco más fuerte después, durante más o menos 45 minutos a una hora. Después de sacado del horno el bizcocho, hay que volcarlo del molde lo más deprisa posible sin quemarse, o sea, pasados unos 15 minutos. Se pone sobre una tela metálica para que no se concentre la humedad en ninguna de las caras del bizcocho, y cuando está totalmente frío se sirve.

Nota.—Todos los bizcochos se pueden conservar un par de días, envolviéndolos después de estar fríos en un papel de plata.

963. BIZCOCHO CON LECHE Y ACEITE (8 personas)

2 huevos,
250 g de harina,
200 g de azúcar,
  1 taza (de las de té) de leche,
  1 taza (de las de té) de aceite fino crudo,
  1 cucharadita (de las de moka) de levadura Royal,

un poco de mantequilla o aceite para untar el molde,
2 cucharadas soperas de harina para untar el molde,
la cáscara de un limón rallado o un pellizco de polvo de vainilla,
un pellizco de sal.

En una ensaladera se baten los huevos como para hacer una tortilla, se les añade la leche, el aceite, el azúcar y la cáscara rallada del limón o la vainilla. Se revuelve todo junto. Se mezcla la harina, la sal y la levadura y se añaden en unas tres veces a la crema de la ensaladera.

Se unta el molde de cake (alargado) con la mantequilla o aceite y después se espolvorea con la harina, sacudiendo bien el molde para quitar lo sobrante. Se echa la masa en el molde y se mete al horno muy poco caliente. Cuando se ve que el bizcocho va subiendo, se da algo más de calor, pero siempre tiene que estar el horno menos de mediano.

Cuando el bizcocho está dorado, se pincha con un alambre: si éste sale limpio, el bizcocho está ya cocido. Esto tardará más o menos una hora.

Se saca del horno, se deja templar el molde y se vuelca el bizcocho para dejarlo enfriar en una rejilla puesta en hueco (en un plato sopero, por ejemplo).

Véase la receta anterior.

964. BIZCOCHO GENOVESA (8 personas)

3 huevos,
  el peso de 3 huevos, de azúcar,
  el peso de 2 huevos, de harina,
100 g de mantequilla,
  la ralladura de un limón,

mantequilla para untar el molde,
2 cucharadas soperas de harina para espolvorear el molde
un pellizco de sal.

Se separan las yemas de las claras. Estas se ponen en una ensaladera con un pellizco de sal y se baten a punto de nieve muy firme. Se les añade, una vez montadas, las yemas, y después el azúcar. Se mueve sin parar, y siempre en el mismo sentido, con una cuchara de madera durante 10 minutos, después de lo cual se agrega la harina, cucharada por cucharada, la ralladura de limón y, al final, la mantequilla derretida (teniendo buen cuidado de que ésta no cueza). Se pone en un molde alargado de cake, previamente untado de mantequilla y espolvoreado con un poco de harina.

Se mete al horno muy suave (éste estará encendido 5 minutos antes) y se tendrá durante 45 minutos a una hora. Se pincha con un alambre en el centro para ver si está cocido. El alambre debe salir limpio.

Fuera del horno y cuando esté aún caliente (unos 15 minutos después), se vuelca en una rejilla o tela metálica y se deja en hueco sobre un plato sopero hasta que esté bien frío.

Véase la nota de receta 962.

965. BIZCOCHO CUATRO CUARTOS (6 a 8 personas)

3 huevos grandes,
su mismo peso de mantequilla,
o margarina (Tulipán),
su mismo peso de harina,
su mismo peso de azúcar,
la ralladura de un limón o vainilla
en polvo (un pellizco),

un poco de mantequilla o aceite
para untar el molde,
un poco de harina para espolvorear
el molde,
sal.
1 cucharada (de las de café) de levadura Royal.

Se deja la mantequilla o la margarina fuera de la nevera para que esté blanda.

Se baten las claras a punto de nieve firme, se les añaden las yemas, después el azúcar, la margarina o la mantequilla, la vainilla y la harina mezclada con la levadura. Se mueve todo suavemente. Se unta un molde alargado con aceite y después se espolvorea con harina. Se vierte la masa en el molde. Se pone a horno mediano flojo durante unos 50 minutos.

Se saca del horno el bizcocho después de comprobar con un alambre si está bien cocido y, cuando está templado, se vuelca y se termina de enfriar sobre una parrilla o rejilla.

Véase la nota de receta 962.

966. BIZCOCHOS TOSTADOS (4 a 5 personas)

2 huevos,
su peso de harina,
su peso de azúcar,
el peso de un huevo de mantequilla,

un poco de mantequilla para untar
el molde,
1 cucharada (de las de café) de levadura Royal,
un pellizco de sal.

Se baten los huevos enteros con el azúcar; cuando la mezcla se pone espumosa, se añade la harina (previamente mezclada con la levadura y la sal) cucharada a cucharada y, al final, se incorpora la mantequilla derretida (sin que cueza).

Se unta un molde redondo de borde no muy alto. Se mete a horno suave durante unos 45 minutos. Cuando el bizcocho está cocido, se saca del horno y se deja enfriar un poco. Al estar templado se vuelca el molde encima de una rejilla. Cuando está frío del todo se corta en tiras de dos dedos de ancho y de unos 4 cm de largo. Se vuelven a meter en el horno más bien caliente hasta que se tuesten, dándoles a los trozos la vuelta para que queden por igual. Una vez tostados, se dejan enfriar y se guardan en una lata cerrada, en la cual se podrán conservar varios días.

También se puede comer el bizcocho entero y fresco.

967. BIZCOCHO DE CLARAS DE HUEVO (6 a 8 personas)

6 claras de huevo,
200 g de azúcar,
150 g de maizena,
100 g de mantequilla,

un poco de mantequilla y de harina para untar el molde,
un pellizco de vainilla en polvo,
sal.

Se montan las claras muy firmes de tres en tres (para que suban más) y con una pizca de sal. Se juntan en una ensaladera y se añade alternando cada vez una cucharada sopera de azúcar y otra de maizena. Al final se agrega la mantequilla ligeramente derretida. Se unta un molde de cake con mantequilla y se espolvorea con harina. Se vierte la masa dentro.

Se mete a horno mediano (previamente calentado unos 5 minutos) durante 50 minutos más o menos.

Se retira del horno y cuando está templado se vuelca del molde y se coloca encima de una rejilla para que se termine de enfriar.

Véase la nota de receta 962.

968. BIZCOCHO AMARMOLADO (6 a 8 personas)

125 g de mantequilla,
un poco de mantequilla para untar el molde,
200 g de azúcar,
3 huevos,
1 vaso (de los de vino) de leche,
250 g de harina fina,

2 cucharadas soperas de harina (para el molde),
1 cucharada (de las de café) de levadura Royal,
2 cucharadas soperas de chocolate o cacao en polvo,
un pellizco de sal.

Se ponen en una ensaladera la mantequilla blanda con el azúcar; se mueve bien y se añaden las 3 yemas de huevo, después la leche y, por fin, cucharada por cucharada, la harina, que se habrá mezclado con la levadura. Al final se baten las claras a punto de nieve muy firme (con un poquito de sal) y se agregan sin mover mucho. Se separa la masa en dos. Una de las mitades se mezcla con el cacao.

En un molde alargado de cake, previamente untado con mantequilla y espolvoreado con un poco de harina, se pondrán las dos masas, alternando parte de la blanca, otra de la de chocolate y así sucesivamente. Se meterá primero a horno muy suave y después se sube el calor a medio durante una hora más o menos.

Cuando el bizcocho esté cocido (se pincha con un alambre para saberlo: si éste sale limpio, el bizcocho está hecho), se dejará templar y se vuelca, dejándolo enfriar sobre una rejilla.

Véase la nota de receta 962.

969. BIZCOCHO DE CHOCOLATE (8 personas)

3 huevos,
su mismo peso de harina,
su mismo peso de azúcar,
su mismo peso de mantequilla,
su mismo peso de chocolate,

1 cucharadita (de las de moka) bien llena de levadura Royal,
un poco de mantequilla y 2 cucharadas soperas de harina para untar el molde,
sal.

En una cacerola se pone la mantequilla a derretir (sin que cueza), se añade el chocolate en trozos y se derrite lentamente. Cuando está bien derretido y fuera ya del fuego, se agrega el azúcar, se mueve bien; se incorporan las 3 yemas de huevo (una por una), la harina mezclada con la levadura y, por fin, las claras de huevo a punto de nieve muy firmes (con un pellizquito de sal). Estas se mezclan con cuidado.

Se vierte la masa en un molde alargado bien untado de mantequilla y espolvoreado con harina, sacudiendo con la mano para que caiga la sobrante.

Se mete a horno templado suave durante unos 50 minutos más o menos. Una vez comprobado si el bizcocho está bien cocido (pinchándolo con un alambre), se saca del horno y cuando está templado se vuelca, dejando que se termine de enfriar sobre una rejilla puesta en hueco (en un plato sopero, por ejemplo).

Véase la nota de, receta 962.

970. BIZCOCHO BORRACHO (BABA) (6 a 8 personas)

2 yemas de huevo,
3 claras de huevo,
3 cucharadas soperas de azúcar,
6 cucharadas soperas de harina,
1 cucharada sopera de levadura Royal,
un poco de mantequilla para untar

el molde,
sal.,
Salsa:,
¼ litro de agua,
125 g de azúcar,
2 decilitros de ron (1½ vaso de los de vino).

Se baten las 3 claras muy firmes con un pellizquito de sal. Cuando están batidas se les añade el azúcar, después las yemas y, cucharada a cucharada, 3 de harina, la de levadura Royal y las 3 últimas de harina.

Se unta con mantequilla un molde en forma de corona. Se vierte la masa dentro y se mete a horno mediano unos 45 minutos.

Mientras el borracho se cuece, se va haciendo el almíbar, poniendo el agua con el azúcar y el ron a que cuezan durante unos 5 minutos.

Se apartará para que no cueza más, pero sin dejarlo enfriar.

Cuando se ha comprobado que el bizcocho está cocido (con un alambre), se saca del horno y sin desmoldar se le vierte poco a poco el almíbar caliente.

Una vez bien empapado, se desmolda, volcándolo en la fuente donde se vaya a servir, y se sirve así o con nata montada en el centro y con unas frutas confitadas adornando.

971. BIZCOCHO BORRACHO HECHO CON PAN RALLADO (BABA) (8 personas)

4 huevos,
4 o 5 cucharadas soperas de pan rallado,
4 cucharadas soperas de azúcar,
1 cucharada (de las de café) de levadura Royal,
un poco de mantequilla para untar

el molde,
un pellizco de sal.,
Almíbar para emborrachar:
1½ vaso (de los de vino) de ron,
8 cucharadas soperas de azúcar,
1½ vaso (de los de vino) de agua.

En una ensaladera se ponen las yemas de los huevos, se les añade el azúcar, se baten y cuando forman una crema muy espumosa se agrega el pan rallado, la levadura y al final las claras batidas (con un pellizco de sal) a punto de nieve muy firme.

Se vierte la masa en un molde en forma de corona y bien untado de mantequilla; se mete a horno templado unos 45 minutos. Mientras tanto se hace el almíbar.

En un cazo se ponen juntos el ron, el agua y el azúcar. Se cuecen unos 5 minutos. Se separa del fuego.

Cuando el bizcocho está cocido (esto se comprobará con un alambre), se saca del horno y, sin dejarlo enfriar ni sacarlo del molde, se le vierte poco a poco el almíbar.

Cuando está frío y bien empapado, se desmolda y se sirve con el centro adornado con nata montada y frutillas confitadas (estas dos cosas son facultativas y se pueden poner por separado cada una si se quiere).

Otro adorno del borracho:

Crema pastelera:

1 litro de leche,
4 yemas de huevo,
6 cucharadas soperas de azúcar,
2 cucharadas soperas colmadas de maizena,

1 cucharada (de las de café) de harina,
vainilla en polvo o en rama,
(puesta en la leche),
3 cucharadas soperas de azúcar para quemar la crema.

Se pone a cocer la leche con la mitad del azúcar y la vainilla.

Aparte, en un tazón, se mezclan muy bien las yemas, el resto del azúcar, la harina y la maizena.

Cuando la leche empieza a cocer, se echa con una cuchara sopera un poco en el tazón (unas 4 cucharadas de leche más o menos bastan) y luego se vierte lo del tazón en el cazo de la leche, dejando cocer esta crema unos 3 minutos **sin dejar de moverla**. Se separa del fuego y se enfría moviéndola un poco. Cuando está fría y el borracho está desmoldado, se vierte la crema en el centro, se espolvorea con azúcar y con una plancha caliente se quema para formar una costra de caramelo. Se sirve en seguida.

972. BIZCOCHO CON MANDARINAS Y NUECES (6 a 8 personas)

1 bizcocho redondo (comprado),
3 yemas,
150 g de azúcar molida,
150 g de mantequilla,
el zumo de 2 clementinas,

4 o 5 clementinas en gajos,
100 g de azúcar,
1 vaso (de los de vino) de agua (no lleno),
100 g de nueces picadas gruesas.

Se compra un bizcocho redondo o se hace una genovesa (receta 964), o un bizcocho de claras de huevo (receta 967, en molde redondo). Se separa en dos partes. Se hace una crema:

En una ensaladera se ponen las yemas y el azúcar, se mueve un poco con una cuchara de madera, se añade el zumo y después, poco a poco, la mantequilla derretida (pero sin que cueza) al baño maría. Se mueve muy bien durante unos 20 minutos. Se pone la mitad de esta crema untada en una de las partes del bizcocho. Se cubre con la otra media parte y se unta la parte de arriba y los bordes con lo que queda de crema.

En un cazo se pone el agua con el azúcar a cocer unos 5 minutos, se meten los gajos de las mandarinas dentro a cocer unos 10 minutos. Se sacan y una vez bien escurridos y templados se colocan, dándoles bonita forma, encima del bizcocho. En el centro del mismo se ponen unas pocas nueces y en los costados también. Estas quedan adheridas por la crema.

Se pone en sitio fresco y se sirve.

Nota.—Esta tarta se puede hacer igual con naranjas.

973.   BIZCOCHO-TARTA DE NARANJA (6 personas)

125 g de azúcar,
  4 huevos,
 50 g de harina,
 50 g de fécula de patata,
     la corteza rallada de 2 naranjas,
 ½ tarro de mermelada de naranja,
  1 vaso (de los de licor) de Cointreau o Curaçao,
 25 g de mantequilla,

Baño:
200 g de azúcar,
  1 decilitro de agua (1 vaso de los de vino),
     un pellizco de vainilla,
  1 cucharada sopera de agua fría,
 10 gotas de esencia de naranja.

Rallar la corteza de una de las naranjas, echándola en una ensaladera, añadir el azúcar y las yemas de huevo de una en una. Dar vueltas a esto con una cuchara de madera durante 15 minutos. Añadir la harina y la fécula y, al final, las claras sin montar.

Untar un molde redondo de unos 26 cm de diámetro, más bien altito, con la mantequilla y verter la masa dentro. Meter al horno muy suave durante unos 50 minutos más o menos.

Una vez sacado el bizcocho del horno, se deja templar y se saca del molde.

Cuando está frío del todo se parte por la mitad, formando dos redondeles. Se rellenan con la mezcla de la mermelada de naranja, la corteza rallada de la 2.ª naranja y el licor.

Se baña entonces la tarta con la preparación siguiente:

En un cazo se pone el azúcar, el agua fría y el pellizco de vainilla. Se pone a fuego mediano unos 10 minutos, después de los cuales se agrega la cucharada sopera de agua fría. Se da vueltas de prisa hasta que espese y se añade el perfume de naranja. En seguida se baña la tarta con esto y se deja enfriar.

Se puede adornar con unas guindas o unos montoncitos de nata hechos con la manga.

974. PASTELILLOS HECHOS CON MUFFINS Y NARANJAS
     (6 personas)

6 muffins,
1 vaso (de los de agua) bien lleno de agua,
6 naranjas medianas,
5 cucharadas soperas de azúcar,
3 cucharadas soperas de Cointreau o Curaçao,
150 g de nata montada,
12 guindas en almíbar o confitadas.

Se quita una capa muy fina de corteza en las dos tapas de los muffins y se corta en dos mitades cada muffin.

En una cacerola se hace el almíbar poniendo el agua y el azúcar a cocer durante 8 a 10 minutos. Mientras tanto se pelan un par de naranjas y se cortan 12 rajas finas. Una vez hecho el almíbar, se sumergen las rajas de naranja un par de minutos en él. Se sacan y se reservan en un plato, escurriéndolas muy bien en la cacerola del almíbar. A éste se le añade el zumo colado de las demás naranjas y se cuece otros 10 minutos. Se separa este almíbar del fuego y se le añade el Cointreau. Con el líquido aún caliente se emborrachan los medios muffins muy bien para que queden empapados. Si rezuman jugo, se vuelve a recoger y se echa por encima. Una vez bien empapados de almíbar, se coloca sobre cada medio muffin una rodaja de naranja (reservadas antes) y se les hace con una manga de pastelería una gran borla de nata, el centro de la cual se adorna con una guinda.

Se pone en sitio fresco durante 1 hora y se sirve.

975. PAN DE NUECES

1 taza (de las de té) de nueces picadas no muy menudas,
½ taza de pasas de Corinto,
20 g de mantequilla,
1 huevo,
1 taza de azúcar,

1 taza de leche,
2 tazas de harina (o un poco más),
1 cucharada (de las de café) rasada
de levadura Royal,
un poco de mantequilla y de harina para el molde.

Se ponen en remojo durante unos 20 minutos las pasas, en agua templada más
bien caliente.

En una ensaladera se bate la mantequilla (que debe estar blanda, sacada de la
nevera una hora antes por lo menos) con el huevo y el azúcar. Después se añade
la mitad de la harina, alternando con la leche. Se agregan entonces las pasas bien
escurridas y las nueces y, después, la otra taza de harina mezclada con la levadura. Se vuelca esta masa en un mármol enharinado y se amasa con la punta de los
dedos. Se unta con bastante mantequilla un molde alargado y se espolvorea con
harina. Se mete la masa dentro y se deja reposar ½ hora en sitio no fresco. Se
mete entonces a horno templado por espacio de una hora, con el fuego sólo por
abajo. Si de todas maneras se tostase demasiado el pan, se cubrirá con un papel
para que no se queme. Se pincha con un alambre para ver si está cocido.

Una vez hecho, se deja enfriar un poco y se vuelca poniéndolo encima de
una rejilla hasta su completo enfriamiento. Se guarda 24 horas en un paño limpio o envuelto en papel de plata antes de comerlo, pues resulta mejor.

976. MAGDALENAS (salen unas 60)

3 huevos,
250 g de azúcar,
300 a 350 g de harina fina,
¼ litro de aceite fino,
⅛ litro de leche,

4 paquetes de polvos de «Armisén»
(2 blancos y 2 amarillos),
la ralladura de un limón,
unos moldes de papel,
un pellizco de sal.

En una ensaladera se ponen las 3 claras y el pellizco de sal; se baten a punto de
nieve muy firme, se les añaden las yemas, después el azúcar, el aceite, la leche,
la ralladura del limón, el Armisén (un papel de cada color, alternándolos) y, al
final, la harina. Todos estos ingredientes se echan poco a poco y unos detrás de
otros, removiendo bien con una cuchara de madera.

Con una cucharita de las de café se rellenan los moldes de papel hasta menos de la mitad de la altura del mismo.

Se meten a horno mediano flojo y se sacan cuando están bien doraditas.

Estas magdalenas se pueden guardar unos días en una caja de metal.

977. MAGDALENAS DE CLARA DE HUEVO (salen unas 28 piezas)

160 g de mantequilla,
30 g de mantequilla para untar los
moldes,

250 g de azúcar,
120 g de harina,
6 claras de huevo sin batir.

En una ensaladera se pone el azúcar y la mantequilla un poco blanda. Se mezclan bien, se añaden las claras de huevo y moviendo con unas varillas, después
de dejarlo bien unido, se va añadiendo poco a poco la harina.

Calentar el horno de antemano y untar unos moldes metálicos con forma de magdalenas, con bastante mantequilla, con el dedo o con un pincel. Poner la masa en cada molde, pero que no llegue hasta arriba.

Meter al horno (previamente templado) unos 20 a 25 minutos hasta que estén las magdalenas bien doraditas. Volcarlas del molde cuando están aún calientes y dejarlas enfriar.

Se pueden conservar en una lata amplia unos 3 ó 4 días.

978. PASTAS DE COCO (salen unas 50)

5 claras de huevo,
300 g de azúcar,
250 g de coco rallado,

un pellizco de vainilla en polvo,
un poco de mantequilla para untar la chapa.

En un cazo se echan las claras y el azúcar, se pone a fuego mediano suave y con unas varillas se bate sin parar. Cuando la mezcla está caliente, se añade el coco y la vainilla, se siguen batiendo para que todo quede bien mezclado y se retira de la lumbre.

Se unta de mantequilla una chapa de horno. Se pone con una cuchara de postre la masa en montoncitos. Se mete la chapa en el horno, se enciende éste con calor muy suave y se cuecen durante unos 30 minutos, hasta que las pastas estén ligeramente doradas. Se retiran de la chapa, cuando están casi frías, con un cuchillo de punta redonda y se dejan enfriar.

979. ROCAS DE COCO

Se procede igual que para las pastas anteriores, variando únicamente la cantidad de coco. Se ponen 300 g.

Se hacen unos montones de masa más altos y con un tenedor de postre mojado en agua fría se les da antes de meterlos en el horno una bonita forma.

980. PASTAS SENCILLAS (salen unas 50)

3 huevos,
200 g de azúcar,
250 g de harina fina,

un poco de mantequilla para untar la chapa del horno,
un pellizco de vainilla.,

Se baten bien los 3 huevos con el azúcar y se les añade, de dos en dos cucharadas, la harina y la vainilla.

Se unta con mantequilla la chapa del horno y con una cuchara de las de café se hacen montoncitos de masa bastante separados unos de otros, para que al ensancharse no se toquen.

Se ponen a fuego mediano, y cuando las pastas están doradas se retiran en seguida (en caliente) de la chapa con un cuchillo de punta redonda. Se dejan enfriar para servir o para guardar en una lata un par de días si se quiere.

981. PASTAS CON NATA DE LA LECHE (salen unas 30)

Se procede exactamente igual que para la receta del bizcocho de nata (receta 962), pero poniendo sólo 1 huevo. Una vez hecha la masa, se unta una chapa de horno con un poco de mantequilla y se espolvorea con un poco de harina. Con una cuchara de las de café se ponen montoncitos alejados unos de otros (pues esta masa se extiende bastante) y se meten a horno medianos hasta que estén doraditas.

Se retiran con la punta de un cuchillo y se ponen extendidas hasta que se enfríen.

982. SABLES DE ALMENDRAS (salen unos 35)

200 g de mantequilla,
150 g de azúcar,
  1 huevo,
300 g de harina,

65 g de almendras picadas,
una churrera con dibujo plano por un lado y ondulado por arriba.

Se ablanda un poco la mantequilla y se mezcla con el azúcar con una cuchara de madera; se le añade el huevo y después la harina y las almendras. Se mezcla todo junto, procurando no revolver la masa más que lo indispensable.

Se mete esta masa en veces en la churrera y se extiende sobre un mármol, cortando los carriles así formados en trozos de 4 cm. Se colocan con cuidado, ayudándose con un cuchillo de punta redonda, sobre la chapa del horno.

Se meten a horno mediano, y cuando tienen un bonito color dorado se retiran y se dejan enfriar.

Se pueden guardar varios días en una caja de metal.

983. LENGUA DE GATO (salen unas 55 piezas)

  4 claras de huevo (sin batir),
125 g de mantequilla,
125 g de harina,

125 g de azúcar,
un pellizco de vainilla en polvo.

En una ensaladera se pone la mantequilla, que no debe estar fría, sino blanda; se agrega el azúcar y las claras de huevo sin batir, una por una, y la vainilla, se dan vueltas con una cuchara de madera durante 8 a 10 minutos; después se va añadiendo, cucharada a cucharada, la harina. Una vez bien incorporada ésta, se enciende el horno para que esté caliente y con una cuchara se ponen unas tiritas de un dedo o menos de anchas y bien separadas unas de otras, pues al calentarse se extiende mucho la masa. Se meten a horno mediano durante más o menos 10 minutos, hasta que las lenguas de gato estén bien doradas todo alrededor, pero con el centro claro. Se saca la chapa y, con un cuchillo de punta redonda, se desprenden primero todas las lenguas de gato y luego con cuidado se sacan y se colocan sobre un mármol bien planas hasta que estén frías.

Una vez frías y tiesas, se ponen en el plato donde se vayan a servir o se guardan (2 o 3 días) en una caja de metal.

984. PASTAS DE TE CON ALMENDRAS RALLADAS (salen unas 30)

75 g de mantequilla,
100 g de almendras ralladas,
100 g de harina,
100 g de azúcar,
la ralladura de un limón,
1 huevo,

Adorno:
½ guinda o una almendra,
1 brocha plana.,

En una ensaladera se mezcla la mantequilla (blanda) con las almendras y el azúcar. Se añade después la harina, la ralladura de limón y, por último, ½ huevo batido como para tortilla. Todo ello se debe trabajar lo menos posible, sólo lo necesario para que los ingredientes queden unidos.

Se coge masa con una cucharita de las de café, se forma una bola aplastada y se coloca en la chapa del horno. Con el pincel se embadurnan las pastas con el ½ huevo batido como para tortilla. Se coloca encima de cada pasta ½ guinda o una almendra y se meten a horno mediano. Cuando están doradas se retiran, levantándolas con un cuchillo de punta redonda.

Se dejan enfriar.

Se pueden guardar varios días en una caja de metal.

985. PASTAS DE TE (salen unas 50)

100 g de mantequilla,
125 g de azúcar,
250 g de harina,
1 cucharada sopera de levadura Royal (rasada),
1 cucharada sopera de leche fría,

2 huevos,
unas almendras crudas, para adorno,
un poco de harina (para las manos).

En una ensaladera se pone la mantequilla blanda, el azúcar, 1 huevo y la yema del segundo. Se mezclan bien los ingredientes con una cuchara de madera. Se añade después, poco a poco, la harina, la levadura Royal y, al final, la leche.

Se espolvorean las manos con harina y con una cucharita de las de café se hace una bolita de masa, se pone en la chapa de horno, se aplasta en redondo dejándola de 1½ cm de gruesa y se adorna cada pasta con una almendra.

En un plato sopero se bate un poco con un tenedor la clara que ha sobrado. Con una brocha se unta en cada pasta esta clara y se meten a horno mediano, más bien flojo (previamente encendido durante 6 minutos para la primera remesa), hasta que están doradas por arriba (15 a 20 minutos).

Se saca la chapa del horno y con un cuchillo de punta redonda se desprenden. Se ponen en una mesa de mármol, si es posible, hasta que estén frías. Se pueden conservar unos días en cajas de hojalata.

986. ROSQUILLAS (salen unas 35)

1 huevo,
4 cucharadas soperas de aceite fino,
4 cucharadas soperas de leche fría,
2 cucharadas soperas de anís (licor),
6 cucharadas soperas de azúcar,

1 cucharadita (de las de moka) de levadura Royal o una (de las de café) de bicarbonato,
½ kg de harina más o menos.,
1 litro de aceite para freír las rosquillas,
azúcar glass para espolvorearlas.

En una ensaladera se pone el huevo y se bate un poco con un tenedor. Se añade el aceite, la leche y el anís. Se bate para que quede bien mezclado. Se agrega el azúcar y la levadura. Después se va añadiendo la harina, la que admita (½ kg más o menos). Se forman unos rollitos de un dedo meñique fino de grueso y se hacen las rosquillas en redondo.

Se pone el aceite a calentar y se fríen las rosquillas por tandas, primero con el aceite poco caliente y después más caliente (cuando se hayan inflado), para que queden bien cocidas por dentro y doradas por fuera. Se sacan y se dejan escurrir. Cuando están aún calientes, para que se adhiera bien, se espolvorean con azúcar glass o con azúcar molida corriente.

987. ROSQUILLAS DE LIMON (salen unas 35)

3 huevos,
150 g de manteca de cerdo derretida,
¼ litro de leche fría,
la corteza de un limón rallada,
1 cucharadita (de las de moka) de levadura Royal o de bicarbonato,

3 cucharadas soperas de anís dulce (licor),
1 kg más o menos de harina,
350 g de azúcar,
1 litro de aceite,
azúcar glass para espolvorear.

En una ensaladera se pone todo junto, menos la harina. Se mueve todo durante 15 minutos. Entonces se le va agregando la harina, poco a poco, hasta que se desprenda de las paredes de la ensaladera.

Después se forman las rosquillas de un dedo meñique de grueso y se fríen en aceite poco caliente para que se cuezan primero por dentro y se hinchen bien. Una vez bien huecas, se da más fuego al aceite para que tomen un bonito color dorado.

Se escurren y después se espolvorean con azúcar glass.

988. ROSQUILLAS ALARGADAS DE ALMENDRAS (salen unas 50)

3 huevos,
200 g de azúcar,
100 g de almendras picadas,
25 g de mantequilla,

300 g de harina (más o menos),
1 cucharada sopera de kirsch,
1 litro de aceite (sobrará).

En una ensaladera se ponen el azúcar, las almendras, los huevos y el licor. Se dan vueltas con una cuchara de madera durante $\frac{1}{4}$ de hora. Aparte, en un cazo pequeño, se pone la mantequilla a derretir (sin que cueza), se añade a la masa y, por último, se va echando la harina, revolviendo lo menos posible. La masa tiene que quedar más bien blanda, de manera que se puedan formar unas croquetitas largas, de unos 3 a 4 cm y anchas como un dedo meñique (pero habrá que untarse las manos con harina para poder formarlas, pues al ser blanda la masa se pega mucho).

Se pone el aceite a calentar en una sartén grande y honda; cuando está empezando a calentarse, se retira del fuego y se van echando las croquetas de forma que queden holgadas; se espera a que se hinchen y se vuelve entonces a poner la sartén a fuego vivo, hasta que las croquetas empiecen a dorarse. Se retiran con una espumadera y se dejan escurrir en un colador grande.

Estas croquetas suelen abrirse un poco, pero esto hace gracioso. Se pueden conservar una vez frías, unos días, en una caja metálica.

989. POLVORONES DE ALMENDRA MANTECADOS
(salen unos 50)

300 g de manteca de cerdo,
300 g de harina,
300 g de azúcar,
100 g de almendras tostadas molidas,

1 huevo,
un pellizco de sal,
canela en polvo,
azúcar glass para espolvorearlos.

En una sartén sin nada se pone la harina a calentar. Se le da vueltas con una cuchara de madera y antes de que tome color se retira (unos 7 minutos).

Se pone esta harina en una mesa de mármol en forma de círculo; en el centro se pone la manteca, el azúcar, las almendras, la canela, el pellizco de sal y el huevo. Se amasa muy bien con las manos hasta que esté todo muy fino. Se coge un poco de masa (el grosor de una nuez) y se forma una bola, que se aplasta para que quede un redondel grueso.

Se colocan los polvorones en una chapa de horno unos al lado de otros, sin poner nada en la chapa, y se meten a horno muy suave (más o menos 30 minutos).

Se sacan del horno y se dejan enfriar en la misma chapa. Se espolvorean con el azúcar glass.

Se conservan en una lata o bien envolviéndolos cada uno con papel de seda.

990. LAZOS FRITOS (salen unos 25)

Muy a propósito para meriendas de niños.

250 g de harina fina,
 harina para espolvorear la mesa,
 2 huevos,
 30 g de mantequilla,
 2 cucharadas soperas de azúcar,

1 cucharada sopera de aguardiente,
 un pellizco de sal,
 azúcar glass para espolvorearlos,
1 litro de aceite fino (sobrará).

En una ensaladera se ponen todos los ingredientes juntos y con la mano se amasa muy bien. Una vez amasada en la ensaladera, se espolvorea con harina una mesa de mármol y se amasa otro poco. Se vuelve a espolvorear la mesa con harina y con un rollo pastelero se extiende la masa hasta que quede muy fina. Se cortan unas tiras de un dedo de ancho y de unos 25 cm de largas. Se forman unos lazos.

En una sartén grande y honda se pone el aceite a calentar cuando está en su punto (se prueba echando una rebanadita de pan), se echan los lazos de cuatro en cuatro para que no tropiecen y cuando están dorados se retiran. Se sirven en una fuente, espolvoreándolos abundantemente con azúcar glass.

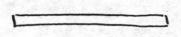 

991. GALLETAS «MARIA» FRITAS

4 galletas «María» por persona, mermelada de frambuesa o grosella,

1 litro de aceite (sobrará),
1 plato con azúcar molida.

Se coge la mitad del número de galletas que se vayan a preparar y se untan con la mermelada. Se les pegan las otras galletas apretando un poco, pero sin romperlas, para que se adhieran. Se pone a calentar en una sartén grande el aceite; cuando está caliente (pero no demasiado, pues estas galletas se arrebatan en seguida), se fríen rápidamente. Se sacan, se pasan por el azúcar y se colocan en la fuente donde se vayan a servir.

Están mejor recién hechas.

992. BUÑUELOS DE VIENTO (salen unos 25 medianos)

 4 huevos,
125 g de harina,
 25 g de mantequilla,
 2 cucharadas soperas de azúcar,
 la corteza rallada de un limón,

1¼ vasos (de los de agua) de agua,
 un pellizco de sal,
1 litro de aceite (sobrará),
 azúcar glass.

En un cazo se pone el agua, la mantequilla, el azúcar, el limón rallado y el pellizco de sal. Todo esto junto se pone a cocer y cuando hierve se echa de una vez la harina y, sin retirar del fuego, se dan vueltas con una cuchara de madera hasta que la masa se desprende de las paredes del cazo. Se retira del fuego y se deja un rato que se vaya enfriando. Cuando la masa está templada, se le incorporan los 4 huevos, pero de uno en uno. Hasta que cada huevo no quede bien mezclado a la masa no es echa el siguiente. Se deja reposar esta masa durante 2 horas.

Se pone en una sartén honda el aceite a calentar; cuando aún no está muy caliente, se separa del fuego y se echan unos montoncitos de masa cogiéndolos con una cucharadita de las de café y empujándola hacia el aceite con el dedo para que los buñuelos adquieran bonita forma. Se les tiene un rato con la sartén apartada del fuego para que se inflen y suban a la superficie del aceite. Entonces se vuelve a poner la sartén al fuego hasta que los buñuelos estén doraditos. Se sacan con una espumadera y se dejan escurrir en un colador grande.

El secreto del éxito de estos buñuelos está en la manera de freírlos, para que se hinchan bien y no quede la masa cruda en el centro.

Se pueden servir así, templadas o fríos, espolvoreados con azúcar glass, o rellenos de crema.

Nota.—Para hacer más cantidad de buñuelos, es mejor repetir la receta que añadir más cantidad de ingredientes.

Relleno:

½ litro de leche,
1 corteza de limón (se pone en la leche a cocer),
3 yemas de huevo,

1½ cucharadas soperas de maizena,
½ cucharada sopera de harina,
5 cucharadas soperas de azúcar.

Se procede como para la crema catalana (receta 1.033).

993. PETITS-CHOUX

Con estas proporciones se hacen unos 30 petits-choux de tamaño grande como para postre y unos 70 de tamaño pequeño como para aperitivo (receta 32).

1 vaso (de los de agua) de leche,
50 g de mantequilla,
50 g de manteca de cerdo,
1 cucharada pequeña de azúcar (o un terrón),
1 vaso (de los de agua) de harina (el mismo que el de leche),
3 huevos enteros,
2 claras de huevo sin batir sal,
Relleno de crema:

¾ litro de leche,
150 g de azúcar,
1 corteza de limón,
3 yemas de huevo,
1 clara de huevo a punto de nieve,
2 cucharadas soperas de harina (más bien llenitas).,
Caramelo:
3 cucharadas soperas de azúcar,
1 cucharada sopera de agua.

Masa de los petits-choux:

En un cazo se pone la leche, la mantequilla, la manteca, la sal y el azúcar. Se pone a fuego mediano y, cuando está todo derretido, se mueve con una cuchara de madera; cuando empieza a hervir, se echa de golpe la harina, se mueve rápidamente durante unos 3 minutos y se separa del fuego la masa.

Mientras tanto se hace la crema del relleno.

Se pone en un cazo la leche, el azúcar y la cáscara de limón a fuego mediano. En un tazón se baten las 3 yemas con la harina y un par de cucharadas de leche fría, que se habrá quitado de los ³/₄ litro. Cuando la leche empieza a cocer, se coge con un cacillo un poco de leche caliente y se añade al tazón, moviendo bien para que no se cuajen las yemas. Se vierte en la leche cociendo y, sin dejar de mover, se cuece durante unos 3 a 5 minutos. Se aparta del fuego y se cuela por un colador de agujeros grandes (chino o pasapurés) para retirar las cáscaras de limón y algún grumito si lo hubiese. Se pone en sitio fresco (nevera) cuando esté templada.

La masa de los choux estará entonces templada y se le irán añadiendo, de uno en uno, los 3 huevos enteros, esperando cada vez a que estén bien incorporados en la masa y, por último, las 2 claras (sin montar).

Se engrasa una chapa de horno ligeramente con aceite fino, y con una cucharadita de las de café se forman unos montoncitos bastante alejados unos de los otros. Se mete a horno muy suave hasta que estén bien dorados. Se sacan y se dejan en espera.

La crema del relleno estará fría. Se le añade una clara montada a punto de nieve que quede bien incorporada y no se note.

Se cortan los choux con unas tijeras, haciendo una raja de unos 3 cm de larga de costado, y con cuidado se presionan un poco para abrir esta boca. Esta se hará hacia la mitad del choux (con el fin de que la crema no se salga al cerrar la raja) y con una cucharita de café se mete la crema.

Una vez todos los choux rellenos, se hace el caramelo para bañarlos por encima. Se pone al fuego el azúcar y el agua; cuando está el caramelo dorado se mete rápidamente la parte de arriba de cada choux en el caramelo y se saca en seguida.

(Hay que tener cuidado de agarrar muy bien el choux para no quemarse.)

994. BRAZO DE GITANO (8 personas)

2 cucharadas soperas de fécula de patatas,
4 cucharadas soperas de harina,
5 cucharadas soperas de azúcar,
3 huevos,
1 clara,
un pellizco de vainilla en polvo,

1 cucharada (de las de café) de levadura Royal,
un pellizco de sal,
1 paño limpio,
mantequilla para untar la chapa,
azúcar glass.

Se montan a punto de nieve muy firmes las cuatro claras, con un pellizquito de sal. Se les añaden las yemas, después el azúcar y por último, cucharada a cucharada, la mezcla de la harina, la fécula y la levadura (estos tres elementos se mezclarán en un plato sopero antes de usarlos).

Se unta muy bien con mantequilla una chapa de horno bastante grande (37 X 26 cm más o menos) y poco alta; en el fondo se coloca un papel blanco también untado con mantequilla. Se mete a horno más bien suave unos 35 minutos. Tiene que estar la masa cocida (al pincharla con un alambre, éste tiene que salir limpio), pero no muy dorada.

Se moja el paño de cocina en agua templada y se retuerce muy bien para que esté húmedo pero sin agua. Se extiende en una mesa y en seguida se vuelca el bizcocho. Se quita el papel pegado, se extiende el relleno con mucha rapidez y se enrolla el brazo de gitano ayudándose con el paño. Una vez bien formado, se pone en una fuente cubierto con un papel, hasta que se enfríe, y al ir a servir se cortan las extremidades y se espolvorea con azúcar glass.

Rellenos:

1.º) Crema pastelera:

½ litro de leche,	1½ cucharada sopera de maizena,
3 yemas de huevo,	1½ cucharada sopera de harina,
5 cucharadas soperas de azúcar,	un pellizco de vainilla.

2.º)   Mermelada de frambuesa o grosella y nata montada:

Una vez el bizcocho en el paño de cocina, se extiende una capa muy fina de mermelada con un cuchillo. Encima de ésta se extiende nata montada dulce y se enrolla rápidamente.

Hará falta más o menos ½ kg de nata.

995.   MASAS PARA TARTAS

Para moldes de unos 25 cm de diámetro.

1.ª receta:

1 yema de huevo,	1 vaso (de los de vino) más o menos de agua fría,
200 g de harina,	
harina para espolvorear el mármol,	sal (un pellizco),
80 g de mantequilla,	1 cucharada (de las de café) de azúcar,
1 cucharada sopera de aceite de cacahuete (o de oliva fino),	mantequilla para untar el molde.

Se pone la harina en una ensaladera, se espolvorea con el pellizco de sal y el azúcar y se añade la mantequilla (blanda) en trocitos como avellanas y la yema. Con la punta de los dedos se tritura esto lo menos posible, formando una especie de serrín grueso. Se va echando entonces poco a poco (en tres veces, por ejemplo) el agua. Se espolvorea la mesa o mármol y se echa la masa para amasarla un poco, y se forma una bola grande. Esta se pone en sitio fresco tapada con un tazón, o envuelta en papel de plata, y se deja reposar por lo menos 3 horas. Se puede preparar con más anticipación si se quiere.

Al ir a hacerla, se espolvorea harina en la mesa y se extiende con un rollo pastelero. Se traslada con cuidado al molde previamente untado con un poco de mantequilla. Se recortan los bordes que sobren y se pincha el fondo en varios sitios con un tenedor para que al cocer no se formen pompas.

Se puede poner a horno mediano unos 10 o 15 minutos y rellenarla después a medio cocer.

Se pueden poner en el fondo un puñado de garbanzos o judías (sin remojar) para que no se deforme la masa al cocer sin relleno.

Al poner el relleno, se quitan.

Se puede batir con un tenedor una clara de huevo (sólo como si fuese para tortilla) y con una brocha plana untar el fondo y los bordes para cuando se rellena la tarta con fruta que pueda soltar algo de jugo.

2.ª receta (masa quebrada sencilla):

125 g de harina fina,
 60 g de mantequilla,
  2 cucharadas soperas de agua,
  2 cucharadas soperas rasadas de
    azúcar,

1 clara de huevo,
  mantequilla parau ntar el molde,
  harina para espolvorear la mesa.

Se tiene la mantequilla sacada de la nevera para que esté blanda, sin estar de-rretida. Se pone la harina en una mesa de mármol, se añade la mantequilla, el azúcar y el agua. Se trabaja muy poco con la punta de los dedos. Una vez mez-clado todo, se forma una bola y se deja descansar unos 30 minutos.

Se espolvorea la mesa con harina y se estira la masa con un rollo de pastele-ría. Se coloca en el molde de tarta con cuidado (éste estará previamente untado de mantequilla) y se pincha el fondo con un tenedor para que no se hagan pom-pas.

En un plato sopero se pone una clara de huevo ligeramente batida con un te-nedor (sólo para romper las hebras). Con una brocha se pasa por los bordes del molde y en el fondo. Se mete en el horno flojo unos 15 minutos. Se saca, se re-llena con lo que se quiera y se vuelve a meter en el horno.

3.ª receta de masa francesa para tartas:

100 g de mantequilla,
250 g de harina,
  2 yemas de huevo,
 20 g de levadura de panadero,

3 cucharadas soperas de leche caliente (no hirviendo),
  sal,
2 o 3 cucharadas soperas de azúcar.

En un vaso se pone la leche templada y la levadura durante unos 10 minutos.

En una ensaladera se vierte este líquido y se añaden las yemas, la mantequi-lla (blanda) y, por último, la harina y la sal. Se amasa entonces con la mano. Se extiende con la mano o con un rollo de pastelería y se coloca sobre una chapa untada previamente con mantequilla. Se cubre con un paño limpio, dejando que la masa repose y suba durante $^1/_2$ hora.

Se pincha todo el fondo con un tenedor, sin llegar a traspasar del todo la ma-sa.

Se espolvorea entonces con el azúcar. Ya está preparada para el relleno que más se prefiera.

4.ª receta de masa sablé para tartas (para un molde de unos 20 cm de diá-metro):

250 g de harina,
125 g de mantequilla,
 20 g de mantequilla (para untar el
    molde),
  3 cucharadas soperas de azúcar,

1 huevo,
  la corteza de $^1/_2$ limón rallada,
  harina para espolvorear la mesa,
  un pellizco de sal.

Se tiene la mantequilla fuera de la nevera para que esté blanda.

En un tazón se pone el azúcar y la sal y se casca el huevo entero. Se bate todo junto hasta que el azúcar y la sal se queden bien incorporados y no se no-ten.

En un mármol se echa la harina, formando un montón. En el centro se hace un hoyo y se vierte dentro el huevo batido con la sal y el azúcar. Por encima de la harina se ponen trocitos de mantequilla blanda. Se trabaja con la punta de los dedos, rápidamente y sin amasar casi, para que la masa se quede bien sablé (es decir, quebradiza).

Se unta un molde con los 20 g de mantequilla, se estira la masa con un rollo de madera sobre el mármol espolvoreado con harina y se traslada al molde, dándole buena forma y cortando las sobras.

Se pincha el fondo de la masa con un tenedor en varios sitios y se mete a horno templado. Se puede dejar cocida en blanco o dorado, según el relleno que se vaya a poner.

5.ª receta de masa con almendras (para un molde de 24 a 26 cm de diámetro):

200 g de harina fina,
105 g de mantequilla (blanda),
  1 huevo pequeño,
 50 g de almendra cruda molida,
  3 cucharadas soperas de azúcar,
  2 cucharadas soperas de leche fría,

un pellizco grande de sal,
pan rallado fino,
20 g de mantequilla para untar el molde,
un poco de harina para espolvorear la mesa y el rollo.

Se mezclan la harina y la sal y se agrega la mantequilla blanda dividida en trocitos. Se trabaja sólo un poco la masa con la punta de los dedos. Se añade casi en seguida el azúcar, el huevo batido como para tortilla, la leche y, al final, las almendras molidas finas. Se trabaja lo menos posible la masa, sólo lo necesario para que quede todo bien incorporado. Se forma con la masa una bola, que se cubre con un paño limpio por espacio de 1 hora. Se unta un molde redondo con los 20 g de mantequilla y se espolvorea con un poco de pan rallado, sacudiendo el molde para quitar lo sobrante.

Pasada la hora de reposo, se estira la masa sobre un mármol, espolvoreado ligeramente de harina, con un rollo pastelero. Se coloca en el molde, se pincha con un tenedor todo el fondo para que al cocer no se infle y se mete al horno, previamente calentado y mediano, unos 25 a 30 minutos más o menos.

Esta tarta se puede rellenar de nata y fresa, grosellas, frambuesas o también de cerezas, pero a éstas se les quitan los huesos y se cuecen ligeramente en un almíbar.

Si éstas fuesen el relleno, se debe batir ligeramente un poco de clara y untarla con una brocha plana por todo el fondo, con el fin de que quede impermeabilizado para la fruta, crema o nata.

996. MANERA DE COCER LAS FRUTAS PARA EL RELLENO DE LAS TARTAS

Se hace un almíbar con ⅛ litro de agua (un vaso, de los de vino, lleno) y 4 cucharadas soperas de azúcar. Se pone a cocer, y cuando lleva unos 10 minutos se echa la fruta (manzanas peladas y cortadas en gajos, ciruelas partidas por el medio y quitado el hueso, cerezas o albaricoques, etc.). Se dejan cocer de manera que queden blandas pero sin deshacerse. Se escurren de este jugo, se colocan en la masa anteriormente preparada para ello y en el almíbar se deshacen 2 cucharaditas (de las de café) de fécula de patata con unas gotas de agua fría. Se cuece unos minutos y se vierte sobre la tarta ya preparada.

Fresones o fresas:

2 **cucharadas soperas de mermelada,**
3 **cucharadas soperas de agua,**
3 **cucharadas soperas de azúcar,**

¹/₂ **hoja escasa de cola de pescado, deshecha en 3 cucharadas soperas de agua caliente.**

Se colocan crudos encima de la tarta ya cocida y se bañan con un poco de mermelada de grosella o albaricoque, cocida con agua, azúcar y cola de pescado y colada por un colador por encima de la fruta.

997. TARTA DE MANZANA

(Para la masa ver receta 995, 2.ª).

Relleno:

3 **manzanas reinetas,**
    un puñado de pasas de Corinto,
2 **cucharadas soperas de mermelada de albaricoque,**

¹/₂ **vaso (de los de agua) de agua,**
1 **cucharada sopera llena de azúcar.**

Una vez hecha la masa, se rellena la tarta como sigue:

En un cazo se pone el agua, el azúcar y las pasas. Se calienta a fuego mediano y se deja cocer despacio unos 10 minutos. Se separa del fuego y se deja en espera.

Se cortan las manzanas en cuatro. Se pelan, se quitan los centros duros y se cortan en gajos finos. Se colocan éstos primero todo alrededor de la masa ligeramente montados unos encima de otros, después otra fila hasta llegar al centro de la tarta. Se mete la tarta a horno suave unos 20 minutos más o menos. Se saca, se espolvorean las pasas escurridas. En el almíbar de las pasas se añade la mermelada, se cuece unos 5 minutos a fuego vivo. Se retira, se enfría un poco para que quede templado y se vierte esta salsa, colándola por un colador (no muy fino), sobre la tarta.

Se deja enfriar y se sirve así o con un poco de nata montada recubriendo la tarta.

998. TARTA DE FRUTAS (6 a 8 personas)

1 **molde de unos 23 cm de diámetro,**
³/₄ **kg de fruta: naranjas, (3 grandes), o albaricoques, o peras, o manzanas,**
1¹/₂ **vasos (de los de agua) de leche fría,**
8 **cucharadas soperas de azúcar,**

2 **cucharadas soperas de maizena,**
1 **huevo,**
1 **clara,**
5 **cucharadas soperas de agua (1 decilitro),**
2 **cucharadas soperas de mermelada de albaricoque,**
    masa de la tarta (receta 995, 1.ª receta).

La clara se bate como para tortilla y con una brocha se pasa por el fondo y los bordes de la tarta antes de meterla en el horno.

Se cuece durante unos 25 minutos la masa, y mientras tanto se prepara el relleno.

Preparación del relleno:

En un cazo se ponen 5 cucharadas soperas de azúcar con el decilitro de agua a cocer. Se cuece unos 5 minutos y se le añade la fruta pelada (si son naranjas, peras o manzanas; sin pelar y partidas por medio y quitada la almendra, si son albaricoques). Se dejan cocer en el almíbar unos 8 minutos (según sea la fruta). Se sacan del almíbar. Aparte, en un tazón, se deslíe la maizena con un poco de leche fría. Se pone el resto de la leche a cocer con 3 cucharadas de azúcar. Cuando rompe a hervir, se añade la maizena y, sin dejar de mover con una cuchara de madera, se deja unos 3 minutos cociendo. Mientras tanto la masa estará ya cocida. Se bate como para tortilla el huevo y se añade poco a poco a la maizena, moviendo muy bien. Se vierte esto en el fondo de la tarta. Se coloca la fruta encima, formando un bonito dibujo, y se mete a gratinar en el horno unos 5 minutos.

Se saca y se deja enfriar. Se vuelca entonces la tarta en una tapadera y otra vez ésta en la fuente donde se vaya a servir, o se hace la tarta en una chapa con un aro amovible especial.

En el almíbar que ha quedado de cocer la fruta se añade la mermelada de albaricoque, se cuece unos 10 minutos y, cuando se vaya a servir la tarta, se cuela este jugo por un colador de agujeros no muy finos y se vierte por encima sin que haya mucho líquido, sólo una capa fina.

El relleno se pone sólo $\frac{1}{2}$ hora antes de servir, pues más tiempo se remoja mucho la masa.

En este tipo de tarta se puede suprimir la crema de maizena. Habrá entonces que poner más cantidad de fruta, y antes de colocar ésta se espolvorea con un poco de azúcar el fondo. Por lo demás, se procede igual que se ha explicado anteriormente.

999. TARTA DE LIMON (6 personas)

1 molde de unos 22 cm de diámetro.

Masa quebrada:
- 200 g de harina,
- 80 g de mantequilla,
- 1 huevo,
- 1 cucharada sopera de aceite fino, un pellizco de sal,
- 1 cucharada sopera de azúcar, un poco de agua fría.,

Relleno:
- 1 bote de leche condensada,
- 3 yemas de huevo,

la ralladura de un limón,
el zumo de 2 o 3 limones (según tamaño).,

Merengue:
- 3 claras de huevo,
- 2 cucharadas soperas de azúcar glass,
- 1 cucharada (de las de café) de harina fina,
un pellizquito de sal.

Se hace la masa quebrada según está explicado en la receta 995, 1.ª receta, y se deja hecha una bola en sitio fresco durante unas horas.

En el momento de ir a hacer la tarta, se espolvorea un mármol con harina y se estira la masa con el rollo pastelero. Se coloca en el molde. Se pincha todo el fondo con un tenedor (con el fin de que al cocerse no se formen pompas) y se colocan unas judías o unos garbanzos por encima del fondo. Se mete a horno medianamente caliente y se deja hasta que empieza a dorarse la masa (unos 30 minutos más o menos).

Se bate ligeramente en un tazón como $\frac{1}{2}$ clara de huevo, pero sólo hasta que esté espumosa. Con una brocha se unta el fondo de la tarta (quitados los garbanzos o judías). Se vuelve a meter en el horno 5 minutos para que se seque la clara.

En una ensaladera se baten las 3 yemas con la ralladura del limón y se vierte poco a poco la leche condensada y luego el zumo de los limones. Se vierte esta crema en la tarta. Se hace el merengue batiendo muy firmes las claras con un poquito de sal. Una vez batidas se les añade, moviendo entonces con una cuchara, el azúcar y la harina. Con este merengue se cubre la tarta y se vuelve a meter al horno para dorar. Cuando el merengue empieza a dorarse se saca, se deja enfriar y se sirve la tarta.

Nota.—Se puede también hacer el relleno de crema de limón (receta 1.057). Así resulta una tarta más al estilo inglés.

1.000. TARTA DE QUESO (5 a 6 personas)

$\frac{1}{2}$ kg de requesón o de queso de Burgos,

1 cucharada sopera de maizena,

10 o 12 cucharadas soperas de azúcar,

3 huevos (enteros y batidos),

1 puñado de pasas,

$\frac{2}{3}$ de un vaso (de los de vino) de ron o coñac,

mantequilla o margarina para untar el molde,

1 molde de unos 19 cm de diámetro.

Poner el ron a calentar y cuando empieza a hacer burbujas, apartarlo del fuego y echar las pasas en remojo. Dejarlas en espera. En una ensaladera poner el queso en trozos, los huevos, batidos como para tortilla, el azúcar, la maicena. Mezclar todo muy bien (si se tiene, con la minipimer).

Untar un molde con la mantequilla (aconsejo poner en el fondo un papel de plata, que se untará como si fuese el molde). Verter la masa en el molde y meter en el horno (previamente calentado durante 5 minutos suavemente), subir el calor y dejar fuerte $\frac{1}{4}$ de hora.

Escurrir y secar las pasas (no se aprovecha el ron) y colocarla por la parte de arriba de la tarta hundiéndolas un poco, sin sacar del horno y seguir cociendo otro $\frac{1}{4}$ de hora más. Cuando se están empezando a dorar los bordes, está ya la tarta. Se saca del horno y se deja enfriar en el molde. Ya fría se desmolda primero en un plato, se le quita el papel de plata y se vuelve a volcar en el plato donde se vaya a servir.

Nota.—Si el queso está algo duro, se añade un poco de leche.

1.001. TARTA DE YEMA

Se hace la masa (receta 995, 3.ª receta).

Cuando ha reposado $\frac{1}{2}$ hora, se espolvorea con el azúcar y se cubre con la siguiente crema:

3 huevos,

su mismo peso de azúcar,

30 g de almendra rallada (2 cucharadas soperas) (facultativo),

mantequilla (40 g más o menos).

Se baten los huevos como para tortilla, se les añade el azúcar y la almendra rallada (si se quiere) y se vierte en seguida sobre la tarta. Se coloca la mantequilla en forma de unas 6 avellanitas esparcidas por encima de la tarta y se mete a horno mediano unos 20 minutos, con fuego sólo debajo, y después se dora, dando más fuerza al horno hasta que esté dorada la crema de yema.

Se saca del horno y cuando está templada se vuelca dos veces, para que la crema quede arriba si se ha hecho en molde fijo, o bien se quita el aro y se pasa la punta redonda de un cuchillo para correrla a la fuente donde se irá a servir.

1.002. HOJALDRE (6 personas)

200 g de harina,	agua fría,
125 g de manteca de cerdo,	un pellizco de sal,
125 g de margarina (Tulipán, etc.),	½ huevo (para pintar el hojaldre)
el zumo de un limón,	harina para la mesa.

La manteca y la margarina deben estar fuera de la nevera para tener una consistencia mediana, ni dura ni blanda.

Se tiene que procurar hacer el hojaldre en sitio fresco (sobre todo en verano).

Se mezclan la harina y la sal. Se ponen en un montón en una mesa de mármol y se cubre con la manteca y la margarina en trocitos. Se mezcla primero ligeramente con un cuchillo. Se añade el zumo de limón y el agua (ésta depende de la clase de harina, pero siempre poca). Se enharina la mesa y se amasa un poco. Con un rodillo de pastelería se estira en forma alargada y se dobla en tres.

Se deja reposar 15 minutos. Se enharina otro poco la mesa y se vuelve a estirar poniendo la masa al contrario.

Se repite esta operación tres veces, esperando cada vez 15 minutos. Después se deja reposar la masa por lo menos 2 horas. Yo aconsejaría hacerla la víspera. Se envuelve en un papel de plata y se deja en sitio fresco (no muy frío).

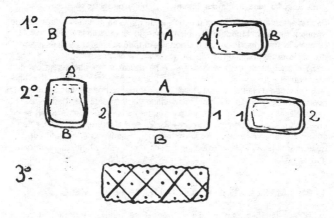

Se repite esta operación tres veces, esperando cada vez 15 minutos. Después se deja reposar la masa por lo menos 2 horas. Yo aconsejaría hacerla la víspera. Se envuelve en un papel de plata y se deja en sitio fresco (no muy frío).

Se vuelve a estirar con el rodillo y se rellena.

Se debe colocar el hojaldre en una chapa de horno ligeramente húmeda (con una esponja o Spontex bastará para humedecerla).

Se cuece a horno fuerte unos 30 minutos. Como el hojaldre se suele rellenar, además de hacer unos dibujos con la punta de un cuchillo, hay que pinchar la masa con un alambre en varios sitios para hacer chimeneas. Para que salga bonito y brillante el hojaldre, se pinta con un huevo batido utilizando una brocha.

Rellenos:

Se puede rellenar **de crema** (natillas con bastante harina o maizena, con el fin de que queden espesas Receta 1.032. Crema pastelera, receta 1.036, suprimiendo el añadirle la clara de huevo a punto de nieve).

De mermelada.

De compota de manzanas (receta 1.006).

Se mezcla el puré con un puñadito de pasas de Corinto y con nueces. El puré tendrá que escurrirse muy bien para no estropear el hojaldre.

De fruta en almíbar, como piña, pera, etc., muy escurrida.

1.003.   MANZANAS ASADAS

1 manzana de buen tamaño por persona,
1 cucharada (de las de café) de azúcar,
mantequilla (una bolita del tamaño de una avellana),
un poco de agua fría,
mermelada del sabor que más guste (la de albaricoque resulta muy bien), o natillas claritas.

Con un aparato especial o con un cuchillo de punta se quita el corazón de cada manzana sin calar al fondo. Se limpian muy bien las manzanas con un paño. Con un cuchillo afilado se hace una incisión ligera todo alrededor de la manzana y a media altura. Se ponen en una fuente resistente al horno.

En el agujero de cada manzana se echa azúcar y por encima se coloca la mantequilla.

En el fondo de la fuente (para unas 6 manzanas) se ponen unas 3 cucharadas soperas de agua. Se meten a horno mediano (previamente calentado) y cuando están asadas (unos 30 minutos, pero depende de la clase de manzanas) se pincha con un alambre un costado para saberlo; si el alambre entra bien, están en su punto. Se sirven frías o, mejor, templadas, rellenando el agujero con cualquier mermelada (la de albaricoque resulta muy bien) o cubiertas con natillas (receta 1.032).

1.004.   MANZANAS ASADAS CON NATA Y CARAMELO

Se rellenan las manzanas, ya asadas y casi frías, con nata montada dulce y se rocían con una salsa de caramelo líquido (receta 102).

1.005. MANZANAS ASADAS CON ALMENDRAS (6 personas)

6 manzanas reinetas grandecitas,
30 g de mantequilla,
5 cucharadas soperas de azúcar,
    un puñado de pasas de Corinto
    (30 g),
2 cucharadas soperas de ron,

50 g de almendras tostadas y picadas,
2 yemas,
6 guindas,
    unas cucharadas soperas de
    agua,
$^1/_2$ limón.

Se ponen las pasas en remojo con el ron ligeramente calentado (cuidando que no se prenda) y una cucharada sopera de agua.

Mientras se remojan, se vacían los centros de las manzanas con un aparato especial o con un cuchillo; se pelan y se frotan con el $^1/_2$ limón para que se queden blancas.

En una ensaladera pequeña se baten las yemas con el azúcar, se les añade después la mantequilla blanda, las almendras y al final las pasas de Corinto escurridas de su jugo. Con esta crema se rellenan las manzanas. Se colocan en una fuente resistente al horno. Se pone el resto del ron que ha quedado de las pasas con un par de cucharadas soperas de agua en el fondo de la fuente y se meten a horno mediano (previamente calentado) durante más o menos 30 minutos, según la clase y el tamaño de las manzanas. Se sacan cuando están en su punto y se sirven templadas o frías, poniendo sobre cada manzana una guinda.

1.006. COMPOTA DE MANZANAS (6 personas)

2 kg de manzanas reinetas,
1 ramita de canela,

6 cucharadas soperas de azúcar.

Se pelan las manzanas y se cortan en cuatro partes, se les quita el corazón duro con las pepitas y se cortan otra vez en trozos que no sean demasiado pequeños. Se ponen en un cazo y se espolvorean con el azúcar. Se echa la ramita de canela y se pone el cazo a fuego mediano. De vez en cuando, con una cuchara de madera se dan unas vueltas a las manzanas hasta que estén cocidas (tardarán unos 30 minutos).

Se retira la canela y se vierte esta compota tal cual en una ensaladera; se deja enfriar antes de servir.

Se puede entonces añadir una cucharada sopera de ron.

También hay quien prefiere la compota hecha puré. Una vez cocida y templada la manzana, se pasa por el pasapurés.

1.007. COMPOTA DE MANZANAS PARA ACOMPAÑAR LA CARNE

Se prepara y se cuece como en la receta anterior, pero sin echarle a las manzanas ni la canela ni el azúcar.

Siempre se sirve en puré, es decir, muy machacada la manzana e incluso pasada por el pasapurés.

1.008. PURE DE MANZANAS CON ZUMO DE NARANJA
(6 personas)

2 kg de manzanas reinetas,
3 cucharadas soperas de agua fría,
6 cucharadas soperas de azúcar,
6 cucharadas soperas de zumo de naranja,

1 trozo de corteza de naranja,
2 cucharadas soperas de ron (facultativo).

Se pelan las manzanas y se cortan en cuatro. Se les quita el corazón y se vuelven a cortar en trozos un poco más pequeños. Se ponen en un cazo con el agua y la corteza de la naranja. Tapando el cazo, se cuecen a fuego lento. Cuando están las manzanas bien blandas (30 minutos más o menos), se les añade el zumo de naranja. Se retira la corteza y se vuelve a poner a fuego mediano durante unos 10 minutos, hasta que el zumo esté embebido. Se retira del fuego y en caliente se añade el azúcar, revolviéndolo bien.

Se pone el puré en una ensaladera de cristal y una vez frío se le agrega el ron.

Se sirve con lenguas de gato o galletas.

1.009. MOUSSE DE MANZANAS CON NATILLAS (6 personas)

8 manzanas reinetas medianas
(1¼ kg),
6 cucharadas soperas de azúcar,
2 cucharadas soperas de ron,
4 claras de huevo a punto de nieve
(con un poco de sal),
para caramelo,
3 cucharadas soperas de azúcar,
2 cucharadas soperas de agua fría.,

Natillas:
¾ litro de leche,
6 cucharadas soperas de azúcar,
1 cucharada sopera rasada de maizena,
3 yemas de huevo,
vainilla.

En un cazo se ponen las manzanas peladas y cortadas en trozos. Se espolvorean con azúcar y se ponen a cocer a fuego lento hasta que se deshagan bien (unos 20 minutos). Cuando están cocidas, se escurren bien en un colador. Se ponen en un paño de cocina limpio, se unen las cuatro esquinas y se cuelga en vilo durante unos 10 minutos con el fin de que escurra el sobrante de líquido.

Se prepara una flanera con caramelo hecho con 3 cucharadas soperas de azúcar y 2 cucharadas soperas de agua. Cuando está tostado de un bonito color, se vuelca hacia los lados para que se cubra bien la flanera.

Aparte se hacen las natillas (receta 1.032), que se ponen a enfriar en la nevera.

Una vez escurrida la compota para hacer la mousse de manzanas, se añaden 2 cucharadas soperas de ron y después las claras montadas a punto de nieve muy firmes (con un pellizco de sal). Se revuelve todo con mucho cuidado para que no se bajen las claras. Se vierte en la flanera y se pone al baño maría (el agua estará hirviendo al meter la flanera) en el horno, por espacio de una hora, a fuego mediano.

Se saca del horno después de este tiempo y se deja enfriar en el mismo molde. Se vuelca la mousse en el momento de servirla y se rocía con algo de natillas. El resto de las natillas se sirve en salsera.

1.010.   BUÑUELOS DE MANZANA (6 personas)

4 manzanas reinetas medianas,
3 cucharadas soperas de azúcar,
4 cucharadas soperas de ron,
1½ cucharada sopera de agua,
1 limón,
Masa de envolver:
300 g de harina,
    un pellizco de sal,
2 vasos (de los de vino), no llenos,
    de leche,

3 cucharadas soperas de aceite
    fino,
3 cucharadas soperas de vino
    blanco,
1 cucharada sopera de azúcar,
1 cucharadita (de las de moka) de
    levadura Royal,
1 litro de aceite para freír (sobra-
    rá),
1 plato con azúcar.

Se pelan las manzanas enteras y se vacían los centros con un aparato especial (un tubo de 1½ cm de diámetro). Se cortan en redondeles de más o menos ½ cm de grosor y se frotan con ½ limón para que queden blancos.

En una fuente o plato sopero grande se pone el azúcar, el agua y el ron, se mezclan bien y se sumergen las rodajas de manzana un buen rato (½ hora). Se revuelven de vez en cuando para que se empapen bien todas. Mientras tanto se prepara la masa de freír. En una ensaladera se pone la harina y la sal mezcladas, en el centro se pone el vino, el aceite y el azúcar, se revuelve todo junto con una cuchara de madera y se va agregando la leche fría.

Se deja reposar esta masa por lo menos ½ hora (sin ponerle la levadura).

Al ir a hacer los buñuelos, se pone el aceite a calentar en una sartén honda y amplia. Se tendrán las rodajas de manzana escurridas y puestas sobre un paño de cocina, que se dobla para secarlas por las dos caras, y sólo entonces se aña-dirá la levadura a la masa de freír.

Se meten las rodajas de manzana en la masa, una por una, y se fríen. Cuando están doradas se sacan, se escurren un rato en un colador grande y, calientes aún, se pasan ligeramente por el azúcar del plato.

Se colocan en una fuente y se tienen en espera a la boca del horno para que no se enfríen los buñuelos, que son mejores servidos templados.

1.011.   FRITOS DE PURE DE MANZANA, BARATOS Y RAPIDOS (6 personas)

6 manzanas reinetas grandecitas
    1¼ kg),
5 cucharadas soperas de harina fina,

6 cucharadas soperas de azúcar,
1 litro de aceite (sobrará),
1 plato con azúcar molida.

Se pelan y se rallan las manzanas; se mezclan con la harina y el azúcar. Esta ma-sa se coge con una cuchara y se vierte en aceite bien caliente. Al sacar cada fri-to, se reboza en el plato del azúcar y se pone en la fuente de servir. Se tendrán al calor suave hasta el momento de servirlos.

1.012.   TORTILLA DE MANZANAS FLAMEADA (5 a 6 personas)

6 huevos,
3 manzanas reinetas,
3 cucharadas soperas de aceite
    fino,
30 g de mantequilla,

5 cucharadas soperas de azúcar,
5 cucharadas soperas de coñac o
    de ron,
un pellizco muy pequeño de sal,
aceite para la tortilla.

Se pelan y se quitan los centros de las manzanas, cortando éstas como si fueran patatas para una tortilla de patatas. En una sartén se ponen a calentar las cucharadas de aceite y la mantequilla juntos y se fríen las manzanas hasta que se doren.

En otra sartén grande se pone aceite para que cubra el fondo y se calienta. Se baten muy fuerte los huevos con un pellizco de sal y se vierten en la sartén; cuando empiezan a cuajarse, se colocan las manzanas en medio círculo y se espolvorean con 2 cucharadas de azúcar. Se dobla la media tortilla que queda sin nada como si fuese una empanadilla grande.

Se pone en una fuente, se espolvorea con el resto del azúcar. En un cazo pequeño se calienta el ron o el coñac, se prende con una cerilla y se rocía con él la tortilla, que se pasa a la mesa en seguida mientras está ardiendo, cogiendo el jugo del coñac con una cuchara sopera y rociando la tortilla con el fin de que el alcohol quede bien quemado y no sea tan fuerte.

1.013.   TARTA DE MANZANAS BORRACHA (6 personas)

100 g de mantequilla,
  5 cucharadas soperas de harina fina,
  5 cucharadas soperas de azúcar,
  1 cucharada (de las de café) de levadura Royal,
  2 huevos,
 ½ kg de manzanas,
     un pellizco de sal,

azúcar glass para adornar la tarta,
mantequilla para untar el molde.,
Baño:
125 g de azúcar,
  1 vaso (de los de vino) de agua (un decilitro),
 ½ vaso (de los de vino) de ron (½ decilitro).

En un cazo que esté templado se pone la mantequilla (blanda), el azúcar y la sal, se mezclan bien con una cuchara de madera, se añaden después uno a uno los huevos, luego la harina y al final la levadura.

Por otro lado, se pelan las manzanas, se cortan en cuatro gajos, se les quita el corazón y las pepitas, y se parten en gajos no muy finos.

Se unta bien de mantequilla un molde redondo de unos 20 cm de diámetro y de borde bastante alto, en el cual se vierte la masa. Sobre ésta se colocan las manzanas en redondo y se mete a horno suave unos 40 minutos.

Mientras se cuece la tarta, se hace el baño, poniendo en un cazo el agua y el azúcar a cocer durante 10 minutos; después se añade el ron y se cuece otros 5 minutos. Se guarda al calor.

Cuando la tarta está cocida (se pincha con un alambre para saberlo), se saca del horno y, estando aún caliente (que pasen unos 5 minutos), se pasa un cuchillo por los bordes y se desmolda primero en un plato y se vuelve en la fuente donde se vaya a servir, con el fin de que las manzanas queden a la vista. Se rocía poco a poco con el almíbar y, al ir a servir, una vez fría la tarta, se espolvorea con azúcar glass.

1.014. FLAN-TARTA DE MANZANAS (O DE CEREZAS)
(6 a 8 personas)

6 huevos,
³/₄ kg de manzanas reinetas,
3 suizos (del día anterior),
2 vasos (de los de agua) de leche,
2 cucharadas soperas de coñac,
6 cucharadas soperas de azúcar,
un pellizco de vainilla en polvo,
¹/₂ corteza de limón rallada,
2 cucharadas soperas de agua,

2 cucharadas soperas de azúcar,
para cocer las manzanas,
3 cucharadas soperas de agua,
2 cucharadas soperas de agua, para
hacer el caramelo de bañar la flanera,
³/₄ kg de nata montada (facultativo),
unas frutas confitadas para adornar.

Se pelan y se cortan las manzanas, quitándoles el centro; se cuecen como para compota con las 2 cucharadas de agua y las 2 de azúcar, moviéndolas de vez en cuando con una cuchara de madera. Una vez cocidas, se escurren de todo el líquido que les pueda quedar. Para esto se pone la compota en un paño de cocina, se unen las cuatro esquinas y se pone en vilo un rato (10 minutos), o se escurren en un colador grande de tela metálica.

En una ensaladera se baten los huevos con el azúcar; después se les añade la leche, el coñac, la vainilla y el limón rallado. Se cortan los suizos en rodajas delgadas y se ponen en el fondo de una flanera previamente bañada de caramelo claro: una capa de suizos en el fondo, después otra capa de compota, alternando hasta que se agoten las dos cosas. Se echa por encima el batido de la ensaladera, teniendo en cuenta que no debe llegar al mismo borde, pues, aunque poco, algo sube la tarta. Se mete en el horno al baño maría (con el agua ya caliente) durante más o menos unos 45 minutos. Se saca, se deja enfriar antes de volcarlo en la fuente donde se vaya a servir.

Si se quiere, se puede cubrir con nata montada y adornar con fruta confitada, formando un bonito dibujo, pero esto es facultativo.

Nota.—Esta tarta queda también muy buena con cerezas (picotas). Se les quita el hueso y se cuecen igual que las manzanas, se procede lo mismo.

1.015. POSTRE DE COMPOTA DE MANZANAS CON SOLETILLAS
Y NATA (6 personas)

1¹/₂ kg de manzanas reinetas,
6 cucharadas soperas de azúcar,
1 vaso (de los de vino) de agua,
¹/₄ kg de nata montada,

unas 15 o 16 soletillas (de las de
papel, o sea, un poco firmes),
agua fría.

Se cortan las puntas de las soletillas de un solo lado, para que queden rectas.

En un cazo pequeño se ponen 3 cucharadas soperas de azúcar con un poco de agua. Se hace caramelo. Cuando está dorado, se mojan las soletillas de una en una, sólo por la parte cortada y a una altura de 2 cm más o menos. Se pegan rápidamente derechas en la fuente de porcelana o loza donde se va a servir el postre, formando como un molde redondo. Se mantienen de pie gracias al caramelo que se enfría.

Aparte se pelan, se cortan y se quitan los centros de la manzanas, y se ponen en un cazo con las otras 3 cucharadas soperas de azúcar y el vaso de agua. Se cuecen muy bien, a fin de que quede bien deshecha la compota y sin nada de caldo (si lo hubiese se escurre, poniendo la compota en un paño de cocina limpio, uniendo las cuatro esquinas, y dejándolo en vilo durante unos 10 minutos, o se escurre puesta la compota en un colador de tela metálica).

Se pone la compota a enfriar en la nevera.

En el momento de servir, se vierte la compota en el centro de las soletillas, se cubre con nata (si ésta no está bastante dulce, se le añade azúcar e incluso, si está espesa, una clara de huevo montada a punto de nieve, pero esto es facultativo) y se sirve.

No se puede poner la compota con anticipación, pues ésta ablanda las soletillas y se caerían.

Nota.—Se puede adornar la nata con un picadito de almendras garrapiñadas o con unos hilos hechos con caramelo batido con un tenedor cuando esté el caramelo empezando a dorarse.

1.016. PERAS CON NATA Y CHOCOLATE (6 personas)

6 peras grandes (amarillas de Roma o de agua),
¼ kg de nata montada,
6 cucharadas soperas de azúcar, un poco de canela en rama,

6 onzas de chocolate,
4 cucharadas soperas de azúcar,
2 vasos (de los de vino) de agua,
1 trozo de mantequilla (25 g) agua.

Se pelan las peras y se cortan en dos a lo largo. Con cuidado y con un cuchillo de punta se les quita el centro de las pepitas. Se ponen en una cacerola amplia para que no estén montadas unas encima de otras, se espolvorean con el azúcar y se echa la canela; se vierte agua para que las cubra muy poco y se ponen a fuego mediano. Se dejan hasta que estén bien cocidas (es decir, cuando se ponen como transparentes, o se pinchan con un alambre que las debe atravesar con suavidad). Una vez en su punto, se retiran de su jugo para que se enfríen y escurran bien. Se pueden presentar en unas copas o cuencos. Se reparte la nata en las 6 copas, se colocan 2 medias peras en cada copa con el centro (lo hueco) sobre la nata. Se dejan en sitio fresco (o en la nevera).

En un cazo se echa el agua, el azúcar y el chocolate cortado en trocitos, se pone al fuego y, cuando está derretido el chocolate, se deja espesar un poco, se añade al chocolate la mantequilla, se mueve bien hasta que esté bien incorporada, se deja templar la salsa y se vierte sobre las peras. Se sirve en seguida **para que no dé tiempo a que se derrita la nata.**

1.017. POSTRE DE PURE DE CASTAÑAS (6 personas)

12 bizcochos soletillas,
1 lata de puré de castañas de 400 g,
250 g de nata montada,
2 claras de huevo a punto de nieve,
6 almendras garrapiñadas macha-

cadas (más bien poco, en trocitos),
5 cucharadas soperas de azúcar,
3 cucharadas soperas de ron, agua
fría.

Se preparan 6 copas de cristal o unos cuencos para el helado. En un plato sopero se pone agua fría hasta llegar casi al borde de lo hondo del plato; se añaden
3 cucharadas soperas de azúcar y el ron, y se revuelve bien hasta que el azúcar
esté derretida. Se pasan una a una las soletillas, rápidamente y por las dos
caras, para que estén ligeramente mojadas pero no empapadas, pues se des-
moronan. Se colocan en el fondo de cada copa, de dos en dos, en forma de
cruz.

Aparte se baten las claras de huevo muy firmes; cuando están batidas, se
añaden 2 cucharadas soperas de azúcar y se baten otro poco. Esto se incorpora
al puré de castañas, revolviéndolo bien. Se coloca esta crema sobre las soletillas
en la copa, que debe quedar con la crema a ras del borde. Con una manga se
hace un adorno de nata todo alrededor de la copa, y en el centro se forma una
motita. Esta se adorna espolvoreando las almendras garrapiñadas.

Se meten en la nevera unas horas antes de servir y se sirven, cuando llegue
el momento, bien frías.

1.018. TARTA DE PURE DE CASTAÑAS Y SOLETILLAS
(6 a 8 personas)

Se hace la víspera o, por lo menos, varias horas antes.

Unos 35 bizcochos de soletillas
(más bien firmes),
1 lata de puré de castañas (400 g),
50 g de mantequilla,
200 g de nata montada,
100 g de chocolate,

1 cucharada sopera de azúcar,
un pellizco de vainilla,
¼ litro de agua,
3 cucharadas soperas de ron,
3 cucharadas soperas de azúcar,
un poco de aceite fino.

En un plato sopero se pone el agua, el ron y las 3 cucharadas de azúcar. Se
mezclan bien. Se unta una flanera con el aceite fino, escurriendo lo que sobra.
Se mojan rápidamente las soletillas en el plato y se colocan en el fondo y por
las paredes de la flanera. Esto debe ser rápido para que las soletillas no se
ablanden. Se cortan con un cuchillo los trozos de soletilla que sobresalgan de la
flanera.

Preparación del relleno:
En un cazo se pondrán a derretir los 100 g de chocolate con un poco de agua a
fuego mediano. En una ensaladera se echa el puré de castañas, se añade el chocolate ya templado, la mantequilla, la cucharada de azúcar, la vainilla y, por último, la nata. Bien mezclado esto, se vierte la mitad en la flanera. Se pone una
capa de soletillas, mojadas como las anteriores, después la otra mitad de la crema, y se cierra con una capa de soletillas ligeramente remojadas. Se pone un
papel de plata y una tapadera un poco más pequeña que la flanera y, encima,
unos pesos ligeros. Se mete en la nevera.

Al ir a servir, se pasa un cuchillo de punta redonda todo alrededor del molde y se vuelca en una fuente.

Se puede adornar con nata o cubrir con **natillas:**

$\frac{1}{2}$ litro de leche,
3 cucharadas soperas de azúcar,
2 yemas,

1 cucharada (de las de café),
de maizena,
un pellizco de vainilla.

Se procede según la receta 1.032. Se hacen con unas horas de anticipación para que estén frías, metiéndolas para esto en la nevera.

Tarta de puré de castañas sencilla (6 personas)

Unas 35 soletillas (más bien firmes),
1 lata de puré de castañas ($\frac{1}{2}$ kg),
2 claras de huevo,
un poco de aceite fino para untar el molde,

2 o 3 cucharadas soperas de ron,
3 cucharadas soperas de azúcar,
agua,
un pellizco de sal.

Se unta una flanera (de 16 a 18 cm de diámetro) con aceite fino y se escurre muy bien. Se pone en un plato sopero la mitad del ron y del azúcar y bastante agua. Se mueve bien y se mojan muy ligeramente las soletillas en este caldo. Se colocan en el fondo de la flanera y, cortándoles un lado de las puntas redondas, se colocan todo alrededor de la flanera.

Se baten muy firmes las claras (con un pellizco de sal) y se mezclan con el puré de castañas. Se vierte la mitad en el molde. Se vuelven a mojar unas soletillas, que se colocan encima de la crema. Se hace el resto de líquido, agua, azúcar y ron para las soletillas restantes. Se pone la segunda mitad de la crema y se termina con una capa de soletillas poco mojadas.

Se coloca un papel untado de aceite o un papel de plata y encima una tapadera ligeramente más pequeña que el molde, con el fin de que entre un poco. Se pone algún peso ligero sobre la tapadera para que apriete un poco, y se mete en la nevera por lo menos unas 6 a 8 horas antes de servir el postre. Si se puede, mejor se prepara la víspera.

Para desmoldarlo, se quita el papel de plata, se pasa un cuchillo de punta alrededor de la flanera y luego se vuelca.

Se sirve adornado con nata, que lo cubra, o con natillas.

Natillas:

$\frac{1}{2}$ litro de leche,
2 o 2 yemas,
3 cucharadas soperas de azúcar,

1 cucharadita (de las de manilla) de maizena.

(Procédase como está explicado en la receta 1.032.)

1.019. POSTRE DE SOLETILLAS, CREMA Y NARANJAS
(6 a 8 personas)

Se prepara la víspera.

½ litro de leche,
1 cucharada sopera rasada de harina fina,
1 cucharada sopera colmada de maizena,
5 6 naranjas Washington (según tamaño),

4 yemas de huevo,
150 g de azúcar molida,
1 vasito de licor de Cointreau o Curaçao,
300 g de soletillas,
2 cucharadas soperas de agua,
6 cerezas en almíbar o confitadas.

Se pelan las naranjas, guardando una de las cáscaras. En un plato se cortan en rodajas bastante finas, con el fin de guardar el zumo que cae. Se colocan en una flanera o una ensaladera de cristal, previamente refrescada con agua y escurrida, adornando el fondo y las paredes. En un plato sopero se echa el zumo recogido de las naranjas y el de las naranjas que no se hayan utilizado de adorno con ½ vasito de licor y 2 cucharadas soperas de agua. Se pasan rápidamente por ello las soletillas y se colocan por encima de las naranjas, también en el fondo y las paredes del molde en que se vayan a hacer.

Aparte se pone la leche a cocer con la cáscara de naranja y la mitad del azúcar. En un tazón se baten las yemas con el resto del azúcar, la harina, la maizena y el ½ vaso de licor. Cuando la leche hierve, se vierten unas cucharadas en el tazón de las yemas y luego se añade esto al cazo donde está la leche. Se deja cocer unos 4 minutos más o menos, moviendo constantemente para que no se formen grumos. Se deja templar la crema moviéndola, y se vierte en dos veces en el molde, alternando con una capa de soletillas sin remojar. Se termina de llenar el molde, cubriéndolo al final con una capa de soletillas sin remojar.

Se cubre con un papel de plata o un papel untado de aceite fino. Se pone una tapadera un poco más pequeña que el molde y se pone algo de peso encima. Se mete a la nevera por lo menos unas 6 horas antes de servir.

Al ir a servir, se quita la tapadera y, con cuidado, el papel. Se pasa un cuchillo de punta redonda todo alrededor del molde y se vuelca sobre una fuente. Se adorna con las guindas partidas por la mitad.

Nota.—Se pueden servir aparte unas natillas claras (receta 1.032) que se perfumarán al hacerlas con un poco de extracto de naranja. Estas natillas mejoran mucho el postre.

1.020. SOLETILLAS RELLENAS DE CREMA (6 personas)

24 bizcochos de soletillas,
 2 huevos,
 1 litro de aceite (sobrará mucho),
Crema:
$\frac{1}{2}$ litro de leche,
 3 cucharadas soperas de azúcar,
 2 cucharadas soperas colmadas de maizena,
 1 cucharada sopera de harina fina,
 3 yemas de huevo,
 1 corteza de limón,
   azúcar en un plato.

Se empieza por hacer la crema del relleno.

Se pone a cocer casi toda la leche (reservando un poco) con 2 cucharadas de azúcar y la corteza del limón. En un tazón se ponen las yemas de huevo con el resto del azúcar, la maizena y la harina. Se mueve bien y se agrega el poquito de leche que se había reservado. Cuando la leche del cazo está hirviendo, se vierte un poco dentro del tazón y se bate bien, con cuidado de añadirla poco a poco para que no se corten las yemas. Una vez el tazón lleno, se vierte el contenido de éste en el cazo de la leche y se deja cocer muy despacio, sin dejar de dar vueltas con una cuchara de madera, unos 3 o 4 minutos.

Se aparta del fuego y se deja que se enfríe un poco. Debe quedar la crema espesa.

Se cogen 12 soletillas y con la crema templada se cubre la parte plana de cada soletilla (debe haber bastante crema en cada una). Se cubre con las 12 soletillas restantes, sin apretar, para que no se salga la crema. Se baten los 2 huevos como para tortilla, se pasan las soletillas rellenas por el huevo batido y se fríen en una sartén con el aceite. Cuando tienen un bonito color dorado se sacan, y en caliente se rebozan con el azúcar del plato. Se colocan en una fuente y se sirven templadas (casi frías) o frías.

1.021. TARTA DE MOKA CON SOLETILLAS (6 a 8 personas)

(Para hacer la víspera.)

 Unas 35 soletillas (más bien firmes),
150 g de mantequilla blanda,
150 g de azúcar molida,
 2 yemas,
 3 cucharadas (de las de café) de Nescafé,
 2 cucharadas soperas de ron,
 3 cucharadas soperas de azúcar, agua,
100 g de almendras tostadas y picadas no muy finas,
   aceite para untar la flanera.

Se unta con aceite una flanera de unos 16 a 18 cm de diámetro. Se escurre bien con el dedo lo sobrante. En un plato sopero se ponen $1\frac{1}{2}$ cucharada de Nescafé, $1\frac{1}{2}$ cucharadas de azúcar y agua fría, más una cucharada de ron, para remojar las soletillas. Se van pasando por el líquido rápidamente para que, cogiendo el gusto, no se remojen demasiado. Se colocan en el fondo y después se ponen de pie todo alrededor del molde, de manera que no quede ningún hueco sin cubrir de soletillas y con el lado abombado de las soletillas pegado al fondo y a la pared de la flanera.

Se hace la crema; se ponen en una ensaladera las yemas y el azúcar molida. Se trabaja muy bien con una cuchara de madera hasta que quede espumoso. Se añade entonces, poco a poco y en trocitos, la mantequilla, que tiene que estar blanda, pero sin estar derretida. Se trabaja bien para que la crema quede muy lisa. Se pone la mitad en la flanera, se cubre con soletillas remojadas como se explica antes. Se pone la otra mitad y se cierra con una capa de soletillas. Se coloca un papel de plata o un papel graso (de envolver los emparedados) y una tapadera un poco más pequeña que la flanera. Se pone algo de peso encima y se mete en la nevera por los menos 6 horas.

Cuando se vaya a servir, se quita la tapadera y el papel. Se pasa un cuchillo de punta redonda todo alrededor del molde y se vuelca en una fuente. Se cubre con el tercio de crema que se había reservado en sitio no frío (para poder extenderla), extendiéndola con un cuchillo, y después se espolvorea con las almendras picadas y se mete otro rato en la nevera (una hora, por ejemplo; más si conviene).

1.022.   BUDIN DE SOLETILLAS Y FRESAS (6 a 8 personas)

(Se prepara la víspera.)

1 flanera de unos 17 a 18 cm de diámetro,
$^1/_2$ vaso (de los de vino) de kirsch,
1 vaso (de los de vino) de agua fría,
2 cucharadas soperas de azúcar,
$^3/_4$ kg de fresones muy rojos y maduros,
$^1/_2$ kg de nata montada,

unas 36 soletillas (un poco fir mes),
un poco de aceite fino para untar el molde.,
Salsa:
$^1/_2$ kg de fresones
1 vaso (de los agua) de agua
5 cucharadas soperas de azúcar.

Se unta el molde con aceite fino, escurriendo lo que sobra. En un plato sopero se pone el kirsch con el agua y las 2 cucharadas soperas de azúcar. Se mezcla bien y se pasan rápidamente las soletillas por este líquido, colocándolas primero todo alrededor de la flanera y después en el fondo, cuidando de que no quede de ningún hueco sin soletilla. En el fondo se extiende la mitad de la nata. Se dejan unos 6 fresones para adorno y se cortan en dos los que fuesen muy grandes. Se ponen la mitad sobre la nata, se cubre con una capa de soletillas mojadas; se vuelve a poner nata y fresones, y se vuelve a cubrir con otra capa de soletillas ligeramente mojadas.

Se tapa el molde con un papel de plata. Se coloca una tapadera algo más pequeña que la flanera y se pone algún peso ligero encima, con el fin de que el postre asiente (sin apoyar mucho para no hundirlo). Se mete en la nevera por lo menos unas 8 horas.

Se prepara la salsa:
Se cuece el agua con el azúcar durante unos 10 minutos y se deja enfriar.

Aparte, en la batidora, se hace un puré con los fresones previamente lavados y con los rabos quitados después. Se cuela por un colador, para quitar las pepitas más grandes.

Se mezcla con el almíbar y se sirve en salsera aparte.

Al ir a servir, se pasa un cuchillo todo alrededor de la flanera. Se vuelca en una fuente, se vierte la salsa por encima y se adorna con los fresones separados para ello. Se sirve bien drío.

Nota.—El relleno se puede hacer machacando los fresones con un tenedor y mezclándolos en la nata.

Se puede utilizar fresa si se quiere más fino el budín.

1.023. TARTA DE BIZCOCHO COMPRADO, NATA Y FRESONES
(6 a 8 personas)

1 tarta de bizcocho (Fridox, Bimbo, etc.),
300 g de nata montada,
1 clara de huevo a punto de nieve,
1 kg de fresones muy rojos y maduros,
30 g de mantequilla (más o menos),

50 g de almendras tostadas y picadas,
un pellizco pequeño de sal.,
Almíbar de grosella:
½ vaso (de los de vino) de agua,
4 cucharadas soperas de azúcar,
3 cucharadas soperas de mermelada de grosella, frambuesa o fresa.

Se compra un bizcocho, y si no se hace una genovesa (receta 964). Se tendrá la mantequilla fuera de la nevera para que no esté dura; con un cuchillo se unta todo el canto de la tarta y se pone, una vez untada, en la nevera o en un sitio fresco para que se endurezca la mantequilla, unos 15 minutos.

Mientras tanto se preparan los fresones, se ponen en un colador grande y se lavan rápidamente al chorro para que no se enguachinen y se les quitan los rabos. Se escurren bien y se cortan por la mitad a lo largo. Se monta la clara de huevo con un pellizco de sal y se mezcla con la nata.

Con un cuchillo que corte bien se hace un corte muy poco profundo (1 cm) y a media altura todo alrededor de la tarta. Se pasa un hilo de coser sólido por la raja, se cruzan los rabos y se tira suavemente. Así quedará perfectamente cortada la tarta en dos mitades. Se vuelve a unir la tarta y se pasa el canto untado de mantequilla por la almendra picada. Una vez bien pegada la almendra, se separan los dos trozos de la tarta. Se unta con la nata (las ²/₃ partes) el trozo de base, se ponen los medios fresones menos bonitos y se coloca la tapa de la tarta. Se unta más ligeramente ésta con el resto de la nata, y se colocan los medios fresones restantes con bonita forma.

Se hace el almíbar:

En un cazo se pone el agua y el azúcar a cocer. Cuando rompe el hervor, se deja 10 minutos, se añade entonces la mermelada y se deja otros 5 minutos, dando vueltas todo el tiempo. Se cuela por un colador. Se deja templar y, cuando está templado, con una brocha plana se unta toda la parte de arriba de la tarta.

Se mete ésta en la nevera de 1 a 2 horas antes de ir a servirla.

Nota.—Los fresones de dentro se pueden machacar con un tenedor y mezclarlos con la nata.

1.024. SOLETILLAS CON MERMELADA Y CHOCOLATE

Se unta con mermelada de albaricoque o frambuesa la parte plana de una soletilla y se coloca otra encima, pegándolas bien. Se pasan ligeramente por un poco de leche fría y por un plato donde haya chocolate rallado (éste que sea más bien grueso). Se coloca cada bizcocho así formado en un molde de papel.

1.025. CHURROS (salen unos 25)

1 tazón de harina corriente,	**un pellizco de sal,**
1 tazón de agua,	**1 o 1½ litro de aceite** (sobrará mucho).

En un cazo se pone el agua con la sal. Se pone al fuego y, cuando empieza a hervir, se echa de una vez la harina. Se mueve mucho con una cuchara de madera hasta que se desprende la masa de las paredes. Se retira del fuego y después de templada se mete en una churrera.

Se tiene el aceite abundante caliente y se forman los churros, empujando con la churrera la masa y cortándola, según se quieran de largos los churros, con un cuchillo o con el dedo mojado en agua.

Cuando los churros están bien dorados de cada lado se sacan, se escurren y se sirven en seguida espolvoreados con azúcar glass.

Nota.—Hay quien prefiere los churros poniendo el agua mezclada con leche (más de la mitad de agua y menos de leche). Salen mucho más ligeros.

1.026. PESTIÑOS (salen unos 50)

300 g de harina,	**1 vaso lleno (de los de vino) de**
un poco más de harina para espolvorear la mesa,	**agua,**
	un pellizco de sal,
25 g de manteca de cerdo,	**1 litro de aceite** (sobrará),
25 g de mantequilla,	**miel líquida,**
½ vaso (de los de vino) de vino blanco,	**agua.**

En un cazo se pone el agua, el vino, la mantequilla y la manteca. Se calienta y cuando están las mantecas derretidas y sin dejar que cueza el líquido, se echa de un golpe la harina, mezclada con una pizca de sal.

Fuera del fuego, se mueve primero con una cuchara de madera y después se pone en un mármol y se amasa a mano. Se deja descansar la masa una o dos horas, formando con ella un bola.

Cuando se van a hacer los pestiños, se espolvorea la masa de mármol con un poco de harina y se estira con un rollo pastelero la masa, de manera que quede **muy fina**. Se cortan con un cuchillo unos rectángulos de más o menos 15 X 8 cm. Se enrollan por una esquina, formando un rollo ancho y aplastado. Se moja con el dedo metido en agua fría la esquina de fuera y se presiona para que al freír la masa no se desenrolle.

Se fríen en aceite bien caliente, por tandas, para que no se rompan. Una vez fritos, se dejan enfriar.

En un plato sopero se pone miel líquida ($1\frac{1}{2}$ vaso, de los de vino, más o menos). Si ésta no es lo suficientemente líquida, se rebaja, mezclándola con un poco de agua templada. Se mueve bien. Debe quedar como un jarabe espeso. Se coge cada pestiño y con una cuchara sopera se vierte la miel por encima. Se dejan en el mármol y después de un rato, que no escurran más, se colocan en la fuente de servir.

1.027. TORRIJAS (8 personas)

1 pan de torrijas (mejor comprado la
  víspera),
  de $^3/_4$ a 1 litro de leche hirviendo,
3 cucharadas soperas de aúcar,

2 o 3 huevos,
1 litro de aceite (sobrará),
  azúcar molida para espolvorearlas.

Se corta la barra de pan en rodajas de un dedo de gruesas (2 cm) y se colocan en una fuente un poco honda. Se pone la leche a calentar con las 3 cucharadas de azúcar y cuando está a punto de cocer se vierte sobre el pan. Se deja como una hora para que se empapen.

En un plato sopero se baten 2 huevos como para tortilla. Al momento de freír las torrijas, se cogen de una en una con una espumadera, se rebozan en el huevo batido rápidamente y se colocan en el aceite caliente. Cuando están doradas por un lado, se les da la vuelta con cuidado para que no se rompan. Se sacan y se dejan escurrir un poco.

Se colocan en la fuente donde se vayan a servir, espolvoreándolas con azúcar. Se pueden servir templadas o frías.

Hay a quien le gustan las torrijas bañadas con almíbar. Para esto se empaparán sólo con $^1/_2$ litro de leche y, una vez fritas, se colocan en la fuente y se rocían con el siguiente almíbar (naturalmente, ya no se espolvorean con el azúcar):

Baño:

$^1/_2$ litro de agua
125 g de azúcar
  1 corteza de limón

2 vasos (de los de vino) de buen
  vino blanco.

Se pone a cocer el agua con la corteza de limón y el azúcar unos 8 minutos, y después se le añade el vino y se deja cocer otros 5 minutos. Se aparta del fuego y, cuando está aún caliente (pero no hirviendo), con una cuchara sopera se vierte sobre cada torrija el almíbar.

1.028. CRÊPES (salen unas 15 a 20)

250 g de harina,
2 huevos,
1 cucharada sopera de aceite fino,
1 cucharada sopera de ron o coñac,
un pellizco de sal,

1 cucharada (de las de café) de
azúcar (colmada),
1 vaso (de los de agua) de mitad
leche y mitad agua,
aceite para la sartén.

En una ensaladera se pone la harina con la sal y el azúcar; en el centro se echan los huevos, el aceite y el coñac. Se mueve con una cuchara de madera para formar una masa sin grumos. Se añade poco a poco el vaso con la mezcla de agua y leche. A veces hay que añadir algo más de líquido (depende de la clase de harina). La masa de las crêpes tiene que quedar como unas natillas de espesa. Se puede colar por un pasapurés o chino de agujeros gruesos para asegurarse de que la masa no tiene grumos.

Se cubre la ensaladera con un paño limpio y se deja reposar por lo menos una hora; si es más, mejor.

Cuando se vayan a hacer los crêpes, si hace falta porque la masa se haya espesado demasiado, se vuelve a aclarar con un poco de agua y leche mezcladas.

En dos sartenes pequeñas (unos 14 cm de diámetro de fondo) se vierte un chorrito de aceite, se calienta mucho y se inclina para que todo el fondo quede bien bañado de aceite.

Se escurre en un tazón lo sobrante (que se volverá a utilizar en la próxima crêpe) y con un cazo se vierte un poco de masa, se inclina otra vez la sartén para que quede la crêpe bien repartida en el fondo. Se deja que se cueza, sin dejar de mover en cuanto la crema se vea cuajada, para que no se agarre, y se da la vuelta cogiendo la sartén por el mango, trayendo la crêpe al borde de la sartén, dando un movimiento brusco para que salte en el aire y se vuelva.

Se suele hacer en dos sartenes para más rapidez, pues mientras cuaja la cara de una, la otra se vuelve.

Se pone una cacerola con agua muy caliente a fuego bajo (sólo para que conserve el calor el agua). Se posa encima, a manera de tapadera, un plato llano. Encima de éste, una hoja grande de papel de plata y encima de éste se van poniendo las crêpes a medida que están hechas. Al final se dobla el papel y se encierran en él las crêpes. Así se conservarán calientes y tiernas bastante tiempo.

Salsa de crêpes Suzette:

Para 6 o 7 crêpes.
Se ponen en una sartén 25 g de mantequilla; cuando está derretida, añadir 2 cucharadas soperas de Curaçao, 2 cucharadas soperas de azúcar y 10 cucharadas soperas de zumo de naranja. Se deja cocer un poco y se meten dentro de este jugo las 6 o 7 crêpes dobladas en cuatro. Cuando están bien calientes, se añaden 2 cucharadas soperas de ron o coñac flameándolo antes. Se sirven en seguida las crêpes con la salsa bien caliente encima.

Crêpes rellenas de crema:

Se hace una crema con:

½ litro de leche,
3 yemas,
5 cucharadas soperas de azúcar,

½ cucharada sopera de harina fina,
1½ cucharada sopera de maizena,
un pellizco de vainilla o la corteza de un limón.

(Receta 1.032.)

Una vez fría la crema (se prepara con anticipación), se rellena cada crêpe y enrolladas unas al lado de las otras se espolvorean con un poco de azúcar o se flamean con ron. (Véase seguidamente crêpes flameadas.)

Crêpes rellenas de nata:

Se rellenan con nata montada y se bañan con caramelo líquido (receta 102).

Crêpes rellenas de mermelada: de albaricoque, naranja, etc.:

Están muy buenas, simplemente rellenas con mermelada de albaricoque.

Crêpes flameadas:

Se colocan las crêpes dobladas en cuatro en una fuente y se espolvorean con azúcar.

En un cazo pequeño se pone ron o coñac, se calienta y se prende con una cerilla, echándolo en seguida sobre las crêpes. Con una cuchara sopera se coge el coñac de la fuente rápidamente y se rocían las crêpes, consiguiendo así que no se apague el ron tan de prisa y no sepa tan fuerte a alcohol.

1.029. TORTITAS AMERICANAS (salen unas 14)

200 g de harina	1 cucharada sopera de azúcar
1½ cucharadita (de las de moka) de sal	1 cucharada sopera de aceite fino
3 cucharaditas (de las de moka) de levadura Royal	2 huevos
	1 vaso (de los de agua) de leche fría.

Se mezcla en un plato la harina (pasándola antes por un tamiz o un colador de tela metálica para que se airee) con la sal y la levadura.

En una ensaladera se baten un poco los 2 huevos. Se les añade el aceite y la leche. En el líquido se agrega la mezcla de harina, levadura y sal. Se bate de prisa y poco tiempo (no importa que haya grumos; se disolverán solos al hacer las tortitas). Para mayor facilidad, se pone este líquido espeso en una jarra.

Se vierte el volumen de una cucharada sopera de líquido encima de una chapa caliente. Si no se tiene chapa, se pueden hacer las tortitas en una sartén tipo Tefal (de las que no necesitan grasa). Cuando empiezan a salir burbujas (es decir, a los 2 o 3 minutos), se vuelve con una espátula la tortilla del otro lado. Deben estar doradas.

Hay que procurar servirlas en seguida. Si tuviesen que esperar un poco, se deben dejar en sitio caliente en montones no superiores a cuatro tortitas.

Nota.—Estas tortitas se sirven con nata y salsa de caramelo, chocolate o mermelada. También se toman simplemente untadas con mantequilla y mermelada corriente.

1.030. BARTOLILLOS (salen unos 20)

Masa:
300 g de harina fina,
    harina para espolvorear la mesa,
 25 g de mantequilla,
 25 g de manteca de cerdo,
  1 vaso (de los de agua) no lleno,
    con mitad agua y mitad vino
    blanco seco,
    sal.
Crema del relleno:
  ½ litro de leche,

  3 yemas de huevo,
  5 cucharadas soperas de azúcar,
  1 cucharada sopera rasada de ha-
    rina fina,
 1½ cucharada soperas de maizena,
    (o 1½ cucharadas soperas de ha-
    rina fina),
  1 corteza de limón,
    un pellizco de vainilla,
 1½ litros de aceite (sobrará),
    azúcar glass.

Para hacer la masa se procede como para las empanadillas (receta 45, 1.ª receta).

Se hace también la crema pastelera como va explicado en la receta 1.034, sin ponerle la clara a punto de nieve. Una vez reposada la masa de las empanadillas y fría ya la crema, se espolvorea un mármol con harina y con el rodillo pastelero se extiende la masa, bastante fina. Con un redondel metálico o con una taza de desayuno se cortan redondeles bastante grandes. Se pone una cucharada sopera de crema (ésta debe estar durita) y se dobla el bartolillo, apretando muy fuerte los cantos con la rueda de metal de cortar las empanadillas, con el fin de que no se salga la crema al freírlos.

En una sartén amplia se fríen por tandas para que no se estropeen al chocar. Se sacan con una espumadera cuando tienen un bonito color dorado. Se posan sobre un papel de estraza para que absorba el aceite. En el momento de servir, se colocan en una fuente y se espolvorean con azúcar glass.

Se pueden comer templados o fríos.

1.031. LECHE FRITA (6 personas)

¾ litro de leche,
  la cáscara de un limón,
 5 cucharadas soperas de azúcar,
25 g de mantequilla,
 2 o 3 huevos (para envolver),
 2 yemas (facultativo),

    pan rallado en un plato,
 1 litro de aceite fino,
 5 cucharadas soperas (colmaditas)
    de maizena,
    azúcar para espolvorear.

En un tazón se disuelve la maizena con un poco de leche fría (tomada de los ¾ litro).

Aparte, en el fuego, se pone en un cazo la leche, la cáscara de limón, el azúcar y la mantequilla. Cuando la leche con estos ingredientes está a punto de cocer, se le agrega lo del tazón y sin dejar de mover con una varilla se cuece (suavemente) unos 5 a 7 minutos. Luego se vierte esta masa en una besuguera para que quede del grueso deseado (más o menos un dedo de grueso) y se deja enfriar por los menos durante un par de horas.

En una sartén se pone el aceite a calentar y, una vez en su punto (que se comprobará friendo una corteza de pan), se corta la masa en unos cuadrados de unos 4 cm de costado. Se sacan con ayuda de un cuchillo de punta redonda o, mejor, con una pala de pastelería, se pasan por huevo batido (como para tortilla) y pan rallado y se fríen.

Se sacan del aceite con una espumadera cuando están bien dorados los trozos de leche frita y se colocan en una fuente. Esta se dejará hasta el momento de servirlos a la boca del horno para que, sin estar muy calientes, no se enfríen.

Se espolvorean con azúcar al ir a servirlos.

Nota.—Se pueden añadir 2 yemas cuando está la crema hecha y templada para que no se cuajen. Pone la crema finísima.

1.032. NATILLAS (6 a 8 personas)

1½ litros de leche,
6 yemas de huevo,
6 cucharadas soperas de azúcar (colmadas),

la cáscara de un limón,
o 2 barras de vainilla,
1 cucharada sopera de maizena,
polvos de canela (facultativo).

Se pone la leche en un cazo con 4 cucharadas de azúcar y la cáscara de limón y se pone al fuego hasta que empiece a cocer.

Mientras tanto, en un tazón se baten las 6 yemas de huevo, 2 cucharadas de azúcar y la maizena. Cuando la leche hace burbujas todo alrededor del cazo, se coge un cucharón y se va echando muy poco a poco en el tazón, moviendo muy bien. Una vez bien unido, se vierte el contenido del tazón en el cazo y se baja un poco el fuego dando vueltas sin parar còn una cuchara de madera, sin dejar que llegue a hervir la crema. Se forma una espuma en la superficie y hay que dar vueltas sin parar hasta que desaparezca esta espuma y la crema esté lisa. Las natillas están entonces en su punto: se cuelan por un colador de agujeros grandes (chino u otro) y se vierte en una fuente honda o en platos individuales. Se meten en la nevera hasta el momento de servir. Antes de pasarlas a la mesa se espolvorean con un poco de canela en polvo.

1.033. CREMA CATALANA (6 personas)

1 litro de leche,
8 yemas de huevo,
10 cucharadas soperas de azúcar (6 para la crema, 4 para quemarla),

la cáscara de un limón,
1½ a 2 cucharadas soperas de harina de almidón (o de maizena).

En un cazo se pone la leche a hervir con 4 cucharadas de azúcar y la cáscara de limón.

Mientras tanto, en una ensaladera de cristal se baten las 8 yemas con 2 cucharadas de azúcar y la harina de almidón (o la maizena). Se bate bien, y cuando está todo bien mezclado y sin grumos la maizena, se coge un cucharón de leche del cazo cuando está empezando a cocer, es decir, que se forman burbujitas alrededor del cazo, y se vierte muy despacio en las yemas. Una vez bien desleído, se vierte esto en el cazo, se baja un poco el fuego y, sin dejar ni un momento de dar vueltas con una cuchara de madera, se deja unos 5 minutos que cueza muy suavemente. Se vierte en una fuente o en platos individuales, colándola por un colador de agujeros grandes (chino o pasapurés), y se deja enfriar. Se mete en la nevera al menos una hora antes de utilizarla.

Cuando se va a preparar para servir a la mesa, se espolvorea bien de azúcar y con una plancha de hierro o el gancho de una cocina de carbón se pone éste al rojo y se presiona con delicadeza las natillas para que al salir humo se forme caramelo.

Esto no se puede hacer con mucha anticipación, porque se derrite con la crema.
Nota.—Se venden en el comercio unas chapas redondas, con mango, especiales para quemar el azúcar.

1.034. CREMA PASTELERA (para rellenos)

½ litro de leche
3 cucharadas soperas de leche fría
3 yemas de huevo
5 cucharadas soperas de azúcar
2 cucharadas soperas de maizena

1 cucharada sopera rasada de harina fina
1 corteza de limón o un pellizco de vainilla
1 clara a punto de nieve (facultativo).

En un cazo se pone a cocer el ½ litro de leche con 3 cucharadas de azúcar y la corteza del limón.

En un tazón se mezclan las yemas de huevo, el resto del azúcar, la maizena, la harina y la leche fría, todo bien disuelto para que no haga grumos.

Cuando la leche empieza a cocer, se coge un poco y se vierte muy despacio en el tazón, con mucho cuidado para que las yemas no se cuajen y formen grumos. Después de disuelto con un poco de leche caliente, se vierte este contenido del tazón en el cazo de la leche y, sin dejar de mover con una cuchara de madera, se deja cocer muy suavemente (a fuego lento) unos 5 minutos.

Se aparta y se vierte en una fuente o una ensaladera, para dejarla enfriar antes de utilizarla.

Hay a quien le gusta añadir, una vez casi fría la crema, una clara montada a punto de nieve firme (con un pellizquito de sal).

Antes de utilizar la crema se quita la corteza de limón.

1.035. NATILLAS CON ROCA FLOTANTE (6 personas)

Natillas:
¾ litro de leche
4 yemas
6 cucharadas soperas de azúcar
1 cucharada sopera rasada de maizena
un pellizco de vainilla.

Roca:
8 claras de huevo
8 cucharadas soperas de azúcar.

Caramelo para bañar el molde:
1 cucharada sopera de agua
2 cucharadas soperas de azúcar.

Con 2 cucharadas soperas de azúcar y una de agua se hace un caramelo bastante tostado en el mismo molde donde se hará la roca. Se reparte en caliente por todo el fondo y se deja enfriar.

Natillas:

Se pone a cocer la leche con 3 cucharadas de azúcar y la vainilla. Aparte, en un tazón, se mezclan las yemas con el azúcar y la maizena. Cuando la leche empieza a cocer, se vierte un poco con un cacillo en el tazón (con el fin de que no se cuajen las yemas), moviendo mucho con una cuchara de madera. Se vierte entonces lo del tazón en el cazo de la leche y, moviendo constantemente, se tiene en el fuego mediano un par de minutos, pero sin que cueza, pues se cortarían las natillas. Se cuelan por un pasapurés y se vierten en una ensaladera de cristal, reservándose en la nevera o en sitio fresco.

Si se puede, la roca se debe hacer con poca anticipación; pero si no se puede, también puede prepararse una hora antes de servir (baja un poco, pero está buena).

Se baten a punto de nieve muy fuerte las claras de huevo; una vez batidas, se les añaden 4 cucharadas de azúcar. Se mezcla bien.

En un cazo pequeño se ponen las otras 4 cucharadas de azúcar con un poco de agua (1 o 2 cucharadas soperas). Se pone al fuego y se hace caramelo bastante oscuro (sin que se queme, pues sabría amargo). Se vierte entonces poco a poco en las claras, moviendo muy rápidamente para que se mezcle bien el caramelo, sin que se forme ningún grumo de caramelo. Esto tiene que ser rápido. Se vierte en el molde preparado con caramelo, y se mete al horno, al baño maría, unos 25 minutos más o menos. El horno estará encendido unos 10 minutos antes, y el agua del baño maría, caliente. Se echan las natillas en una fuente un poco profunda y se vuelca la roca sobre ellas. Si sobran natillas, se pueden servir en salsera aparte.

1.036.   CREMA DE CHOCOLATE (6 personas)

1 litro de leche,
3 yemas,
1½ cucharadas soperas de maizena,
8 onzas de chocolate sin leche,
6 cucharadas soperas de azúcar,
3 o 4 cucharadas soperas de agua
   caliente.

Adorno:
2 claras,
2 cucharadas soperas de azúcar,
10 almendras tostadas.

En un cazo pequeño se pone el agua y el chocolate a fuego muy lento para que se deshaga sin cocer. Se mueve de vez en cuando.

Se pone a cocer en un cazo grande la leche con 4 cucharadas soperas de azúcar; se mueve para que el azúcar no se quede en el fondo. Mientras empieza a cocer, se ponen en un tazón las yemas, la maizena y 2 cucharadas de azúcar. Se mueve bien. Cuando la leche empieza a hacer burbujas todo alrededor del cazo, con un cucharón se coge un poco y se añade muy despacio a la mezcla del tazón, moviendo constantemente. Esto se vierte en el cazo de la leche, moviendo siempre. Se añade igualmente el chocolate derretido. Se mueve todo mezclado durante unos 3 minutos, más o menos, para que no dé gusto a harina la maizena, pero sin que cueza a borbotones.

Se separa del fuego, se deja templar y se cuela por un pasapurés o un chino. Se mete en la nevera o en sitio fresco hasta el momento de servir.

Nota.—Se puede adornar la crema con 2 claras montadas a punto de nieve bien firmes, y una vez montadas se mezclan con 2 cucharadas soperas de azúcar (esto se hace con una cuchara y no con el aparato de montar las claras). Se ponen montoncitos encima de la crema y se pican las almendras algo grandes, espolvoreando con ellas los montones de clara.

1.037. BUDIN CON SUIZOS (6 personas)

3 o 4 suizos (de la víspera mejor),
2 cucharadas de azúcar,
leche fría en un plato sopero (1 vaso de los de agua, más o menos),
Para el flan:
¼ litro de leche (1 vaso de los de agua),
3 huevos,
3 cucharadas soperas de azúcar,
un puñado de pasas de Corinto (remojadas en ½ vaso [de los de vino] de agua caliente, con 3 cucharadas soperas de jerez).

Caramelo (para bañar el molde):
3 cucharadas soperas de azúcar,
2 cucharadas soperas de agua.,
Salsa:
3 cucharadas soperas de mermelada de grosella o albaricoque, etc.,
2 cucharadas soperas de azúcar,
1½ vaso (de los de agua) de agua,
2 cucharadas (de las de café) de fécula de patata,
unas gotas de zumo de limón.

Se hace el caramelo con las 3 cucharadas de azúcar y el agua en el mismo molde, que puede ser alargado de los de cake, o de otra forma si se quiere. Una vez frío el caramelo, se cortan los suizos en rebanaditas de un cm de grosor y se bañan por los dos lados en la leche con azúcar, estrujándolos al sacarlos. Se colocan en el molde alternando con unas pasas de Corinto, que se ponen a cocer un par de minutos con el agua y el jerez, dejándolas en el caldo hasta el momento de utilizarlas.

Después de colocados los suizos y las pasas, en una ensaladera se baten muy bien los huevos (como para tortilla), se les añade el azúcar y, al final, la leche. Se podrá utilizar la leche de bañar los suizos si sobrase, contando entonces con ella para no sobrepasar el ¼ litro de líquido. Se bate bien y se vierte en el molde, moviendo un poco el contenido para que todo quede bien empapado con la crema.

Se tendrá el horno encendido unos 5 minutos antes con una besuguera con agua hirviendo. Se mete el molde en el horno a baño maría durante unos 45 minutos. Se pincha con un alambre para saber si está cocido. El alambre debe salir seco y limpio. Se saca del horno y del agua y se deja enfriar.

En el momento de servir se pasa un cuchillo de punta redonda todo alrededor y se vuelca en una fuente alargada.

Se hace la salsa (receta 104) y se sirve en salsera aparte.

Nota.—1.ª Se puede cocer unos 3 minutos más la salsa de las pasas, después de sacadas éstas, y se puede echar por encima del budín al sacar éste del horno; resulta así más blando y hay quien lo prefiere.

2.ª También se puede servir el budín quemándolo con ron, calentado y prendido con una cerilla, en vez de ponerle salsa de mermelada.

1.038. FLAN CON PERAS (6 personas)

4 peras medianas (de agua o amarillas de Roma),
2 cucharadas soperas de azúcar,
1 vaso (de los de agua) de leche,
4 huevos enteros,
¼ litro de leche (fría o templada),

3 cucharadas soperas de azúcar.,
Caramelo:
3 cucharadas soperas de azúcar,
2 cucharadas soperas de agua.

Se baña con caramelo una tartera de unos 25 cm de diámetro y de unos tres dedos de alta.

Aparte, en un cazo, se echan las peras peladas y cortadas en trocitos como unos dados, el agua y las 2 cucharadas de azúcar; se tapa el cazo con una tapadera y se pone a cocer a fuego mediano. Deben quedar blandos, pero enteros, por lo cual hay que vigilar cuándo están en su punto. Cuando las peras están cocidas y templadas, se escurren bien de su almíbar y se colocan en la tartera sobre el caramelo y bien repartidos por igual en todo el fondo.

Se encenderá entonces el horno y se pondrá agua a calentar para que hierva al ir a meter el flan en el horno.

En una ensaladera se baten muy bien con un tenedor los huevos, se les agrega el azúcar y después la leche. Se mueve muy bien y se vierte esta crema en la tartera por encima de los trocitos de pera. Se mete en el horno al baño maría durante 40 minutos, más o menos, y cuando el flan está cuajado (se pincha con un alambre para comprobarlo) se saca del horno con su agua.

Cuando está templada el agua, se saca la flanera y se puede entonces volcar sobre una fuente redonda, donde se servirá.

Este flan está mejor ligeramente templado y no se debe meter en la nevera. Se puede hacer lo mismo con manzana, siempre que sean de una clase que no se deshagan (reinetas).

1.039. FLAN CLASICO Y FLAN SORPRESA (6 personas)

Para el caramelo del molde:
  3 cucharadas soperas de azúcar
  2 cucharadas soperas de agua.

Flan:
  ³/₄ litro de leche

200 g (u 8 cucharadas soperas) de azúcar
  2 huevos enteros
  6 yemas
  un pellizco de vainilla o una barra de vainilla en la leche.

Se encaramela la flanera con las 3 cucharadas de azúcar y las 2 de agua, haciendo el caramelo en la misma flanera, y cuando está de un bonito color dorado se cubren también un poco las paredes, volcando la flanera por todos lados.

Se pone la leche a hervir con la vainilla (en polvo o en barrita).

En una ensaladera se ponen los huevos enteros y las yemas; se baten con el azúcar. Una vez bien disuelto el azúcar, se vierte muy poco a poco la leche caliente para que no se cuajen las yemas, y sin dejar de mover con una cuchara de madera. Se vierte en la flanera, colando la crema por un pasapurés o chino.

Se calienta el horno unos 10 minutos antes de meter el flan. Se tiene agua hirviendo en una cacerola para el baño maría y se mete dentro la flanera con el agua que cubra más de la mitad de la altura. Se cubre la flanera con una tapadera y se colocan dos o tres cascarones de huevo en el agua para que al cocer no salpique el agua. Se comprueba (con un alambre que tiene que salir limpio) a los 50 minutos si el flan está cuajado.

Si estuviese, se saca la flanera y se deja enfriar antes de meterla a la nevera. Se sirve en fuente redonda, colocando la fuente de tapa y volcando la flanera rápidamente.

Nota.—Flan sorpresa:

Una vez desmoldado el flan, se cubre con ¹/₄ kg de nata montada mezclada con una clara de huevo a punto de nieve firme. Una vez cubierto el flan, se rocía con una salsa de mermelada de grosella o albaricoque (receta 104) hecha de antemano.

1.040. FLAN CON LECHE CONDENSADA

3 huevos enteros
1 bote de leche condensada (370 g)
 la medida de 2 botes de leche natural

un pellizco de vainilla en polvo.
Para el caramelo de la flanera:
3 cucharadas soperas de azúcar
2 cucharadas soperas de agua.

Con el azúcar y el agua se hace caramelo para la flanera. Se deja enfriar.

Aparte, en una ensaladera, se baten los 3 huevos enteros como para tortilla, se añade el contenido del bote de leche condensada, dando vueltas con una cuchara de madera; después se agregan la leche natural y la vainilla. Se vierte esto en la flanera.

Se encenderá el horno unos 5 minutos antes de meter el flan y se tendrá una cacerola amplia con agua hirviendo para meter dentro la flanera. El agua debe llegar más arriba de la mitad de la altura de la flanera. Se ponen en el agua del baño maría tres o cuatro cáscaras de huevo para que no salte el agua al cocer. Se deja el flan unos 45 minutos; de todas maneras, después de $^1/_2$ hora se comprueba si está el flan en su punto con un alambre. Si sale limpio es que está cuajado. Se saca del horno y del agua y se deja enfriar.

No se debe meter este flan en la nevera. Se sirve volcando la flanera en una fuente redonda, puesta a modo de tapadera.

1.041. FLAN DE COCO (6 a 8 personas)

$^3/_4$ litro de leche,
2 cucharas soperas de maizena,
1 cucharada sopera de harina fina,
8 cucharadas soperas de azúcar,

100 g de coco rallado,
5 huevos,
agua.

Con 2 cucharadas soperas de azúcar y $1^1/_2$ cucharada sopera de agua se hace caramelo y se baña una flanera o un molde en forma de corona.

Se ponen la maizena y la harina en un tazón y se deslíen con un poco de leche fría.

Aparte, en un cazo, se pone el resto de leche con 6 cucharadas de azúcar. Cuando está caliente, se le añade la mezcla de harina y maizena bien disueltas con la leche, y se cuece esta crema durante unos 3 minutos. Se retira del fuego y se añade el coco.

En una ensaladera se baten con un tenedor los huevos bien batidos y, poco a poco, se va añadiendo la papilla. Una vez mezclado todo, se vierte en la flanera y se mete al baño maría en el horno, previamente calentado durante unos 10 minutos. Se ponen alrededor de la flanera unos cascarones de huevo con el fin de que el agua no salpique el flan al cocer. Se tiene a fuego mediano de 35 a 45 minutos. Se pincha con un alambre y cuando sale limpio es que está el flan.

Se saca del horno y del baño maría y se deja enfriar, sin meterlo en la nevera; basta que esté frío. Al ir a servir el flan, se vuelca en una fuente.

1.042. FLAN CON ZUMO DE NARANJA

$^1/_2$ litro de zumo de naranja,
2 cucharadas soperas de maizena,
6 huevos,
250 g de azúcar molida,
3 cucharadas soperas de azúcar molida,

6 terrones de azúcar.,
Caramelo para molde:
1$^1/_2$ cucharada sopera de agua,
3 cucharadas soperas de azúcar.

Con las 3 cucharadas soperas de azúcar y el agua se hace un caramelo y se encaramela bien la flanera. Se deja enfriar.

Se frotan con los terrones las cáscaras de naranja (esto es muy importante, pues es lo que da más sabor). Se ponen en un cazo, se vierte el zumo y se añade el azúcar molida. En un tazón se deslíe la maizena con un poco de zumo y se añade al cazo. Se pone al fuego, y con una cuchara de madera se revuelve hasta que empiece a cocer. Se deja cocer, sin dejar de dar vueltas, uno o dos minutos. Se separa del fuego y se deja enfriar un poco.

En una ensaladera se baten muy bien los huevos con un tenedor y, poco a poco, para que no se cuajen, se les va añadiendo la crema de naranja. Se revuelve bien y se vierte en la flanera.

Se pone ésta al baño maría, a horno mediano y previamente calentado, durante unos 40 minutos más o menos. Se saca del horno y del agua caliente y se deja enfriar.

Se vuelca en la fuente justo en el momento de ir a servir el flan.

1.043. DULCE DE LECHE CONDENSADA ESTILO ARGENTINO
(6 personas)

1 bote de leche condensada (370 g),
2 yemas de huevo,
2 claras,

100 g de huevo hilado o nata montada,
agua,
un pellizco de sal.

Se pone la lata de leche condensada cerrada en un cazo con agua que le llegue bastante arriba, es decir, al baño maría. Cuando rompe el hervor, se deja cocer lentamente por espacio de 3 horas, añadiéndole agua caliente al cazo cuando vaya haciendo falta.

Una vez pasado este tiempo, se retira el bote del agua, se abre y se deja enfriar. Se vierte en una ensaladera pequeña de cristal, o en una fuente pequeña y honda, se añaden las 2 yemas y después las claras montadas a punto de nieve con un pellizquito de sal.

Se mete en la nevera una hora y se sirve adornado con huevo hilado o nata, y acompañado de lenguas de gato, servidas aparte.

1.044. FLAN CHINO (6 personas)

$^1/_4$ litro de leche,
$^1/_4$ kg de azúcar,
5 yemas de huevo,
3 claras,

un pellizquito de sal.
Para el caramelo de la flanera:
3 cucharadas soperas de azúcar,
2 cucharadas soperas de agua.

Se prepara una flanera de unos 18 cm de diámetro con azúcar y agua; se cuece, y cuando el caramelo tiene un bonito color dorado, se retira y, volcando un poco la flanera, se baña el fondo y un poco los costados. Se deja enfriar. También se pueden utilizar flaneras individuales.

Se pone en un cazo la leche y el azúcar y se mueve con una cuchara de madera. A fuego suave se cuece durante unos 15 minutos hasta que espese, moviendo de vez en cuando.

En un tazón se baten las yemas y con una cuchara se agrega, muy poco a poco, la leche caliente (para que no cuaje las yemas); después se vierte esto dentro del cazo de la leche, apartando ésta del fuego para que no se corte la crema. Se deja templar, dándole de vez en cuando vueltas con una cuchara de madera.

Aparte se baten las claras a punto de nieve muy firmes con un pellizquito de sal y se incorporan con mucho cuidado a la crema, de modo que queden muy bien mezcladas. Se vierte esta crema en la flanera preparada con caramelo y se mete a horno suave y al baño maría (el agua se tendrá ya cociendo de antemano y el horno encendido unos 5 minutos antes). Se cubre con tapadera durante 20 minutos, después se destapa y se cuece unos 15 minutos más (en total unos 35 minutos a horno mediano) y cuando está en su punto (se pincha con un alambre para saberlo: si sale limpio es que el flan está cocido) se saca. Se deja enfriar en el molde y éste en el baño maría. Se quita, una vez fría, la flanera del agua y se mete $\frac{1}{2}$ hora en la nevera.

En el momento de servir, se pasa un cuchillo alrededor de la flanera y se vuelca en una fuente.

1.045. TOCINO DE CIELO (6 personas)

1½ vaso (de los de agua) de azúcar,
1½ vaso de los de agua) de agua,
2 trozos de corteza de limón,
2 cucharadas soperas de agua fría,
7 yemas,
1 huevo.

Caramelo para la flanera:
2 cucharadas de azúcar,
1 cucharada de agua.

Se hace el caramelo en una flanera de unos 14 cm de diámetro. Se deja enfriar.

En un cazo se hace el almíbar poniendo el agua con el azúcar y las dos cortezas de limón. Se deja cocer suavemente durante 20 minutos. Se retira del fuego y se deja enfriar.

Aparte en una ensaladera, se ponen las 7 yemas, el huevo entero y las dos cucharadas de agua fría. Se revuelve hasta que esté hecha una crema y entonces se va añadiendo poco a poco el almíbar frío. Se vierte en la flanera. Se pone un papel de plata por encima y una tapadera que encaje bien.

Se mete la flanera en una cacerola que contenga agua caliente a mitad de su altura, se ponen unos cascarones de huevo para que no salpique el agua, y cuando rompe el hervor se deja 9 minutos encima de la lumbre.

Se tendrá el horno encendido previamente y se pasará enseguida dentro, con su baño maría, 10 minutos más.

Se saca la flanera del horno. Se deja enfriar el tocino y pasando un cuchillo todo alrededor para desprenderlo, se vuelca en la fuente de servir.

Nota.—Se puede hacer esto mismo en flanecitos individuales. Convendrá entonces dejarlos algo menos de tiempo en el horno.

1.046. CAPUCHINA (8 personas)

10 yemas,
1 clara,
2 cucharadas soperas de harina de almidón (o maizena),
un trocito de mantequilla para untar el molde,

Almíbar:
1½ decilitros de agua,
150 g de azúcar,
1 cáscara de limón.

Baño de yema:
3 yemas,
125 g de azúcar,
1 decilitro (o sea, 1 vaso de los de vino) de agua más una cucharada (de las de café).

Adorno:
2 claras da punto de nieve,
3 cucharadas soperas de azúcar,
1 molde de 22 cm de diámetro y 5 cm de alto.

Se unta con bastante mantequilla el molde y se mete en la nevera para que se endurezca la mantequilla.

En un cacharro amplio (donde se pondrá el molde de la capuchina al baño maría) se pone agua para que vaya calentándose.

Se baten las yemas y la clara con batidora eléctrica (de montar las claras) o de mano durante unos 20 minutos. Se agrega entonces la harina de almidón tamizada con un colador o un cedazo (para que se airee). Se mezcla, pero sin mover más que lo justo y necesario, y se vierte en el molde. Se pone éste en el cacharro con agua que estará hirviendo **muy despacio**. Se ponen unas cáscaras de huevo en el agua para que no salpique la capuchina, y se cuece encima del fuego unos 8 a 10 minutos más o menos, hasta que se formen unas burbujitas en la superficie de la masa. Se mete entonces en el horno (previamente calentado durante 10 minutos) y con fuego **muy flojo**. Se tiene unos 25 a 30 minutos (en horno eléctrico; en horno de gas, algo menos). Se pincha con un alambre y si sale la aguja limpia, se saca.

Mientras está en el horno se va haciendo primero el almíbar de emborrachar. Se cuece el agua, el azúcar y la cáscara de limón durante 7 minutos.

Segundo, se hace el baño de yema:

Con el agua y el azúcar se hace otro almíbar algo más espeso (para ello se deja 10 minutos cociendo). En un cacharro resistente al fuego se ponen las yemas con una cucharadita (de las de café) de agua fría, y se añade poco a poco el almíbar sin dejar de remover. Se arrima al fuego y se deja hervir unos 3 minutos, moviendo continuamente con unas varillas en forma de 8 hasta que espese. Se deja templar.

Una vez fuera del horno la capuchina, se pincha con un alambre fino, sin llegar al fondo del molde, y por los agujeritos se vierte el almíbar.

Después de bien embebido, se pasa un cuchillo todo alrededor del molde y se vuelca en la fuente donde se vaya a servir.

Se vierte entonces despacio el baño de yema, y con un cuchillo ancho se lleva hasta los bordes para que quede todo cubierto. Se mete en la nevera en el sitio menos frío. Pasadas unas horas (6 por lo menos, pudiendo hacerse la capuchina la víspera), y al ir a servirla, se baten las claras a punto de nieve muy firme; se mezclan con el azúcar y se hace con la manga un bonito adorno; se sirve.

1.047. SOUFFLE DULCE (6 a 8 personas)

4 cucharadas soperas de harina fina,
4 cucharadas (de las de café) de fécula de patata (rasadas),
100 g de mantequilla,
1 cucharada sopera de aceite fino,
½ litro de leche o más si hace falta,
vainilla en polvo,
5 huevos enteros.
5 claras de huevo,
8 a 10 cucharadas soperas de azúcar,
sal,

Se hace una bechamel poniendo a derretir 75 g de mantequilla con una cucharada de aceite; cuando está caliente se le añade la herina y la fécula. Con unas varillas se da vueltas, añadiendo despacio la leche fría. Cuando la bechamel ha cocido unos cinco minutos, se retira del fuego y se le agrega el azúcar, moviendo muy bien. Se deja enfriar y cuando está templada solamente, se incorporan las cinco yemas.

Se unta con el resto de la mantequilla una fuente de cristas o porcelana honda resistente al horno. Se enciende éste a fuego mediano unos 10 minutos antes de poner la crema de soufflé. Se baten las claras de tres en tres con un pellizco de sal para que monten mejor; una vez bien firmes, se mazcla la primera tanda, moviendo poco a poco con una cuchara de madera y las demás moviéndolas también lo menos posible.

Se mete todo en las fuente y se mete en el horno mediano flijo; después de pasados 15 minutos se sube el calor del horno y se vuelve a subir otros diez minutos al final. Suele estar en 35 minutos. Cuando el soufflé está bien subido y dorado se sirve enseguida en su misma fuente.

Variaciones:

Se pueden dar varios sabores el soufflé, agregándole licor de Gran Marnier, 3 cucharadas soperas (que se quitan de leche) o de limón (cociendo la cáscara en la leche y poniendo otra cáscara rallada en la crema), o de café (se añade a la bechamel Nescafé), o de chocolate (se agragan 3 cucharadas soperas de cacao), etc., y se procede como en la receta anterior.

1.048. ARROZ CON LECHE (6 personas)

6 cucharadas soperas de arroz,
1 cáscara entera de limón,
¾ litro de leche
8 cucharadas soperas de azúcar
agua
canela en polvo.

En un cazo se pone agua abundante a hervir; cuando cuece a borbotones se echa el arroz, y se cuece unos 10 minutos más o menos. Mientras tanto se pone en otro cazo la leche a cocer con la cáscara del limón. Cuando han pasado los minutos de cocer a medias el arroz, se escurre éste en un colador grande y se echa en seguida de escurrido en la leche cociendo. Se vuelve a dejar otros 12 minutos (se prueba si está blando, pero sueltos los granos). Se retira del fuego, se añade el azúcar y se revuelve. Se dan unas vueltas en el fuego, se le quita la cáscara de limón y se vierte en la fuente donde se vaya a servir. Tiene que quedar caldoso, pues al enfriarse se embebe leche y si no quedaría muy espeso.

Se adorna con canela en polvo. Se puede también quemar, formando caramelo por encima, pero esto es menos clásico. (Se pone azúcar molida en un embudo y se forman unas rayas que se queman con un hierro al rojo.)

En verano se puede meter el arroz con leche, una vez frío, en la nevera antes de servirlo.

1.049. ARROZ CON LECHE, CON NATA Y ALMENDRAS (6 a 8 personas)

1 taza (de las de té) de arroz (175 g),
50 g de almendras tostadas y picadas no muy finas,
1 clara de huevo a punto de nieve firme,
¼ kg de nata montada,

6 cucharadas soperas de azúcar,
2½ vasos (de los de agua) de leche (algo menos de ½ litro),
agua,
un pellizquito de sal,
algunas guindas.

En un cazo se pone agua abundante a cocer y cuando hierve a borbotones se echa el arroz. Se deja cocer unos 8 minutos y, pasado este tiempo, se escurre en un colador y se vierte en otro cazo, donde estará la leche muy caliente. Se deja hervir a fuego moderado unos 20 minutos más o menos (depende este tiempo de la clase de arroz); para más seguridad, se prueba. Una vez en su punto el arroz, se le echa el azúcar y se da unas vueltas retirándolo del fuego. Una vez templado, se le añaden las almendras y por último, cuando está casi frío, se monta la clara de huevo a punto de nieve muy firme con un pellizquito de sal, se mezcla con la nata y se incorpora al arroz con las almendras. Se pone en sitio fresco y se adorna con unas guindas en almíbar.

1.050. BUDIN DE ARROZ (unas 8 a 10 personas)

1¼ litros de leche,
agua,
200 g de arroz,
2½ paquetes de flan chino El Mandarín,

1 lata de melocotones en almíbar de ½ kg,
¼ kg de nata montada,
10 cucharadas soperas de azúcar,
unas guindas para adorno.

En un cazo con agua hirviendo se echa el arroz, y cuando ha cocido unos 5 minutos se vierte en un colador para escurrirle el agua. Se vuelve a echar en otro cazo que tenga 1 litro de leche hirviendo y, a fuego mediano, se le deja cocer otros 20 minutos (más o menos), según la clase de arroz.

En un tazón grande se disuelven los polvos de flan chino, mezclados previamente con el azúcar para que no formen grumos, con el ¼ litro de leche fría. Una vez bien disueltos, se agrega al arroz con leche, se pone a fuego mediano y se mueve bien con una cuchara de madera (como va indicado en el paquete del flan). Se retira del fuego y se añaden los melocotones en almíbar, bien escurridos y cortados en trozos. Se mezcla bien todo y se vierte en un molde de cristal o porcelana. Se mete en la nevera unas 3 o 4 horas.

Al ir a servir el budín, se pasa un cuchillo alrededor del molde y se vuelca. Se adorna con la nata y las guindas y se sirve.

1.051. FLAN-BUDIN DE SEMOLA (6 personas)

Caramelo para bañar el molde:
  3 cucharadas soperas de azúcar,
  2 cucharadas soperas de agua.,
Budín:
  ½ litro de leche,
100 g de sémola de trigo,
  3 yemas,
  4 claras,

150 g de azúcar,
    un pellizco de vainilla,
    un pellizco de sal.,
Salsa caramelo líquido:
    6 cucharadas soperas de azúcar,
    2 cucharadas soperas de agua,
  ¹/₁₀ litro más de agua (un vaso de los
    de vino).

Se baña un molde alargado de cake (u otra forma si se quiere) con el caramelo hecho con las 3 cucharadas de azúcar y las 2 de agua. Se vuelca bien el molde para que bañe bien el fondo y los costados del molde. Se deja enfriar.

En un cazo se pone la leche a cocer con la vainilla; cuando empieza a hervir, se hecha la sémola desde un poco alto para que caiga en forma de lluvia sobre la leche. Con una cuchara de madera se mueve sin parar durante 10 minutos, para que no se formen grumos y no deje de cocer suavemente.

En una ensaladera amplia se mezclan las 3 yemas y el azúcar; una vez bien movidos, se incorpora poco a poco la papilla de sémola y aparte se baten las claras con un pellizco de sal muy firmes, y se incorporan también a la crema. Se vierte en el molde y se mete a horno suave (previamente encendido durante 5 minutos) y al baño maría con el agua hirviendo durante 45 minutos a una hora.

Se comprueba que está el flan ya cocido pinchándolo con un alambre: si sale limpio, el flan está en su punto.

Se saca del horno y se deja enfriar en el molde.

Al ir a servir el budín, se pasa un cuchillo de punta redonda todo alrededor del molde y se vuelca en una fuente. Se sirve con caramelo líquido en una jarrita aparte (receta 102).

1.052. FLAN DE FRUTAS CALIENTE (6 personas)

2 peras,
2 manzanas,
2 plátanos,
2 mandarinas (o una naranja),
1 racimo de uvas (¼ kg),
  unas 6 ciruelas pasas o un puñado de pasas (facultativo),

8 cucharadas soperas de azúcar,
4 cucharadas soperas de harina
  fina,
2 huevos,
2 vasos (de los de agua) de leche
  fría,
30 g de mantequilla,
  un poco de vainilla en polvo.

En una ensaladera de cristal se cortan todas las frutas peladas y en trocitos como para una ensalada de fruta.

Se unta con la mitad de la mantequilla un cacharro profundo de cristal o porcelana resistente al fuego.

Se vierte la mitad de la fruta y se espolvorea con 2 cucharadas soperas de azúcar. Se echa el resto de la fruta.

Aparte se pone la harina, 4 cucharadas soperas de azúcar, los 2 huevos y la vainilla en un cacharro de cristal o loza, y se baten bien; se añade poco a poco la leche para que no se hagan grumos. Se vierte esta crema sobre la fruta, sacudiendo bien el cacharro para que fruta y crema queden bien mezclados. Se espolvorea con 2 cucharadas soperas de azúcar y se pone el resto de la mantequilla en tres o cuatro trocitos por encima. Se mete en el horno (que se habrá calentado previamente) a fuego mediano durante una hora. Se saca y se sirve en el mismo cacharro de porcelana, cuando está aún caliente o templado.

1.053. MOUSSE DE CHOCOLATE (6 personas)

125 g de chocolate,
3 cucharadas soperas de leche fría,
3 yemas de huevo,

3 cucharadas soperas de azúcar molida,
4 claras de huevo,
75 g de mantequilla,
un pellizquito de sal.

En un cazo se pone el chocolate partido en trozos con la leche. Se pone a fuego suave hasta que el chocolate esté derretido. Se separa del fuego y se incorpora en trozos la mantequilla.

En un tazón se mezclan las yemas con el azúcar, moviendo bien, hasta que esté espumoso. Se añade el chocolate. Se revuelve bien para mezclar todo y para ir enfriando la crema.

Se baten las claras a punto de nieve muy firme con un pellizquito de sal.

Enfriada la crema de chocolate, se incorporan las claras muy suavemente, pero cuidando que adquiera un tono uniforme. Se pone la «mousse» en una ensaladera de cristal o en varios cacharritos (o copas bajas de champán) y se mete en la nevera por lo menos una hora antes de servir.

Se puede adornar con un poco de nata o con guindas. Se sirve, si se quiere, con lenguas de gato aparte en un platito.

Nota.—Se puede mezclar a la mousse nata montada, poniendo entonces sólo 3 claras a punto de nieve.

1.054. MOUSSE DE CHOCOLATE CON SOLETILLAS (6 a 8 personas)

Unas 35 soletillas (no muy blandas),
3 o 4 cucharadas soperas de ron,
2 cucharadas soperas de azúcar, agua,
100 g de chocolate,
3 cucharadas soperas de leche fría,

3 yemas de huevo,
4 cucharadas soperas de azúcar molida,
4 claras de huevo,
200 g de mantequilla (que no esté fría),
un pellizquito de sal.

Coger un poco de los 200 g de mantequilla y untar una flanera (de unos 19 cm de diámetro).

En un plato sopero se pone agua, llenando la parte honda, con $1\frac{1}{2}$ cucharada sopera de ron y una cucharada sopera de azúcar. Cuando se termina el primer líquido, se vuelve a hacer más con lo que queda. Pasar unas soletillas rápidamente por este líquido. Colocarlas primero en el fondo y después cortándoles un poco uno de los finales redondos todo alrededor de la flanera.

Hacer la mousse como está indicado en la receta anterior (se pone más mantequilla para que al desmoldar se tenga bien en pie). Se pone la mitad de la mousse y se recubre con unas soletillas mojadas muy ligeramente. Se vierte el resto de la mousse y se vuelve a poner para cerrar el molde otra capa de soletillas ligeramente mojadas. Se cubre la flanera con una tapadera algo más pequeña que la flanera, o con un plato untado con un poco de mantequilla. Se pone algún peso sobre la tapadera y se mete en la nevera por lo menos 5 horas antes de servir la mousse. Se puede hacer la víspera si se quiere.

Al ir a servir, se pasa un cuchillo todo alrededor del molde y se vuelca en una fuente redonda.

Se adorna con nata o con natillas vertidas por encima de la mousse.

Natillas:

³/₄ litro de leche,
3 yemas de huevo,
5 cucharada soperas de azúcar

1 cucharada sopera rasada de maizena.

(Véase receta 1.032.)

1.055. CORONA DE CHOCOLATE LIGERA CON NATILLAS
(6 personas)

140 g de chocolate,
¹/₂ vaso (de los de vino) de agua,
2 yemas de huevo,
    el peso de un huevo de mantequilla (50 g),
150 g de azúcar,
50 g de almendras ralladas,
4 claras de huevo,
    mantequilla para untar el molde.,

Natillas:,
¹/₂ litro de leche,
2 yemas,
5 cucharadas soperas de azúcar,
1 cucharada sopera rasada de maizena,
    un pellizco de vainilla.

En un cazo se pone el agua y el chocolate a fuego lento, para que se derrita éste, sin cocer. Una vez derretido y templado, se añade la mantequilla, el azúcar, las yemas y las almendras ralladas. Se revuelve muy bien todo junto y se agregan las 4 claras de huevo a punto de nieve muy firme (con un pellizquito de sal).

Se incorporan a la crema suavemente.

Se unta muy abundantemente con mantequilla un molde en forma de corona, se vierte la masa en él y se mete a horno suave al baño maría. (El agua del baño maría se tendrá ya caliente.) Se deja de 45 minutos a 1 hora. Una vez cocido (para saberlo se pincha con un alambre), se retira del horno y se deja en sitio que no sea muy frío. Se desmolda en el momento de ir a servirlo y se sirve con unas natillas (receta 1.032) aparte en salsera. También se puede servir con nata montada en el centro y resulta muy bien también.

1.056. CREMA CUAJADA DE LIMON (5 a 6 personas)

4 huevos enteros,
    la ralladura de 2 limones,
    zumo de 3 limones,
200 g de azúcar,

1 cucharada sopera rasada de maizena,
1 vaso (de los de agua) de agua.

En un vaso se pone la maizena y se añade poco a poco el agua fría para que no forme grumos.

En una fuente de cristal o porcelana resistente al fuego, no muy grande, se baten los huevos como para tortilla, se agrega después la ralladura de limón, el azúcar, el zumo y, finalmente, el vaso de agua con la maizena disuelta en él. Se mueve bien y se pone sobre la lumbre (cuidando de interponer entre la fuente de cristal o porcelana una plancha especial para que no salte el cristal y se rompa). Se sigue moviendo hasta que empieza a hervir; se deja unos 3 minutos cociendo sin dejar de mover, y se retira del fuego.

Se deja enfriar, se mete, si se quiere, en la nevera y se sirve acompañada de lenguas de gato.

1.057. CREMA DE LIMON (4 a 6 personas)

(Para tomar como mermelada o hacer el relleno de la tarta.)

45 g de mantequilla,
    el zumo de 3 limones,
    ralladura de un limón,

250 g de azúcar,
  3 huevos.

En un cazo se derrite la mantequilla (con cuidado de que no cueza); se añade el zumo y la ralladura de los limones; después, el azúcar y, al final, los huevos batidos previamente como para tortilla.

Se pondrá el cazo en agua caliente para terminar de hacer la crema al baño maría. Se dan vueltas constantemente durante 15 minutos para que la crema se espese. Se saca del fuego y se vierte la crema en un cacharro de cristal o porcelana y se guarda en sitio fresco (pero no en la nevera). Una vez fría, se puede utilizar para rellenar una tarta (cubriendo ésta después con merengue).

1.058. MOUSSE DE LIMON (5 a 6 personas)

150 g de azúcar molida,
  4 yemas de huevo,
    el zumo de un limón,
    la ralladura de 1/2 limón,

4 claras,
  un pellizco de sal,
6 guindas de confitería.

En un cazo se revuelven muy bien con una cuchara de madera las yemas con el azúcar y el zumo de limón. Se pone al baño maría, sobre la lumbre (el agua estará caliente con anticipación), y dando vueltas sin parar se tiene unos 15 a 20 minutos, hasta que el volumen de la crema casi sea el doble. Se retira del fuego y del baño maría, para que se vaya enfriando, y se le añade el 1/2 limón rallado. Mientras tanto se baten muy firmes, con la pizca de sal, las claras; cuando están bien firmes, se incorporan suavemente a la crema. Se vierte ésta en cuenquitos o copas de champán de pie bajo y se meten unas 2 horas en la nevera.

Se sirven en las copas con unas lenguas de gato aparte y unas guindas en el centro de adorno. Estas guindas se colocarán en el momento de llevar el postre a la mesa para que no se hundan en la mousse.

1.059. MOUSSE DE NARANJA (6 personas)

El zumo de 3 naranjas grandes (1½ vaso de los de agua),
1 naranja mediana (para el adorno),
100 a 150 g de azúcar (según sean de dulces las naranjas),
2 cucharadas soperas colmaditas de maizena,

2 yemas de huevo,
3 claras,
un pellizco de sal,
3 cucharadas soperas de licor de Cointreau o Curaçao,
un poco de agua fría.

En un cazo bastante grande se pone el zumo de naranja con el azúcar. En un tazón se pone la maizena y se disuelve con agua fría (4 o 5 cucharadas soperas). Se pone el zumo a calentar y, cuando empieza a tener burbujas alrededor del cazo, se añade lo del tazón, y sin dejar de dar vueltas con una cuchara de madera se cuece durante unos 3 minutos. Se retira del fuego y en sitio fresco se deja enfriar, dando vueltas para que no se forme piel.

Se agrega entonces el licor y, una vez incorporado, las yemas.

Se baten las claras muy firmes con un pellizquito de sal. Se incorporan a la crema con cuidado, es decir, moviendo despacio y justo lo necesario para que quede bien mezclada la mousse. Se reparte en unos cacharritos de porcelana o cristal (o copas de champán) y se meten en la nevera durante unas 3 horas.

Se pela la naranja y se cortan unas rodajas. En el momento de servir, se plantan dentro de la mousse las rodajas y se sirve con lenguas de gato aparte.

1.060. GELATINA DE NARANJA (6 personas)

1 litro de zumo de naranja,
4 o 5 cucharadas soperas de azúcar,
5 hojas finas de cola de pescado,

un poco de agua fría,
unos gajos de naranja,
¼ kg de nata montada.

Se disuelven en un cazo pequeño la cola de pescado (o gelatina) con un poco de agua. Se pone a fuego suave **sin que llegue a hervir** (pues saben mal). Cuando está caliente se añade el zumo de naranja y éste se calentará suavemente, agregándole el azúcar. Una vez bien mezclados los ingredientes, se coge un molde y se aclara con agua fría sin secarlo. Se vierte el líquido en él y se mete en la nevera hasta que esté cuajado. Para servir se desmolda, pasando un cuchillo todo alrededor del molde, y se vuelca.

A veces hay que levantar un lado del molde y con el cuchillo hacer un poco de palanca para que entre aire, pues este tipo de postres hace ventosa y no bajan solos. Se adorna con la nata puesta con una manga y unos gajos de naranja.

1.061. MOUSSE DE CAFE (6 personas)

½ litro de leche
100 g de azúcar
2 yemas
3 claras
1½ cucharadas soperas de maizena

1 cucharada sopera de Nescafé
50 g de almendras tostadas y picadas o, mejor, almendras garrapiñadas (facultativo)
sal.

En un cazo se pone a hervir casi toda la leche con más de la mitad del azúcar. Aparte, en un tazón, se ponen las yemas, el azúcar que ha quedado y el Nescafé. En otro tazón se pone la maizena y se disuelve con la leche fría que se ha separado. Una vez mezclada y disuelta la maizena, se vierte en el tazón de las yemas. Se mezcla todo muy bien. Cuando la leche empieza casi a hervir (hace pompitas en el borde del cazo) se coge un poco de leche con un cazo y se vierte muy poco a poco en el tazón, sin dejar de mover con una cuchara de madera. Después de bien disuelto, se incorpora esto a la leche del cazo. Se deja cocer unos 3 o 4 minutos sin dejar de dar vueltas. Se aparta y se pone en sitio fresco para que se enfríe la crema. Una vez casi fría, se baten las claras a punto de nieve muy firme con un pellizquito de sal y se incorporan a la crema. Se reparte ésta en 6 cuenquitos (copas bajas de champán, etc.) o en un bol de cristal, y se mete en la nevera durante 2 o 3 horas (no más, pues se vuelve algo líquido pasado este tiempo).

Al ir a servir, se espolvorea la mousse con un poco de almendras garrapiñadas machacadas.

1.062. BAVAROISES PEQUEÑAS DE FRESAS O FRAMBUESAS (6 a 8 personas)

³/₄ litro de leche escasos (3 vasos de los de agua),
6 cucharadas soperas de maizena,
3 hojas finas de cola de pescado,
un poco de agua,
300 g de fresas frescas, o ¹/₄ kg de frambuesas, o 4 cucharadas soperas colmadas de jalea de grosella,

8 cucharadas soperas de azúcar (si son frutas; 4 si es jalea),
2 claras de huevo,
un pellizquito de sal,
125 g de nata montada, o unas fresas o unas guindas de confitería.

En un cazo se pone casi toda la leche a calentar con el azúcar. En un tazón se pone la maizena y se disuelve con el resto de la leche fría. Cuando la leche está a punto de hervir, se vierte la maizena del tazón y se cuece unos 3 minutos sin dejar de dar vueltas con una cuchara de madera. Se separa del fuego y se incorporan las fresas o las frambuesas pasadas por batidora, o la jalea de grosella tal cual.

En un cazo aparte se cortan las hojas de cola y se deslíen con un poco de agua, poniéndolas a fuego suave para que no cueza, pues adquiere mal sabor.

Una vez bien desleídas, se incorporan poco a poco a la crema. Se baten las claras de huevo bien firmes con la pizca de sal y se incorporan suavemente a la crema. Se vierte en unos moldecitos individuales de cristal o Duralex pasados por agua fresca y escurridos y se meten en la nevera un par de horas.

Se pasa alrededor de los moldes un cuchillo de punta redonda y se vuelcan en la fuente donde se vayan a servir. Si no salen bien, con la punta del cuchillo se escurre un poco para que entre aire, pues a veces este tipo de postre forma ventosa.

Se adornan o bien con una guinda encima o con un montoncito de nata puesto con la manga.

1.063. BAVAROISE DE PRALINE (6 personas)

$\frac{1}{2}$ litro de leche,
1 cucharada sopera rasada de maizena,
5 yemas de huevo,
6 cucharadas soperas de azúcar, vainilla (en polvo, en gotas o en barra),
250 g de nata montada,
4 hojas de cola de pescado finas (o 3 corrientes),

7 a 8 cucharadas soperas de agua,
150 g de almendras garrapiñadas, o 100 g de pastas de almendras (macarrones) muy secas y picadas (no muy finas),
2 claras de huevo a punto de nieve,
un pellizquito de sal.

En un cazo pequeño se ponen las 9 cucharadas de agua y las 4 hojas de cola de pescado cortadas en trocitos. Se calienta un poco el agua (sin que cueza nunca) y se dan vueltas con una cuchara para que se deshagan bien.

En otro cazo mediano se echa la leche con 3 cucharadas soperas de azúcar y la vainilla. Se pone a fuego mediano.

Aparte, en un tazón, se ponen las 5 yemas con la cucharada de maizena y las 3 cucharadas de azúcar. Se bate bien y, cuando la leche está a punto de cocer, se va añadiendo en el tazón muy poco a poco (para que no se corten las yemas) y después, cuando está lleno el tazón, se vierte esto en el cazo de la leche. Se mueve con una cuchara de madera sin parar hasta que espese bien, pero sin que cueza apenas. Se retira y, después de un ratito (5 minutos), se va añadiendo la cola de pescado, que estará ya derretida y no demasiado caliente. Se bate bien. Se añaden entonces las almendras garrapiñadas, previamente molidas (entre dos hojas de papel limpio, o un trapo, se aplastan con un martillo para dejarlas más bien gruesas).

Se mete el cazo con todo esto en agua fría y se dan vueltas hasta que las natillas estén frías. Se baten las claras con un pellizquito de sal, a punto de nieve fuerte, y se mezclan con la nata. Se añade entonces la mezcla y se bate a mano con un aparato de batir claras o unas varillas (que no sea eléctrico, porque bate demasiado de prisa).

Se pone el bavaroise en un molde previamente enjuagado con agua fresca y bien escurrido y se mete en la nevera por lo menos 4 horas antes de servir, para que esté bien cuajado. Se desmolda en una fuente, para servir.

1.064. BAVAROISE DE MELOCOTONES (EN LATA) (6 personas)

$\frac{1}{2}$ litro de leche,
150 g de azúcar,
4 yemas de huevo,
1 cucharadita (de las de manzanilla) rasada de maizena,
4 claras,

un pellizco de sal,
1 lata de melocotones en almíbar de $\frac{1}{2}$ kg,
5 hojas finas (o 3$\frac{1}{2}$ un poco más gruesas) de cola de pescado.

Se pone la leche a cocer con la mitad del azúcar. En un tazón se ponen las yemas, el resto del azúcar y la maizena. Se bate bien; cuando la leche empieza a hervir, se coge un poco con un cucharón y se vierte muy poco a poco en el tazón, moviendo bien para que no se cuajen las yemas. Después se vierte lo del tazón en el cazo de la leche, dando vueltas continuamente con una cuchara de madera. Se pone a fuego suave y se deja espesar un poco (sin que cueza, pues se cortarían las natillas). Después se separa y se dejan en sitio fresco, moviendo de vez en cuando para que no se forme nata.

Se abre la lata de melocotones, se escurre muy bien el almíbar en un cazo y se reserva éste, así como un pedazo de melocotón para el adorno. Lo demás se pasa por un pasapurés más bien gordito, para que el melocotón no quede demasiado fino. Se mezcla este puré con las natillas.

En el cazo del almíbar se pone la cola cortada en trozos pequeños. Se pone a calentar a fuego suave (sin que cueza, pues adquiere mal gusto) hasta que esté bien deshecha. Se vierte poco a poco en las natillas; se dan vueltas hasta que esté casi frío.

Se baten las claras a punto de nieve muy firme con un pellizco de sal.

Se mezclan las claras suavemente con las natillas y se vierte todo en un molde o flanera, previamente untado con aceite fino y bien escurrido lo sobrante.

Se mete en la nevera por lo menos 3 horas antes de servir el bavaroise. Se puede hacer la víspera si se quiere.

Se desmolda pasando un cuchillo de punta redonda todo alrededor y si no sale, con la punta del cuchillo se separa un poco, con el fin de que entre aire y no haga ventosa. Se adorna con el melocotón reservado cortado en gajitos.

1.065. BAVAROISE DE PIÑA (DE LATA) (6 a 8 personas)

$\frac{1}{2}$ litro de leche,
$\frac{1}{4}$ litro de nata montada,
200 g de azúcar,
1 clara de huevo,
4 yemas,
1 lata de piña de 500 g,
4 hojas de cola de pescado finas, o
3 más gruesas,

1 cucharada (de las de café) colmada de maizena,
un poco de agua,
un pellizquito de sal,
un poco de aceite fino para untar el molde.

Se pone la leche a cocer con la mitad del azúcar.

Mientras tanto se baten las yemas con el resto del azúcar y la maizena. Cuando la leche está a punto de cocer, se vierte un poco en el tazón y se mezcla luego todo junto en el cazo. Se vuelve a poner a fuego mediano y, sin dejar de dar vueltas con una cuchara de madera, se deja espesar un poco (sin que cueza), pero con cuidado de que no se corte.

En un cazo aparte se vierte el almíbar de la lata de piña, se cortan las hojas de cola de pescado en trocitos, se pone a fuego muy suave y se deja derretir (sin que cueza, pues adquiere mal gusto), y dando vueltas con una cuchara. Esto se mezcla poco a poco con las natillas. Se pone el fondo del cazo en agua fría y, dando vueltas sin parar, se deja templar y casi enfriar.

La mitad de las rodajas de piña se corta por la mitad y se reserva, y la otra mitad se corta en trocitos que se incorporan a las natillas.

Aparte se monta una clara a punto de nieve firme con una pizca de sal. Se mezcla con la nata y ésta se incorpora suavemente, casi toda (dejando un poco para adornar la bavaroise), a la crema.

Se unta un molde de bavaroise grande o una flanera de $1\frac{1}{2}$ litro, con aceite. Se escurre bien éste y se vierte todo en el molde, que se mete en la nevera unas 10 horas (pero no en el congelador) o la víspera si se quiere.

Para servir, se mete **unos segundos** el molde en agua caliente y se vuelca en una fuente. Quizá haya que ayudar de un lado al bavaroise a bajar con la punta de un cuchillo redondo. Se adorna con la nata reservada y las medias rodajas de piña puestas alrededor.

1.066. BAVAROISE DE NARANJA (6 a 8 personas)

3 huevos y una clara más,	zumo de naranja hasta completar con el licor el ¼ litro,
200 g de azúcar,	
3 hojas de cola de pescado,	4 cucharadas soperas de agua
1 vasito de licor de Cointreau,	2 cucharadas soperas de aceite fino.

En un bol de cristal se separan las yemas y se añade el azúcar, se revuelve con una cuchara de madera durante unos 5 minutos hasta que esté cremoso. En un cazo pequeño se pone la cola de pescado cortada en trozos pequeños (con unas tijeras) y se ponen en remojo con las 4 cucharadas de agua; si no se deshace bien, se puede calentar un poco para que se derrita, pero **sin cocer.** En el bol que tiene las yemas y el azúcar se va añadiendo el ¼ litro de líquido entre Cointreau y zumo de naranja (colado) y se agrega la cola de pescado poco a poco sin dejar de mover.

Aparte se montan las claras muy firmes y se van añadiendo poco a poco a la crema. Se mezcla muy bien, para que no quede ningún grumo de clara sin incorporar.

Se unta una flanera con el aceite fino (escurriendo lo sobrante si hiciese falta). Se vierte la crema y se mete en la nevera bien fría hasta que cuaje. Se prepara por lo menos con 6 horas de anticipación o la víspera, si se quiere.

Se puede adornar con un poco de nata montada o unas rajas finas de naranja.

1.067. BAVAROISE DE CHOCOLATE (6 a 8 personas)

150 g de chocolate sin leche,	3 hojas de cola de pescado (finas),
1 vaso (de los de agua) bien lleno de leche fría,	un poco de agua fría (4 a 5 cucharadas soperas),
10 cucharadas soperas bien llenas de azúcar,	4 yemas de huevo,
	6 claras,
	un pellizco de sal.

Se pone a disolver el chocolate en trozos con la leche a fuego mediano para que dé un hervor. Se retira y se pone a enfriar en sitio fresco (no en la nevera).

Se corta la cola de pescado en trozos y se pone en remojo con el agua. Se acerca al fuego y, muy despacio, se deja disolver moviendo bien y sin que cueza (si no sabría a pescado). Se añade al chocolate en sitio fresco, sin parar de dar vueltas y, poco a poco la cola de pescado disuelta.

Cuando esta crema esté casi fría, se le incorporan las yemas batidas con el azúcar y después las claras montadas a punto de nieve (con el pellizco de sal) muy firme.

Se vierte esta crema esponjosa en un molde alargado, o flanera, o varios moldecitos individuales, según se prefiera, y se mete en la nevera por lo menos unas 5 horas antes de servir. El tiempo puede ser más.

Se pasa un cuchillo todo alrededor del molde y se vuelca en una fuente, procurando que por un lado del molde ya volcado y con el cuchillo entre un poco de aire para que la bavaroise no haga ventosa.

Se puede adornar con un poco de nata o guindas. Se sirve bien frío.

1.068. BAVAROISE DE FRESAS (6 a 8 personas)

3 huevos enteros,
200 g de azúcar (8 cucharadas soperas),
3 hojas de cola de pescado finas (2½ si son más gruesas),
2 cucharadas soperas de Kirsch,

500 g de fresas o fresones,
4 cucharadas soperas de agua,
3 gotas de carmín (si se pone fresón),
250 g de nata montada,
una pizca de sal.

Se baten en la batidora las fresas o fresones, dejando algunos para adorno. Después de batirlas bien se debe conseguir un vaso grande de puré, más bien líquido, al que se agrega el kirsch.

Aparte, en una ensaladera, se mezclan muy bien las 3 yemas de huevo con el azúcar. Se mueven con una cuchara de madera durante 8 a 10 minutos, hasta que quede una crema espumosa. En un cazo pequeño y aparte se cortan las hojas de cola de pescado y se ponen en remojo con una cucharada sopera de agua fría. Mientras están en remojo se añade a la crema de los huevos y azúcar el vaso de fresas batidas; se mueve bien.

Aparte se baten muy firmes las 3 claras de huevo con una pizca de sal para que queden más firmes. Se calienta un poco el cazo con el agua y la cola, teniendo mucho cuidado de que no hierva (pues adquiere mal sabor). Se mezcla bien para que se derrita toda y, poco a poco y sin dejar de mover, se incorpora a la crema. Una vez bien mezclada, se agregan las gotas de carmín (es sólo para que quede más bonito; si no se tiene no importa). Después, poco a poco, se van mezclando la mitad de la nata y después las claras, que han de estar muy firmes. Se mezcla bien para que no queden grumos sin incorporar y se mete en una flanera previamente untada con aceite. Esta se escurre para que no haya sobrante de aceite. Se mete en la nevera por lo menos 4 horas antes de servirla.

Se desmolda al ir a servir, pasando un cuchillo de punta redonda alrededor del molde y una vez volcado sobre la fuente, con precaución, se levanta un poco un lado y se mete la punta del cuchillo, sólo para que entre un poquito de aire y caiga la bavaroise que suele hacer ventosa. Se adorna con la nata (con una manga) y se ponen las fresas unas pocas arriba y otras alrededor de la bavaroise. Se sirve bien frío.

BAVAROISE BARATA DE FRESA (6 a 8 personas)

¾ litro de leche
70 g de maizena (6 cucharadas soperas)
½ kg de fresas (pasadas por la batidora)
3 hojas finas de cola de pescado

8 cucharadas soperas de azúcar
3 o 4 cucharadas soperas de agua.
Adorno:
200 g de fresones
200 g de nata.

En un tazón se disuelve la maizena con un poco de leche fría.

Aparte, en un cazo, se pone la leche y el azúcar a cocer. Cuando rompe el hervor se le añade la maizena disuelta y, sin dejar de mover con una cuchara de madera, se deja cocer a fuego mediano unos 2 a 3 minutos. Se retira del fuego y se deja templar un poco. Mientras tanto se corta la cola en trocitos con unas tijeras y se pone en remojo en un cazo pequeño con las 3 o 4 cucharadas soperas de agua fría. Se calienta a fuego muy lento **sin que hierva** (si no da gusto la cola).

Una vez templada la maizena, se le añade el puré de fresas y luego, poco a poco y colándola, la cola disuelta.

Se vierte en una flanera de metal o de cristal o en moldes pequeños individuales. Se mete en la nevera por lo menos unas 3 horas antes de servir (se puede hacer la víspera si se quiere).

Al ir a servir se pasa un cuchillo de punta redonda todo alrededor y se vuelca (hay que levantar un costado e introducir la punta del cuchillo para que entre aire y no haga ventosa).

Se adorna con la nata y los fresones y se sirve bien frío.

1.069. BISCUIT GLACE (6 a 8 personas)

6 huevos,
12 cucharadas soperas de azúcar (no más, porque si no no hiela bien),
2 decilitros de leche (2 vasos de los de vino),
1 cucharada sopera de maizena,

un pellizco de vainilla,
unas gotas de color amarillo,
un poco de mantequilla (para untar el molde),
un pellizco de sal (pequeño).

Se unta el molde de metal donde se vaya a poner el biscuit glacé con mantequilla y se mete en el congelador de la nevera para que quede dura y no se mezcle con la crema.

En un tazón se disuelve la maizena con un poco de leche fría. El resto de la leche se habrá puesto a hervir con 5 cucharadas de azúcar. Se añade la maizena y se hace una papilla, moviendo bien y cociéndola unos 3 minutos. Se retira de la lumbre para que se enfríe un poco. En un tazón se ponen las yemas y se revuelve muy bien con otras 5 cucharadas de azúcar; cuando está bien disuelto, se añade poco a poco la papilla de maizena.

Aparte se baten las claras muy firmes con un pellizquito de sal y se les agregan las 2 últimas cucharadas de azúcar; todo esto se revuelve con la crema con mucho cuidado. Se vierte en el molde y se mete en el congelador de la nevera unas 3 horas.

Se saca unos 5 minutos antes de servir; se pasa un cuchillo de punta redonda todo alrededor y se vuelca sobre la fuente donde se vaya a presentar, o se saca en el momento y se mete el molde unos segundos en agua caliente, pero con cuidado de que sea muy rápido.

También se puede repartir el helado en moldes de cristal o de papel de plata (hay en el comercio) individuales y se sirven en su molde.

1.070. MERMELADA DE ALBARICOQUE

Doy esta receta como ejemplo, pues para otras frutas la manera de proceder es la misma.

Por 1 kg de fruta deshuesada:

¾ kg de azúcar.

Se cortan los albaricoques en cuatro, quitándoles el hueso. Se debe tener cuidado de que la fruta esté toda igualmente madura, pues de haber algún albaricoque más verde, quedaría entero y no cocería lo suficiente, haciendo que la mermelada se agriara. Una vez los albaricoques preparados, se colocan en un barreño de loza (nunca de metal). Se espolvorean por capas con el azúcar, dejando una capa más gruesa de azúcar encima. Se dejan así en sitio fresco durante 12 horas. Pasado este tiempo, se vierte lo del barreño en una olla y se pone a fuego vivo, moviendo a menudo la mermelada con una cuchara de madera larga y raspando bien el fondo para que no se pegue. También con una espumadera se retirará la espuma que se forma arriba (si se dejara, ésta haría también agriar la mermelada).

Se deja cocer unos 45 minutos. Este tiempo depende también de la cantidad de fruta que se vaya a hacer.

Para comprobar si el punto está bien, se coge un poco de mermelada en una cuchara y con la yema de los dedos se ve si está bien pegajosa al tocarla. Si se pegan los dos dedos, la mermelada está ya en su punto.

Se retira del fuego, se deja enfriar y se vierte en los tarros de cristal donde se vaya a conservar. Se dejan destapados 2 o 3 días. Pasado este tiempo, se cortan unos redondeles de papel blanco del tamaño exacto de los tarros y otos francamente mayores de papel celofán. Los primeros se mojan en alcohol de 90° y se colocan tocando la mermelada. Los segundos se colocan encima de la embocadura. Se moja la cuerda fina con que se van a atar los papeles para que al secar se encoja y queden muy bien cerrados los frascos, que se guardan en sitio más bien fresco y oscuro.

1.071. MERMELADA DE TOMATES

Doy esta receta, poco frecuente, para la personas que tienen huerta. No parece tomate una vez hecha la mermelada.

1 kg de tomates muy carnosos y bien maduros, **½ kg de azúcar, el zumo de un limón.**

Se cortan los tomates en trozos y se les quita la simiente. Se ponen en una sartén sin nada durante 15 minutos a fuego mediano. Se machacan con el canto de un espumadera.

Pasado este tiempo, se pasan por el pasapurés. Se vierte este tomate en un cazo; se le añade el azúcar y el zumo de limón y se cuece a fuego lento más o menos 30 minutos, según guste de espesa la mermelada. Hay que tener en cuenta que al enfriar también se espesa algo.

1.072. MEMBRILLO

1½ kg de membrillos maduros,
1¼ kg de azúcar

agua fría.

Se frotan con un paño limpio los membrillos para limpiarlos, pero sin pelarlos. Se cortan en trocitos, quitándoles al partirlos el centro duro y las pepitas. Se ponen en un cazo y se cubren con agua fría (justo para cubrirlos). Se cuecen a fuego mediano más o menos una hora, hasta que los trozos estén bien blandos. Se pasa en seguida por el pasapurés y se les agrega entonces el azúcar. Se deja cocer de nuevo ½ hora, revolviendo de vez en cuando con una cuchara de madera. Se vierte la compota en un paño de cocina limpio, se unen las cuatro puntas del paño y se cuelga el atillo así hecho en un sitio donde esté en vilo con el fin de que escurra el líquido sobrante. Antes de que se enfríe del todo (unos 20 minutos) se vierte la crema de membrillo en tarros de cristal (lavafrutas, etc.) y se deja enfriar.

Una vez frío, se puede desmoldar pasando un cuchillo alrededor.

1.073. MEMBRILLOS CON JALEA DE GROSELLA Y FLAMEADOS (6 personas)

4 membrillos medianos,
azúcar,
3 cucharadas soperas de jalea de grosella,

agua,
½ vaso (de los de agua) de ron o coñac.

Se cortan los membrillos en rodajas gruesas y se pelan. Se van poniendo en una cacerola con agua fría; se cubre con una tapadera y se cuecen a fuego mediano hasta que esté la carne blanda, más o menos 35 minutos (para saber si están bien se pincha una rodaja con un alambre). Una vez cocidos, se retira un poco de agua y se espolvorean los membrillos con 3 cucharadas soperas de azúcar. Se vuelven a cocer durante 10 a 15 minutos. Pasado este tiempo, se sacan del almíbar así formado y se reservan. Cuando se van a servir, se ponen en una fuente y se pone la mermelada en el centro de la rodaja de membrillo.

Se echa el ron o coñac en un cazo, se calienta, pero sin dejarlo hervir, se prende con una cerilla y se vierte por encima de los membrillos con una cuchara, se rocía varias veces para que se consuma el alcohol y esté menos fuerte. Se sirve en seguida; si puede ser, cuando está aún con llama el ron.

1.074. BATATAS EN DULCE (6 personas)

1 kg de batatas buenas,
16 cucharadas soperas de azúcar (350 g),
1 rama de canela,

agua fría,
un papel de estraza,
¼ litro de crema líquida (facultativo).

Se pelan las batatas; si son gruesas, se cortan por la mitad a lo largo y se ponen en un cazo con el agua justa para cubrirlas, el azúcar y la ramita de canela. Se tapa el cazo con papel de estraza y una tapadera y se pone al fuego para que rompa el hervor. Cuando hierva, se baja el fuego y se dejan cocer hasta que se forme almíbar y quede poco caldo.

Se ponen entonces en una ensaladera de cristal. Cuando están completamente frías, se pueden comer o guardar hasta 3 o 4 días. Se pueden servir acompañadas de nata líquida servida aparte en una salsera.

1.075. MANERA DE PREPARAR LA PIÑA FRESCA

Se pela muy bien la piña para que en la carne no queden los puntos marrones de la corteza. Se vacía el centro de la piña, que es muy duro, con un aparato en forma de tubo (para vaciar manzanas) o con un cuchillo. Se corta la piña en rodajas y se coloca donde se vaya a servir.

1.ª manera:

Se espolvorea con azúcar molida y se deja macerar durante 24 horas. Pasado este tiempo, se rocía con kirsch y se mete en la nevera a refrescar durante 2 o 3 horas. Para una piña pequeña basta $\frac{1}{2}$ vaso de kirsch (de los de vino); pero esto depende del gusto de cada cual.

2.ª manera:

Las cáscaras se ponen en un cazo con un vaso (de los de agua) de agua y unas 3 cucharadas soperas de azúcar. Se deja cocer esto a fuego lento durante unos 30 minutos. Se cuela y se deja enfriar, después de lo cual se vierte sobre las rodajas de piña y se mete en la nevera durante unas 3 horas.

1.076. CIRUELAS PASAS CON VINO TINTO (6 personas)

$\frac{1}{2}$ kg de ciruelas pasas	1 ramita de canela
$\frac{1}{4}$ litro de vino	125 g de azúcar
$\frac{1}{4}$ litro de agua	agua templada para remojarlas.

Se ponen las ciruelas en remojo en agua templada de 3 a 6 horas. Se pone en un cazo el agua, el vino, el azúcar y la canela, y finalmente las ciruelas escurridas de su agua de remojo. El líquido debe cubrirlas; si fuese necesario, se puede añadir algo más de vino, o agua y vino.

Se ponen a fuego mediano, destapado el cazo, durante unos 30 minutos para que cuezan lentamente. Se retiran del fuego, se les quita la canela y se ponen en una ensaladera de cristal. Se sirven cuando están frías, pero no se meten en la nevera, pues las endurece.

1.077. PERAS EN COMPOTA CON VINO TINTO (6 personas)

9 peras de Roma grandes (amarillas, de clase dura),	vino tinto,
4 cucharadas soperas de azúcar.,	$\frac{1}{4}$ litro de nata líquida con una cucharada sopera de azúcar (facultativo).
2 ramitas de canela,	

Se pelan las peras enteras y después se cortan en cuatro trozos. Se les quita el centro duro con las pepitas y se van echando en una cacerola. Una vez preparadas todas las peras, se espolvorean con el azúcar, se añade la canela y se vierte vino tinto por encima, de forma que las cubra. Se tapa la cacerola y se cuecen a fuego mediano hasta que estén tiernas (para saberlo se pinchan con un alambre), más o menos 20 minutos.

Después de cocidas se vierten en una ensaladera de cristal y se dejan enfriar. Se sirven, si se quiere, con la nata líquida endulzada con un poco de azúcar, servida en salsera aparte.

Nota.—Si las peras no son grandes se pueden dejar enteras, peladas pero con su rabo. Habrá que calcular entonces dos por persona. Se puede sustituir la crema líquida de acompañarlas por unas natillas (receta 1.032).

1.078. MELOCOTONES FLAMEADOS (6 personas)

2 muffins (bollos cilíndricos),
6 melocotones en almíbar (que sean bien hermosos),
6 cucharadas (de las de café),
de jalea de grosella o frambuesa,
1 vaso (de los de vino) de ron,
un poco de azúcar glass.

Se escurren bien los melocotones. Se cortan los muffins en tres partes y sobre cada una se pone un medio melocotón con el hueco para arriba. Se aprieta ligeramente el melocotón, con el fin de que quede bien asentado en el bollo. Se rellena el hueco del melocotón con jalea o mermelada de grosella o de frambuesa. Se pone esto en una fuente resistente al horno. Se espolvorea con un poco de azúcar glass y se mete al horno fuerte para que gratine ligeramente.

Mientras tanto se pondrá a calentar el ron (un poco). Se saca la fuente del horno, se prende el ron con una cerilla, se vierte sobre las frutas y se flamea con una cuchara, con el fin de que el ron rocíe todos los melocotones y además pierda fuerza el alcohol.

Se sirve, si puede ser, mientras está el ron aún prendido, pues resulta más bonito.

1.079. MELOCOTONES FLAMEADOS CON HELADO DE VAINILLA (6 personas)

3 muffins (bollos cilíndricos),
6 melocotones en almíbar (bien hermosos),
$^1\!/_2$ litro de helado de vainilla,
2 vasos (de los de vino) de ron.

En una sartén se ponen los melocotones escurridos de su almíbar (como salen del bote, sin más). Se rocían con el ron previamente calentado en un cazo pequeño y prendido con una cerilla. Se procura que el ron se queme muy bien para que no esté fuerte, rociando bien los melocotones con una cuchara sopera.

Se les quita a los muffins con un cuchillo bien afilado las dos cortezas. Se cortan en dos y en el centro se les quita un poco de miga para hacer un hoyo.

Se pone en cada medio muffin un melocotón, una vez bien flameados éstos, con el hueco del hoyo hacia arriba. Se apoya ligeramente para que el melocotón se quede un poco incrustado en el muffin. Se rellena con bastante helado de vainilla y se vierte por encima una cucharada sopera o 2 del caldo de la sartén. Se sirve en seguida.

1.080. PLATANOS FLAMEADOS CON HELADO DE VAINILLA
   (6 personas)

1 barra de helado de vainilla,
6 plátanos hermosos,
   el zumo de un limón,
½ litro de aceite fino (sobrará),

1 vaso bien lleno (de los de vino) de
   ron Negrita,
   azúcar glass.

Se pelan y se cortan los plátanos en dos a lo largo. Se rocían con un poco de zumo de limón.

En una sartén se pone el aceite a calentar y cuando está en su punto (se prueba con una rebanadita de pan), se fríen los medios plátanos hasta que estén dorados. Se reservan en una fuente.

Al ir a servirlos se pone el ron a calentar (sin que llegue a cocer), se prende con una cerilla y se vierte por encima de los plátanos. Se flamean bien con una cuchara. Una vez apagado el ron, se pone rápidamente, para que no se enfríe ni el ron ni los plátanos, un pedazo de helado en cada plato, se ponen los dos medios plátanos encima cruzados y se rocían con el ron del flameado. Se espolvorea con un poco de azúcar glass y se sirve rápidamente. (El azúcar, para que quede bien repartida, se pondrá en un colador de tela metálica y con una cuchara pequeña se le hace caer.)

Apéndice

ARROZ CON PIMIENTOS VERDES Y QUESO RALLADO (6 personas)

½ kg de arroz,
6 pimientos verdes pequeños,
1 vaso (de los de agua) de aceite,

50 g de margarina (Tulipán, Natacha, etc.),
50 g de queso rallado,
sal.

Se pone agua abundante a cocer en una cacerola; cuando rompe el hervor se echa el arroz, moviéndolo con una cuchara para que no se apelotone. Se deja cocer durante unos 13 a 15 minutos (según la clase de arroz) y se echa entonces en un colador amplio. Se pone al chorro del agua fría y se lava bien. Se reserva.

En una sartén se pone el aceite a calentar suavemente y se echan los pimientos, quitándoles previamente el rabo y las simientes y salándolos por dentro. Se tapa la sartén con una tapadera y a fuego lento se dejan durante unos 20 minutos. Se sacan y se reservan en un plato.

Se pone el arroz en una cacerola con un poco más de la mitad de la margarina y un buen chorro del aceite de freír los pimientos. Se sala y se rehoga muy bien dándole vueltas con una cuchara de madera. Se vierte en una fuente redonda de barro. Se colocan los pimientos por encima con las puntas hacia el centro y ahondándolos un poco en el arroz. Se espolvorea el queso rallado, se pone en trocitos el resto de la margarina, se mete un ratito en el horno para que se derrita el queso y se dore ligeramente.

Se sirve en su misma fuente.

BABILLA DE TERNERA MACERADA EN VINO BLANCO
(8 a 10 personas)

(Para preparar la víspera.)

1 babilla de 2¹/₂ kg,
1 litro de vino blanco seco,
1 vaso (de los de agua) de Oporto,
3 zanahorias medianas (150 g),
1 cebolla mediana (125 g),
3 dientes de ajo, sin pelar,
1 ramita grande de perejil atada con 1 hoja de laurel,
10 granos de pimienta,

¹/₂ vaso (de los de vino) de coñac,
1 vaso bien lleno (de los de vino) de aceite,
¹/₂ kg de champiñones frescos,
25 g de mantequilla,
el zumo de un limón,
¹/₄ litro de crema líquida,
sal.

Se ata la babilla para darle bonita forma, se sala y se pone en una cacerola (o mejor una cocotte de hierro fundido). Se vierte el vino blanco y el Oporto por encima. Se pelan y cortan en rodajas las zanahorias y se añaden, así como los ajos sin pelar, pero dando un golpe para aplastarlos un poco, la cebolla pelada y partida en dos, el ramillete de perejil y laurel y los granos de pimienta. Se deja así en sitio fresco (pero no en nevera) durante 24 horas, dando de vez en cuando la vuelta a la carne.

Cuando se vaya a hacer la carne, se vacía la cocotte del todo, guardando el vino con sus ingredientes. Se pone en la cacerola el aceite a calentar, y se dora la carne por todos los lados. Se añade el vino con todos sus componentes y se pone a cocer. Cuando rompe el hervor se baja el fuego para que cueza lentamente durante más o menos una hora u hora y media (según sea de tierna la ternera). La salsa debe quedar reducida como a la mitad. Mientras tanto se limpian los champiñones, se cortan en trozos grandecitos y se lavan en agua con el zumo de medio limón. Una vez preparados todos, se ponen en un cazo con la mantequilla, el zumo del medio limón que queda y sal. Se cuecen durante unos 10 minutos. Cuando la carne está tierna, se saca y en un plato se flamea con el coñac (un poco calentado, para que prenda más fácilmente). Se pasa toda la salsa por el pasapurés y se vuelve a poner en la cocotte todo —así como los champiñones y su jugo—. Se reserva al calor hasta el momento de trinchar la carne para servirla. En la salsa se añade la crema líquida cuidando de calentar la salsa sin que cueza más. Se rectifica de sal si hiciese falta.

Se sirve con algo de salsa por encima y el resto en sopera.

Se podrá adornar con bolas de puré de patatas o unos triángulos de pan frito.

CHAMPIÑONES RELLENOS (4 personas)

Este plato puede servirse en una cena de pie, en un aperitivo historiado, o como primer plato ligero.

16 champiñones de tamaño grande,
200 g de jamón de York picado,
40 g de buen foie-gras,
1 cucharada sopera de perejil picado,

1 limón,
un poco de aceite,
20 g de mantequilla,
sal.

Se separan los pedúnculos de las cabezas de los champiñones. Estas se frotan con medio limón, por fuera, y se van echando en agua fría, a la cual se añade un chorrito de zumo de limón.

Una vez lavados todos los champiñones se colocan, bien escurridos, en una sartén amplia, para que no estén montados unos encima de otros, en cuyo fondo se habrá puesto una capa muy fina de aceite; se salan ligeramente, se tapan con una tapadera y se ponen a fuego lento durante unos 8 minutos.

Mientras tanto, se lavan los rabos separados de los champiñones y se pican muy menudos. Se ponen en un cazo con la mantequilla, sal y un poco de zumo de limón. Se dejan cocer durante unos 10 minutos.

Una vez pasados los 8 minutos de los champiñones de la sartén, se sacan de uno en uno y se colocan en una besuguera de metal o en una parrilla.

Se mezcla entonces el jamón picado, los pedúnculos picados (con el jugo que haga falta para aglutinar la mezcla), el foie-gras y el perejil. Se rellena con este picado cada champiñón y se meten a horno mediano durante unos 10 minutos más. Se sacan y se sirven bien calientes.

FAISAN AL CHAMPAN (4 ó 5 personas)

1 hermoso faisán,
1 cebolla mediana (60 g),
2 clavos (especia),
100 g de manteca de cerdo,
1 lata de sopa de rabo de buey (Campbell),

1 botella de buen champán seco,
$\frac{1}{2}$ vaso (de los de vino) de coñac,
5 cucharadas soperas de crema líquida,
sal.

A ser posible guisar el faisán en una cocotte (cacerola de hierro fundido).

Se pinchan en la cebolla los dos clavos. Se sala el faisán y se le introduce la cebolla. En la cocotte se pone la manteca a derretir y se dora muy bien el faisán por todos los lados. Una vez dorado se rocía con el caldo de rabo de buey, previamente calentado. Se cuece lentamente y cuando la salsa está consumida como a la mitad se va añadiendo en veces el champán. Se sigue cociendo hasta que el faisán esté tierno. Esto tardará de 2 a 3 horas, según sea de duro el faisán.

En un cazo se calienta (sin que cueza) el coñac. Se saca el faisán en un plato hondo. Se prende el coñac y se flamea muy bien el faisán. Mientras tanto la salsa seguirá cociendo para concentrarse algo.

Al momento de ir a servir se trincha el faisán, se pone en la fuente de servir y se añade a la salsa la crema, calentando bien la salsa sin que cueza ya. Se prueba si está bien de sal, se rectifica si hiciese falta, se vierte por encima del faisán y se sirve.

Se puede adornar la fuente con triángulos de pan de molde fritos o bolas de puré de patatas.

HUEVOS DUROS RELLENOS (6 personas)

9 huevos duros,
1 huevo crudo,
150 g de jamón serrano (muy picado),
1 lata pequeña de guisantes (100 g),
1 plato con harina,
½ litro de aceite (sobrará),

1 cebolla pequeña (50 g),
1 cucharada sopera de harina,
unas hebras de azafrán,
2 vasos (de los de agua) de agua,
1 vaso (de los de vino) de vino
blanco,
sal.

Cortar en dos los huevos duros por la parte ancha. Vaciar las yemas, reservando 3 para la salsa. Mezclar el jamón muy picado con las yemas y volver a rellenar, con esta mezcla, los medios huevos. Pasarlos por harina ligeramente y después por el huevo batido, como para tortilla, insistiendo en mojar bien la parte del relleno con el fin de que no se salga. Freír un poco los medios huevos y cuando estén dorados colocarlos en una fuente de barro resistente al fuego.

Hacer la salsa: En una sartén poner unas 3 o 4 cucharadas soperas de aceite, del de freír los huevos. Picar mucho la cebolla y echarla en el aceite hasta que se dore (unos 8 minutos), añadir la harina, darle unas vueltas con una cuchara de madera, para que se dore también un poco.

En el mortero machacar las hebras de azafrán y disolverlas con parte del vino. Añadir en la sartén el agua, el resto del vino y lo del mortero. Dejar cocer durante unos 10 minutos y pasar por el pasapurés. Echarlo en la fuente donde están los huevos. Dejar cocer todo durante otros 10 minutos, sacudiendo con cuidado la fuente. Ver entonces si le hace falta sal a la salsa, pues normalmente con la sal del jamón serrano del relleno suele bastar, si no rectificar.

Al ir a servir echar por encima los guisantes y yemas duras reservadas y picadas. Pasar a la mesa.

LENGUADOS CON ZUMO DE NARANJA (3 personas)

3 lenguados de ración,
2 naranjas medianas,
6 almendras,
50 g de mantequilla,

1 plato con harina,
¾ litro de aceite (sobrará),
sal.

En la pescadería se manda vaciar las tripas de los lenguados y quitarles la piel oscura.

Se lavan y se secan bien con un trapo limpio. Se salan y se pasan por harina, sacudiendo cada pescado para que no quede más que la harina precisa. Se pone el aceite a calentar en una sartén y se fríen los lenguados de uno en uno para que no se estropeen. El aceite no debe estar demasiado caliente, para que se hagan por dentro, sin arrebatarse por fuera. Una vez fritos se colocan en una fuente resistente al horno, en la cual se servirán. Se reservan al calor.

Se pica muy picadita la corteza, cortada muy fina (para que no lleve blanco) de media naranja, así como las almendras (crudas o tostadas, da igual). Se exprime el zumo de las dos naranjas y se pone en un cazo, con la mantequilla (blanda) y el picadito de almendras y corteza de naranja. Cuando está la salsa caliente (sin cocer) se rocían los lenguados con una cucharada sopera, con el fin de repartir por encima de cada uno de ellos el picadito y la salsa.

Se mete la fuente a horno previamente calentado durante unos 10 minutos, y se ponen a gratinar. Cuando los lenguados están dorados se sirven en seguida.

PATATAS ASADAS CON ROQUEFORT (6 personas)

9 patatas grandes (100 g cada una),
1½ vaso (de los de agua) de leche,
30 g de mantequilla,
50 g de queso roquefort,
1 huevo,
nuez moscada,
sal.

Asar las patatas enteras en el horno (mediano) durante 1 hora.

Sacarlas del horno, cortarlas en dos a lo largo y con una cuchara vaciar la pulpa, reservando los cuencos de piel vacíos.

Hacer un puré con el pasapurés, añadirle la mantequilla, el queso, el huevo batido como para tortilla, la nuez (rallada y sólo un poco), la sal y al final la leche caliente (solamente la que necesita el puré para dejarlo espeso).

Se mezcla todo bien y se rellenan con esto las medias patatas vacías.

Se meten en el horno a gratinar durante unos 15 minutos, más o menos, hasta que estén doradas, y se sirven.

Nota.—Se puede poner en el puré sólo la yema y añadir 2 claras a punto de nieve firme.

PATATAS EN SALSA VERDE CON CHIRLAS (6 personas)

1½ kg de patatas,
6 cucharadas soperas de aceite,
1 diente de ajo picado,
1 cebolla grande (200 g) picada,
1 cucharada sopera de harina,
¼ kg de chirlas,
3 ramitas de perejil,
1 cucharada sopera de perejil picado,
agua,
sal.

Se pelan las patatas, se cortan en rodajas gruesas y se echan en agua para lavarlas.

En una cacerola se pone el aceite a calentar; cuando está caliente se echa la cebolla y el diente de ajo, todo muy picado. Se revuelve hasta que la cebolla se pone transparente (unos 5 minutos), se agregan entonces las patatas escurridas. Se espolvorean con la harina y se les añade el perejil machacado en el mortero. Se dan unas vueltas y se cubren con agua fría. Se salan y se dejan cocer unos 30 minutos, más o menos (esto depende de la clase de patatas).

Mientras se van haciendo las patatas, se preparan las chirlas. Se lavan muy bien en agua y sal y se meten en un cazo con un poco de agua en el fondo. Se tapan y se dejan cocer hasta que se abren las conchas. Se separan del fuego y se van quitando las medias conchas vacías.

Se van añadiendo las medias conchas con el bicho a las patatas, así como el caldo que han soltado. Se cuece todo junto durante 5 minutos y se sirve en sopera o en fuente honda.

PECHUGAS ESCABECHADAS (6 personas)

6 pechugas deshuesadas,
1 vaso (de los de vino) no muy lleno
  de aceite,
1 vaso (de los de vino) no muy lleno
  de vinagre blanco,
1 cebolla grande (125 g),

1 hoja de laurel,
1 ramita de tomillo,
1 ramillete de perejil,
1 pastilla de caldo de pollo de Gallina Blanca u otra marca,
  sal.

En una cacerola esmaltada, o en un Duralex resistente al fuego, se ponen las pechugas dobladas en dos y sujetas con un palillo para que guarden buena forma. Se les vierte por encima el aceite y el vinagre, se añade la cebolla pelada y cortada en redondeles finos, el laurel, el tomillo, el perejil y un poco de sal. Se deja macerar por lo menos durante 1 hora, sacudiendo de vez en cuando la cacerola, o revolviendo con una cuchara de madera.

Pasado el tiempo de la maceración se pone a fuego mediano, añadiendo la pastilla de caldo de pollo, espolvoréandola. Se deja cocer durante unos 20 minutos y se retira del fuego. Se dejan enfriar las pechugas en su salsa y se guardan así durante 24 horas en sitio fresco.

Se sirven frías con un poco de salsa y acompañadas de una buena ensalada.

PLATANOS FLAMEADOS (4 personas)

4 plátanos bien maduros y grandes,
75 g de mantequilla,
4 cucharadas soperas de azúcar,
  el zumo de una naranja grande (o
  2 pequeñas),
  el zumo de medio limón,

2 cucharadas soperas de Curaçao o
  Cointreau,
½ vaso (de los de vino) de ron o coñac,
1 cucharada sopera de almendras
  tostadas y picadas,
  helado de vainilla (facultativo).

Pelar los plátanos y cortarlos en dos a lo largo.

En una sartén amplia se pone la mantequilla a calentar. Cuando está caliente se ponen los medios plátanos y se refríen despacio durante unos 8 minutos. Se les espolvorea el azúcar, se dejan un poco más y entonces se les añade el zumo de naranja, el de limón y el Curaçao o Cointreau. Se deja espesar la salsa como si fuese un almíbar.

En un cazo pequeño se templa el ron o coñac (sin que cueza).

En una fuente se ponen bolas o trozos de helado de vainilla y por encima los plátanos con su salsa. Se espolvorea la almendra picada. Se prende el ron o coñac del cazo y se vierte por encima prendido, pasando a servir rápidamente para que no se derrita demasiado el helado.

SOPA RUSA DE REMOLACHA (6 personas)

½ kg de remolachas cocidas,
1 litro de caldo (o agua con pastilla),
25 g de margarina,

1 cucharada sopera de vinagre,
6 cucharadas soperas de nata líquida,
  sal y pimienta.

Poner a derretir la margarina, añadirle las remolachas peladas y cortadas en rodajas. Rehogar durante unos 10 minutos. Añadirles después el caldo caliente, el vinagre, la sal y la pimienta. Dejar cocer todo junto a fuego lento durante 15 minutos. Retirar del fuego; cuando esté sólo templado, pasar por la batidora.

Para tomar esta sopa fría, se mete, una vez pasada por la batidora, en la nevera por los menos durante 3 horas. Se sirve en cuencos individuales, echando en cada uno, en el momento de servir, una cucharada sopera de crema líquida.

Para tomar caliente se sirve en sopera, añadiendo en la sopera, después de echada la sopa, lacrema líquida. Se mueve muy poco para que quede amarmolada y se añade un poco de lombarda picada en tiras muy finas y previamente aliñada con un poco de vinagreta, la cual se escurrirá al ir a echarla en la sopera.

TRUCHAS CON ALMENDRAS (6 personas)

6 **truchas de ración,**	50 **g de almendras crudas, peladas y**
1 **plato con harina,**	**picadas,**
³/₄ **litro de aceite** (sobrará),	**sal.**

Después de vaciadas las truchas (que si son asalmonadas resultan mejores) se lavan, se secan con un paño limpio y se enharinan ligeramente. Se fríen de dos en dos en el aceite bien caliente y cuando están doradas se baja el fuego y se refríen lentamente unos 10 minutos más. Se colocan en fuente donde se irán a servir y se reservan al calor.

Se vacía casi todo el aceite donde se ha frito el pescado, dejando el fondo con la harina. Se añaden las almendras picadas, dándoles vueltas. Cuando están bien doradas se vierte todo por encima de las truchas y se sirven.

Epílogo

por Jacinto Sanfeliu

La abundante bibliografía gastronómica se ha enriquecido con un nuevo título: **Mil ochenta recetas de cocina**, guía utilísima para quien desee ampliar sus conocimientos en este «arte nobilísimo», según palabras del Dr. Marañón.

Todas las recetas han sido probadas y aprobadas con autoridad y fina sensibilidad por la ilustre autora de este libro, quien podría haber confiado el epílogo a alguno de los relevantes escritores amigos suyos. ¿Por qué ha pedido la colaboración de un profesional? Sin duda para reforzar el objetivo de simplificar y dar sentido práctico a su obra. No ha caído en la tentación de presentarlo con alardes tipográficos, y nos ofrece un gran libro en edición de bolsillo, asequible, manejable, ameno.

Pocos temas suscitan más polémica que este del vino. Todos tenemos ideas muy concretas sobre la edad, temperatura, aroma, color y grado que debe tener cada uno de ellos. Las mías se iniciaron ya en mi infancia, cuando pude familiarizarme con los secretos de la crianza del vino, pues nací en una casa rodeada de viñedos, donde su elaboración constituye un auténtico rito. Creo conocer lo mejor que se ha escrito en Francia y en España sobre el tema, y he sostenido largas conversaciones con eminentes **gourmets**, contraste de pareceres muy útil para mí.

Así, pues, aconsejaremos los vinos adecuados a cada plato y cómo hay que servirlos. Conviene aclarar que la vejez del vino tiene un límite: se trata de una materia viva; nace, crece — en calidad, se entiende—, alcanza su plenitud, declina y muere. Recomendaremos a los arquitectos la previsión en sus proyectos de un armario-bodega en cada piso. Diremos a los encargados de establecimientos expendedores que no pongan las botellas en escaparates expuestos a bajas temperaturas en invierno o al sol del verano. Daremos también una lista de las marcas más importantes y de las que más piden en «El Bodegón», un restaurante madrileño de cinco tenedores. La mención de las marcas es únicamente informativa. Lamento no poder citar todas las que por su clase seguramente lo merecen.

De los vinos extranjeros citaremos solamente algunas marcas de champán en homenaje a su fabulosa popularidad. Todos los países lo imitan, pero únicamente se verá la denominación de origen, CHAMPAGNE en las etiquetas francesas. Así en España, donde se consiguen reservas de primerísima calidad, no puede figurar en sus botellas la palabra champán o champaña. Que nos disculpen nuestros amigos de Burdeos o de la Borgoña: hablar de sus magníficos caldos nos llevaría a mencionar a los italianos, alemanes, portugueses y otros europeos, además de los americanos y africanos, y no es ésta una obra sobre el vino, sino un extraordinario libro de cocina.

Cuáles son los vinos adecuados
que hay que servir

APERITIVOS

Mientras van llegando los invitados se suelen ofrecer, con la copa preferida de cada uno, algunas tapas que pueden variar hasta el infinito, según el gusto de los anfitriones.

Este es el gran momento para el vino de Jerez. Un poco de jamón serrano y una copa de nuestro vino más universal es una pura delicia. Debe servirse algo fresco.

Junto al jerez, que no debe faltar nunca, la manzanilla, los moriles y montilla, el whisky, la ginebra y demás aperitivos. No es de extrañar que alguien pida una copa del vino que se servirá en la comida.

SOPAS

Blancos secos, claretes, rosados.

ENTREMESES

Este grupo no es nada fácil de definir, ya que se pueden ofrecer desde mariscos hasta embutidos, fritos de pescado, de carne, ahumados, etc.

Blancos secos, rosados, claretes, tintos.

MARISCOS

Blancos secos, semi-secos, jerez fino, champaña.

CAVIAR

Vodka, blancos secos, champaña.

FOIE-GRAS

Grandes vinos blancos, dulces y semi-dulces. Grandes vinos tintos.

HUEVOS

Claretes-tintos.

PAELLA

Blancos, rosados, claretes.

PASTAS ITALIANAS

(Spaghetti, canelones, lasañas)
Claretes, tintos ligeros (tercer o cuarto año).

PESCADOS

Blancos secos.
A las angulas, chipirones, cocochas, bacalao, es decir, platos fuertes, la acompaña igualmente muy bien un tinto.

ASADOS

(Carnes blancas, ternero, cordero.)
Vinos tintos, hasta quinto año.

ASADOS

(Carnes rojas)
Grandes vinos tintos. Las mejores reservas.

ASADOS

(Pollos, capones, poulardas, faisanes, pintadas, patos)
Todos los vinos tintos de mucho cuerpo.

CAZA MAYOR

(Venado, jabalí)
Grandes vinos tintos de mucho cuerpo.

CAZA MENOR

(Perdices, becadas, patos, liebres)
Todos los vinos tintos.

QUESOS

Grandes vinos tintos.

QUESOS

(Suaves, de pasta blanda)
Vinos blancos y tintos.

POSTRES DULCES

Todos los vinos blancos, tintos, champaña y sobre todo los de Málaga, los mos-
cateles, los jrez abocados —semi-dulces y dulces—, la malvasía y los viejos ran-
cios que cada bodeguero, grande o pequeño, guarda en las botas más queridas.

FRUTAS

Valen todos los indicados para los postres dulces.

ALMUERZO O CENA EN EL RESTAURANTE

Si se reúnen dos o tres amigos, lo más probable es que acuerden tomar un solo
vino para toda la comida. Es lo más corriente. Para más de ocho comensales la
mesa estará ya reservada, y el menú, vinos incluidos, igualmente encargado.

Como se está generalizando la costumbre de tomar solamente dos platos
—lo más frecuente un pescado y una carne o ave—, casi es de rigor servir un
blanco y un tinto. Buena ocasión para saborear un gran vino de añada.

INVITACIONES EN CASA

Un almuerzo o cena en casa nos obligará a sacar, con el mejor mantel, lo mejor
de nuestra bodega, de acuerdo con los platos que se hayan preparado. Los anfitriones darán la medida de sus conocimientos gastronómicos.

BANQUETES

Los banquetes más o menos oficiales o de homenajes son casi siempre senci-
llos, sin complicaciones, para salir del paso. Aquí lo más importante serán los
discursos.

En cambio, en las fiestas familiares, junto al blanco y al tinto no puede faltar
la champaña.

* * *

Así es, en líneas generales, cómo deben acompañar los vinos a cada plato, teniendo siempre en cuenta que en el beber como en el comer hay que respetar
los gustos particulares de cada uno.

El vino de todos los días

Somos sin duda alguna el país que mejor y más vino corriente tiene: de pasto, del año. Nos deleitan a todos y maravillan a los millones de turistas que nos visitan.

Cada región elabora los suyos con cuidado y esmero. Los pequeños viticultores, en sus viejas prensas, exprimen algo más que los racimos. Exprimen también todo su saber heredado de padres a hijos para lograr que, en un mal año, de una cosecha mediocre salga un buen vino.

Galicia, Navarra, Cataluña, Andalucía, las dos Castillas, Aragón... España entera es una inmensa bodega, en la que siempre encontraremos nuestro vino preferido, desde los finos Valdepeñas hasta los grandes riojanos.

VINOS BLANCOS

(Seco.)

«MONOPOLE», de Cía. Vinícola del Norte de España; «RINSOL», de Paternina; «VIÑA SOLE», de Franco-Españolas; «VIÑA PACETA», de Bodegas Bilbaínas; «METROPOL», de la Rioja Alta; «VIÑA TONDONIA», de López Heredia; «SEMILLON», de Bodegas Palacios; «YAGO», de Rioja Santiago; «MURRIETA», de Marqués de Murrieta; «RESERVA MONTECILLO», de Bodegas Montecillo; «MEDIEVAL», de Bodegas Riojanas; «PESCADOR», de Perelada; «MARFIL», de Alella Vinícola; «KRALINER», de René Barbier; «RIOJA BLANCO SELECTO», de Martínez Lacuesta; «CASTILLO DE MONTIEL»; «LEPINTA», de L. Pintado; «CLAVILEÑO», de Daimiel; «EXTRA-SECO, 1963», Conde de Caralt.

VINOS BLANCOS

(Semi-dulce.)

«DIAMANTE», de Franco-Españolas; «YAGO», de Rioja Santiago; «BRILLANTE», de Bodegas Bilbaínas; «VIÑA ALBINA», de Bodegas Riojanas; «CASTELL DEL BOSCH»; «CORONA», de C. V. N. E.; «RIOJA ANAMELY», de Gómez Cruzado; «MARFIL», de Alella Vinícola; «VIÑA ROMANIA», de López Heredia; «MONTE HARO», de Paternina; «VIÑA AUGUSTA», de René Barbier; «RADIANTE», de la Rioja Alta; «VIÑA DELYS», de Martínez Lacuesta.

VINOS ROSADOS

«ROSADO ESPECIAL», de René Barbier; «BANDA ROSA», de Paternina; «ROSADO», de Franco-Españolas; «ROSADO», de Bodegas Torres; «BORISA», de Bodegas Riojanas; «ROSADO», de Marqués del Riscal; «ROSADO», de Señorío de Sarría; «ROSADO», de Perelada; «ROSADO», de Yago.

TINTOS

«RIOJA BORDON», de Bodegas Franco-Españolas; «TINTO, 1963», de Conde de Caralt; «VIÑA TONDONIA», de López Heredia; «VIÑA ARDANZA», de la Rioja Alta; «VIÑA VIAL», de Paternina; «RISCAL, 1968», de Marqués del Riscal; «VIÑA ZACO», de Bodegas Bilbaínas; «YAGO, 1966», de Rioja Santiago; «SUPERIOR CAMPEADOR», de Martínez Lacuesta; «VIÑA REAL PLATA», de C. V. N. E.; «ALAMBRADO QUINTO AÑO», de Montecillo; «RIOJA ALAVESA», de Palacios; «SANGRE DE TORO», de Torres; «SIGLO», de Azpilicueta, G. L. Entrena; «ETIQUETA BLANCA», de Marqués de Murrieta; «VIÑA DEL PERDON», de Señorío de Sarría; «CASTILLO DE TIEBAS», de Vinícolas Navarras; «MARFIL TINTO», de Alella Vinícola; «RESERVA», de Castell del Remey; «PRIORATO», de Castell Ribas; «CLARETE VIÑA SOLIMAR», de Muller; «CLARETE PINOT», de Bosch Güell.

TINTOS

(Reserva.)

«POMAL RESERVA», de Bodegas Bilbaínas; «RESERVA, 1959», de Marqués del Riscal; «ROYAL» (Téte de cuvée), reserva 1959, de Bodegas Franco-Españolas; «BODAS DE ORO», de Palacios; «IMPERIAL GRAN RESERVA», de C. V. N. E.; «VIÑA TONDONIA», de López Heredia; «GRAN RESERVA 1956», de Federico Paternina; «GRAN RESERVA», de la Rioja Alta; «ESPECIAL», de Martínez Lacuesta; «ENOLOGICA», de Rioja Santiago; «GRAN RESERVA CORONAS», de Torres; «PRIORATO EL FRAILE», de René Barbier; «MONTE REAL», de Bodegas Riojanas (Cosecha 1960); «VIÑA MONTY», de Montecillo; «RESERVA CASTILLO YGAY», de Marqués de Murrieta; «GRAN VINO», de Señorío de Sarría (Cosecha 1961); «VEGA SICILIA», de Bodegas Sicilia; «VIÑA DORANA», de Gómez Cruzado; «RESERVA ESPECIAL 1958», de Carlos Serrés; «RESERVA PERELADA», de Bodegas Perelada; «CAMPO VIEJO» (1963), de Campo Viejo; «MONISTROL RESERVA ESPECIAL», del Marqués de Monistrol.

VINOS DE JEREZ

No se puede hablar de los vinos de Jerez sin recordar al autor del mejor libro que se ha escrito sobre estos caldos: «JEREZ-XERES-SHERRY», de Manuel M.ª González Gordon, Marqués de Bonanza, obra que deberá consultar quien quiera conocer a fondo las peculiaridades de nuestro gran vino.

Los vinos de Jerez tienen una variedad de tipos muy grande. Para mí, los más importantes son cuatro, que dejaremos en tres para simplificar, juntando los Finos con los Amontillados.

FINOS Y AMONTILLADOS
(Antes de las comidas, en el bar, en el aperitivo)

Fino.—Color pálido, pajizo, olor punzante y de sabor muy seco, con graduación entre 15 y 17°. Los «finos» pueden seguir dos direcciones: la de un «fino» propiamente tal, pálido, ligero y algo parecido (dentro de una calidad diferente) a la manzanilla, o:

Amontillado.—Vino de más cuerpo, más lleno, de color avellanado y de estilo más difícil de lograr, algo más oscuro que los «finos», seco como éstos y de una graduación de 18 a 20°:

«LA INA», de Pedro Domecq; «TIO PEPE», de González Byass; «VICTORIA», de Bobadilla; «CARTA BLANCA», de Agustín Blázquez; «CANDIDO», de Marqués del Mérito; «SAN PATRICIO», de Garvey; «DON ZOILO», de Zoilo Ruiz; «PANDO», de Williams & Humbert; «FINO QUINTA», de Osborne; «TRES PALMAS», de Bodegas La Riva; «APITIV», de Sandeman; «BETIS», de Bustamante; «FINO LA LIEBRE», de Baron de Algar; «PALE DRY», de Delage; «PALMA», de Díez Hermanos; «CLARITA», de García Delgado; «FINO ARIÑO», del marqués de Ariño; «CAMBORIO», de Terry; «FINO VILLAFUENTE», del Conde de Villafuente Bermeja; «FINO JARANA», de Emilio Lustau; «EL CATADOR», de Mackenzie; «FINO CHIQUILLA», del Marqués de Misa; «TIO MATEO», de Palomino & Vergara; «AMONTILLADO EL GALLO», de Rivero; «MARISMEÑO», de Sánchez Romate; «INOCENTE», de Valdespino; «FINO CAMPERO», de José de Soto; «FINO OLIVAR», de Wisdom & Warter; «FINO PAVON», de Caballero; «MONTERREY», de Bodegas Sancho; «AMONTILLADO TERRY», de Bodegas Terry; «ATAULFO», de Infantes Orleans-Borbón.

OLOROSOS
(Aperitivos-Repostería, etc.)

Vino también llamado «hecho», de color ambarino rojizo, de igual graduación que los anteriores. A pesar de ser seco tiene la particularidad de hacer notar cierto gusto dulce al paladar:

«RIO VIEJO», de Pedro Domecq; «NECTAR CREAM», de González Byass; «OLOROSO CAPITAN», de Bobadilla; «SAN HILARIO», del Marqués del Mérito; «OLOROSO 10 R. F.», de Osborne; «TIO GUILLERMO», de Garvey; «TOM BOWLING», de Bertola; «MAJESTAD», de Bodegas Sancho; «LA ESPUELA», de José de Soto; «VIÑA ISABEL», de La Riva; «WILD GEESE», de Rafael O'Neale; «DON NUÑO», de Emilio Lustau; «BRISTOL CREAM», de Harveys.

ABOCADOS
(Postres dulces, pastas secas, en la merienda)

De color más oscuro que el anterior, es más o menos dulce, según el tipo de cada marca. Tiene las mismas aplicaciones que el Oporto.

«SOLERA 1847», de González Byass; «LA RAZA», de Pedro Domecq; «SOLERA LA MERCED», de Bobadilla; «LONG LIFE», de Garvey; «LA NOVIA», del Marqués de Misa; «DRY SACK», de Williams & Humbert; «CREAM», de Zoilo Ruiz; «ARMADA CREAM», de Sandeman; «PEDRO XIMENES MATUSALEN», de Bodegas Sancho; «MOSCATEL EL PINO», de Alejandro Gordon; «AMOROSO», del Marqués del Mérito; «GLORIA», de Pemartín; «OLOROSO TRAFALGAR», de Rivero; «CREAM SHERRY», de Duff Gordon; «SOLERA ROMATE», de Sánchez Romate; «PICO-PLATA», de Florido Hermanos; «JEREZ QUINA», del Marqués del Mérito.

MANZANILLA
(Aperitivos)

Merece párrafo aparte la sin par manzanilla que, aun elaborándose tan cerca de la comarca jerezana, tiene una personalidad tan propia.

La diferencia más esencial entre el jerez y la manzanilla es que ésta tiene un solo e inconfundible estilo. Es un vino muy oloroso, seco, pálido y algo más ligero que los vinos finos de Jerez; su graduación no llega a los 16°.

Se produce y cría en Sanlúcar de Barrameda; el ambiente ejerce una influencia decisiva en su producción, pues se da el caso de que si los mostos jerezanos se llevan a criar a Sanlúcar se hacen manzanilla, mientras que mostos sanluqueños llevados a Jerez se convierten en vino fino jerezano:

«MACARENA», de Caballero; «SEÑORITA», de Argüeso; «LA POCHOLA», de Pedro Domecq; «REGINA», de Barbadillo; «LA PINTA», de Bozzano; «LA GOYA», de Delgado y Zuleta; «GARBOSA», de Orleans-Borbón; «LA GITANA», de Hidalgo; «MILAGRITOS», de Bodegas Sancho; «PASTORA», de Rodríguez e Hijo; «LA GUITA», de Pérez Martín.

MONTILLA-MORILES
(Aperitivos)

El más conocido de estos excelentes vinos cordobeses es el tipo «fino» que, por su característica suavidad y perfume inconfundible, tiene muchos adeptos.

La elaboración de los caldos de Montilla y Moriles es igual a la del Jerez, y, como éste, tiene una variedad extraordinaria de tipos que el público apenas conoce:

«PUENTE VIEJO», de Campos; «MORILES FINO», de Carbonell; «DIEGUEZ», de Bodegas Diéguez; «PACORRITO», de Aragón; «FINO FESTIVAL», de Alvear; «MARIA DEL VALLE», de Baena; «LOS MANUELES», de Cobos; «CALERITO», de Márquez; «FINO ANDALUZ», de Navarro; «LOS INCAS», de Velasco Chacón.

MALAGA
(Postres y meriendas)

Los alrededores de la bella ciudad de Málaga están llenos de viñedos, donde se cría como en ninguna otra parte el moscatel, la más importante de las clases de uva necesarias para elaborar los famosos vinos de Málaga, vinos nobles que compiten con ventaja con los mejores vinos dulces del mundo.

Cuando llega la vendimia se dejan solear las uvas durante siete días, hasta quedar reducidas casi a pasas, lo que explica el espesor y dulzura de tan incomparable néctar.

El Lácrima Christi es el prototipo de lo que el gran público conoce por vino de Málaga, dulce, muy dulce, pero con una finura de paladar que le libra de esa empalagosidad de ciertos vinos cercanos a la mistela; con el «Moscatel» y «Pedro Ximénez» forman los tres tipos más apreciados:

«MOSCATEL MOCTEZUMA», de Compañía Mata; «MALAGA SUPERIOR», de Souviron Hermanos; «LOS MOSQUETEROS», de Barceló; «MOSCATEL DALILA», de Luis Barceló; «GOLDEN MUSCATEL«, de Manuel Egea; «LACRIMA CHRISTI», de Egea Hermanos; «PAJARETE», de Garijo Ruiz; «ANTEPASADO», de Krauel; «MOSCATEL LARIOS», de Larios; «BABILONIA», de Vinícola Ari; «BISABUELO», de Scholtz Hermanos; «CRISTOBAL COLON», de López Hermanos.

MALVASIA
(Señorial y generoso vino de postre)

La malvasía, mundialmente famosa, aunque dentro de España no tan conocida como merece, a causa de la gran demanda extranjera, fue traída por los navegantes catalanes y aragoneses desde Grecia. Después de muchas pruebas encontraron un lugar ideal para su cultivo en la comarca de Sitges, bien resguardada de los fríos por la cadena de cerros que la protege:

«MALVASIA», de Robert; «REGALIA», de Bosch Güell; «MALVASIA», de Pamies; «MOSCATEL DORADO», de Dalmau Hermanos; «MOSCATEL», de Torres; «WINE VERY OLD», de Sogas Muntaner.

Champaña

Dijimos antes que haríamos una excepción con el «Champagne», citando algunas de las marcas más importantes del famoso vino de esta región. Las que vienen a continuación son las que prestigian a Francia en el mundo entero:

«COMTES DE CHAMPAGNE», de Taittinger; «RENE LALOU», de Mumm; «DOM PERIGNON», de Moët et Chandon; «KRUG»; «CUVEE DU CENTENAIRE», de George Goulet; «BOLLINGER R. D.»; «CUVEE DIAMANT BLEU», de Heidsieck; «CUVEE MARIE-ANTOINETTE», de Irroy; FLORENS-LOUIS», de Piper-Heidsieck; «BLANC DES BLANCS», de Dom Ruinart; «RED LABEL», de Lanson; «CUVEE GRANDISSIME», de Victor Clicquot; «RESERVE DE L'EMPEREUR», de Mercier; «ROEDERER»; «BLASON DE FRANCE», de Perrier-Jouet; «BLANC DE CHARDONNAY», de Pol Roger; «POMMERY»; «CUVEE GRAND SIECLE», de Laurent Perrier; «GEORGE GOULET»; «CHARLES VII», de Canard Duchéne; «SALON»; «CUVEE ELYSEE», de Jeanmaire; «BOLLINGER»; «ABEL LEPITRE»; «PRINCE A. DE BOURBON-PARME»; «GRAND-DAME», de Veuve Clicquot-Ponsardin.

En España, y con un proceso de elaboración idéntico al francés, se crían vinos de extraordinaria calidad.

San Sadurní de Noya es el centro de la producción de nuestros espumosos, con un sólido mercado cada vez más extendido. Quien haya visitado la región levantina del Panadés, creerá soñar ante los caminos interminables bajo tierra de bodegas que contienen millones y millones de botellas, manipuladas con precisión relojera para ir creando la espuma finísima y suave.

Casi todas las bodegas tienen varios tipos: brut, seco, semiseco, dulce y algunas hasta rosado. Citaremos solamente el más representativo de cada casa:

«GRAN RESERVA NON PLUS ULTRA», de Codorniu; «BRUT ZERO», de Castellblanch; «GRAN CLAUSTRO», de Perelada; «VISOL RESERVA», de Mestres;

«CONDE CARALT RESERVA», del Conde de Caralt; «NADAL EXTRA SECO», de Bodegas Nadal; «ROYAL CARLTON», de Bodegas Bilbaínas; «SECO BARBIER», de René Barbier; «BRUT NATURE», de Fortuny; «BRUT ESPECIAL GOMA», de Gomá; «INVICTA GRAN CORDON», de Pares Balta; «BRUT NATURE», de Freixenet; «ASPRI LUVAL», de Luval; «LACRIMA BACCUS», de Lavernoya.

Selección de selección de vinos es el champaña, y por eso vamos a familiarizarles con su preparación.

La primera preocupación del buen elaborador es saber elegir las variedades de uva más adecuadas para la obtención del champaña.

En general, en la composición de este vino entran dos variedades blancas y una negra, pero de carne blanca, que se compenetran y complementan entre sí para dar esta armonía de sabor y color que distingue el champaña de alta calidad. Las uvas se seleccionan racimo por racimo, desechando las podridas, las verdes y las secas. Son llevadas a la prensa sin estrujar, debiendo efectuar la operación de prensar con rapidez, a fin de que el mosto salga con poco color, pues el buen catador de champaña no tolera ni el amarillo fuerte de la uva blanca corriente, ni nada que recuerde el tono rosado que podría comunicarle la uva negra si no se tuviese la precaución de prensarla con gran rapidez.

El primer mosto que fluye de la prensa, que lo constituye la flor de la uva, o sea lo mejor que ella contiene, se guarda aparte para transformarlo en champaña. El resto se destina a vino corriente o a champaña barato.

Los mostos son clarificados por decantación natural y llevados luego a las barricas (envases de dos hectolitros de cabida), donde se vigila cuidadosamente la marcha de la fermentación.

Terminada la primera fermentación, se trasiega el vino varias veces, y después de una serie de degustaciones, análisis y ensayos, se hacen las mezclas para obtener los tipos apropiados. Para estos «coupages» se utilizan también los vinos de las viejas reservas que toda casa de prestigio debe tener siempre en sus bodegas.

Los vinos resultantes de las mezclas («cuvées») se trasiegan de nuevo, se embotellan y se someten a la segunda fermentación, utilizando fermentos seleccionados, que transforman en burbujeante espuma el azúcar que previamente se les agregó.

A los quince días de haberse embotellado el vino comienzan a estallar algunas botellas, lo cual señala la marcha de la fermentación; luego se llevan las botellas a las bodegas, profundas y frías (cavas), y allí, con el enfriamiento, la rotura cesa y empieza el proceso de maduración, que dura varios años.

En invierno, las botellas se suben de nuevo a las bodegas de la superficie, para que sufran el efecto de las heladas, las cuales precipitan todas aquellas sustancias que pudieran enturbiar el vino.

La operación de subir y bajar las botellas de las cavas a la bodega se verifica cada invierno durante dos años. Después, las botellas quedan ya definitivamente en las cavas, siempre a la misma temperatura.

A consecuencia de la fermentación, se ha formado en cada botella cierta cantidad de poso, que enturbia el vino y se sedimenta con el reposo. Es necesario separar este sedimento. Para ello, se ponen las botellas invertidas en unos pupitres provistos de agujeros y, con gran cuidado, se mueven cada día durante unos cuatro meses, hasta conseguir que el sedimento quede por completo encima del tapón. Cuando se ha logrado esto, hay que hacer la operación llamada degüello de la botella. Con habilidad y presteza, que sólo la práctica enseña, el operario encargado de esta operación quita tapón y poso, sin perder casi nada de vino, quedando éste completamente límpido.

El vino espumoso resultante del proceso descrito es un vino muy seco que en la tecnología champañesa se designa con el nombre de «brut», pero se preparan también los tipos «Dry» (seco), «Semi-seco» y hasta «Dulce», los cuales se obtienen adicionando al champaña vinos añejos muy superiores más o menos dulces.

La botella es tapada de nuevo con tapones llamados «trefinos», del mejor corcho, y después se sujetan éstos con un bozal metálico. Desde el degüello de la botella hasta la aplicación del tapón definitivo debe operarse con bastante rapidez para que la botella conserve su espuma.

Ya sólo falta revisarlas una a una por última vez, para desechar las que presenten la más leve mota turbia, y luego ponerles las etiquetas correspondientes.

El proceso de elaboración del champaña, someramente descrito, tiene una duración de cinco a diez años, según tipos y calidades, y requiere que cada botella pase por las manos de innumerables operarios muy expertos.

Al descorchar una botella no nos imaginamos que su elaboración haya costado tantos cuidados y tanto tiempo.

La temperatura de los vinos

Un vino de Jerez fino o amontillado estará ligeramente fresco. Tomado en la bodega, directamente de la bota, escanciado con la venencia, está en el mejor punto.

Los blancos y los rosados se servirán entre los 4-7 grados.

Los valdepeñas blancos o tintos, así como la mayoría de los vinos regionales de dos a tres años, deben servirse alrededor de los 6 grados.

Los champañas y espumosos tienen que estar fríos, no helados (4-6 grados).

Los vinos tintos se servirán a la temperatura del comedor. La alcanzarán suavemente dejándolos allí, o en una habitación con la misma temperatura, durante cuatro o cinco horas antes del almuerzo o cena.

Los vinos de Málaga, los de Jerez olorosos, olorosos abocados, Pedro Ximénez, moscatel, malvasía y todos los más o menos dulces en general —vinos para acompañar la pastelería, bizcochos, galletas— conviene servirlos a la temperatura de la habitación.

De la edad del vino

He aquí una cuestión sobre la que los mismos gastrónomos se ponen raramente de acuerdo. Quien acaba de afirmar que posee un vino estupendo de, por ejemplo, treinta años, difícilmente admitirá que pueda estar pasado, cuando lo más probable es que lo esté realmente.

No se lee nada sobre este punto en las mejores obras sobre el vino, entre ellas: «Guía vinícola de España», de Luis Antonio de Vega; «Los vinos de España», de José del Castillo; «Vignes et Vins de France», de Louis Jacquelin y René Poulain; «Le Grand Livre du Vin», redactado bajo la dirección de Joseph Jobe; «Encyclopédie des Vins et des Alcools», de Alexis Lichine; «Cuisine et Vins de France», del gran Curnonsky; «La casa de Lúculo», de nuestro Julio Camba, pequeño gran libro donde el espíritu crítico del autor podría haber abordado la faceta que nos ocupa. Ninguno de ellos hace alusión a los años que un vino necesita para hacerse, mantenerse en toda su plenitud, conservar su aroma y finura, para terminar declinando y muriendo.

El conde de los Andes, «SAVARIN», ha sido de los pocos que se han pronunciado escribiendo sobre este punto. En una crónica titulada «Las fiestas del vino de Burdeos», publicada recientemente en *A B C*, dice que «tratándose de burdeos, pueden conservarse excelentes hasta veinticinco años, cambiando los corchos, naturalmente. Algunas veces, hasta cuarenta y cincuenta años. Pero no es lo habitual». El autor de «Críticas gastronómicas» es muy generoso al concederles tan larga vida.

Como contraste, Nicolás Castejón y Paz-Pardo, secretario general de la Federación de Importadores de Bebidas Extranjeras, catador excepcional, considera que un vino a los siete años está en la cumbre de su fuerza, calidad, bouquet y color, que se mantendrá cuatro, cinco y seis años en algunos casos y que, desde este momento, irá perdiendo, dando lugar a una situación de «muerto».

Es de entender que este punto de plenitud es diferente para los blancos que para los tintos, y que cada región puede causar una reacción distinta. Este **gourmet**, tan espléndido habitualmente, ha sido bastante tacaño en esta ocasión dejándoles vivir tan poco tiempo.

Para centrar estas ideas, pedimos la opinión de un bodeguero riojano de máximo prestigio, el marqués de Vargas. Nos dice que el vino, como las personas, tiene una vida más o menos larga según la salud con que viene al mundo y los cuidados que recibe. Personalmente ha tenido cosechas de larga duración y otras que estaban destinadas a declinar a una edad en que las primeras se encuentran en el mejor momento, unos siete años más o menos.

Asegura que el rioja madura más rápidamente que el burdeos, debido a su mayor graduación, pero que, sin embargo, tiene menos vida. Según su propia experiencia, a un vino le conviene permanecer unos ocho meses en una barrica nueva de roble. Luego se trasiega a otra vieja, en la que se guardará alrededor de un par de años, y ya se tendrá el vino listo para su embotellado. En tres o cuatro años más se habrá conseguido un excelente vino de mesa, que puede ir mejorando hasta los quince y mantenerse hasta los veinticinco o más, según las peculiaridades de cada uno.

Los razonamientos del marqués de Vargas son convincentes, y los compartimos en todos sus extremos. Para mejor valorarlos hay que tener en cuenta que —además de sus muchas actividades— se ocupa directamente de sus bodegas de Logroño, donde ha logrado un vino excepcional, el «Royal» («tête de cuvée»), que compite en «bouquet» y calidad con los bordeleses. Lástima que la producción sea limitada, y cada nueva añada que ofrece al mercado, actualmente la de 1959, se agota rápidamente.

Lo mismo ocurre en la mayoría de las grandes bodegas. Pedro Gandarias se ve a menudo asediado por sus amigos, pidiéndole las viejas reservas de Riscal, y al marqués de Murrieta le sucede otro tanto con las suyas.

La bodega

En una casa en el campo es fácil instalar una bodega, puesto que se dispone de muchos rincones adecuados. Debe estar resguardada del frío, del calor y de los ruidos. Es igualmente importante que no tenga humedad y, aunque sin exceso, aireada.

UN RUEGO A LOS DOCTORES ARQUITECTOS
(Para una pequeña bodega en cada piso)

Nadie conoce mejor los rincones de una casa que quien la construye. Una casa en el campo no ofrece problemas a la instalación de una bodega. Mi sugerencia va destinada al piso en la ciudad, y sin duda alguna supone una invitación a rellenar el espacio reservado, de igual modo que se cubren de libros las estanterías de una biblioteca.

El rincón más alejado de la calefacción y del ruido, y que no se caliente demasiado en verano, es el más apropiado para guardar las botellas de vino en sus correspondientes casilleros.

Los licores, coñacs, ginebras, whiskies pueden dejarse de pie. Los vinos, y sobre todo los espumosos, deben permanecer tumbados.

A continuación doy unas medidas para la instalación de casilleros de seis botellas cada uno:

Botellas tipo Burdeos: 0,16 m de ancho; 0,26 de alto; 0,27 de profundidad.
Botellas tipo Borgoña: 0,18 m de ancho; 0,26 de alto; 0,27 de profundidad.
Botellas tipo Rhin: Son más estrechas, pero tienen 7 cm más de altura, que hay que calcular de profundidad.
Botellas de champaña (teniendo en cuenta el tamaño de las reservas, que

618

suelen ser más anchas): 0,22 m de ancho; 0,34 m de alto; 0,27 m de profundidad.

Conviene colocar un listón de unos 4 cm de altura en el borde de los casilleros para que el cuello quede algo levantado. Así, al retirar una botella no resbalarán las demás.

A LAS MANTEQUERIAS, SUPERMERCADOS, ETC.

Suelen estar bien presentados y bien surtidos los escaparates de estos establecimientos, pero hay algo que en general no se tiene en cuenta, y es el cambio de temperatura que sufren los vinos que se exponen.

Lo que no es demasiado importante para un coñac, un whisky, una ginebra o licores en general, para los vinos es vital.

¿Qué remedios sugerimos? Lo dejamos al buen criterio de cada uno. Los bodegueros sí podrían ofrecer recomendaciones. Quizá un folleto con instrucciones. Es deplorable que el producto tan cuidadosamente elaborado y cuidado quede poco menos que a la intemperie.

Brindis

Hay en el Museo del Prado tres cuadros en los que el vino es protagonista: «La Bacanal», de Tiziano; «La Bacanal», de Poussin, y los «Borrachos», de Velázquez. Estas pinturas inspiraron a nuestro insigne Ortega y Gasset el mejor ensayo dedicado al vino. Con un capítulo de este bellísimo ensayo, quería complacer a la autora de este libro —nuera de nuestro gran pensador— en su deseo de cerrar con broche de oro su estupendo trabajo, pero me ha puesto el veto. En verdad que lo siento por los lectores que no conozcan «TRES CUADROS DEL VINO».

Indice alfabético *

* En este índice alfabético se han agregado las recetas del Apéndice, con indicación del número de la página en que aparecen.

Indice

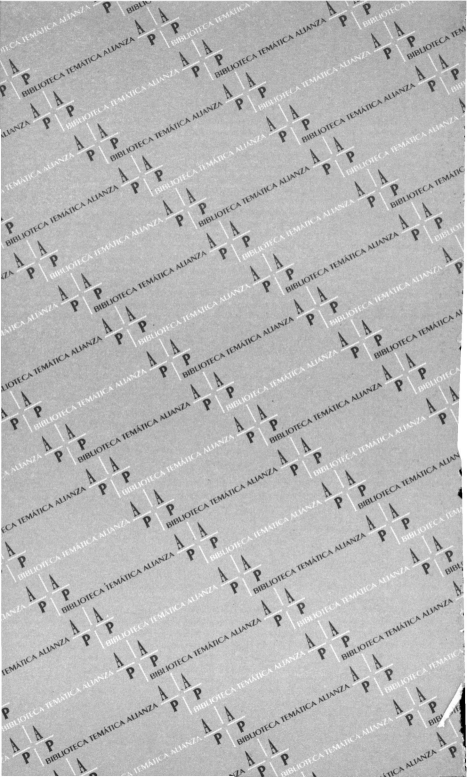